Rattner / Danzer

—

Gipfelpunkte des englischen Geisteslebens von 1850-1950

Josef Rattner / Gerhard Danzer

Gipfelpunkte des englischen Geisteslebens von 1850-1950

Königshausen & Neumann

Aus dem Institut für Tiefenpsychologie, Gruppendynamik und Gruppentherapie, Berlin-Westend, Leitung: Professor Dr. med. et phil. Josef Rattner.

Die Deutsche Bibliothek — CIP-Einheitsaufnahme

Ein Titeldatensatz für diese Publikation
ist bei der Deutschen Bibliothek erhältlich.

Gedruckt auf säurefreiem, alterungsbeständigem Papier
Umschlag: Hummel / Lang, Würzburg
Umschlagabb.: William Turner (1775-1851), *Regen, Dampf und Geschwindigkeit.*
Bindung: RIB GmbH, 97297 Waldbüttelbrunn

Printed in Germany
ISBN 3-8260-2259-9
www.koenigshausen-neumann.de
www.buchhandel.de

Inhaltsverzeichnis

Zum Geleit ... 7

Charles Darwin – Evolution und Menschenbild ... 9

Oscar Wilde oder die Tragödie eines Dichters ... 47

George Bernard Shaw oder die Überwindung der Tragik durch Humor ... 87

Bertrand Russell oder ein Philosoph der Freiheit ... 123

James Joyce oder die Gegenwärtigkeit des Mythos ... 161

George Orwell, die „Farm der Tiere“ und „1984“ ... 199

Arnold Joseph Toynbee – Universalgeschichte nach Oswald Spengler ... 229

Virginia Woolf und die Unabhängigkeit des Geistes (Ellen Elroth) ... 261

Aldous und Julian Huxley – Evolutionismus als Weltanschauung ... 285

Autorenverzeichnis ... 318

Zum Geleit

Unser „Arbeitskreis für Tiefenpsychologie“ in Berlin widmet sich nicht nur den Problemen der Psychotherapieforschung und den direkt angrenzenden Fachgebieten, sondern befaßt sich auch mit den Fragen der Persönlichkeitsbildung und der Kulturanalyse. In diesem Rahmen wurden in den letzten Jahren von uns Studien über Philosophie, Literaturinterpretation, Psychohygiene sowie medizinische und psychologische Anthropologie veröffentlicht. Im vergangenen Jahr publizierten wir das Buch *Glanz und Größe der französischen Kultur im 18. Jahrhundert* (Verlag Königshausen & Neumann, Würzburg), worin wir eine Probe unserer umfassenden kulturpsychologischen Gesichtspunkte darlegten.

Das vorliegende Buch ist gleichsam ein Gegenstück zu unserem Werk über den Beitrag Frankreichs zur europäischen Aufklärung. Hier wird nun versucht, am Beispiel Englands die fortschrittlichsten Autoren eines Jahrhunderts zu vereinigen und zu interpretieren. Ausgehend von Darwin, dessen Evolutionslehre gewaltige Folgen für das gesamte Kulturleben hatte, deuten wir Leben und Werk von Wilde, Shaw, Russell, Joyce, Orwell, Toynbee und Woolf. Sinngemäß enden unsere Überlegungen bei den Brüdern A. und J. Huxley, in denen die geistige Tradition des Darwinismus sehr lebendig war; hatte doch ihr Großvater Th. H. Huxley bei der Durchsetzung der Abstammungslehre eine herausragende Rolle gespielt.

So entfaltet sich ein Panorama kritischer Literatur und Geistigkeit, an das angeknüpft werden müßte, wenn man für die Gegenwart eine neue Aufklärung initiieren möchte. Eine solche Zielsetzung scheint uns im höchsten Maße wünschbar, um den Fortschritt der Kultur zu sichern und auszubauen. Der Beitrag Englands im 19. und 20. Jahrhundert zu einem derartigen Anliegen war von großartiger Relevanz, so daß unsere Essays gleichsam einer Huldigung an englische Geistesfreiheit und Gedankenkühnheit gleichkommt.

Berlin, Winter 2001 — Die Autoren

Charles Darwin: Evolution und Menschenbild

Das Jahr 1982 brachte zum hundertsten Todestag von Charles Darwin in der ganzen Kulturwelt eine Fülle von Jubiläumsfeiern, Festveranstaltungen und Festschriften sowie Neuauflagen der Hauptwerke des großen Forschers, den man einhellig als einen der Baumeister des modernen Weltbildes rühmte. Auch die Darwinkritiker, die in den letzten hundert Jahren nie ganz verstummt sind, bestätigten seinen Rang als genialer Neuerer in der Lebensforschung, die durch ihn eine ganz neuartige Plattform erreicht hat.

Das Leben und das Werk Darwins sind eine wichtige Etappe in der neuzeitlichen Entzauberung der Welt. Man könnte den Menschen als ein mythen- und märchenbildendes Wesen definieren; in seinen urtümlichen Welterklärungen neigt er zum zügellosen Phantasieren, zu Anthropomorphismen und zum Geister- und Gespensterglauben. Innerhalb dieser Verlockung durch Phantasie und Phantasmen entstand die Lehre von der Verdoppelung der Welt, nämlich die Auffassung, daß es über oder hinter der realen Welt noch eine Über- und Hinterwelt gebe, welche die eigentliche Wirklichkeit sei. In diese Superwelt wurden Gott und die Götter verlagert, und sie galten als die eigentlichen Urheber allen Geschehens, als Schöpfer der Welt und des Menschen. Alle Religionen sind auf diesem Boden erwachsen, und bis zum heutigen Tag glauben die Menschen an eine übersinnliche Realität, die in unser Erdendasein hinein ragt.

Kopernikus, Newton, Darwin, Einstein, Freud und viele andere zerstörten den Mythos von der Hinterwelt, den Nietzsche als den Sündenfall der europäischen Philosophie seit Platon denunzierte. Ihre Erkenntnisse sind Meilensteine auf dem Wege zum Immanenzdenken, das keiner hypothetischen Transzendenzen bedarf, um sich den Weltprozeß, den Gang der Geschichte und den Verlauf des individuellen Menschenlebens verständlich zu machen.

Dadurch wurde viel intellektuelle Hochstapelei über Bord geworfen. Wir sind nüchterner, redlicher und bescheidener geworden. Anstatt nebulöser Wortkunst suchen wir Wirklichkeitserkenntnis, und gleisnerischer Begriffssalat wird gerne auf kümmerliche Denkverirrung zurückgeführt. 1838 trug zum Beispiel Darwin in sein Notizbuch ein: „Platon sagt im *Phaidon*, unsere notwendigen Ideen entstammten der Präexistenz der Seele, seien nicht von der Erfahrung abgeleitet – lies Affen für die Präexistenz." Mit anderen Worten: Wenn wir uns schon auf das Gedankenspiel einlassen sollen, wo die Seele des Menschen vor der Geburt war, dann war sie nicht im Himmel beim lieben Gott, sondern in irgendeinem Halbaffen, der unser Urahn ist.

Darwin wäre schon bedeutend durch seine unzähligen Einzelfunde in allen Teilen der Lebenswissenschaft, aber seine wahrhaftige Größe besteht doch durch die Einführung des Denkmodells der natürlichen Evolution, in die keine höheren Mächte hinein wirken. Sein evolutionäres Konzept hat nicht nur die Biologie transformiert; wir sprechen heute auch von der Entwicklung des Weltalls, und in den Sozial- und Humanwissenschaften hat sich ebenfalls an vielen Orten der Evolutionsbegriff durchgesetzt. Das ist ein Bruch mit der statischen Weltanschauung, die bis ins 19. Jahrhundert hinein überall bestimmend war.

Sie hatte gewiß auch ihre gesellschaftlichen Ursprünge und Konsequenzen. Eine Welt, die einmal geschaffen und mehr oder minder unveränderlich ist, rechtfertigt auch soziale Kasten- und Klassenunterschiede, die ebenso von Gott festgesetzt sind wie die Tier- und Pflanzenarten. Als aber das Dogma von der Statik der Lebenswelt fiel, geriet auch das Gesellschaftsgefüge ins Wanken: Seither hat auch hier das Evolutionäre eine gewaltige Stoßkraft gewonnen.

Darwin stellt einen späten Sieg Heraklits über Parmenides und Platon dar; weder die Welt des Seins noch die Verdoppelung der Wirklichkeit können unseren intellektuellen Ansprüchen genügen, sondern viel eher die heraklitische Welt des Werdens, in der die Sonne neu ist an jedem Tag und kein Mensch zweimal in denselben Fluß steigen kann. Und das letzte Rätsel aller Rätsel ist die kosmische Energie, das Urfeuer, jenes Weltall, das nach der Aussage des Weisen von Ephesus einem spielenden Kind gleicht, welches Welten baut und zerstört.

Im Detail ist manches an Darwins Ideen zu korrigieren und zu modifizieren; aber wie Konrad Lorenz in einem kleinen und eindrücklichen Schriftchen schon im Titel betont, gilt doch der Satz: *Darwin hat recht gesehen* (Pfullingen 1965). Er hat so richtig geurteilt und geforscht, daß alle seine Bücher auch noch zum gegenwärtigen Zeitpunkt eine hohe Schule der Wissenschaftsgesinnung darstellen. Man lese etwa *Die Entstehung der Arten* und *Die Abstammung des Menschen*, und man wird zugeben müssen, daß von ihnen der unverwelkliche Reiz von Jugend und Klassizität ausstrahlt, der vermutlich nie erlöschen wird.

Charles Darwin und das Rätsel des Lebendigen. – Die Bibel berichtet folgendermaßen vom fünften und sechsten Schöpfungstag:

> Und Gott sprach: Die Erde bringe hervor lebendige Tiere, ein jegliches nach seiner Art: Vieh, Gewürm und Tiere auf Erden, ein jegliches nach seiner Art. Und es geschah also. Und Gott machte die Tiere auf Erden, ein jegliches nach seiner Art, und allerlei Gewürm auf Erden nach seiner Art. Und Gott sah, daß es gut war. Und Gott sprach: Lasset uns Menschen machen, ein Bild, das uns gleich sei, die da herrschen über die Fische im Meer und über die Vögel unter dem Himmel und über das Vieh und über die ganze Erde und über alles Gewürm, das auf Erden kriecht. Und Gott schuf den Menschen ihm zum Bilde, zum Bilde Gottes schuf er ihn; und schuf sie ein Mann und ein Weib.

Diese hübsche poetische Erzählung, die offenbar das Handwerkermodell ins Kosmische projiziert, brachte den großen Nachteil mit sich, daß über zwei Jahrtausende hinweg ernsthafte Forschungen über den Ursprung des Lebens und der Arten gänzlich unterbunden wurden. Man errechnete nach der Bibel das Alter der Erde auf ungefähr 5000 Jahre; damals hatte die Schöpfung stattgefunden, und wer nicht daran glauben wollte, bekam durch Ketzerprozeß und Hinrichtung die Gelegenheit, sich selbst durch den lieben Gott und seine Untergebenen von der Richtigkeit des Schöpfungsberichtes überzeugen zu lassen. Zweifel an der Bibel war Sakrileg und Todsünde; der Kampf der Wissenschaft um das Recht auf Fragen und Forschen war mühsam und gefährlich.

Und doch tasteten sich einige Wissenschaftler an eine natürliche Abstammungslehre heran, die ein allmähliches Entstehen und Sich-Umwandeln der Arten ohne Eingriffe einer Gottheit proklamierte. Eines der ersten bedeutenden Systeme der Naturgeschichte war der Lamarckismus; er ging zurück auf den Franzosen Jean-Baptiste Lamarck (1744-1829), der die These vertrat, daß sich die Lebewesen aus primitiveren Urformen entwickelt haben. Veränderte Umwelten haben veränderte Bedürfnisse geschaffen; diese erzwangen neuartige Funktionsweisen, die schließlich auch veränderte und neue Organe bildeten. So kommt es zu Neuerwerbungen der Evolution, die angeblich auf die Nachkommen via Vererbung übertragen werden. Man kann sich eine Stufenreihe des Lebendigen denken, wo das Organische selbst seine Steigerung und Entwicklung durch Anpassungsleistungen vollzogen hat.

Auch Goethe (1749-1832), Geoffroy Saint-Hilaire (1772-1844) und manche andere äußerten ähnliche Gedanken, aber die Abstammungstheorie konnte sich im frühen 19. Jahrhundert nicht durchsetzen. Dazu fehlten vor allem auch gesicherte Kenntnisse der Geologie; niemand wagte es, aus den Gesteinsschichten eine annähernd wahre Schätzung des Erdalters abzuleiten, so daß schon zeitlich gesehen kein Raum für die Evolution gegeben war.

Einen großen Schritt vorwärts bedeutete die geologische Lehre von Charles Lyell (1797-1875), der als einer der ersten sehr weitläufige Zeiträume für die Entstehung der Gesteinsschichten der Erdrinde annahm. Lyells *Principles of Geology* erschienen im Jahre 1830 (erster Band) bzw. 1833 (zweiter Band). Immerhin früh genug, daß der junge Darwin, der sich bereits für Geologie und nahezu alle Zweige der Naturkunde interessierte, den ersten Band davon auf seine Weltreise an Bord der *Beagle* mitnehmen konnte. Aber damit greifen wir bereits dem Lauf der Dinge vor. Wie kam es überhaupt dazu, daß der 22jährige Charles Robert Darwin als Student ohne Studienabschluß auf einem englischen Kriegsschiff als Naturbeobachter fünf Jahre lang rund um die Welt reisen durfte?

Charles Darwin (1809-1882) brachte vortreffliche Voraussetzungen zur Aufstellung der Abstammungstheorie mit, unter anderem etwa seine eigene Herkunft und Abstammung. Sein Großvater Erasmus Darwin (1731-1802) war ein Koloß von einem Mann und ein vielbeschäftigter, berühmter Arzt, dem man mehrfach die Stellung eines königlichen Leibarztes anbot. Erasmus Darwin war nebenamtlich ein genialer Erfinder und ein geistreicher Autor. So schrieb er ein zweibändiges Werk *Zoonomia* über Medizin und eine *Phytologia* über Pflanzen, Insektenbekämpfung, Kläranlagen und artesische Brunnen. Seine Interessen umspannten die ganze damalige Naturwissenschaft. In einem langen Lehrgedicht

(*The Temple of Nature*) streifte er bereits den Evolutionsgedanken, den sein Enkel dann sorgfältig ausarbeiten sollte.

Natürlich waren die evolutionären Auffassungen in Erasmus Darwins Gedicht noch sehr diffus und nebulös; aber sie nahmen immerhin Abstand vom biblischen Schöpfungsgedanken und all den kindlichen Vorstellungen, daß das Leben auf göttlichem Befehl sozusagen aus dem Nichts entstanden sei. Der Großvater des Abstammungstheoretikers verwies auf das Meer als den Ursprung aller Lebewesen, und er rekonstruierte den Stammbaum des Lebendigen als natürliche Entwicklung ohne Hilfe von oben.

Darwins Vater Robert W. Darwin wählte ebenfalls den Arztberuf und war darin sehr erfolgreich. Auch er war eine hünenhafte, schwergewichtige Erscheinung; er wog etwa 150 Kilo. Darwin hing sehr an ihm und rühmte seine Lebensklugheit, seine Güte und seinen Humor. Aber Vater Darwin war auch ein Patriarch, der unumschränkt über seine Familie regierte. Charles war seiner Autorität fast schutzlos ausgeliefert, denn seine Mutter starb früh. Der Junge wurde von Schwestern aufgezogen, die ihn offenbar liebten und verwöhnten.

Früh zeigten sich seine Liebe zur Natur und sein Sammeleifer. Es gibt eine Kreidezeichnung, die den sechsjährigen Charles mit seiner jüngeren Schwester Catherine porträtiert: Charles hat sinnigerweise einen Blumentopf in der Hand. Natur- und Pflanzenliebe konnte er mühelos bei seinem Vater lernen, der ein anerkannter Hobby-Gärtner und Tierzüchter war. Der Garten seines Hauses wimmelte von erlesenen Blumen, Büschen und Bäumen.

Darwins Mutter war eine geborene Susannah Wedgwood (1765-1817), Tochter eines bedeutenden Porzellanfabrikanten, der für seine zahlreichen Arbeiter weit besser sorgte als die Unternehmer seiner Epoche. In dieser Familie gab es auch Darwins Onkel Josiah Wedgwood, der für ihn eine zweite Vaterfigur gewesen zu sein scheint. Charles bewunderte den aufrichtigen und geradlinigen Mann, der bald darauf durch eine wichtige Intervention sein Leben in die rechte Bahn bringen sollte.

Wer den Knaben Charles beobachtet hätte, würde kaum vorausgesagt haben, daß es ihm bestimmt sei, einer der genialsten Naturforscher aller Zeiten zu werden. Er war ein ernsthafter Junge, sehr brav und gutartig, und entwickelte sich eher langsam, ohne besonders eindrückliche Schulleistungen. Auffallend war sein starkes Interesse für die Natur und seine Sammlerleidenschaft. Er selbst schreibt in seiner späten *Autobiographie* (1876-1881, S. 72):

> In der Zeit, als ich zur Tagesschule ging, entwickelte sich schon meine Neigung für Naturgeschichte und ganz besonders für das Sammeln. Ich versuchte, die Namen der Pflanzen zu erfahren, und sammelte alle möglichen Sachen, Muscheln, Siegel, Frankaturen (Postwertzeichen), Münzen und Mineralien. Die Leidenschaft für das Sammeln, die den Menschen dazu führt, ein systematischer Naturforscher, ein Kunstliebhaber oder ein Geizhals zu werden, war sehr nachhaltig bei mir – keines meiner Geschwister hat je diese Neigung gehabt.

Man tolerierte seine langen, einsamen Spaziergänge, auf denen er sich seinen Träumereien hingab oder Pflanzen und Tiere beobachtete. Ausgeprägt war sein Mitleid mit jeglicher Kreatur; das kollidierte mit seiner Jagdleidenschaft, welche die Freude seines Jugendalters war. Das gefiel dem Vater gar nicht; einmal sagte er in sehr kränkender Weise zu Charles:

„Du hast kein anderes Interesse als Schießen, Hunde und Ratten fangen, und du wirst dir selbst und der ganzen Familie zur Schande.“

Noch der alte Charles Darwin erinnerte sich dieser Worte, und man kann den Gedanken nicht von der Hand weisen, daß sein grandioses Lebenswerk auch als eine Antwort auf die geringe Einschätzung durch den Vater aufgebaut wurde. Daneben war es aber vermutlich auch eine gigantische Liebeswerbung um die Gunst des Vaters und darüber hinaus der „Welt der Väter“.

Der junge Darwin war wohl empfänglich für die Schönheiten der englischen und der Weltliteratur, aber die Neigung zur Naturerkenntnis überwog bei weitem die Liebe zur Poesie. Mit seinem älteren Bruder Erasmus zusammen machte er chemische Experimente; der Vater hielt beide Söhne für zukünftige Ärzte und schickte sie zur Ausbildung an die Universität Edinburgh. Erasmus beendete tatsächlich dieses Studium, aber Charles erwies sich in den Operationssälen als allzu sensibel: Er konnte die Leiden der Operierten, die damals noch ohne Chloroform operiert wurden, nicht mit ansehen. Jahrelang quälte ihn die Erinnerung an zwei Kinder, die vor seinen Augen von den Chirurgen malträtiert worden waren; die Medizin kam als Fach für ihn nicht mehr in Frage.

Um so mehr beschäftigte er sich mit Naturkunde und wurde schon als Student Mitglied der Plinius-Gesellschaft. Dort konnte er bereits 1826 eine kleine biologische Entdeckung mitteilen. Auch in der Medizinischen und Geologischen Gesellschaft war er Gast oder rühriges Mitglied. Die Professoren fanden ihn meistens sehr sympathisch, da er nicht nur wohlerzogen, sondern auch leidenschaftlich engagiert war. Das war nicht nur in Edinburgh so; auch in Cambridge, wohin Charles 1828 ging, blieb er der Günstling seiner akademischen Lehrer.

Die Versetzung nach Cambridge erfolgte gemäß einem neuen Plan des Vaters, der Charles zum Theologen ausbilden lassen wollte. Dies entsprach seiner Meinung, daß sein Sohn faul und leichtlebig sei: Das passe für einen Landpfarrer, der sich auch nach Herzenslust den Jagdfreuden hingeben könne. Charles las einige theologische Schmöker und hatte zunächst nichts gegen eine Geistlichenlaufbahn einzuwenden. Aber öfter als in den Vorlesungen der Theologen hielt er sich in den Hörsälen der Naturforscher auf. Der Botaniker James St. Henslow (1796-1861) nahm ihn gerne auf seine Exkursionen mit, die der junge Student entzückend fand.

Henslow wurde geradezu ein Freund und Protektor Darwins, wahrscheinlich auch eines seiner Vorbilder als Forscher und Gelehrter. Weitläufige Lektüre in den Naturwissenschaften ergänzte die im Unterricht erworbenen Kenntnisse. Auch die Geologie wurde sorgfältig studiert; sie war damals im Aufschwung begriffen, und Erdbeschaffenheit und Erdgeschichte wurden in jener Zeit erstmals überschaubar dargestellt. Der bereits erwähnte Charles Lyell stand in der vordersten Front dieser Forschung.

Eines Tages teilte Henslow Darwin mit, die englische Kriegsmarine wolle das Kriegsschiff *Beagle* unter dem Kapitän FitzRoy auf eine mehrjährige Weltreise aussenden; FitzRoy hätte gerne einen jungen Naturkundler als Gesellschafter bei sich, und dazu würde sich Darwin bestens eignen. Eine Begegnung mit dem Kapitän wurde arrangiert; beinahe hätte sie die große Fahrt verunmöglicht, denn FitzRoy war Anhänger der Lavaterschen Physiognomik, und nach deren Regeln erschien Darwins Nase als unenergisch und unentschlossen. Zum Glück revidierte der Kapitän schnell sein Fehlurteil, als er mit Darwin sprach. Er selbst hatte eine kühne Adlernase und war trotz seiner 26 Jahre bereits ein ausgezeichneter Seebär. Es sollte sich herausstellen, daß die beiden jungen Männer recht gut harmonieren konnten, wenngleich heftige Zornausbrüche des Kapitäns Darwin später einiges zu schaffen machten.

Darwin war glücklich über die einzigartige Chance, die sich ihm bot, die Welt kennenzulernen. Da schaltete sich jedoch der Vater ein und wollte die Reise verbieten. Gegen einen solchen Patriarchen gab es keine Auflehnung; Darwin resignierte bereits, aber sein Onkel Josiah Wedgwood nahm die Mühe auf sich, den widerwilligen Vater aufzusuchen und zu überzeugen. Zuletzt gab dieser die Zustimmung, und von Ende 1831 bis Ende 1836 sollte die *Beagle* zu Darwins Heimat werden.

Der Zweck der Expedition war die Vermessung südamerikanischer Küstenstriche und chronometrische Zeitbestimmungen in manchen Teilen der exotischen Welt. Die *Beagle* war ein eher kleines Schiff; sie war ca. 25 Meter lang und nur wenige Meter breit. Einige Dutzend Matrosen und Schiffsoffiziere mußten auf diesem engen Raum zusammenleben; Darwin selbst teilte seine Kajüte mit dem Kapitän, der ihm auch einen Arbeitsplatz neben seinen Instrumenten und Landkarten einräumte.

Im Dezember 1831 stach die *Beagle* in See, und bei unruhigem Meer segelte sie nach Teneriffa und von dort nach den Kapverdischen Inseln. Auf letzteren betrat Darwin, einigermaßen erholt von den ersten Anfällen der Seekrankheit, erstmals tropischen Boden. Wiewohl er zunächst nur eine karge Vegetation erblickte, registrierte er in sich ein Gefühl der Glückseligkeit, wie er es zuvor noch nicht gekannt hatte. Die Haine von Kokospalmen überwältigten ihn vor Freude.

Fünf Jahre auf der Beagle. – Die Reise ging rund um die Erde. Nach den Kapverdischen Inseln wurde Bahia in Brasilien angesteuert. Von dort segelte man nach Rio de Janeiro, anschließend nach Buenos Aires und Montevideo. Hier intensivierte sich die Vermessungsarbeit von Kapitän FitzRoy, die vor allem dem südlichen Teil des lateinamerikanischen Kontinentes galt. Daher wurde die Reise nach den Falklandinseln und nach Feuerland fortgesetzt. Die Magellanstraße wurde traversiert, dann folgte man der Westküste Südamerikas bis nach Valparaiso und weiter aufwärts bis zu den Galapagosinseln.

Auf diesen Inseln machte Darwin besonders reichhaltige Beobachtungen, die sein Nachdenken über die Veränderung der Arten in der Tier- und Pflanzenwelt gewaltig stimulierten. Das Naturparadies von Galapagos, wo es eine vom Menschen wesentlich unberührte Vegetation und auch eine unbedrohte Tierwelt gab, war vermutlich der Geburtsort deutlicher Ahnungen zur Abstammungstheorie.

Dann durchquerte man den Pazifik bis nach Neuseeland, landete in Sydney und Tasmanien und hielt sich an die Südküste des australischen Kontinents. Von dort ging die Reise an Madagaskar vorbei um das Kap der Guten Hoffnung nach St. Helena und zu den Ascension-Inseln; hierauf steuerte man wieder Bahia in Brasilien an, und erst von dort entschloß man sich zur Heimreise. Volle fünf Jahre verstrichen im Zeitraum von der Abfahrt bis zur Ankunft.

Darwin hatte als Theologiestudent seine Zeit nicht so sehr vergeudet, wie sein Vater gedacht hatte; er hatte sich zu einem perfekten Wissenschaftsdilettanten ausgebildet. Er war ein hochgewachsener junger Mann, unermüdlich und ausdauernd und von einem kaum zu stillenden Wissenshunger hinsichtlich aller Fragen der Naturforschung beseelt. Zuerst schmunzelten die Seeleute über den „Philosophen", der das Schiffsdeck mit allerlei Getier und Pflanzen belegte und das peinlich sauber gehaltene Schiff zu verschmutzen drohte. Aber bald empfanden sie hohe Achtung für ihn, seine permanent gute Laune, seine Geschicklichkeit im Umgang mit FitzRoy und seinen Kameradschaftsgeist. Auch der Kapitän selbst schrieb nach England: „Darwin ist ein sehr sensibler, fleißiger Mann und ein sehr angenehmer Tischgenosse. Ich habe nie eine Landratte gesehen, die sich schneller und gründlicher mit der Lebensweise auf einem Schiff vertraut gemacht hätte als Darwin."

Darwins Sammeltrieb konnte sich in den Tropen unbehindert austoben. Er sammelte alles, was wissenswert sein konnte: Pflanzen, Insekten, Steine, Skelette von ausgestorbenen Tierarten, Fische und Vögel. Zahlreiche neue Arten und Varietäten wurden von ihm entdeckt und nach England geschickt, wo sie von Fachleuten bestimmt und beschrieben wurden. Die ungeheure Produktivkraft der Natur ging ihm in den tropischen Urwäldern und auf den Inseln des Südens auf.

Noch waren religiöse Gefühle in dieser Faszination inbegriffen. Aber er huldigte nicht mehr einer so naiven Frömmigkeit wie Kapitän FitzRoy, der den biblischen Schöpfungsbericht als wörtliche Wahrheit nahm. Als Darwin in Südamerika die Knochen von ausgestorbenen riesigen Echsenarten ausgrub, gab es für FitzRoy keinen Zweifel, daß dies Tiere waren, die in der Arche Noah keinen Platz gefunden hatten und darum elend in der großen Flut zugrunde gegangen waren. Darwin, der neben den Skeletten auch Meermuscheln gefunden hatte, bevorzugte die geologische Erklärung, daß es hier Land gab, welches sich aus dem Meere erhoben hatte; aber FitzRoy hielt eisern an der Bibel fest und verteidigte Noah und die Sintflut. Jedenfalls zeigte sich hier – an den südamerikanischen Fundstätten wie auch anderswo –, daß es viele Tier- und Pflanzenarten in vorgeschichtlichen Zeiten gab, die durch andere verdrängt und ersetzt wurden.

Welcher Mechanismus war hierbei am Werk? Darwin rätselte an diesem Problem herum und mutmaßte, daß ein Wechsel des Klimas, der Nahrung und anderer Umweltfaktoren die Ursache des Aufeinanderfolgens von Tierrassen sei. Aber noch kam er nicht zur Klarheit auf diesem Gebiet, welches damals in den Nebel abergläubischer Vorstellungen eingehüllt war. Die Idee einer natürlichen Transmutation und Evolution mußte sich erst mühsam in seinem Geiste kristallisieren.

Der zweite Band von Lyells *Prinzipien der Geologie*, den Darwin in Montevideo erhielt, klärte seine Auffassungen und gab ihm einen neuen Blick für die urgeschichtlichen Zeitalter der Erde. Und immer sammelte er weiter, ritt durch die Pampas, bestieg Berge und wanderte durch die Wälder des Südens. Scharf beobachtete er auch die wilden Völkerschaften von Feuerland, die auf einer Kulturstufe lebten, welche man durchaus noch als steinzeitlich bezeichnen kann.

Die *Beagle* führte einen Missionar mit, der den Feuerländern die frohe Botschaft des Christentums bringen sollte. Auch hatte FitzRoy auf einer früheren Reise drei jugendliche „Wilde“ nach England mitgenommen und dort auf eigene Kosten erziehen lassen. Nun sollten die drei Feuerländer wieder bei ihrem Stamm ausgesetzt werden, zusammen mit dem Glaubensapostel. Das Experiment schlug fehl; als die *Beagle* einige Zeit später wieder in dieser Gegend aufkreuzte, fand sie die drei „zivilisierten Eingeborenen“ in ziemlich verwildertem Zustand vor, und der Missionar war in Gefahr, von den Wilden abgeschlachtet zu werden. Darwin konnte nicht umhin, sich auch Gedanken über Abstammung und Werdensgeschichte des Menschen zu machen.

Im September 1835 gelangte die *Beagle* in den Galapagosarchipel, den Darwin später als einen Höhepunkt seiner Weltreise empfand. Dieser Archipel aus zehn Hauptinseln liegt dicht unter dem Äquator und ist fast tausend Kilometer von der Westküste Südamerikas entfernt. Alle Inseln sind vulkanischen Ursprungs. Darwin schätzte, daß es auf ihnen ca. 2000 Krater geben müsse.

Die Küstenstriche der Inseln waren unfruchtbar und steinig, aber auf den Höhen gab es eine beträchtliche Vegetation. Von der Tierwelt fielen zunächst Riesenschildkröten auf, die langsam von der Küste zu ihren Wasserlöchern auf der Höhe krochen. Auch gab es (importierte) wilde Schweine und Ziegen, von denen sich die Schiffsleute zu ernähren pflegten. Unter den Landsäugetieren registrierte Darwin sonst nur eine Mäuseart.

Dafür aber gab es Vögel, darunter sehr viele Finken. Überraschenderweise hatten diese Finken sehr verschiedenartige Schnäbel entwickelt, die großartig zu ihren Ernährungsgewohnheiten paßten. Darwin schloß daraus, daß die kleine Inselwelt in ihrer Vogelarmut zahlreiche ökologische Nischen bereitgestellt habe, die normalerweise von verschiedenen Vogelspezies ausgefüllt worden wären. Da es wenig andere Vögel gab, konnten die Finken das ganze Biotop für sich erobern, wobei ihre Schnäbel sich je nach den Lebensbedingungen modifizierten. Darwin sah diesen Zusammenhang auf den Galapagos noch nicht so deutlich, aber ahnungsweise fühlte er die Tatsache einer Evolution, welche dem biologischen Weltbild seiner Epoche widersprach.

Auf den Galapagosinseln fand Darwin nicht weniger als hundert neue Pflanzenarten, die er in sein Herbarium aufnahm und geordnet nach England schickte. Er erkannte, daß die Tiere und Pflanzen zu Amerika gehörten, aber doch deutlich abgewandelte Eigenschaften ausgebildet hatten. Auch die Bewohner der einzelnen Inseln, selbst wenn sie derselben Tier- oder Pflanzenart zugeschrieben werden mußten, differierten merklich voneinander. Daraus konnte abgeleitet werden, daß Lebewesen und Umwelt in einem geheimnisvollen Zusammenhang stehen. War da der Begriff der Schöpfung noch aufrecht zu erhalten?

Nach kurzem Aufenthalt auf den Galapagos steuerte die *Beagle* Tahiti an. Eine Seefahrt von mehreren tausend Meilen führte durch den Stillen Ozean, in welchem Darwin zahlreiche Koralleninseln beobachtete und geologisch zu deuten versuchte. In Tahiti wurden sie gastfreundlich aufgenommen, und Darwin verfehlte es nicht, die Insel zu durchstreifen und ihre Naturschönheiten gebührend zu würdigen.

Er war auch beeindruckt vom heiteren und liebenswürdigen Menschenschlag der Insel, welcher spürbar zu ihrem verschwenderischen Naturreichtum paßte; wo die Natur dem Menschen einen harten Daseinskampf erspart, ermöglicht sie ihm zugleich auch die Ausbildung sozialer und lebensfreundlicher Gewohnheiten. Allerdings ist – wie Darwin nachdenklich notierte – ein leichtes Leben der Ausbildung von Denkfähigkeit nicht günstig; in den Tropen komme der Mensch nur wenig über den Naturzustand hinaus.

Von Tahiti ging es nach Neuseeland. Die eingeborenen Neuseeländer gefielen Darwin viel weniger als die Tahitianer; sie waren vom hygienischen und auch vom moralischen Standpunkt kaum ansprechend. In ihrem Blick fand der Forschungsreisende vor allem Verschlagenheit und Wildheit.

Die nächste Station war Australien, das sich vorerst so wüst und verwahrlost zeigte, daß sich Darwin an Patagonien erinnert fühlte. Aber bald darauf landeten sie in der Bucht von Sidney, einer wohlerbauten und zivilisierten Stadt, in der Darwin sich gratulierte, als Engländer geboren zu sein. Auch hier wieder drang er ins Landesinnere vor. Die Eingeborenen standen sichtlich höher auf der Leiter der Zivilisation als die patagonischen Naturvölker. Darwin äußerte sich anerkennend über ihre Geschicklichkeit im Umgang mit ihren Waffen und ihren Scharfsinn im Verfolgen von menschlichen oder tierischen Spuren. Allerdings bemerkte er auch, daß die Australier durch Spirituosen, europäische Krankheiten und Ausrottung ihrer Tierwelt vom Aussterben bedroht waren. Wo immer der Europäer seinen Fuß hinsetze, werden andere Menschengruppen unterdrückt oder ausgelöscht.

Australien war damals noch das klassische Verbannungsland für englische Straftäter, die dort den Weg zur Anständigkeit finden sollten. Tatsächlich erwiesen sich die Kriminellen unter den relativ günstigen Verhältnissen des abgelegenen Kontinentes als tüchtige Pioniere, die Australien zu Wohlstand und wirtschaftlicher Blüte verhalfen. Das widerspricht sehr eindrücklich der überlieferten Annahme, daß Verbrecher eine grundlegend andersartige Erbmasse als anständige Leute haben. Die Umwelttheorie hingegen behauptet, daß Rechtsbrechung eine

Folge von Verarmung, sozialer Entwurzelung, schlechter Sozialisation in der Kindheit und mißlicher politisch-ökonomischer Verhältnisse sei. Das australische Experiment scheint diese These doch zu bestätigen.

Angesichts der australischen Koralleninseln (Atolle) entwarf Darwin eine Theorie der Entstehung solcher Inseln, die später von der Geologie akzeptiert wurde. Korallen gedeihen in seichten Gewässern; da sie aber meistens tief in die Abgründe des Meeres hinab reichen, muß nach Darwin der Grund, auf dem sie sich ablagerten, mit der Zeit abgesunken sein. So entstanden die typischen Inseln, die von Barriereriffen umgeben sind. Alle diese Vorgänge erforderten gewaltige Zeiträume, in denen sich der Meeresboden senkte und hob.

Die Fahrt der *Beagle* näherte sich dem Abschluß. Noch einmal wurde – nach der Umschiffung Afrikas und einem kurzen Aufenthalt auf St. Helena – Brasilien besucht; aber dann segelte das Schiff nach den Kapverdischen Inseln und in Richtung auf die Heimat. Im Oktober 1836 wurde die englische Küste erreicht. Eine fünfjährige Odyssee nahm damit ihr Ende.

Sie war voller Gefahren und Beschwerlichkeiten gewesen, aber es hatte sich durchaus gelohnt. Darwin sah in ihr das bedeutungsvollste Ereignis in seinem ganzen Leben. Auf dieser Expedition war er zu einem Meister der naturwissenschaftlichen Forschung herangereift. Sein Geist war prall voll von Erfahrungen und Eindrücken, die auszuwerten die Aufgabe seines künftigen Lebens werden sollte.

Welch ungeheures Maß an Arbeit hatte der junge Mann, der als 22jähriger an Bord des Kriegsschiffes gegangen war, im Laufe von fünf Jahren geleistet! In England hatte sich durch seine vielen Materialsendungen sein Ruf als Naturforscher bereits gefestigt. Kenner nannten ihn eine große Kapazität ihrer Disziplinen; Darwin selbst aber schrieb später in seiner *Autobiographie*:

> Soweit ich über mich zu urteilen imstande bin, habe ich während der Reise bis zum äußersten aus bloßer Freude an der Forschung und aus meiner starken Sehnsucht gearbeitet, der großen Masse Naturwissenschaften einige wenige Tatsachen hinzuzufügen. Ich war aber auch ehrgeizig, unter den Männern der Wissenschaft einen anständigen Platz zu erhalten – ob mehr oder weniger ehrgeizig als die meisten meiner Mitarbeiter, darüber kann ich mir keine Meinung bilden.

Von der Heirat bis zu „Die Entstehung der Arten". – Darwin war bei seiner Heimkehr 27 Jahre alt und hatte bereits – durch seine Tier- und Pflanzen- und Gesteinsendungen aus aller Welt an englische Gelehrte – einen Ruf als bedeutender Naturforscher. Der Botaniker Henslow hatte seine Briefe in der *Cambridge Philosophical Society* vorgelesen; sie waren in den Protokollen der angesehenen Gesellschaft gedruckt worden. Auch der berühmte Geologe Lyell war von ihm beeindruckt und sah in ihm eine große Hoffnung für die Naturwissenschaften. Unter solchen Bedingungen wurde die Theologenlaufbahn, die sein Vater für ihn vorgesehen hatte, endgültig abgeschrieben.

Er veröffentlichte einige geologische, botanische und zoologische Abhandlungen und war ein rühriges Mitglied entsprechender wissenschaftlicher Vereinigungen. Damals wohnte er in London, aber er fühlte sich in der Großstadt gar nicht wohl. Lieber hätte er auf dem Lande gelebt, aber er mußte sein *Beagle*-Material aufarbeiten zu einem Bericht über die Weltreise, der schließlich mit Unterstützung der englischen Regierung publiziert wurde. 1839 erschien dann sein Buch *Reise eines Naturforschers um die Welt*, ein voluminöses und überaus spannendes Werk, das heute noch mit Gewinn gelesen wird.

Im Herbst 1837 befand sich Darwin bei seinem guten Onkel Josiah Wedgwood in Maer und machte sich lebhafte Gedanken darüber, ob er heiraten solle. Als systematisch geschulter Forscher schrieb er die Gründe für und gegen eine Ehe nebeneinander auf ein Blatt Papier; und siehe da, die Vorteile schienen die möglichen Nachteile doch zu überwiegen. Im Jahr darauf machte er seiner Kusine Emma Wedgwood einen Antrag, der angenommen wurde. Das überraschte den Antragsteller selbst, da er die eigenartige Vorstellung hatte, sein Gesicht sei „auf abstoßende Weise langweilig". Emma war zum Glück anderer Meinung als er, und Darwin schrieb im November 1838 die enthusiastische Zeile in sein Tagebuch: „Der Tag der Tage!"

Onkel Josiah wurde damit zum Schwiegervater; und da beide Väter der Brautleute wohlhabend waren, bekam das Paar eine sehr ansehnliche Mitgift. Darwin konnte ein Leben als Privatgelehrter in Aussicht nehmen, ohne allen Zwang, je Geld verdienen zu müssen. Noch blieben die jungen Eheleute mehr als drei Jahre in London; Darwins Arbeit wurde durch die Ehe nicht behindert (wie er gefürchtet hatte), sondern eher gefördert. Er scheint mit seiner Wahl lebenslänglich sehr zufrieden gewesen zu sein.

In der Londoner Zeit arbeitete Darwin an einem Buch über Korallenriffe, das er nach harter Anstrengung fertigstellen konnte. Es brachte seine neue Theorie über die Entstehung dieser Riffe, die ihm im Pazifischen Ozean aufgegangen war. Auch beschäftigte er sich viel mit Botanik, z.B. mit der Bestäubung von Blüten durch Wind und Insekten. Er fühlte das Bedürfnis, Lehrjahre als Botaniker zu absolvieren, aber er übersprang das Gesellenstadium und machte sich schnell zum Meister.

Auch hier bildete sein Sammeltrieb die Grundlage der wissenschaftlichen Forschung; hatte er doch schon auf seiner Reise Tausende Pflanzen gesammelt, die nun von kompetenten Kollegen systematisch bestimmt wurden. Es erwies sich hierbei, daß Darwin sehr viele neue Arten entdeckt hatte; manche von ihnen erhielten denn auch seinen eigenen Namen als Beiwort ihrer allgemeinen Kennzeichnung – ein Brauch, der seit Carl von Linné (1707-1778) bei den Botanikern und Zoologen üblich war.

Es ging nun darum, ein Domizil zu finden, wo ein stilles Gelehrtenleben absolviert werden konnte. Darwin und seine Frau fanden nach langer Suche in dem Dorfe Downe in Kent ein stattliches Landhaus, das sie käuflich erwarben. Zum Haus gehörte ein 60.000 Quadratmeter großes Grundstück. Das Anwesen war dreißig Kilometer von London entfernt; bis zur nächsten Eisenbahnstation waren ebenfalls mehr als ein Dutzend Kilometer zurückzulegen.

Darwin hatte nun die Einsamkeit, die er sich sehnsüchtig gewünscht hatte. Dazu kam ausreichend Ackerboden, worauf er botanische Experimente durchführen konnte. Downe wurde sein Refugium auf Lebzeiten; nur selten gingen die Darwins auf Reisen, und selbst das geschäftige London mit seinem Kulturbetrieb lockte sie kaum je zu längeren Aufenthalten. In der Stille von Downe wurden die sensationellen Erkenntnisse gewonnen und die großartigen Bücher geschrieben, welche die Welt in Aufruhr versetzen sollten.

Seit 1837 arbeitete Darwin am Thema der Entstehung und Abänderung der Tier- und Pflanzenarten. Ein erstes Notizbuch über Beobachtungen und Lektüre wurde angelegt. Eigene Gärtnerei und Korrespondenz mit Tier- und Pflanzenzüchtern ergaben ein reichhaltiges Material. Aber noch zeigte sich keine Idee, welche die vielfältigen Tatsachen zu einem Sinnzusammenhang vereinigen konnte.

Da las Darwin 1838 per Zufall das Buch des Sozialforschers Thomas R. Malthus *Über die Bevölkerung* (1798), worin das materielle Elend großer Bevölkerungsschichten auf das unkontrollierte Anwachsen der Einwohnerschaft eines Landes zurückgeführt wurde. Nach Malthus nahm die Einwohnerzahl in geometrischer Progression zu (1, 2, 4, 8), indes die Nahrungsmittelmenge infolge des abnehmenden Bodenertrages nur in arithmetischer Reihe gesteigert werden könne (1, 2, 3, 4). Als Folge davon ergebe sich Hunger und Verelendung; manchmal erfolge allerdings auch ein Ausgleich durch Seuchen, Kriege und Naturkatastrophen. Malthus jedoch empfahl als Heilmittel gegen dieses „Naturgesetz“ die Spätheirat und die sexuelle Enthaltsamkeit.

Darwin übertrug diesen Gedanken auf die Natur als Ganzes. Auch hier sah er einen permanenten Kampf ums Dasein, der zur Ausmerzung der Lebensunfähigen und zum Überleben des Tüchtigsten führen müsse. Damit glaubte er den Motor der Artenentwicklung gefunden zu haben. Ähnlich wie Tier- und Pflanzenzüchter unter den Lebewesen immer die passendsten zur Fortpflanzung auswählen, gebe es auch eine natürliche Selektion, welche die zufälligen Vorteile morphologischer Gestaltung und funktioneller Tüchtigkeit ausnütze, um höhere Lebewesen heranzubilden. Schon 1842 wurde dieses Konzept in einem kurzen Abriß formuliert, und 1844 wurde daraus ein handgeschriebener Entwurf von ca. 320 Seiten.

Aber Darwin war nicht der Mann, der zu raschen Veröffentlichungen bereit war, solange er seine Auffassungen nicht durch umfängliche Studien und Beweise sichern konnte. Fünfzehn Jahre mußten seit 1844 vergehen, bis er sich dazu drängen ließ, das Buch über *Die Entstehung der Arten durch natürliche Zuchtwahl* (1859) zu publizieren. Wie es dazu kam, ist durchaus des Erzählens würdig.

Geplant wurde ein mehrbändiges Werk von einigen tausend Druckseiten, das unwiderleglich die Evolution in der belebten Natur darlegen sollte. Aber schon 1856 riet ihm sein geologischer Mentor Lyell, doch seine Ansichten in einer knapperen Fassung niederzuschreiben. Darwin zögerte weiterhin, aber plötzlich bekam er es doch etwas eilig.

Der englische Zoologe Alfred R. Wallace (1823-1913) befand sich damals auf einer kleinen Molukkeninsel und bestritt seinen Lebensunterhalt durch das Sammeln tropischer Tiere, die er zum Verkauf nach London schickte. Er hatte in seiner Einsamkeit in der Nähe des Urwaldes viel Zeit zum Nachdenken; vor allem beschäftigte ihn die Frage der Artenentstehung. Schon 1855 schrieb er einen Aufsatz *Über das Gesetz, welches das Erscheinen neuer Arten bestimmt*, der in einer bedeutenden englischen Zeitschrift abgedruckt wurde. Des weiteren gibt es von ihm das eindrückliche Buch *Der Malayische Archipel* (Frankfurt a. M. 1983), worin er die Vielfalt seiner Beobachtungen beschreibt.

Lyell las die Abhandlung und erkannte sogleich deren Tragweite und die Verwandtschaft mit Darwins Hypothesen. Er schrieb sofort an Darwin, machte ihn auf Wallaces Essay aufmerksam und verlangte wieder einmal, daß Darwin nun nicht länger mit seinem revolutionären Konzept hinter dem Berg halten sollte. Es war Darwin furchtbar unangenehm, aus bloßen Prioritätsgründen schnell ein Buch zu schreiben. Aber er willigte immerhin ein, daß sein Entwurf und ein weiterer Artikel von Wallace (*Über die Neigung der Varietäten, in unbestimmter Weise von dem ursprünglichen Typus abzuweichen*) gemeinsam in einem Fachorgan publiziert wurden.

Beide Forscher (sowohl Wallace als auch Darwin) benahmen sich wie vollendete Gentlemen und vermieden einen häßlichen Prioritätsstreit; vor allem Wallace gab zu, daß Darwin vor ihm schon auf die Spur der Evolutionsidee geraten sei, und Darwin seinerseits anerkannte neidlos, daß Wallaces Abhandlung „wundervoll im Ausdruck und vollkommen klar sei". Im übrigen erregten die beiden Erzeugnisse der Evolutionstheoretiker im Lande wenig Aufmerksamkeit.

Aber nun war der Groschen gefallen, und Darwin machte sich energisch an die Ausarbeitung seines epochemachenden Buches. Im Laufe von mehr als einem Jahr schrieb er das Werk, das die geistige Landschaft des 19. und 20. Jahrhunderts umformte wie ein Erdbeben. Was war die Botschaft in diesem Buch, welche die Menschen in der zweiten Hälfte des 19. Jahrhunderts so mächtig aufwühlte und erschütterte?

Darwin stellte darin vier Postulate auf: 1. Die belebte Welt ist nicht unveränderlich, sondern in einer ständigen Entwicklung. Unzählige Arten haben bereits auf der Erde gelebt; viele davon sind untergegangen. Auch jetzt ist die Zahl der Arten riesig. Aber diese Lebewesen sind nicht durch göttliche Schöpfungsakte entstanden, sondern durch ganz natürliche Faktoren. Arten können auseinander hervorgehen.

2. Diese Transmutation oder Evolution erfolgt in kleinen Schritten. Es kommt überall zu zufälligen Abänderungen, von denen sich manche im Kampf ums Dasein als nützlich erweisen. Die Natur wählt gleichsam die Besten und Tüchtigsten aus und ermöglicht ihnen eine zahlreiche Nachkommenschaft. Untaugliche Lebensformen werden benachteiligt und ausgemerzt.

3. Vermutlich hat sich das Leben aus einer einzigen Urform entwickelt. Aber nicht nur die verbesserten Formen erhielten sich am Leben; bekanntlich gibt es neben den Höherentwicklungen auch noch viele niedrige Arten, die sich

auch behaupten konnten, weil sie irgendwie an ihre Umwelt und an ihre Lebenserfordernisse ganz gut angepaßt waren. Der Zwang einer Entwicklung zum Besseren besteht nicht.

Die Abänderungen an Pflanzen und Tieren, die sich per Zufall einstellen, können höhere Perfektion mit sich bringen, aber auch Spezialisierung und Verkümmerung. So hat es etwa für manche Parasiten, die im Innern eines Wirtes leben und dort alle Lebensnotwendigkeiten vorfinden, durchaus keinen Nutzen, wenn sie sich auf einen Grad höherer Vollkommenheit hin abändern.

4. In der Natur herrscht ein grimmiger Kampf ums Überleben. Jedes Lebewesen hat nicht nur Feinde; auch Natur und Klima sind Faktoren, die als feindlich in Betracht kommen können. Ebenso ist die Konkurrenz zwischen Artgenossen und Pflanzen oder Tieren eines gemeinsamen Biotops hart und unerbittlich. So kommt es zu einer natürlichen Auslese, die noch durch eine sexuelle Auslese ergänzt wird. Die schönsten und stärksten Männchen haben zum Beispiel bessere Chancen, die Gunst der Weibchen zu gewinnen und zur Fortpflanzung zugelassen zu werden.

So kann man sich etwa denken, daß Vögel mit prächtigem Gefieder und herrlichem Gesang in der sexuellen Wettbewerbssituation einen Vorrang bekommen; polygam lebende Tiere (z.B. Wiederkäuer, Pferde usw.) werden erfolgreicher in der Anschaffung eines Harems sein, wenn sie kraftvoll, gewandt und schön sind. So züchtet die Natur ähnlich wie die Menschen besonders gute Exemplare aller Lebewesen, und was Züchtung vermag, haben Tier- und Pflanzenzüchter hinlänglich bewiesen.

Seit Darwins Werk ist der Stammbaum des Lebendigen in großen Zügen sichergestellt; wir wissen heute um die Verwandtschaft aller Lebensformen, und wir können sogar angeben, wer mit wem (in welchem Grade) „intim verwandt“ ist (was derzeit durch die Genom-Analyse unendlich verfeinert wurde). Durch diese Verwandtschaftsbeweise, zu denen eine ganze Reihe von Spezialwissenschaften ihre Belege liefern, konnte die Evolution des Lebens im Detail rekonstruiert werden; durch das Tor, das Darwin geöffnet hat, sind viele Tausende Biologen hindurch gezogen und haben aus der Biologie eine Forschungsdisziplin gemacht, deren Wissensvielfalt heute kaum noch von einem einzelnen Forscher überblickt werden kann.

Niemand kann in unseren Tagen an der Wahrheit der Abstammungslehre zweifeln. Unser Bild der Natur hat endlich eine realistische Basis bekommen. Wir sehen mit absoluter Deutlichkeit die beiden Konstrukteure des Artenwandels (wie Konrad Lorenz sagte), nämlich Mutation und Selektion am Werk. Sie arbeiten und wirken in Zeiträumen von vielen hunderten Millionen Jahren, und sie erreichen Ziele, über die man nicht aufhören kann sich zu verwundern. Man benötigt nicht mehr die Hypothese eines Schöpfergottes, um Aufstieg und Fülle der Lebenserscheinungen begreiflich zu machen. Alle bekannten Tatsachen der Forschung fügen sich zwanglos in das Konzept von Darwin ein, und wir haben keinen Grund anzunehmen, daß zukünftige Forschungsresultate der Abstammungstheorie widersprechen könnten.

Schon am Tag des Erscheinens der ersten Auflage der *Entstehung der Arten* wurden 1250 Exemplare verkauft; der Buchhändler mußte sofort eine Neuauflage von 3000 Stück drucken. Auch diese war bald erschöpft. Man riß sich um dieses nüchterne, von Tatsachen und vorsichtigen Schlußfolgerungen prall gefüllte Werk, von dem jedermann zu ahnen schien, daß es ein jahrhundertelang geltendes Weltbild umzustürzen fähig war.

Dabei hatte Darwin nach Möglichkeit eine offene Kampfansage an die Theologie vermieden. Es lag in der Logik seiner Argumente, daß man den von ihm aufgedeckten Mechanismus der Artenentwicklung auch auf den Menschen anwenden mußte; aber im Buch war nur zu lesen: „Licht wird auch fallen auf den Menschen und seine Geschichte."

Die Zeitung *The Times* veröffentlichte eine umfängliche Besprechung von Thomas H. Huxley, der Darwins Freund und Gesinnungsgenosse war. Huxley war ein leidenschaftlicher Befürworter der Abstammungstheorie, dazu auch ein Kämpfer mit hohen Qualitäten, der – anders als Darwin – öffentliche Auseinandersetzungen liebte und souverän zu gestalten wußte. Er wurde später zu „Darwins Bulldogge", d.h. zum unerbittlichen Apologeten der neuen Lehre, die bald die heftigste Opposition konservativer und kirchlicher Kreise auf den Plan rief. Ein regelrechter Ideenkrieg wurde um 1860 begonnen.

Die Elite der englischen Naturwissenschaftler bekehrte sich relativ schnell zu Darwins Theorie; aber in den Niederungen des Zeitungswesens und in den öffentlichen Debatten wurden andere Töne hörbar. Allgemein wurde es als eine gewaltige Attacke auf den Bibelglauben empfunden, und darum fühlte sich die Geistlichkeit dazu aufgerufen, die traditionelle Schöpfungslehre mit ebensoviel Leidenschaft wie Unkenntnis zu verteidigen. Ein Führer im Streite war Sam Wilberforce, der Bischof von Oxford, der von kritischen Geistern als der „seifige Sam" bezeichnet wurde. Dieser kämpfte leidenschaftlich gegen die Evolutionshypothese an.

Eine entscheidende Auseinandersetzung erfolgte 1860 in der Universität Oxford, wo Huxley und Wilberforce einen vielbeachteten Zusammenstoß hatten. Wilberforce entfaltete seine predigerhafte Rhetorik und sprach davon, welche Beunruhigungen er empfinden müßte, wenn man ihm einen Affen im Zoo als Vorfahren zeigen würde. Dann wandte er sich direkt an Huxley, der im Publikum saß, und fragte ihn, ob er „seine Abstammung von einem Affen durch seinen Großvater oder seine Großmutter herleite". Als Huxley diese primitive Frage hörte, flüsterte er seinem Nachbarn, einem berühmten Chirurgen, zu: „Der Herr hat ihn in meine Hand gegeben!"

Die ziemlich beglaubigte Antwort Huxleys an Bischof Wilberforce war in der illustren Oxforder Versammlung: „Wenn mir also die Frage gestellt würde, ob ich lieber einen elenden Affen zum Großvater haben möchte oder einen von Natur aus hochbegabten Mann von großen Mitteln und von großem Einfluß, der aber diese Fähigkeiten und diesen Einfluß nur zu dem Zweck gebraucht, eine ernsthafte wissenschaftliche Diskussion ins Lächerliche zu ziehen, so bekunde ich ohne Zögern meine Vorliebe für den Affen."

Dieser Angriff auf einen Bischof der anglikanischen Kirche war so unerhört, daß eine Dame der Gesellschaft in Ohnmacht fiel. Aber die meisten Zuhörer applaudierten und schienen Huxley Recht zu geben. Nicht so die Tribüne. Robert FitzRoy, Darwins Kapitän auf der Weltreise und damals bereits Admiral und gewesener Gouverneur von Neuseeland, erhob sich im Zuhörerraum, erinnerte an seine Differenzen mit Darwin auf der *Beagle* und schwang eine Bibel über seinem Kopf mit den Worten, diese allein sei die Quelle der Wahrheit.

Aber der berühmte Botaniker J. Hooker machte auf die Leute mehr Eindruck, als er sagte: „Ich erfuhr von dieser Theorie vor fünfzehn Jahren. Ich war damals ganz gegen sie. Ich argumentierte immer und immer wieder gegen sie; aber seit damals habe ich mich unaufhörlich der Naturgeschichte gewidmet; dabei bin ich um die Welt gereist. Tatsachen dieser Wissenschaft, die mir zuvor unerklärlich waren, wurden nacheinander durch diese Theorie erklärt, und so wurde einem unwilligen Konvertiten allmählich die Überzeugung aufgezwungen."

So wurde im Sommer 1860 ein prächtiger Sieg für jene Ideenrichtung erfochten, welche man später den Darwinismus nennen sollte. Darwin, der still und ruhig in seinem Hause in Downe saß, las mit Genugtuung die Berichterstattung von diesen Streitigkeiten, an denen er keinen direkten Anteil nehmen wollte und konnte. Es folgte noch später eine umfangreiche Abhandlung von Wilberforce über *Die Entstehung der Arten*, die aber keine neuen Gedanken brachte. Der Tenor der Argumentation war, daß Darwins Lehre nicht mit dem Wort Gottes vereinbar sei. Darwin amüsierte sich köstlich über diese Rezension, über deren diplomatische Geschicklichkeit er sich anerkennend aussprach.

Bischof Wilberforce kämpfte noch bis 1873 gegen den Darwinismus; in jenem Jahr wurde er von seinem Pferde abgeworfen, fiel mit dem Kopf gegen einen Stein und starb. Der boshafte Huxley, dem die bischöflichen Attacken doch zu schaffen gemacht hatten, konnte sich die Bemerkung nicht verkneifen, daß dieser Unfall die einzige Situation gewesen sei, in welcher „das Hirn von Sam Wilberforce mit der Realität in Berührung gekommen wäre", und „das Ergebnis sei tödlich gewesen!"

Seit der denkwürdigen Naturforscherversammlung in Oxford entbrannte der Kampf um die Abstammung des Menschen, den eigentlich Darwin in seinem Buch noch nicht entfachen wollte. Aber Hitzköpfe wie Huxley und Ernst Haekkel (1834-1919) in Deutschland gaben der Evolutionstheorie eine radikalere Wendung und wandten die Darwinschen Lehren auf die menschliche Deszendenz an. Auch ritten sie scharfe Attacken gegen die Religion, die der ebenfalls ungläubige Darwin aus Rücksichtnahme gegen seine Familie – vor allem gegen seine fromme Frau – vermieden hatte.

Der Zeitgeist hatte offenbar begriffen, daß die neue Theorie in ähnlicher Weise an der religiösen Weltanschauung rüttelte, wie dies seinerzeit die kopernikanische Wendung in der Astronomie getan hatte. Auch als Kopernikus auftrat, lieferte die Kirche turbulente und grausame Rückzugsgefechte; bei Darwin mußte sie zwar milder und toleranter vorgehen, aber sie bekämpfte auch diesmal unerbittlich den wissenschaftlichen Fortschritt.

Selbst Alfred Russel Wallace, der mit Darwin zusammen das Evolutionsprinzip gefunden hatte, erlag der religiösen Argumentation. Seiner Auffassung nach hatte Gott dreimal in die Geschichte des Lebens eingegriffen: Er schuf die lebende Materie, gab den höheren Lebewesen Bewußtsein und verlieh schließlich noch dem Menschen die Seele. Allerdings wurde der kompromißbereite Wallace, der das Alter von neunzig Jahren erreichen sollte, in späteren Jahren ein Spiritist, der glaubte, daß das Weltall ein Versammlungsort unzähliger Geister sei, von denen einer vermutlich „in einen Affen gefahren sein könne, so daß der Mensch entstand“. Eine solche Hypothese konnte den kirchlichen Instanzen schon besser gefallen.

Selbst die Politiker beteiligten sich an dieser Erörterung. Der Führer der Konservativen Benjamin Disraeli (1804-1881), der zweimal Premierminister wurde, stellte in einer Oxforder Diözesankonferenz die rhetorische Frage: „Ist der Mensch ein Affe oder ein Engel?“ Und er beeilte sich, seinen frommen Zuhörern zu versichern: „Ich für mein Teil stehe auf der Seite der Engel!“ In zahlreichen Zeitungen erschienen Karikaturen, die Darwin, Huxley und andere Befürworter des Evolutionismus als Affen darstellten. Aber Darwins Weltruhm ließ sich dadurch nicht aufhalten.

Der Fortschritt der Wissenschaft selbst sprach immer mehr zu seinen Gunsten. So wurde 1861 in Bayern ein gut erhaltener fossiler Überrest des sogenannten *Archäopterix* gefunden, eines Urvogels, der zwar schon Federn hatte, aber an der Wirbelsäule und am Schwanz deutliche Merkmale eines Reptils zeigte. Offenbar hatte man hier einen Übergang zwischen Reptilien und Vögeln vor sich, d.h. ein Lebewesen, das Bäume erkletterte und dann im Gleitflug sich zur Erde herablassen konnte. Auch entdeckte man gezahnte Vögel, d.h. fliegende Lebewesen, die infolge ihrer Herkunft aus der Reptiliengruppe noch Zähne aufwiesen. An ihnen waren Schuppen zu Federn geworden, und die Knochen hatten durch Aushöhlung und Luftfüllung ihre für Vögel typische Leichtigkeit bekommen.

Auch der Stammbaum der Pferde konnte immer genauer rekonstruiert werden, vom 30 Zentimeter hohen *Eohippus* (ein mehrzehiges Pferdchen) bis zum Pferd der Gegenwart (welches ein Einhufer und Zehenspitzengänger ist). In Thomas Manns *Bekenntnisse des Hochstaplers Felix Krull* erläutert Professor Kuckuck im Eisenbahnzug von Paris nach Lissabon dem erstaunt aufhorchenden jungen Hochstapler die Urgeschichte des Organischen und unter anderem auch die Abstammung des Pferdes von einem Tapir und einem Nashorn, längst ausgestorbenen Arten, die das Liliputpferdchen in die Welt setzten. Darwin selbst meinte, die Forschungen über die Abstammungslinie des Pferdes seien eine der kräftigsten Stützen der Evolutionslehre.

Aber während sich die Theologen und ihre Widersacher weltweit in den Haaren lagen, lebte Darwin friedlich im Kreise seiner wachsenden Familie. 1839 wurde sein erstes Kind William Erasmus geboren. Zwei Jahre später folgte Anna, 1842 kam Marie-Eleonora zur Welt, dann Henrietta Emma (1843), 1845 George, 1848 Francis, 1850 Lenny. Darwin liebte seine Kinder sehr und widmete ihnen viel von seiner Zeit. Aber auch hier konnte er den Forscher nicht verleugnen. Er beobachtete minuziös die seelische und geistige Entwicklung seiner Kinder und zeichnete auch ihre Ausdrucksregungen auf; später sollte er sie in seinem Buch über den *Ausdruck der Gefühle bei Mensch und Tier* (1872) sehr nützlich verwenden können.

Aber daneben war er auch ein gütiger und allzeit verständnisvoller Vater, von dem kaum je ein hartes und unfreundliches Wort zu hören war. Seine Kinder hingen mit ungewöhnlicher Liebe an ihm, und sobald sie heranwuchsen, nahmen sie Anteil an seinen wissenschaftlichen Überlegungen. Vor allem die Knaben wurden Helfer bei seinen Experimenten und Beobachtungen.

Überschattet war aber das Familienleben in Downe durch die Tatsache, daß Darwin bald nach seiner Eheschließung zu kränkeln begann. Er blieb eigentlich zeit seines Lebens ein Patient; nur mühsam erübrigte er jeden Tag einige Stunden, an denen er mit wacher Aufmerksamkeit seine Arbeit durchführen konnte. Fast dauernd kam es zu Krankheitsschüben mit Abgeschlagenheit und Erschöpfungszuständen, die auch durch die damals üblichen Kaltwasserkuren nicht behoben werden konnten.

Diese Krankheit konnte bis zum heutigen Tag nicht in befriedigender Weise aufgeklärt werden. Manche Autoren vermuten eine Infektion, die sich Darwin auf seinem Ritt durch die Anden zugezogen habe. Solche Tropenkrankheiten waren damals noch kaum erforscht und konnten auch nicht medikamentös behandelt werden. Andere Darwinspezialisten sprechen von einer Arsenvergiftung, die dadurch entstanden sein mag, daß Darwin von seinem Vater wegen Ekzemen mit Arsen behandelt wurde; auch wurde dieses Gift in jenen Zeiten als Tonikum verwendet, und Darwin scheint eine gewisse Menge davon auf seine Weltreise mitgenommen zu haben.

Darwin zog aus seiner rätselhaften Krankheit einen für ihn wichtigen Gewinn: Er konnte viele gesellschaftliche Verpflichtungen mit Hinweis auf sein Leiden eliminieren. Das kam ihm sehr entgegen, denn im Grunde war wissenschaftliche Arbeit die Hauptleidenschaft seines Lebens. Nicht ganz unrecht mag jener Autor haben, der behauptete, man hätte Darwin einen Bärendienst geleistet, wenn man ihn von seiner Erkrankung hätte kurieren können. Vielleicht wären dann weniger wichtige Publikationen entstanden, die das geistige Antlitz unserer Epoche veränderten.

Zum Glück war Emma Darwin eine ideale Krankenpflegerin, mit der auch ein lebenslänglicher Patient heiter und gelassen zusammenleben konnte. Darwin nannte sie seinen Engel, und in der Tat hielt sie allen Ärger von ihm fern, pflegte ihn mit unablässiger Geduld, nahm Anteil an seinen Beschäftigungen und erleichterte ihm seine schwierigen Aufgaben. Oft las sie ihm abends aus einem leichten Roman vor, oder das Ehepaar spielte mit Leidenschaft *Backgammon*, wobei Darwin in seiner gewohnten Systematik genau Buch führte, wer jeweils diese Partien gewann. Nach Jahrzehnten konnte er triumphal feststellen, daß er 2795, Emma aber nur 2490 Partien auf dem Gewinnkonto zu verbuchen hatte; er schrieb in sein Tagebuch im Anschluß daran: „Hurra! Hurra!“

Auch die Bedienten des Hauses rühmten ihn als einen rücksichtsvollen Herrn, der alle seine Anordnungen mit der Höflichkeit eines Gentleman ausgab. Er war fürsorglich für alle, ein freundlicher und zuvorkommender Mensch, der auch nach seinen sensationellen Erfolgen als Wissenschaftler immer bescheiden und sachbezogen blieb.

Sehr umsichtig legte er das stattliche Familienvermögen an, um seinen Kindern eine gute Ausbildung zu ermöglichen. Er war ein Mann von hohem Verantwortungsgefühl, der sich seiner Bedeutung für die Wissenschaft wohl bewußt war, aber davon wenig Aufhebens machte. Er sprach von seinen „mäßigen Fähigkeiten" und verwunderte sich darüber, daß er durch seine Erkenntnisse einen weltweiten Einfluß erlangte.

Gerade in dieser großartigen Bescheidenheit erkennen wir den Stempel der Genialität. Man hat mit Recht gesagt, daß ein Genie das Herz eines Kindes und den Kopf eines blitzgescheiten Erwachsenen haben müsse: Bei Darwin jedenfalls scheint dies der Fall gewesen zu sein. Alles an diesem Menschen und Forscher war geradlinig, redlich und von keiner Selbstgefälligkeit angekränkelt. Es ging ihm ganz schlicht um die Wahrheit – alles andere war ihm gleichgültig. Sigmund Freud bewunderte an ihm den Ausspruch, er habe sich alle Beobachtungen und Gedanken, die mit seinen eigenen Befunden in Widerspruch stünden, stets sofort notiert, da er beobachtet habe, daß man solche Ideen meistens zu vergessen pflege – Freud nahm dies als Beleg für seine Theorie von der Lückenhaftigkeit des Gedächtnisses und den Verdrängungen.

Vermutlich hat Darwin aus seiner intellektuellen Redlichkeit und einer nicht narzißtischen Charakterstruktur die Kraft geschöpft, gegen den Widerstand der stumpfen Welt seine neuen Erkenntnisse zu gewinnen, auszubauen und geduldig zu propagieren. Er war sich wohl bewußt, daß bei ihm keine Rhetorik vorwaltete, sondern echter Arbeitseifer und authentische Wißbegierde.

Weitere wissenschaftliche Arbeiten von Weltrang. – Darwin hatte mit seiner Evolutionstheorie ein neues Denkmodell geschaffen, ein Paradigma oder Denkmuster (Th. S. Kuhn), welches sich sofort als ungemein fruchtbar erwies. Schon 1861 kam der französische Forschungsreisende Paul Belloni du Chaillu nach England und brachte ausgestopfte Gorillas mit sich, die er in Äquatorialafrika getötet hatte. Man war allgemein beeindruckt durch die Ähnlichkeit der Gorillas mit dem Menschen, und der Franzose konnte auch einiges über das Verhalten dieser Tiere berichten, deren Verwandtschaft mit dem Menschen kaum zu bestreiten war.

Huxley hielt viel beachtete Vorträge, in denen er unbekümmert die „Affentheorie" verkündete. Er sprach regelmäßig auch vor Arbeitern, oft vor mehr als 2000 Zuhörern. Darüber schrieb er an seine Frau: „Die Arbeiter halten wunderbar zu mir. Der Saal war gestern abend voller denn je. Bis zum nächsten Freitag abend werden sie alle davon überzeugt sein, daß sie Affen sind."

Mutige Wissenschaftler in aller Welt bekannten sich zu Darwin und eröffneten den Kampf gegen die Kirche und ihre Gefolgsleute. Schon 1863 publizierten Lyell und Huxley ihre Bücher *Das Alter des Menschengeschlechtes* bzw. *Zeugnisse für die Stellung des Menschen in der Natur*. Carl Vogt (1817-1895) im deutschsprachigen Bereich hielt *Vorlesungen über die Natur des Menschen*, und Ernst Haeckel, einer der leidenschaftlichsten Kämpfer für die Abstammungslehre, sprach vor der Deutschen Naturforscherversammlung in Stettin über die „Entwicklungstheorie Darwins", wobei er an Deutlichkeit nichts zu wünschen übrig ließ.

Aber noch beteiligte sich Darwin nicht an diesen Scharmützeln, da er mit anderen Forschungsarbeiten beschäftigt war. Die Botanik zog ihn damals besonders an. Er untersuchte die Befruchtungsmethoden der Pflanzen, wobei ihm einige Entdeckungen gelangen. Durch Zufall wurde er auch auf die sogenannten fleischfressenden Pflanzen aufmerksam. *Drosera helix* oder Sonnentau hat die eigentümliche Fähigkeit, durch Zuklappen ihrer Blätter mit reizbaren, gestielten, beweglichen Verdauungsdrüsen (Tentakeln) Insekten einzufangen und durch eiweißlösliche Enzyme zu verdauen. Die Beobachtungen, die Darwin hierbei sammelte, verwertete er später in seinem Buch *Insektenfressende Pflanzen*, das 1875 erschien.

Auch die Orchideen faszinierten ihn durch ihre merkwürdigen Befruchtungstechniken, die er gründlich studierte. Das Zusammenspiel von Insekten und Befruchtungsvorrichtungen ist dabei so ausgeklügelt, daß Darwin geradezu in Enthusiasmus verfällt, wenn er dergleichen schildert. Auch hier kam es zu einem Buch über *Die verschiedenen Einrichtungen, durch welche Orchideen von Insekten befruchtet werden* (1862). Der berühmte Botaniker Hooker schrieb über diesen Text:

> Darwins Arbeit über die Befruchtung von Orchideen ist ganz einzigartig – in der ganzen botanischen Literatur gibt es nichts Vergleichbares. Ich frage mich wirklich, ob er nicht als einer der größten Naturforscher gelten wird, die je gelebt haben; sein Beobachtungs- und Erinnerungsvermögen sowie seine Urteilskraft scheinen überreich, sein Fleiß ist offenbar unermüdlich und seine Klugheit, Versuche anzulegen, das Übermaß an Erfindungsgabe und Sorgfalt, mit der er sie ausführt, unübertroffen.

Der nächste Schritt in Darwins Forschungen war das Buch über *Das Variieren der Tiere und Pflanzen im Zustande der Domestikation* (1868). Zuvor hatte er sich mit den *Bewegungen und der Lebensweise der kletternden Pflanzen* befaßt, was ebenfalls zu einer bedeutenden Publikation geführt hatte. Aber nun schien es ihm an der Zeit, wieder zu einem Thema von Weltinteresse zurückzukehren; er machte sich daran, seine Abstammungstheorie auf den Menschen anzuwenden.

Man erwartete gleichsam ein derartiges Buch von ihm, aber Darwin zögerte lange, es in Angriff zu nehmen. Seine Gattin Emma war eine religiöse Frau, und schon der Evolutionsgedanke schien sie mächtig beunruhigt zu haben. Als nun das Thema „Mensch" aufs Tapet kam, äußerte sie bekümmert, daß „Gott nun noch weiter weggeschoben werde". Darwin war nicht der Mann, der die religiösen Gefühle seiner Frau (die er nicht teilte) verletzen wollte. Daher das Aufschieben der Fragen der *Anthropogenese*, von deren Bearbeitung er noch mehr Unruhe und Tumulte zu erwarten hatte als bei der allgemeinen Evolutionslehre. Schon Anfang der sechziger Jahre hatte die Frau des Bischofs von Worcester den nachdenklichen Ausspruch getan, der die Einstellung der Frommen zum Deszendenzproblem wunderbar rekapitulierte: „Nachfahren von Affen! Mein Gott, hoffen wir, daß das nicht wahr ist; sollte es aber doch wahr sein, so laßt uns dafür beten, daß es nicht allgemein bekannt wird!"

Darwins Buch *Die Abstammung des Menschen* erschien 1871 und bewirkte doch, daß sich die enge Verwandtschaft von Affe und Mensch sehr herumsprach. Es ist das gründlichste Buch jener Zeit über den Stammbaum des Menschen, über die Parallelen seiner Morphologie, Physiologie, Embryologie und Psychologie zum ganzen Tierreich, vor allem aber zu den Säugetieren und speziell zu den Primaten. Auch hier wieder gelang Darwin ein biologischer Klassiker, ein Jahrhundertwerk, das die Forschungen einer ganzen Epoche zusammenfaßte.

Fast alle Religionen der Erde – nach Sigmund Freud exquisit illusionäre Weltanschauungen und Trostsysteme für die menschliche Eitelkeit – legen enormen Wert auf die Sonderabstammung des Menschen, der einem speziellen Schöpfungsakt seine Entstehung verdanken soll. Nun aber wurde er durch Darwin endgültig in die Natur eingebettet, durch seinen langen und in die Tiefen der Zeit hinabreichenden Stammbaum mit den Einzellern, den Fischen, den Amphibien, den Reptilien, den Vögeln, den Säugetieren und – schockierenderweise – mit den Halbaffen und Affen verwandtschaftlich verbunden. Darwin hatte ein Talent dafür, geistiges Dynamit ins Gesellschaftsleben einzuschmuggeln und mit freundlicher Gelassenheit zur Detonation zu bringen.

Natürlich geht er auch hier mit kühler Sachlichkeit vor. Zunächst untersucht er den Körperbau des Menschen, der genau nach demselben Typus gebaut ist wie bei den anderen Säugetieren. Die Biologen drücken dies so aus: Der Bauplan von Mensch und Säugetier ist weitgehend identisch. Alle Knochen, Muskeln, Nerven, Blutgefäße, Eingeweide und Hirnbestandteile des Menschen haben Analoga z.B. bei den Primaten. Auch ist der Mensch für dieselben Krankheiten und inneren Parasiten anfällig wie etwa die Affen. Wundheilung und Regeneration verlaufen bei ihm ähnlich wie bei allen Lebewesen. Auch die Fortpflanzung ist bei allen Säugetieren – einschließlich des Menschen – ähnlich konstruiert. Werbung des Männchens, Geburt und Aufzucht der Jungen, Brutpflege usw. gehen durch einen Großteil des Tierreiches hindurch. Die Embryonalentwicklung ist bei Mensch und Tier übereinstimmend. Der menschliche Embryo kann auf einer frühen Entwicklungsstufe von den Embryonen anderer Wirbeltiere kaum unterschieden werden.

Viele Tiere (und so auch der Mensch) haben rudimentäre Organe, deren Existenz man nur verstehen kann, wenn man annimmt, daß sie bei Urahnen dieser Lebewesen eine bestimmte und auch notwendige Funktion hatten. Durch Nichtgebrauch verkümmerten sie dann; aber die Rückbildung gelang meistens nur teilweise. So können manche Menschen noch die Muskeln ihrer Kopfhaut zusammenziehen; andere können mit den Ohren wackeln, wie man dies an Tieren sieht. Ein allgemein bekanntes Beispiel für ein Organrudiment ist der Blinddarm respektive der Wurmfortsatz. Bei vielen pflanzenfressenden Tieren ist er sehr lang und versieht offenkundig eine wichtige Funktion. Da der Mensch aber Fleisch- oder genauer gesagt Allesfresser ist, braucht er diesen Fortsatz nicht mehr: Dieser ist nicht nur nutzlos, sondern auch gefahrenbringend, da eine Blinddarmentzündung unter Umständen den Tod herbeiführen kann.

Die Vorfahren des Menschen haben Schwänze gehabt, aber das menschliche Schwanzbein ist ganz verkümmert und daher auch unsichtbar. Beim menschlichen Embryo jedoch ist es noch deutlich zu erkennen: Der Bauplan des Menschen enthält eben Relikte der Vorzeit, die Schlußfolgerungen über das Aussehen unserer Vorfahren erlauben.

Hände und Füße aller Wirbeltiere lassen enge Verwandtschaft mutmaßen. Gewiß kamen Abänderungen aller Art zustande, aber wenn man von äußeren Formgebungen absieht, ist das Bauplanmäßige wiederum analog. Darwin formuliert mit der ihm eigenen Schlichtheit:

> So läßt sich verstehen, warum der Mensch und alle anderen Wirbeltiere nach demselben allgemeinen Modell gebaut sind, warum sie alle dieselben Stadien der Entwicklung durchlaufen und warum sie allgemein gewisse Rudimente beibehalten haben. Wir sollten darum ihre gemeinsame Abstammung ohne Rückhalt zugeben. Es ist nur unser natürliches Vorurteil und die Arroganz, womit unsere Vorväter von Halbgöttern abzustammen erklärten, die uns verleiten, diese Folgerung abzuweisen. Aber die Zeit wird bald kommen, in der es verwunderlich erscheinen wird, daß Naturforscher, die mit der vergleichenden Anatomie und mit der Entwicklung des Menschen und anderer Säugetiere vertraut sind, haben glauben können, daß jedes derselben das Produkt eines besonderen Schöpfungsaktes sei.

Darwin beschäftigt sich auch in diesem Werk mit den Ursachen der Evolution und macht für die Entstehung des Menschen die zufällige Variation von Eigenschaften, die natürliche Selektion im Kampf ums Dasein, vor allem aber die geschlechtliche Zuchtwahl geltend. Die letztere bedeutet, daß schönere, stärkere, klügere und vermutlich auch sozialere Männchen leichter Nachkommenschaft erhalten, da sie von den Weibchen bevorzugt werden und ihre Rivalen aus dem Felde schlagen können. Gewiß hat der Mensch biologische Mängel im Vergleich zu vielen Tieren; diese werden aber durchaus ausgeglichen durch seine Intelligenz, seine Kooperationsfähigkeit und seine gewaltige Anpassungsfähigkeit an alle Lebensbedingungen auf der Erde.

In seinem ersten Hauptwerk hatte Darwin seinen Vorläufer Lamarck noch ohne weiteres beiseite geschoben, da dessen These vom zielorientierten Erwerb neuer Eigenschaften und Organe und deren Weitergabe durch Vererbung seinem Konzept nicht entsprach. Aber in *Die Abstammung des Menschen* würdigt er den Lamarckismus weit freundlicher und verweist selbst darauf, wieviel der Gebrauch oder der Nichtgebrauch von Organen für deren Ausbildung und Verkümmerung bedeuten. Tatsächlich ist Darwin oft ebenso sehr Lamarckist wie Darwinist; er suchte offenbar nach einer Einheit beider Evolutionshypothesen.

Sehr ausführlich behandelt er die Evolution der intellektuellen und moralischen Fähigkeiten bei Tier und Mensch. Überall will er ein graduelles Anwachsen der Potenzen zeigen; alles hat sich stufenweise entwickelt, auch die Intelligenz und die Moral. Tier und Mensch haben einige fundamentale Empfindungen gemein: z.B. etwa den Selbsterhaltungstrieb, die Geschlechtsliebe, die Liebe der Mutter zum neugeborenen Kind. Auf der Ebene des Menschseins ist eine Instinktverminderung eingetreten; das Minus an Instinkten wird durch ein Plus an Intellekt ausgeglichen.

Viele Jahre nach Darwin hat Henri Bergson (1859-1941) zwei Entwicklungslinien im Tierreich auseinandergehalten; bei den Insekten habe sich der Instinkt zu einer gewissen Vollkommenheit ausgebildet, der aber nur für einige wenige Lebenssituationen hinreichend sei; beim Menschen jedoch sei durch die Instinktlockerung die Möglichkeit von Intellekt und Intuition aufgetaucht, zwei Intelligenzformen, die wir geistig nennen müssen. Durch die Intuition erkennt auf schöpferische Weise das denkende und fühlende Subjekt das Lebendige in seinem innersten Wesen; der Intellekt aber ist ein Universalwerkzeug, mit dessen Hilfe jede Form von Technologie geschaffen werden kann.

Aber auch Tiere haben Verstand, und Darwin häuft zahlreiche Beispiele auf, die belegen, was hauptsächlich die Wirbeltiere an Intelligenzleistungen zustande bringen. Bei Schimpansen findet man sogar Andeutungen von Werkzeuggebrauch (was 1911 Wolfgang Köhler auf seiner Affenstation in Teneriffa eingehend erforscht hat). Auch haben sehr viele Tierarten reichhaltige Sprachen, die jedoch von der Menschensprache grundsätzlich verschieden sind. Begriffliches Denken, Vernunft, Feuerverwendung, Zeichensprache und Religion sind echt menschliche Merkmale, für die das Tier kein Gegenstück aufweist. Auch unzählige Vorformen der Moral findet Darwin bei den Tieren; berühmt ist seine folgende Formulierung:

> Es scheint mir im hohen Grade wahrscheinlich zu sein, daß jedwedes Tier mit wohlausgebildeten sozialen Instinkten (Eltern- und Kindesliebe eingeschlossen) unausbleiblich ein moralisches Gefühl oder Gewissen erlangen würde, sobald sich seine intellektuellen Kräfte so weit oder nahezu so weit wie beim Menschen entwickelt hätten.

Aus der Sympathie der Artgenossen füreinander, die man schon im Tierreich beobachten kann, entwickeln sich komplizierte ethische Phänomene wie Treue, Verantwortungsgefühl, gegenseitige Hilfe, Achtung vor sich selbst und vor dem Sittengesetz (Immanuel Kant). Überhaupt ist die Geselligkeit ein wichtiger Faktor in der Evolution. Die geselligen Tiere haben bessere Überlebenschancen als die Einzelgänger, da eine Gruppe sich gegen Naturgewalten, Feinde, Hunger und Not besser behaupten kann als ein isoliertes Individuum.

Darwin gibt wunderbare Beispiele für Liebe und Sympathie zwischen Artgenossen; die innerartliche Aggression wird meistens begrenzt durch Rituale und Führungsverhältnisse, wie sie später durch viele Biologen (z.B. Konrad Lorenz) beschrieben wurden. Man sieht aus diesen Textstellen, daß Darwin kein „Sozialdarwinist" war: Im Gegensatz zu ihm behauptete der Sozialdarwinismus, daß in der Menschenwelt der blutige Kampf aller gegen alle herrsche und auch herrschen müsse, damit Höherentwicklung möglich sei. Diese falsche Anwendung der Darwinschen Erkenntnisse hat bis in die Politik unseres Jahrhunderts hinein (etwa im Faschismus) entsetzliche Folgeerscheinungen zutage gefördert.

Darwin warnt davor, die menschliche Moral aus der Selbstsucht herleiten zu wollen; zur Selbstbehauptung kämen immer noch hinzu die Sympathie und die soziale Verwurzelung. Das Soziale ist so stark im Menschen verankert, daß er jegliche Handlung – auch eine solche, um die er allein weiß – stets aus dem Gesichtswinkel der Gemeinschaft be- und unter Umständen verurteilt; daraus entstehen Scham, Reue, Schuldgefühl und Gewissensbisse. Diese unverkennbaren Moralfaktoren haben ihren Grund darin, daß der Mensch aus einer langen Reihe herdenmäßig zusammenlebender Tiere abstammt, so daß ihm das Soziale gewissermaßen im Blut liegt. In umfassender Weise hat der russische Edelanarchist Peter Kropotkin in seinem Buch *Gegenseitige Hilfe in der Tier- und Menschenwelt* (1904) die in der menschlichen Natur verankerten Tendenzen zur Solidarität und Mutualität (Zwischenmenschlichkeit) im Kampf gegen den „Sozialdarwinismus" in überzeugender Weise dargestellt. Er konnte auch zeigen, daß die sozial lebenden Tiere einen engen Zusammenhalt aufweisen, der ihr Überleben garantiert.

Entgegen allen polemischen Vereinfachungen, die damals schon dem Darwinismus entgegengehalten wurden, hat Darwin nie die These vertreten, daß der Mensch vom Affen abstammt. In seiner allgemeinen Vorsicht postulierte er nur einen gemeinsamen Urahnen, der in grauer Vorzeit zum Stammvater von Affen und auch Menschen wurde. Die Trennung der beiden Entwicklungslinien ist vermutlich schon sehr früh eingetreten. Aber ungeachtet dessen gilt die Zusammenfassung, die Darwin an den Schluß seines Werkes über den Menschen setzte:

> Es ist begreiflich, daß der Mensch einen gewissen Stolz empfindet darüber, daß er sich, wenn auch nicht durch seine eigenen Anstrengungen, auf den Gipfel der organischen Stufenleiter erhoben hat; und die Tatsache, daß er sich so erhoben hat, anstatt von Anfang an dorthin gestellt zu sein, mag ihm die Hoffnung auf eine noch höhere Stellung in einer fernen Zukunft erwecken. Aber wir haben es hier nicht mit Furcht und Hoffnung zu tun, sondern allein mit der Wahrheit, soweit wir fähig sind, sie zu entdecken; und ich habe meine Beweise gegeben, so gut ich eben kann. Und wir müssen, wie mir scheint, jedenfalls zugeben, daß der Mensch mit allen seinen edlen Eigenschaften, mit seiner Sympathie für die Niedrigsten, mit seinem Wohlwollen nicht nur gegenüber anderen Menschen, sondern auch gegenüber dem niedrigsten Lebewesen, mit seinem gottähnlichen Verstand, der ihn die Bewegungen und die Einrichtung des Sonnensystems erkennen ließ, daß der Mensch mit all diesen Fähigkeiten und Kräften in seinem Körperbau immer noch die unaustilgbaren Zeugnisse seines niedrigen Ursprungs erkennen läßt.

Schon die Reaktion auf *Die Entstehung der Arten* war fulminant gewesen; bei der *Abstammung des Menschen* ging es noch viel turbulenter zu. Die konservativen Zeitungen und Zeitschriften sprachen alle davon, daß Darwins Auffassungen die Gesellschaft in ihren Grundfesten erschüttern, indem sie „die Heiligkeit des Gewissens und das religiöse Gefühl zerstören". Tatsächlich fühlten sich die Vertreter der Religion und der ihr zugehörigen konservativen Weltanschauung dazu aufgerufen, der Darwinschen Lehre den Garaus zu machen. Unzählige Debatten entzündeten sich am Problem des Darwinismus, der nun endgültig die Wissenschaft der Epoche revolutionierte.

Die Auseinandersetzungen sind bis zum heutigen Tag noch nicht zur Ruhe gekommen. Nachdem z.B. die katholische Amtskirche fast hundert Jahre lang Darwins Ideen heftig bekämpft hatte, ist sie derzeit immerhin zum Standpunkt bereit, daß der menschliche Leib ein Produkt der Evolution sei; das gelte aber nicht für die Seele des Menschen, die jeweils von Gott durch einen speziellen Gnadenakt eingepflanzt werde.

So weit ist aber nur die wissenschaftliche und bürokratische Elite der Religion; im Fußvolk sind andere Parolen an der Tagesordnung. So sind in den USA in jüngster Vergangenheit wieder die Fundamentalisten zum Zuge gekommen, die auf die Bibel als alleinige Wahrheit schwören und den modernen Wissenschaftsbetrieb als eine Quelle vieler moralischer, politischer und gesellschaftlicher Übel attackieren. Diese Frömmler haben in einigen Staaten der USA die Unterrichtung der Kinder in Evolutionstheorie verboten; sie drängen darauf, im ganzen Land das Evolutionstheorem abzuschaffen.

Gewiß soll man diese Ewiggestrigen in die Schranken weisen und ihr wildes Treiben durch Aufklärung und Information des Volkes unterbinden; aber Zorn und Ärger mögen dabei in Grenzen bleiben, denn derlei Konservatismen sind eigentlich verstehbar. Und sind sie nicht auch ein Beweis dafür, daß der Mensch wirklich vom Affen abstammt? Nietzsche, dem die Affenmäßigkeit des Spieß- und Kleinbürgers früh im Leben schon aufgegangen war, behauptet im *Zarathustra* vielleicht nicht zu Unrecht: „Ihr habt den Weg vom Wurm zum Menschen gemacht, und vieles ist in euch noch Wurm. Einst wart ihr Affen, und auch jetzt noch ist der Mensch mehr Affe als irgendein Affe."

Indes sich Fachleute und Laien die Köpfe heiß stritten, war Darwin bereits bemüht, ein weiteres entwicklungstheoretisches Werk zu beenden, das ebenfalls das Resultat jahrzehntelanger Beobachtungen und Studien war. Es handelte sich um *Der Ausdruck der Gemütsbewegungen bei Mensch und Tier* (1871). Auch hier wieder ein großer Publikumserfolg: Diesmal in einem Grenzgebiet zwischen Biologie und Psychologie, mit einer gewissen Bevorzugung der letzteren.

Schon nach der Geburt seines ersten Kindes (1839) begann er ausdruckskundliche Untersuchungen. Seine Kinder waren seine ersten Versuchspersonen; aber dann las er alle zur Verfügung stehende Fachliteratur, korrespondierte mit unzähligen Experten oder Beobachtern in allen Teilen der Welt, um zu erfahren, ob es bestimmte Ausdruckskonstanten bei Tieren, Naturvölkern, Kindern, Gemütskranken und normalen Erwachsenen gebe. Im Laufe der Zeit sammelte sich ein Materialberg an, den er zu sichten und zu ordnen wußte. Die Ausdruckspsychologie rekurriert heute noch auf den Darwinschen Text, wenngleich sie manche seiner Thesen und Befunde nicht mehr akzeptieren kann.

Bekannt sind die drei Ausdrucksprinzipien, die Darwin seinem Buche zugrunde legt. Das erste ist das Prinzip der zweckmäßig assoziierten Gewohnheiten, das zweite das Prinzip des Gegensatzes, und das dritte das der direkten Tätigkeit des Nervensystems.

1. Durch die Macht der Gewohnheit werden bestimmte Tätigkeiten und Bewegungen verbunden und bleiben verkoppelt, selbst wenn die frühere Zweckmäßigkeit verloren ging.

2. Zu gewissen Seelenzuständen gehören sinngemäß irgendwelche Ausdrucksbewegungen. Soll der entgegengesetzte Seelenzustand ausgedrückt werden, so kommt es zu konträren Bewegungen.

3. Bei Erregungen des Sensoriums und der Seele strömt mehr „Nervenkraft" ab, wird aber auch gelegentlich in charakteristischer Weise unterbrochen. Daraus folgen lebhafte Ausdruckserscheinungen, entweder Überflußphänomene oder Störungen.

Für alle drei Prinzipien ist es leicht, Beispiele zu finden. Warum kratzt man sich den Kopf, wenn man verlegen oder betroffen ist? Man tut so, als ob man ein Jucken am Kopfe hätte, und Verlegenheit oder Betroffenheit sind im übertragenen Sinn ein Jucken am oder im Kopfe. Wenn man etwas ablehnt, schließt man etwa die Augen und wendet den Kopf weg: Man will das Abgelehnte gar nicht sehen. Will man Macht oder Selbstgefühl bekunden, so reckt man sich hoch auf; der Bescheidene oder Unterwürfige wird sich eher kleiner machen, und wenn man einem Menschen begegnet, zieht man den Hut ab – was auch eine Verkleinerung des Erscheinungsbildes bedeutet.

Darwins Beispielsammlung ist so komplett und vielseitig, daß man immer mit Nutzen darauf zurückgreifen kann. Aber in theoretischer Hinsicht hat diese Ausdruckspsychologie unverkennbare Mängel. Sie ist mechanistisch, kausalistisch und biologistisch. Für Darwin war diese Theorieeinstellung nützlich, denn er wollte auch da das Evolutionstheorem belegen. Aber wir Heutigen meinen, daß damit die menschlichen Ausdrucksphänomene sichtlich zu kurz kamen.

Vom heutigen Standpunkt aus wäre einzuwenden, daß man davon ausgehen soll, im menschlichen Bereich sei Ausdruck etwas Personales, d.h. zu beziehen auf die menschliche Person und ihre besondere Existenzweise. Da den Tieren offenkundig Personalität abgeht, sind alle ihre Ausdrucksbekundungen wesensmäßig anders strukturiert als diejenigen des Menschen.

Darwins Materialsammlung ist immer noch faszinierend, nur muß die Deutung dieses Materials weitgehend umgeschrieben werden. Wie dies im einzelnen zu vollziehen ist, kann an dieser Stelle nicht ausgeführt werden. Vorarbeiten zu einer personalistischen Ausdruckspsychologie haben etwa geleistet Ludwig Klages, Max Scheler, F. J. J. Buytendijk, Emil Utitz, Helmuth Plessner, Karl Bühler, Philipp Lersch usw. Vor allem durch die Tiefenpsychologie, die Phänomenologie, die Psychosomatik und die Existenzphilosophie haben wir im Bereich des Ausdrucksstudiums weitgehend umdenken gelernt. Wir verknüpfen heute jegliches Ausdrucksphänomen mit den neueren Erkenntnissen über die spezielle Seinsweise des Menschen, die zu Darwins Zeiten unbekannt waren.

Späte Schriften – Die Autobiographie – Der Darwinismus. – Darwin hatte zeitlebens sehr viel Interesse für die Botanik, und vor allem in seinem letzten Jahrzehnt wandte er sich dieser Wissenschaft zu, die man im Mittelalter die liebenswerte (*scientia amabilis*) genannt hatte. So widmete er sich nach der *Abstammung des Menschen* dem Thema *Die Wirkungen der Kreuz- und Selbstbefruchtung im Pflanzenreich*, worüber er 1876 ein bedeutendes Buch herausgab.

Viele Pflanzen können sich selbst bestäuben, aber auch die Fremdbestäubung führt bei ihnen zur Befruchtung und Samenbildung. Darwin verglich nun Populationen von sorgfältig getrennten Pflanzen derselben Art mit beiderlei Befruchtungsweisen, wobei sich herausstellte, daß die fremdbestäubten auffällig kräftiger waren als die anderen. Damit wurde – lange vor dem Aufkommen der modernen Genetik – entdeckt, daß die Vermischung von Erbmaterial dem Gedeihen der Pflanzen nützlich ist. Die Sexualität der Pflanzen (und nicht nur die der Tiere) stellt ein Laboratorium der Natur dar, in welchem neue Eigenschaftskombinationen entworfen und erprobt werden. Oft ergeben sich hierbei Vorteile, aber manchmal kann auch Selbstbestäubung – wie Darwin registrierte – einen Eigenschaftskomplex hochzüchten, so daß die selbstbestäubte Pflanze der fremdbestäubten überlegen ist.

Darwin unternahm exakte Messungen hinsichtlich des Wachstums von Pflanzen sowohl der einen wie auch der anderen Art. Die Regel, die er fand, war ein Plus für die Fremdbefruchtung. Dabei tauchte natürlich die Frage auf, wie die Natur diese Befruchtungsweise sichert. Insekten, Wind, Vögel und andere Tiere stehen im Dienst der Pflanzenbefruchtung.

Darwin zeigte viele ingeniöse Befruchtungsmechanismen auf, die vor ihm nicht bekannt waren. Viele Pflanzen stellen es so „schlau" an, den Pollen der einen Blüte auf die Narbe der anderen Blüte gelangen zu lassen, daß man Mühe hat, den Gedanken an eine göttliche Planung abzuweisen. Für Darwin kamen derartige Vorstellungen nicht in Betracht. Auch hier sah er die Wirkung der unendlichen Variation und der natürlichen Zuchtwahl, die im Laufe von Jahrmillionen solche Zauberkunststücke vollbringen können.

Wirksam ist hierbei ein erstaunliches Zusammenspiel innerhalb der Natur. So kann zum Beispiel die Yukkapflanze, ein amerikanisches Liliengewächs, nur von der winzigen Yucca-Motte bestäubt werden. Merkwürdigerweise befreit sich diese Motte von ihrer Verpuppung im Erdboden genau in dem Moment, in welchem sich die Blüten der Yukka öffnen. Die kleine Motte fliegt aus und sucht sich ein Männchen. Nach der Begattung, an der das Männchen stirbt, fliegt das befruchtete Weibchen zur Yukkablüte, angezogen von einem spezifischen Duft. Auf der ersten Blüte sammelt es Pollen; damit fliegt das Weibchen zu einer anderen Blüte, kriecht hinein, legt seine Eier in die Samenanlage und planiert den Pollen, den es zu einer Kugel geformt hat, in die Narbenöffnung. Die später ausschlüpfenden Larven nähren sich von den anschwellenden Samen, aber sie verzehren nur zehn Prozent davon: also ein mäßiges Entgelt für die Befruchtung!

Liebevolle Beobachtungen widmete Darwin den Bienen und Hummeln, die gewaltige Befruchtungsarbeit leisten. Aber nicht alle diese Tierchen sind gleich fleißig. Darwin beobachtete viele Hummeln, denen es zu mühsam ist, in die Blüten hineinzukriechen und dort die Bestäubungstätigkeit zu vollbringen. Derartige „Parasiten" zapfen den Blütengrund von außen an, indem sie ein Loch in den Kelch nagen. Leider ist schlechtes Beispiel auch in der Natur ansteckend; die Bienen, die ein Muster selbstvergessener Arbeitslust sind, lassen sich mitunter von den Hummeln verleiten und saugen den Nektar ebenfalls aus diesen Spuntlöchern, ohne in die Blüte einzudringen.

Aber ein reines Vergnügen ist die Befruchtung der Pflanzen für die Insekten nicht immer. Der giftige Aronstab z.B. verbreitet in seiner Blütezeit einen Duft, der ganz bestimmte Insekten anzieht. Er bevorzugt aasfressende Fliegen, und daher schickt er einen Geruch aus, der an verwesendes Fleisch erinnert. Das ist für die Fliegen wie eine Einladung zu einer opulenten Mahlzeit. Kommt aber die Fliege auf der Innenseite des Blumenkelches an, gerät sie auf eine Rutschbahn, die durch winzige Öltropfen gleitfähig geworden ist. Sie rutscht nach unten, durch einen Borstenkreis hindurch, der größere Insekten fernzuhalten vermag. Am Boden des Kelches gibt es Honig, und beim Schlürfen dieses Nektars werden die Fliegen von oben herab bestäubt. Nun erst werden die oben erwähnten Borsten weich, so daß das Insekt wieder in die Höhe kriechen kann. Es fliegt zu einer anderen Aronstabblüte, die es befruchtet. Oft frißt es sich dabei so voll, daß es zu müde ist, die Blütenwand wieder hochzuklettern. Darwin fand in vielen Aronstabblüten tote Fliegen, denen die Blüte mit dem faulen Geruch zum tödlichen Gefängnis geworden war.

Die Befruchtungstechniken der Pflanzenwelt sind wahrhaftig ein großes Wunder: Darwins Bestreben war, dieses Wunder zu entzaubern, wobei ihm Beobachtungen gelangen, welche die Botaniker und Gärtner in aller Welt begeisterten.

In den folgenden ihm verbleibenden Jahren beschäftigte sich Darwin mit dem *Bewegungsvermögen der Pflanzen*, worüber 1880 ein Buch von ihm erschien. Schon vorher hatte er die Kletterpflanzen studiert. Nun aber ging es ihm darum, die allgemeine Beweglichkeit in der Pflanzenwelt eingehend zu erkunden. Er fand, daß sowohl Wurzeln als auch Blätter und natürlich die Triebe sehr beweglich sind. Er nannte einige dieser Bewegungen *Zirkumnutation*, um anzudeuten, daß es sich um spiralförmige Kreisbewegungen handelt, die einen Suchcharakter haben.

Mit sehr einfachen, aber ingeniösen Experimentalanordnungen zeichnete Darwin solche Bewegungsformen auf. Würzelchen suchen offenbar Erde und Feuchtigkeit, und wenn der Forscher ihnen auf dem Wege zu diesen erstrebten Subsistenzmitteln Hindernisse vorlegt, dann überwinden sie diese mit phantastischer Hartnäckigkeit und Gewalt. Pflanzentriebe suchen das Licht, das sie für die Assimilation brauchen. Sie sind dabei nahezu problemlösend, weil sie unbedingt das erreichen, was sie erreichen müssen und sollen. Das beeindruckte Darwin so sehr, daß er an den Botaniker A. de Candolle (1778-1841) schrieb: „Es freut mich immer, Pflanzen auf der organischen Stufenleiter auf einen höheren Rang zu heben."

Zuletzt befaßte er sich gar mit dem Pflanzenschlaf, einem Thema, das den Botanikern noch fast ganz entgangen war. Tatsächlich schlafen Pflanzen in der Nacht, indem sie – wenn möglich – ihr Blattwerk einfalten oder hängen lassen. Es gibt auch mitunter schlaflose Pflanzen, vor allem dann, wenn ihr Leben unruhig ist und wenn sie ihre Lebensgewohnheiten ändern müssen. – Erst Jahrzehnte nach Darwin hat die Pflanzenphysiologie diese Phänomene weiter aufgeklärt und ihre großartige Relevanz unterstrichen.

Eine Sonderstellung in Darwins Schrifttum nimmt seine *Autobiographie* ein. Sie wurde 1876 erstmals niedergeschrieben und bis 1881 durch Ergänzungen erweitert. Ihr genauer Titel lautet: „Erinnerungen an die Entwicklung meines Geistes und meines Charakters". Erst 1958 wurde der vollständige Text von Darwins Enkelin Nora Barlow veröffentlicht.

Wir haben bereits auf dieses Erinnerungswerk verwiesen, das Darwin seinen Kindern hinterließ, weil er ihnen damit eine geistige Orientierung bieten wollte. Er verweilt bei seiner Kindheit, schildert seine früh erwachende Liebe zur Natur und zur Naturbeobachtung. Seinen eher autoritären Vater preist er als Mann von Lebensklugheit und Charakter, der ihn offensichtlich sehr geprägt hat. Es wurde bereits angedeutet, daß Darwins Lebenswerk unter anderem auch ein posthumes Werben um die Gunst und die Anerkennung seines Vaters zu beinhalten scheint. Viele große Leistungen in Welt und Wissenschaft haben – nebenbei – auch diesen Sinn. Die Rolle des Vaters in der Entwicklung des Kindes, vor allem des Knaben im Patriarchat, kann kaum hoch genug eingeschätzt werden.

Wichtigen Aufschluß gibt die Autobiographie über Darwins Weltanschauung und über seine Stellung zur Religion. Sie war kritisch ablehnend, aber diesen Standpunkt mußte er sich mühsam erarbeiten. Noch auf der *Beagle* war er gottgläubig; Zweifel jedoch stürmten auf ihn ein, als seine naturwissenschaftliche Kompetenz wuchs. So schreibt er z.B. über die Gottesempfindung als Gottesbeweis (*Autobiographie*, Berlin 1983, S. 79):

> Ich bin daher nicht der Ansicht, daß derartige innerliche Überzeugungen und Empfindungen als Beweis von irgendwelchem Gewicht für das angesehen werden können, was wirklich existiert. Der Gemütszustand, den großartige Szenen früher in mir anregten und der ganz innig mit einem Glauben an Gott verbunden war, wich nicht wesentlich von dem ab, der häufig das Gefühl des Erhabenen genannt wird; und wie schwierig es auch immer sein mag, die Entstehung dieses Gefühls zu erklären, so kann es kaum mehr als ein Beweisgrund für die Existenz eines Gottes vorgebracht werden, als die mächtigen, wenn auch unklaren, aber ähnlichen Empfindungen, die durch Musik angeregt werden.

Welcher Gott soll denn der wahre sein, fragte sich Darwin, nachdem er die Gottesvorstellungen der Christen, der Mohammedaner, der Juden und der Buddhisten miteinander verglichen hatte. Es widersprach seinem liberalen Weltbild, die eigene Gesinnung als die unfraglich beste hinzustellen, wie dies bei den meisten

Menschen der Fall ist. Darwin verschmähte Eitelkeit und Größenwahn, und dies mußte ihn mit der Zeit von jeglicher Religiosität wegführen.

Aber entsteht dann nicht ein Vakuum für einen Menschen, der den Gottesglauben hinter sich läßt? Darwin war nicht dieser Meinung. Für ihn war es Lebensorientierung genug, im Dienste der wissenschaftlichen Forschung zu stehen und um die Liebe seiner Mitmenschen zu ringen, die er für sein Wohlbefinden unentbehrlich hielt. Alle, die ihn kannten, beschrieben ihn trotz seiner Einsiedlerexistenz als einen hochgradig sozialen Menschen, und er selbst behauptet von sich, er habe eigentlich kaum je im Leben eine ernsthafte Sünde begangen, die er zu bereuen hätte. Daher verspüre er auch keinerlei Gewissensbisse. Er fügt bei (in: *Autobiographie*, S. 82):

> Aber ich habe es sehr, sehr oft bedauert, daß ich meinen Nächsten nicht mehr unmittelbar Gutes erwiesen habe. Als einzige, aber nicht ausreichende Entschuldigung für mich kann jener Umstand gelten, daß ich häufig krank war, sowie meine geistige Konstitution, die mir den Übergang von einer Sache oder Beschäftigung zu einer anderen aufs äußerste erschwerte. Ich kann mir vorstellen, daß ich eine große Befriedigung verspüren würde, könnte ich meine ganze Zeit wohltätigen Werken widmen und nicht nur einen Teil davon, obwohl auch das ein weit besseres Verhalten wäre.

Darwins letztes Buch war *Die Bildung der Ackererde durch die Tätigkeit der Würmer* (1881), worin er nachwies, daß die feine Beschaffenheit des Ackerbodens dadurch zustande kommt, daß die Regenwürmer die Erde durch ihren Darmkanal passieren lassen und hierbei die Ackerkrume wesentlich verbessern. Anscheinend ein winziges und hoch spezialisiertes Thema: Aber Darwin machte daraus einen 200-Seiten-Band, voll von Einsichten, die für Forscher, Bauern und Gärtner von Bedeutung sind.

Bis in die letzten Wochen seines Lebens war Darwin geistig wach und betrieb seine Forschungen mit Hilfe seines Sohnes Frank, der sein Sekretär und Assistent war. Im März 1882 erlitt er einen Schlaganfall, der ihn – den unermüdlichen Wanderer und Spaziergänger – ins Bett zwang. Am 18. April verlor er zeitweise das Bewußtsein; wenn er aber aus dem Koma erwachte, sagte er: „Ich habe keine Angst vor dem Sterben."

Er starb am 19. April 1884 im Alter von 74 Jahren. Seine Angehörigen wollten ihn in Downe begraben; aber die englische Nation beanspruchte ihn für ein Grab in Westminster Abbey, wo er neben Newton, Faraday, Herschel, Charles Lyell und anderen Koryphäen der Wissenschaft beigesetzt wurde.

Dies geschah denn auch im Beisein einer ungeheuren Menschenmenge, darunter viele Repräsentanten der englischen Wissenschaft, aber auch des Adels, begleitet von Mitgliedern der englischen Universitäten und des Parlamentes.

Es ist unzweifelhaft Darwin zu verdanken, daß das 19. und 20. Jahrhundert zu einer Epoche der Biologie wurden; sie wurden allerdings auch – dank anderer Forscher – zu Jahrhunderten der Physik und Chemie, Psychologie, Astronomie und der Geschichts- und Humanwissenschaft. Der Einfluß des Evolutionsgedankens machte sich überall bemerkbar; nicht nur in den Wissenschaften, sondern auch im Alltagsleben und in der Politik. Gewiß gab es noch Rückzugsgefechte der Religion und der religiösen Philosophie; aber sie konnten den Sieg des Darwinismus nur verzögern, nicht verhindern. Und über allem Streit der Meinungen steht fest: Die Evolutionstheorie hat vor allem die Evolution der Wissenschaften mächtig gefördert!

Sigmund Freud z.B. erzählt in einer autobiographischen Schrift (*Selbstdarstellung*, 1925), daß er als junger Mensch vor dem Abitur mit dem Gedanken gespielt habe, Politiker zu werden; dann aber fährt er in dem bekannten Passus fort:

> Indes, die damals aktuelle Lehre Darwins (1873! – J. R.) zog mich sehr an, weil sie eine außerordentliche Förderung des Weltverständnisses versprach, und ich weiß, daß der Vortrag von Goethes schönem Aufsatz *Die Natur* in einer populären Vorlesung von Prof. Carl Brühl kurz vor der Reifeprüfung die Entscheidung gab, daß ich Medizin inskribierte.

Freud war nicht nur ein Einzelfall; für viele Forscher jener Generation war Darwin der Prototyp des Wissenschaftlers, das Vorbild, dem nachzueifern für die meisten als sinnvoll erschien. Man gewöhnte sich so sehr daran, bahnbrechende wissenschaftliche Leistungen zur archetypischen Figur Darwins in Beziehung zu setzen, daß Ernest Jones, Freuds treuer englischer Gefolgsmann, seinen „Meister" bei Gelegenheit als „Darwin des Seelenlebens" begrüßte.

Freud selbst hatte an einem solchen Ehrentitel nichts zu mäkeln; in einer Arbeit aus dem Jahre 1915 (*Die Widerstände gegen die Psychoanalyse*) beschrieb er die irrationalen Einwände gegen seine Lehre und kam zur Schlußfolgerung, nur ihr kleinerer Anteil sei die übliche Kritik, die gegen wissenschaftliche Neuerungen vorgebracht werde. Der größere Anteil rühre davon her, daß der Inhalt der Lehre (der Psychoanalyse – J. R.) die Gefühle der Menschheit verletze, ähnlich wie die Darwinsche Deszendenztheorie und die kosmologische Entdeckung des Kopernikus. In allen drei Theorien werde die menschliche Eigenliebe stark gekränkt.

In den hundert Jahren seit Darwins Tod hat die biologische Wissenschaft erstaunlich viele Rätsel des Lebendigen entschleiert und geklärt. Dank Darwin wissen wir heute über die Geschichte des Lebens auf der Erde, über die innere Struktur des Lebendigen, über Stammes- und Artentwicklung, über die Ur- und Vorgeschichte des Menschen und vieles andere genauestens Bescheid. Sogar die Struktur der lebendigen Materie steht wahrscheinlich vor ihrer endgültigen Aufklärung.

Hierüber können wir nur noch einige Andeutungen mitteilen. Schon zu Lebzeiten Darwins hat Gregor Mendel (1822-1884) die grundlegenden Vererbungsgesetze durch Kreuzungsversuche an Erbsen und Bohnen festgestellt. Seine Experimente blieben aber damals – auch von Darwin – unbeachtet; sie mußten später durch Karl Correns, Erich Tschermak und Hugo de Vries (1900) wieder entdeckt werden. Aber der „Mendelismus" war eine wichtige Ergänzung zum Darwinismus; zeigte er doch auf, wie einfache Merkmale vererbt werden und wie man sich die Eigenschaftskombination bei geschlechtlicher Fortpflanzung denken muß.

Zum genaueren Verständnis der Mendelschen Gesetze wurde dann die Zellforschung vorangetrieben. Dies gelang mit Hilfe wesentlich verbesserter Mikroskope und ingeniöser Färbungstechniken. Dabei entdeckte man die Chromosomen, fadenförmige Gebilde im Zellkern, die man als Träger der Vererbung identifizierte. Schon um 1880 wurde vermutet, daß sich Chromosomen bei der Zellteilung spalten; wenn Ei und Samen sich vereinigen (O. Hertwig, 1875), bringen beide einen halben Chromosomensatz mit, und aus dem kompletten Normalsatz entstehen Körperzellen.

Der Däne Johannsen schuf 1909 den Begriff „Gen“ als Erbeinheit; mit Recht wurde angenommen, daß die Gene linear auf den Chromosomen angeordnet sind. Genauere Vererbungsgesetze fanden dann der Amerikaner Th. H. Morgan (1866-1945) und sein Team beim Studium der Fruchtfliege *Drosophila melanogaster*, dem beliebtesten Objekt der frühen Vererbungsforscher. Diese Fliege braucht nur zehn Tage bis zur Geschlechtsreife; sie kann mühelos in Laboratorien gezüchtet werden und hat nur vier Chromosomen, was die Beobachtung von Vererbungsvorgängen wesentlich erleichtert (der Mensch hat 46 Chromosomen). Die Morganschule konnte detaillierte Chromosomen-Karten für Drosophila anfertigen. Dabei wurden nicht nur sehr zahlreiche Gene lokalisiert, sondern es konnte auch deren Reihenfolge und Abstand auf dem Chromosom festgelegt werden. Auch für viele Pflanzen wurden Chromosomenkarten ausgearbeitet, z.B. für Mais, Bohne, Erbse usw.

Es ergab sich, daß für viele Eigenschaften des erwachsenen Typus (Phänotypus) oft mehrere Gene zusammenwirken müssen, um sie zur Ausbildung zu bringen. Krankheiten können im Defekt eines einzelnen Gens oder einer Genkombination ihren Ursprung haben. Die moderne Gentechnologie ist derzeit nahe daran, operative Eingriffe im „Genom“ durchzuführen; es wird wohl bald möglich sein, Genfehler durch Genmanipulation zu beseitigen.

Darwin sprach von zufälligen Eigenschaftsveränderungen, die man später Mutationen nannte. Wie soll aber der Mechanismus dieser Mutantenhervorbringung gedacht werden? Dieses Rätsel wurde durch die sogenannte molekulare Genetik gelöst, welche die klassische Genetik etwa in den dreißiger Jahren des 20. Jahrhunderts ablöste. Hier wurde die Biochemie zur Leitwissenschaft, unterstützt durch die Physik und die Mathematik.

H. J. Muller (1890-1967) konnte zeigen, daß man beliebig viele Mutationen willkürlich erzeugen kann, wenn man eine Pflanze oder ein Tier den Röntgenstrahlen aussetzt. Die Strahlung muß natürlich gut dosiert werden; ein Übermaß vernichtet die Lebewesen, und sehr schwache Strahlung hat wenig Effekt. Aber auch bei dosierten Einwirkungen sind die meisten Mutanten keine Verbesserungen; Monstren entstehen häufig genug, doch gelegentlich gelingt ein guter Treffer, und das neue Tier hat lebenstaugliche Eigenschaften. Jedenfalls war Mullers künstliche Mutationsfabrik lehrreich, denn auch die Lebewesen sind in der Natur ständig allerlei Bestrahlungen ausgesetzt, was eine Erklärung für die von Darwin postulierten Zufallsabweichungen hergibt.

Dann kam jedoch die Biochemie zum Zug. Sie behauptete ziemlich früh, daß jedes Gen ein Enzym bilde oder bilden könne, welches für den Aufbau und das Funktionieren des Lebewesens wesentlich sei. Gene sind demnach Informationsträger; man kann das Genom als ein ungeheuer komplexes Informationssystem deuten, das von Lebewesen zu Lebewesen weitergegeben wird.

Nun enthalten die Chromosomen viel Desoxyribonukleinsäuren, die Träger der genetischen Information sind. Die Struktur dieser DNS wurde biochemisch aufgeklärt. Zuerst konnten die chemischen Bestandteile dieser „Lebenssäure" festgestellt werden; James Watson, Francis Crick und Maurice Wilkins (aufbauend auf Vorarbeiten von Erwin Schrödinger, Linus Pauling, Max Delbrück, Erwin Chargaff und anderen) konnten 1953 sogar die Raumgestalt der DNS erkunden und nannten sie Doppelhelix, weil es sich um zwei Stränge handelt, die strickleiterartig miteinander verbunden sind. Chemie und Physik der Erbmasse waren damit klargestellt; die Molekulargenetik nahm einen rasanten Aufschwung (siehe hierzu: James D. Watson: *Die Doppelhelix*, Reinbek 1969).

Es ist hier nicht der Ort, die Ruhmestaten der neueren Biologie in allen Einzelheiten zu würdigen. Wir fühlen uns hierzu auch gar nicht kompetent genug; das ganze Forschungsgebiet ist in den letzten Jahren so ausgeweitet worden, daß nur eine geringe Zahl hochqualifizierter Spezialisten einen Überblick über die jüngsten Forschungsresultate besitzt.

An dieser Stelle sei nur erwähnt, daß auch die Theorie der Entwicklung des Lebens durch die derzeitigen Erkenntnisse in entscheidenden Punkten in dramatischer Weise vorangekommen ist. Noch ist zwar nicht entschieden, ob die ersten Lebenskeime von anderen Himmelskörpern auf die Erde gelangt sind (wie z.B. Francis Crick vermutet), oder ob das Leben auf der Erde aus Unbelebtem während eines lang dauernden Entwicklungsprozesses entstand. Vermutlich war eher das letztere der Fall. Ist es doch bereits gelungen, durch Simulation der Bedingungen in der Uratmosphäre sozusagen im Reagenzglas organische Verbindungen herzustellen, welche die Grundlage der Lebensprozesse bedeuten. Aber das sind nur Teile des Lebendigen, nicht aber das Leben selbst. Es wird wohl noch einige Zeit dauern, bis das Lebensrätsel sich lösen läßt.

Einstweilen haben die Theologen und andere Gottsucher noch eine kleine Chance, ihre Phantasien über Gott und die Schöpfung mit wissenschaftlichen oder halb wissenschaftlichen Lehren zu verquicken, um den obsolet gewordenen Bibelglauben zu neuem Leben zu erwecken. Pierre Teilhard de Chardin (1881-1955), ein Jesuit, hat einen spektakulären Versuch in diese Richtung etwa seit 1939 unternommen. Seine Werke intendierten eine Synthese von Evolution und Schöpfungsglauben. Aber Biologen von Fach lehnten diesen frömmelnden Bergsonianismus (Imitation der Philosophie Henri Bergsons) radikal ab.

Schon Bergson hatte den Versuch unternommen, die Darwinsche Lehre durch eine spiritualistische Metaphysik zu überhöhen. Niemand kann dieser Lebensphilosophie die Schönheit der Diktion und die Suggestivität der Gedankenführung absprechen. Aber im Grunde schmuggelte Bergson mit höchster intellektueller Eleganz die überlieferte Religion ins modern-wissenschaftliche Weltbild ein.

So lesen wir bei ihm, daß das Weltall mit all seinen Fixsternen und Planeten einer geistigen Energie entspringt. Am Ursprung steht ein spiritueller „Feuerstrom", der in sich selbst seinen Anfang hat. Dort, wo dieser „geistige Elan" erkaltet, entsteht die Materie: Sie ist gewissermaßen erstarrte Geistigkeit. Aber die Lebensschwungkraft kann sich mit der toten Materialität nicht abfinden. Sie dringt in sie ein und verhindert deren Fall ins Abgründige. Wenn der *élan vital* sich in die Materie einbohrt, erzeugt er Leben; dieses ist durch das Gegeneinanderwirken von Spiritualität und Materie (Schwerkraft) gekennzeichnet. In jedem Lebewesen wirkt das Geistige mit unterschiedlicher Kraft. Vor allem jene Lebensformen, die den Weg der Evolution gewählt haben, demonstrieren den Triumph der Geistigkeit; wo Stagnation und Rückwärtsentwicklung zustande kommen, hat die Materie über den Geist den Sieg davongetragen.

Im Menschen jedoch registrieren wir – wie Bergson in seinem Hauptwerk *Schöpferische Entwicklung* (1907) und anderswo darlegt – eine Befreiung der Lebensschwungkraft vom „Erdenrest", und zwar in Gestalt des Intellekts und noch mehr der Intuition. In der Erscheinung des Menschen hat die kosmische Urkraft ihre Richtung nach oben am eindrücklichsten durchgesetzt, und in den edelsten Menschentypen (nach Bergson sind dies die Heiligen aller Religionen) ahnen wir, was Sinn und Zweck der gesamten Evolution ist.

Durch seine Anlehnung an die Theologie wurde Bergson dazu gedrängt, sich auch dem teleologischen Prinzip anzuschließen. Unter Teleologie verstehen wir die Lehre von der Zielgerichtetheit und Zielstrebigkeit jeder Entwicklung im Universum oder in seinen Teilbereichen (zum Beispiel im Lebensprozeß). Der Gedanke einer solchen *causa finalis* (Zielursache) oder *Entelechie* (etwas, das sein Ziel in sich selbst hat; die sich im Stoff verwirklichende Form) findet sich schon bei Aristoteles. Er hat eine Affinität zu jeglichem religiösen Weltbild, weshalb man in den Erörterungen der Theologen seit fast zwei Jahrtausenden immer wieder die sogenannte physikotheologische Beweisführung entdeckt, welche von der zweckmäßigen und sinnvollen Einrichtung dieser Welt auf das Dasein Gottes zu schließen bemüht ist.

Das galt sogar jahrhundertelang als ein regelrechter Gottesbeweis, und noch der große Leibniz (1646-1716) brach eine Lanze für diese altertümliche Weltanschauung in seiner *Theodizee* (1710), über die sich allerdings Voltaire in seinem heiteren Roman *Candide oder die beste aller Welten* mit Recht köstlich amüsierte. Immanuel Kant in seiner *Kritik der reinen Vernunft* (1781) widerlegte mit glanzvoller Argumentation die Möglichkeit solcher Gottesbeweise, wobei er die Existenz Gottes höchstens als moralisches Postulat zuließ.

Günter Altner im Sammelband *Der Darwinismus – Die Geschichte einer Theorie* (Darmstadt 1981, S. 253) sagt jedoch ganz richtig:

> Darwin hat mit seiner Selektionstheorie eine immanente kausalanalytische Erklärung für das Zustandekommen der Evolution unter Einschluß der Entstehung des

> Menschen angeboten. Er beschrieb den Evolutionsprozeß als offenen, ungerichteten Prozeß, der unter dem Einfluß von Vererbung und Auslese durch unvorhersehbare und vorhersehbare Ereignisse bestimmt wird. Die Evolution als Ergebnis eines vielschrittigen adaptiven Selektionsprozesses auf der Basis eines immer wieder neu erfolgenden Variantenangebotes durch mehr oder minder zufällige Ereignisse im Erbvorgang, Anpassung unter immer besserer Ausnutzung der Umgebung – das war es, was Darwin als Denkmodell zur Erklärung des Evolutionsprozesses anzubieten hatte, und das war es, was den Protest seiner theologischen Zeitgenossen (und nicht nur dieser) hervorrief.

Der bereits weiter oben erwähnte Teilhard de Chardin war als Jesuit und Paläontologe besonders dazu berufen, das Antitheologische und das Antiteleologische der Evolutionstheorie zu bekämpfen. Auch er befaßt sich – wie Bergson – mit der Kosmogenese (Ursprungsgeschichte des Kosmos), die er in einem quasi religiösen Spiritualismus fundieren will. Die Entstehung des Kosmos ist demnach kein ungerichteter Naturprozeß; sie hat ein Ziel, und das ist der Mensch, letztlich sogar ein zukünftiger Menschentypus, für den Christus die eigentliche Vorwegnahme bedeutet. Wenn die Menschheit das Christusniveau erreicht haben wird, dann ist die Welt am Punkte der Vollendung angelangt.

Somit ist nach Teilhard die *Hominisation* eine Stufe auf dem Wege des Weltalls zur absoluten Vergeistigung. Was heute noch an Unzulänglichem, Bösem und Entwicklungsfeindlichem auf uns lastet, ist nur die widerstrebende Materie, die sich der Geistwerdung des Universums machtvoll entgegenstellt. Aber sie hat wenig oder gar keine Chancen innerhalb der kosmischen Selbstvollendung. Teilhard de Chardin sagt (in: *Die Zukunft des Menschen*, Olten 1959):

> Eine Kosmogenese, die als Noogenese (Geistwerdung – J. R.) die Gesetze unserer individuellen Ontogenese auf einer kosmischen Ebene mit einschließt und verallgemeinert; eine werdende statt einer seienden Welt: Dies anzuerkennen drängt, ja zwingt uns das menschliche Phänomen, wenn wir ihm wirklich einen Platz in dieser Evolution einräumen, in die es einzulassen wir uns genötigt sahen.

Man würde also nicht nur gerne den lieben Gott retten, dem die Evolutionstheorie die Hölle heiß gemacht hat; ebenso unverkennbar ist das Bestreben, den Menschen und seine Entwicklung in einen göttlichen Heilsplan einzuordnen, damit auch er des Göttlichen in ihm nicht verlustig gehe. Aber das ist eine alte Taktik der Theologen und ihrer Verbündeten auf intellektuellem Gebiet: Zuerst wird ein Fortschritt der Wissenschaft wütend bekämpft, und hernach wird die neue Erkenntnis geschickt ins theologische Weltbild eingemeindet.

Wenn man die Sprechweise der Politik auf die Biologie anwenden wollte, dann würden Figuren wie Henri Bergson und Teilhard de Chardin rechts stehen, also der konservativen Gruppe angehören; die „Linke" jedoch, die in den angelsächsischen Ländern eine besonders reiche Tradition aufweist und einen unverfälschten, radikalen Neodarwinismus vertritt, korrigiert wohl Darwin in manchen Einzelheiten, hält aber an seinem Konzept der nicht teleologischen Evolution eisern fest. Da gibt es keine angeblich zielgerechte Orthogenese, d.h. stammesgeschichtliche Entwicklung bei Tiergruppen oder Organen, die in gerader Aufwärtsbewegung von einer Ursprungsform zu einer höheren Entwicklungsstufe hin verläuft, sondern nur ungerichtete Veränderungen der Lebenssubstanz, die per Zufall höhere Organisationsgrade erreichen.

Zu den standhaftesten Darwinisten der Neuzeit gehört der bedeutende britische Lebensforscher Julian Huxley (1887-1977), dem wir den sogenannten „evolutionären Humanismus“ verdanken, der die Erkenntnisse der neueren Biologie mit einer sehr freiheitlichen und zukunftsorientierten Weltanschauung verbindet. Julian Huxley und sein Bruder Aldous (der als Schriftsteller berühmt geworden ist) sind Enkel von Th. H. Huxley, also „Darwins Bulldogge“. Beide Brüder erhielten eine sorgfältige Erziehung; sie kannten noch ihren berühmten Großvater, der sicherlich zum Vorbild für ihre geistige Entwicklung wurde.

Julian Huxleys Lehre verweist auf drei Formen der Evolution, die wir im Kosmos registrieren können. Zuerst gab es die kosmische und anorganische Evolution, die Entstehung des Weltalls und der Erde. Darauf folgte die biologische oder organische Phase, welche die Geschichte des Lebens auf der Erde beinhaltet. In der dritten Phase jedoch stehen wir mittendrin: Sie ist psychosozial und human, und in ihrem Mittelpunkt geht es um die wachsende Bewußtwerdung und soziale Reifung des Menschen.

Menschsein heißt unter anderem, nicht nur eigene, individuelle Erfahrung sammeln, sondern geistige und kulturelle Traditionen anhäufen, in denen sich die Erfahrung von unzähligen Generationen verdichtet. An diesem Erkenntnisschatz inspiriert sich jedes heranwachsende Menschenkind, weshalb die menschliche Entwicklung viel schneller verläuft als die organische der Lebewesen. Es kommt zu einem psychischen Metabolismus (Stoffwechsel), der für den Menschen allein charakteristisch ist.

Huxley bezieht aus Darwin und seinen echten Fortsetzern einen Fortschrittsoptimismus, der allerdings nicht blind und leichtgläubig ist. Er betont die Verantwortung des Menschen für alles Geschehen auf der Erde (in: *Ich sehe den zukünftigen Menschen*, München 1965, S. 123):

> Das Schicksal hat ihn dazu auserkoren, für den gesamten zukünftigen Entwicklungsprozeß auf diesem Planeten verantwortlich zu sein. Er hat die Verpflichtung, seinem Wesen nachzuspüren und ihn auf die bestmögliche Bahn zu lenken.

Wenn es ein zukünftiges Heil für die Menschen gibt, so kann dies nur durch verbesserte Erziehung, Ausweitung der wissenschaftlichen Forschung, Förderung der Künste und freie Philosophien zustande kommen. Kein Zweifel, daß für eine solche Kulturentwicklung ein wohl verstandener Evolutionismus eine hervorragende Basis abgeben wird. In seinem Buch *Das universale Weltbild – Evolution und Naturphilosophie* (1991) hat z.B. Bernhard Rensch die Grundzüge einer evolutionistischen Weltanschauung treffend skizziert.

Was hätte wohl Darwin gesagt, wenn er diesen Streit der Meinungen und Weltanschauungen sowie auch den sensationellen Aufschwung der Lebenswissenschaften hätte miterleben können? Er wäre sicher beglückt gewesen, denn das

Schicksal der Forschung lag ihm am Herzen, und die Fortschritte der Wissenschaft waren sein eigentlicher Lebensinhalt. Aber in seiner Bescheidenheit hätte er wohl kaum anerkannt, daß er selbst der Hauptmotor dieser Weiterentwicklungen sei. Begriff er sich doch selbst nur als einen Günstling des Schicksals, da er nicht arbeiten mußte, um Geld zu verdienen: So habe er ein leidlicher Wissenschaftler werden können. Und dann sagt er mit seiner bewundernswerten Schlichtheit in seiner *Autobiographie*:

> Daher ist mein Erfolg als der eines Mannes der Wissenschaft, wie gering oder groß derselbe auch gewesen sein mag, soweit ich es beurteilen kann, durch komplizierte und verschiedenartige geistige Eigenschaften und Zustände bestimmt worden. Von diesen sind die bedeutungsvollsten gewesen: Liebe zur Wissenschaft – uneingeschränkte Geduld, lange Zeit über irgendeinen Gegenstand nachzudenken – Fleiß beim Beobachten und Sammeln von Tatsachen und ein ordentliches Maß von Erfindungsgabe wie auch von gesundem Menschenverstande. Bei so mäßigen Fähigkeiten, wie ich sie besitze, ist es wahrhaft überraschend, daß ich die Meinungen von Männern der Wissenschaft über einige bedeutungsvolle Fragen in beträchtlichem Maße beeinflußte.

LITERATUR

Allan, Mea: Darwins Leben für die Pflanzen – der Schlüssel zur „Entstehung der Arten", Düsseldorf 1980.
Bergson, Henri: Schöpferische Entwicklung (1907), Jena o.J.
Chardin, Pierre Teilhard de: Der Mensch im Kosmos, Olten 1940.
Ders.: Die Zukunft des Menschen, Olten 1959.
Clark, Ronald W.: Charles Darwin, Frankfurt 1985.
Crick, Francis: Das Leben selbst – sein Ursprung, seine Natur, München 1983.
Darwin, Charles: Autobiographie, hrsg. von S. L. Sobol, übersetzt von R. Feurich, Leipzig/Jena 1959.
Ders.: Die Entstehung der Arten, Stuttgart 1963.
Ders.: Die Abstammung des Menschen, Stuttgart 1982.
Ders.: Der Ausdruck der Gefühle bei Mensch und Tier, hrsg. von Ulrich Beer, Düsseldorf 1965.
Ders.: Reise eines Naturforschers um die Welt, Gütersloh o.J.
Ders.: Die Bildung der Ackererde durch die Tätigkeit der Würmer, Berlin und Schlechtenwegen 1983.
Darwin, Erasmus: The Temple of Nature, übersetzt von Ernst Krause, in: Erasmus Darwin und seine Stellung in der Geschichte der Deszendenztheorie, Leipzig 1880.
Gould, Stephen Jay: Darwin nach Darwin – Naturgeschichtliche Reflexionen, Berlin 1984.
Ders.: Zufall Mensch – Das Wunder des Lebens als Spiel der Natur, München/Wien 1991.
Haeckel, Ernst: Die Welträtsel, Stuttgart 1984.
Huxley, Julian: Der evolutionäre Humanismus, München 1964.
Ders.: Ich sehe den zukünftigen Menschen, München 1965.
Köhler, Wolfgang: Intelligenzprüfungen an Menschenaffen, Berlin 1917.
Kropotkin, Peter: Gegenseitige Hilfe in der Tier- und Menschenwelt (1904), Berlin o.J.
Lorenz, Konrad: Darwin hat recht gesehen, Pfullingen 1965.
Ders.: Das sogenannte Böse, Wien 1963.
Rensch, Bernhard: Das universale Weltbild – Evolution und Naturphilosophie, Darmstadt 1991.
Wallace, A. R.: Der Malayische Archipel, Frankfurt a. M. 1983.
Watson, James D.: Die Doppelhelix, Reinbek 1969.

Oscar Wilde oder die Tragödie eines Dichters

Wer Oscar Wildes Leben und vor allem sein tragisches Ende zur Kenntnis nimmt, wird sich unweigerlich dazu gedrängt fühlen, die Welt und das Schicksal anzuklagen, die es scheinbar darauf angelegt hatten, einen zarten und feinsinnigen Dichter brutal zu zerstören. Wilde scheiterte an den Spießern und Muckern seiner Epoche; die Puritaner und die moralischen Lügenbolde Englands hatten ihn dazu auserkoren, an ihm ein Exempel zu statuieren: Hier triumphierte die menschliche Mittelmäßigkeit über ein Genie, das von den sozialen und sexuellen Normen abwich und sich den Luxus des Outsidertums leistete.

Man tat ihm dabei in grauenhafter Weise Unrecht, und er erholte sich nicht mehr von den Schlägen, die ihm der Moralismus und der Unverstand versetzten. Wenn irgend jemand, dann zerbrach Oscar Wilde am Widerstand der stumpfen Welt.

Das ist gewiß richtig formuliert; aber die Frage läßt sich doch nicht vermeiden: War er an seinem Schicksal nicht auch mit beteiligt? War er nur Opfer, nicht auch zumindest teilweise Mitschuldiger? Das jedenfalls war die Meinung Hugo von Hofmannsthals, der 1905 in einem Nachruf auf Wilde unter anderem schrieb:

> Oscar Wildes Wesen und Oscar Wildes Schicksal sind ganz und gar dasselbe. Er ging auf seine Katastrophe zu, mit solchen Schritten wie Ödipus, der Sehend-Blinde. Der Ästhet war tragisch. Der Geck war tragisch. Er reckte die Hände in die Luft, um den Blitz auf sich herabzuziehen. Man sagt: „Er war ein Ästhet, und dann kamen unglückselige Verwicklungen über ihn, ein Netz von unglückseligen Verwicklungen." Man sollte nicht mit den Worten alles zudecken. Ein Ästhet! Damit ist gar nichts gesagt ... Sein Ästhetizismus war etwas wie ein Krampf ... Er fühlte die Drohung des Lebens auf sich. Das tragische Grauen umlagerte ihn fortwährend. Unablässig forderte er das Leben heraus. Er insultierte die Wirklichkeit. Er fühlte, wie das Leben sich duckte, ihn aus dem Dunkel anzuspringen (*Reden und Aufsätze*, Band 1, Frankfurt/Main 1979, S. 342).

Damit ist die uralte Frage nach „Schicksal und Anteil" (Goethe) aufgeworfen. Wer war Oscar Wilde, und wie entwickelte sich der Mensch und Künstler, an dessen Biographie wir ebenso sehr interessiert sind wie an seinem Werk? Die Geschichte dieser Persönlichkeit und ihres Schaffens ist nicht nur Gegenstand der Literaturwissenschaft, sondern auch der Psychologie und Psychopathologie. Es lohnt sich ungemein, den Spuren seines Werdens, Wachsens und Unterganges nachzugehen.

Im Jahre 1854 wurde in Dublin Oscar Fingal O'Flahertie Wills Wilde als zweiter Sohn des Ohrenarztes William Wilde und seiner Ehefrau Francesca Agnes geboren. Das Elternpaar war eine merkwürdige Kombination; Mr. Wilde war ein kleiner, unscheinbarer, aber sehr tüchtiger Mann, indes Lady „Speranza" Wilde eher junonische Formen und ein exzentrisch-pittoreskes Temperament aufwies.

Wenn Nietzsches Aussage zutrifft, daß die Gegensätze und Disharmonien der Eltern im Kinde weiterleben und mitunter seine lebenslängliche Zerrissenheit und innere Unversöhntheit bedingen, dann muß Oscar Wilde hierfür ein klassischer Beleg gewesen sein: Seine Mutter begann als Dichterin und irischer Freiheitsapostel, um sich dann in einer problematischen Ehe nur noch als von der Umwelt mit Kopfschütteln betrachtete Salondame zu betätigen.

Sie hat vermutlich auf Oscar einen riesigen Einfluß ausgeübt, viel mehr als der Vater, der in seinem Beruf aufging und sich als Gründer eines Spitals mit neuartigen Behandlungsmethoden für Ohrenleiden einen Namen machte. Oscar, sein Bruder Willi und seine (früh verstorbene) Schwester waren wohl ganz Lady Speranza und dem Betreuungspersonal ausgeliefert, wobei die erstere sich selbst einen so künstlichen Lebensstil zugelegt hatte, daß auch die Kinder ihrem Vorbild nacheiferten.

Die Ehe der Eltern war krisenhaft, da der Vater dem Alkohol zusprach und auch anderen Frauen seine Gunst schenkte. Lady Wilde tröstete sich mit literarischen Umtrieben, war aber auch energisch genug, dann und wann gegen die Liebschaften ihres Mannes einzuschreiten.

Wildes Mutter wünschte sich bei Oscars Geburt ein Mädchen und war enttäuscht darüber, daß sie einen Knaben bekam. Wie so manche unvernünftige Mütter jener Zeit kleidete sie nun den Jungen lange Zeit wie ein Mädchen: Das sollte Folgen für die Geschlechtsidentität des heranwachsenden Dichters haben, der im späteren Leben offenbar bisexuell, hernach sogar eindeutig homosexuell war.

Die Psychologie sagt uns hierzu: Wo eine suggestive Mutter einen Knaben in eine Mädchenrolle hineindrängt, kann es vorkommen, daß dieser später vor der Übernahme der Männerrolle überdurchschnittliche Ängste empfindet. Das kann zur Homosexualität führen, muß es aber nicht. In Wildes Fall kamen noch weitere Faktoren hinzu, die eine homosexuelle Entwicklung begünstigten.

Er wurde durch die Mutter verwöhnt und verhätschelt, so daß sie in seinem Seelenleben einen viel größeren Raum einnahm als der Vater. Sodann animierte sie ihn zum „Starverhalten"; er mußte vor Besuchern brillieren und gewöhnte sich daran, sich überexpansiv und künstlich zu benehmen. Die unpädagogische Mutter ließ ihn und seinen Bruder an Abendunterhaltungen teilnehmen, wobei Wein in Strömen floß. Oscar Wilde wurde zum Epikuräer erzogen, und viele Jahre später verkündete er die These, daß der Genuß des Augenblicks das Wichtigste im Leben sei.

Als er in die Schule kam, war er anders als die anderen Kinder. Er war aber nicht bereit, unter diesem Anderssein zu leiden; er trug es als Auszeichnung vor sich her und provozierte die Umwelt durch eine gepflegte Exklusivität und Extravaganz. An Spiel und Sport beteiligte er sich möglichst wenig, am liebsten gar nicht. Physische Anstrengungen verachtete er; aber er las viel, kleidete sich sorgfältig, liebte Blumen und Sonnenuntergänge und ging gerne in der Einsamkeit spazieren. Für seine Mitschüler erfand er spöttische Übernamen; aber auch er selbst war Gegenstand seines Spottes, und mit komischen Gliederverrenkungen unterhielt er die Knaben der Schule. Er galt als Sonderling und hatte kaum einen Freund.

Naturliebe und Nachdenken füllten seine Jugendzeit aus; vom Lernen war er weniger begeistert. Schulbildung hielt er für wertlos. Später hat er geistreiche Kommentare hierüber in seine Unterhaltung eingeflochten, die der Schule und den Schulmeistern kein gutes Zeugnis ausstellen. „Nichts ist lehrbar, was wert ist, gewußt zu werden", pflegte er zu sagen. Und von den Schulen behauptete er: „Wir lehren wohl die Menschen Gedächtnis, wir bringen aber nicht das Wachsen bei." Und den Lehrern schrieb er ins Stammbuch: „Alle, die zum Lernen unfähig sind, versuchen sich als Lehrer – soweit ist es mit unserer Begeisterung für die Erziehung gekommen."

Gleichwohl war er ein guter Schüler, aber mitunter setzte er seine hohe Intelligenz für das Ziel ein, den Lehrer vom Unterricht abzulenken. Er stellte sehr kluge Fragen, die so interessant waren, daß der Lehrer von seinem Thema abwich und sich an deren Beantwortung abmühte.

Am besten war er in den Fächern Griechisch und Literatur, am schwächsten in der Mathematik. Seine Phantasie war mächtig entwickelt, und wenn er ein kleines Erlebnis hatte, erzählte er den anderen Kindern Dramen, in deren Mittelpunkt er gestanden haben sollte. Er verstand die Kunst, andere zu beeindrucken, sehr früh; später sollte er sie zur hohen Meisterschaft entfalten.

In den englischen und irischen Schulen erhielten die Schüler Goldmedaillen für besondere Leistungen. Oscar Wilde sammelte einige solcher Preise, darunter auch eine Berkeley-Medaille in Gold; sie war ihm später sehr nützlich, da er sie immer wieder versetzte, wenn er in Geldnot war. Wildes Auszeichnungen waren kaum je durch Fleiß verdient; aber er hatte ein wunderbares Gedächtnis, und wenn er eine Seite in einem Buch kurz überflog, blieb sie schon in seiner Erinnerung haften. Auch beim Studium in Oxford erleichterte diese mnemotechnische Begabung seinen Studienerfolg.

Lady Wilde organisierte in ihrem Hause literarische Empfänge, in denen Oscar seine rhetorische Schlagfertigkeit einübte und ausbaute. Einem College-Kameraden jener Zeit soll er gesagt haben: „Ich möchte dich meiner Mutter vorstellen; wir haben eine Gesellschaft zur Unterdrückung der Tugend gegründet." Wenn dies annähernd wahr sein konnte, dann muß man es als eine beträchtliche Leistung einer Dame in der irischen Provinz betrachten. Aber Oscar liebte Übertreibungen, und die Abschaffung der Tugendhaftigkeit mag sich darauf beschränkt haben, daß in Lady Wildes Salon das Tageslicht ausgespart war; violette Lampen erhellten die Szene, und die Gastgeberin, eine Dame von hohem Körperwuchs, bevorzugte eine auserlesene Kleidung mit vielen Krinolinen, so daß sie beim Umhergehen dahinrauschte „wie ein Schiff auf hoher See, dessen Segel vom Wind geschwellt sind". Sie war theatralisch durch und durch, und wenn die Mutter eines Mannes lebenslänglich sein Frauenbild bestimmt, dann hatte Oscar mit ihr nicht unbedingt die beste Wahl getroffen.

Schulen und Hochschulen standen damals allesamt mehr oder minder unter geistlicher Leitung, und das mußte für Oscar Wilde Schwierigkeiten bringen, da er in Fragen der Religion sehr gleichgültig war. Er las die Bibel gerne, aber hauptsächlich als poetisches Dokument. Die Schüler mußten beim Gottesdienst ein Kapitel aus der Bibel vorlesen; als Oscar an die Reihe kam, kündigte er natürlich das „Hohelied Salomonis" an. Der Rektor gebot ihm Einhalt, bevor er zum Lesen kam.

Bei einer Prüfung in Religion kam er ostentativ zu spät; die Prüfer drückten ihm eine Bibel in die Hand und ließen ihn ein Kapitel aus der Apostelgeschichte abschreiben. Oscar schrieb unaufhörlich, bis ihn die Prüfer fragten, an welcher Textstelle er sei; der Kandidat erwiderte, er schreibe gerade eine Geschichte über einen merkwürdigen Mann namens Paulus, der in einen Seesturm geriet; er habe befürchtet, daß der Mann untergehen werde: aber siehe, er wurde gerettet!

Zwei akademische Lehrer in Oxford beeinflußten Oscar Wilde im überdurchschnittlichen Maß: Es waren dies John Ruskin (1819-1900) und Walter Pater (1839-1894). Beide waren Kunsthistoriker, und von beiden konnte man lernen, Leben und Kunst als innere Einheit zu begreifen.

Ruskin schrieb ein berühmtes Werk über *Moderne Maler*, in dem er die Malweise einiger seiner Zeitgenossen (z.B. William Turner) rühmte, weil sie das Atelier verließen und die Natur in ihrer wahrhaftigen Schönheit zu schildern wußten. Ruskin vertrat eine Religion des Schönen, und er bekämpfte den neuzeitlichen Industrialismus, weil dieser seines Erachtens an der Verhäßlichung der Welt weitgehend mitschuldig war. Ruskin verlangte eine künstlerische Gestaltung des Lebens und der Umwelt; am Verfall der Kunst las er die Verderbnis der Zivilisation ab.

Die allgemeine Geschmacklosigkeit im Kapitalismus machte ihn zu einem Sozialkritiker, wiewohl er im Grunde seines Herzens konservativ war. In seinen späteren Jahren attackierte er die Industriegesellschaft, welche die Anhäufung von Reichtum zum obersten Gut des Menschen machen wolle.

Einige Postulate von Ruskin erweisen sich bei genauerer Betrachtung als äußerst modern: So forderte er eine Altersversicherung, öffentliche Wohnungsfürsorge, staatlichen Schutz gegen Arbeitslosigkeit und einen gesetzlich geregelten Kampf gegen Umweltverschmutzung durch Fabrikschornsteine und Tabakrauchen. Man versteht, daß die Labour Party in England Ruskin als einen ihrer Vorläufer würdigte, wiewohl der Kunstphilosoph sich selbst kaum als einen Sozialisten bezeichnet hätte.

Wilde jedoch war fasziniert von Ruskin, der mit seiner hageren Gestalt, dem Prophetenantlitz und einer leidenschaftlichen Beredsamkeit viele Studenten in seinen Bann schlug. Als Ruskin von seinen Hörern verlangte, sie sollten – anstatt zu rudern und Kricket zu spielen – mit ihm zusammen einen Weg durch einen Sumpf bauen, um zwei armseligen Dörfern zu Hilfe zu kommen, nahm auch der Ästhet Wilde den Spaten in die Hand und ließ sich von jenen Studenten auslachen, die dem Aufruf des geliebten Lehrers keine Folge leisteten. Manche Ideen von Ruskin haben später immerhin Eingang gefunden in Wildes großartigen Essay *Die Seele des Menschen im Sozialismus*.

Walter Pater wurde zuerst bekannt durch sein Buch *Die Renaissance*, dessen erster Band 1873 erschien. Auch hier wieder hören wir die Botschaft eines Ästhetizismus, der bei Wilde auf günstigen Boden fiel. Nach Pater macht erst das Erlebnis des Kunstwerks das Leben des Menschen gehalt- und sinnvoll. Sein Eindruck sei eine Art von Ekstase: „Sich immer an dieser berauschenden, funkelnden Flamme zu entzünden, dieses Entzücken zu wahren das ist der eigentliche Lebenswert... Die Kunst kommt zu dir, indem sie offen gesteht, dir nichts zu geben als die höchste Erfülltheit deiner dahingehenden Augenblicke und nur um dieser Augenblicke willen."

Pater war ein stiller, in sich gekehrter Mann, der mit pedantischer Genauigkeit seinen Pflichten als Studienleiter in Oxford nachkam. Nun wunderte sich seine Umwelt, daß dieser scheinbar trockene Pflichtmensch als Ergebnis seiner Renaissancestudien das Lob des unmittelbaren Lebens und Erlebens verkündete; er sprach davon, daß die Erfahrung wichtiger sei als die Früchte der Erfahrung, daß Sinnesreize und Leidenschaften ihre vollkommene Daseinsberechtigung hätten: „Das einzige, was wir tun müssen, ist, andauernd neugierig neue Meinungen zu erproben und neuen Eindrücken zu huldigen."

Jeder Augenblick des Lebens war nach Pater hochbedeutsam; er bewunderte die Renaissancemenschen, die aus ihrem Leben ein Kunstwerk machten und sich durch Sitte und Moral nicht einschüchtern ließen. Kein Zweifel: Man konnte Paters Appell, sein Leben der Schönheit zu weihen und die Kunst um der Kunst willen zu vergöttern, unter anderem auch als Ermutigung zum Hedonismus (Lustprinzip) auffassen.

Das geschah denn auch in der Gelehrtenrepublik von Oxford. Der Rektor der Abteilung, welcher Pater angehörte, gab nachdrücklich seine Mißbilligung bekannt; in Abendgesellschaften wurde Pater mit der Frage bedrängt, ob er denn überhaupt noch an Christus glaube. Da er eine ausweichende Antwort gab, erregte er bei einigen Leuten schlimme Entrüstung; er mußte von seiner eigenen Courage Abstand nehmen und manche Partien seines Werkes retuschieren und zensieren.

Es war Walter Pater, der Wilde dazu animierte, nicht nur Verse, sondern auch Prosa zu schreiben; Prosa sei schwieriger, und gerade darum sollte sich der angehende Dichter darin versuchen. Über Pater sagte Wilde manche Jahre danach:

> Walter Paters Abhandlungen erschienen mir als Goldenes Buch voll Sinn und Geist, als Evangelium der Schönheit. Und sie sind es noch heute für mich. Es ist schon möglich, daß ich übertreibe. Ich hoffe sogar, daß ich es tue. Denn wo keine Übertreibung ist, da gibt es keine Liebe, und wo es keine Liebe gibt, gibt es kein Verstehen. Nur über Dinge, die einen nicht interessieren, kann man eine unparteiische Meinung abgeben; und das ist zweifellos der Grund, warum eine unparteiische Meinung immer wertlos ist.

Wilde behauptete, Paters Buch sei eine Blüte der Dekadenz gewesen. Nun, solche „Blüten“ sammelte der junge Wilde, um sich eine ästhetizistische Weltanschauung aufzubauen. Er fand jedoch hierbei keine Gegenliebe bei den akademischen Mentoren seiner Studentenzeit; sowohl Ruskin als auch Pater distanzierten sich von ihrem ehemaligen Schüler, und was Pater anbetrifft, so verschmähte er es nicht, bösartige Kommentare über Wilde in Umlauf zu setzen. Es war für ihn offenbar leichter, rein theoretisch das moralinfreie Leben der Renaissance zu verherrlichen, als es in der konkreten Gestalt eines jungen Epikuräers anzuerkennen.

1867 war Wildes Vater gestorben, und er hinterließ seiner Frau und seinen Kindern nicht allzuviel Geld, so daß Oscars Zukunft im wesentlichen ungesichert war. Als er 1879 – nach einem glanzvollen Abschluß seiner Studien in Oxford – in London eintraf, mußte er sich nach einem Lebensunterhalt umsehen. Er brachte einiges mit, was er vorzeigen konnte: Habituell glänzende Laune, ein Talent für witzig-geistreiche Unterhaltung und ein profundes Interesse für künstlerische Lebensformen.

Schon damals bekundeten sich die Grundzüge seines ästhetischen Weltbildes, in welchem Schönheit, Anmut und Ablehnung der mausgrauen Bürgerlichkeit den ersten Rang einnahmen. Sein Verhalten war nicht frei vom Gebaren eines Dandys; aber seine Liebenswürdigkeit war so groß, daß ihn alle mochten, die nicht an kleinbürgerlichen Vorurteilen litten. Oscar Wilde war nicht schlecht ausgestattet im Hinblick auf das Ziel, London für sich zu erobern.

Als Wilde von Oxford abging, fragte ihn ein Freund nach seinen weiteren Absichten. Die charakteristische Antwort lautete:

> Ich werde Dichter, Schriftsteller, Dramatiker werden. Irgendwie werde ich berühmt, und wenn nicht berühmt, dann berüchtigt. Oder vielleicht werde ich eine Zeitlang das *bios apolaustikos* (ein Leben des Genusses) führen und dann – wer weiß? – mich ausruhen und nichts tun. Was ist nach Plato das höchste Ziel, das ein Mensch hier auf Erden erreichen kann? Dazusitzen und über das Gute nachzudenken. Vielleicht werde ich auch so enden. Diese Dinge liegen im Schoß der Götter. Was sein wird, wird sein.

Tatsächlich verfaßte er damals sein erstes Theaterstück *Vera oder die Nihilisten*, das die Thematik der russischen Terroristen behandelt, die durch Attentate gegen Minister und Könige auf die unerträgliche Unterdrückung und Ausbeutung des Volkes aufmerksam machen wollten. Des weiteren umschwärmte er schöne Frauen, hatte Umgang mit Künstlern und schickte sich dazu an, einer der bekanntesten Salonlöwen von London zu werden. Er flirtete mit Schauspielerinnen und entwickelte sich zum Hätschelkind der eleganten Welt.

Wir haben noch nachzutragen, daß Wilde in jener Zeit einige Bildungsreisen unternahm, die seinen geistigen Horizont ziemlich ausweiteten. Als Student schon absolvierte er eine Reise nach Italien und Griechenland. Beide Länder waren damals noch Mekka und Medina aller gläubigen Verehrer der antiken Kultur, vor allem des Hellenentums und des daraus entspringenden Humanismus der

Antike. Wilde war entzückt von den Monumenten der Griechen und Römer, deren Schönheitssinn seines Erachtens denjenigen der modernen Kultur in mancher Hinsicht übertraf. Beim Ritt durch den Peloponnes bestanden er und seine Begleiter einige Abenteuer, in denen sich Oscar mannhaft bewährte.

Andere Reisen führten ihn nach Frankreich, wo es ebenfalls viele Kunst- und Natureindrücke erlesenster Art für ihn gab. Von einer solchen Reise schrieb er:

> Ich verlebte eine herrliche Zeit in Frankreich und fuhr an bezaubernden Weingärten vorbei die Loire hinunter, einer der schönsten Flüsse der Welt, in dem sich von der Mündung bis zur Quelle einhundert Städte und fünfhundert Türme spiegeln. Ich fuhr mit einem sehr netten Freund aus Oxford, und da wir unbekannt bleiben wollten, reiste er unter den Namen Sir Smith, und ich nannte mich Lord Robinson.

Da sein Theaterstück *Vera* in London nicht angenommen wurde, knüpfte er Beziehungen nach New York an, wo er eher auf eine Aufführung hoffen konnte. Er war inzwischen eine bekannte Figur in der angelsächsischen Kulturwelt geworden. Dazu trug seine Verspottung in Gilbert und Sullivans Stück *Patience* bei, das – 1881 uraufgeführt – einen Ästhetizisten karikierte, in dem jedermann Wilde erkennen konnte. Die Amerikaner wurden neugierig auf diesen Schönheitsapostel, der mit einer Lilie oder Sonnenblume in der Hand über den Piccadilly Circus in London zu flanieren pflegte.

Man lud ihn in die USA ein, wo er Vorträge über Themen der Kunst und der Lebensgestaltung halten sollte. Im Januar 1882 kam Wilde in New York an. Als er in Amerika landete, fragte ihn der Zollbeamte, ob er etwas zu verzollen habe. „Nein, ich habe nichts zu verzollen", antwortete er, „nur mein Genie." Dafür mußte er keine Zollgebühren entrichten.

Er bemängelte sofort die Hast des amerikanischen Lebens. Jeder Amerikaner schien in Eile zu sein, um irgendeinen Zug zu erreichen. Auch vermißte er Prunk und Prozessionen; nur zwei Prozessionen will er gesehen haben, „die eine war die Feuerwehr mit der Polizei voran, die andere war die Polizei mit der Feuerwehr voran". Sein ästhetisches Bedürfnis wurde durch die USA in keiner Weise befriedigt. Schließlich formulierte er den Stoßseufzer: „Ich bin der Meinung, daß das wichtigste Problem, das die Amerikaner ins Auge fassen müssen, die Pflege besserer Manieren ist. Das ist der auffälligste und störendste Mangel in der amerikanischen Zivilisation."

Sein Traum ging offenbar dahin, das Leben in Kunst zu verwandeln; von der Philosophie und der Wissenschaft erhoffte er sich hierbei keine große Hilfe: „Die Philosophie mag uns lehren", sagte er, „das Unglück unserer Nachbarn mit Gleichmut zu ertragen; und die Wissenschaft mag uns lehren, den moralischen Sinn als eine Drüsensekretion zu erklären, aber die Kunst macht das Leben des Bürgers zu einem Sakrament."

In seinen Vorträgen legte er es nicht darauf an, seine Zuhörer durch geistreiche Wortspiele zu erheitern, sondern er lehrte einen Humanismus eigenster Prägung. Als er über Erziehung sprach, rief er z.B. aus:

> Gebt den Kindern Schönheit, nicht nur einen Bericht über blutige Schlachten und barbarischen Lärm, den sie Geschichte nennen, oder über die geographische Länge und Breite von Orten, die niemand zu besuchen wünscht, was sie in der Schule Geographie nennen ... Unter dem Namen Geschichte gebt ihr euren Kindern nur den Verbrechenskatalog Europas.

Man führte ihn zu den Niagarafällen und erwartete, daß er tief davon beeindruckt sein würde. Er sah aber nur „eine große und nutzlose Masse Wasser, die den falschen Weg genommen hat und dann über völlig überflüssige Felsen stürzt". Die amerikanische Sitte, bei Hochzeiten zum Niagarafall zu reisen, kommentierte er mit den Worten: „Jede amerikanische Braut wird zu den Niagarafällen gebracht, und der Anblick des erstaunlichen Wasserfalls muß eine der frühesten, wenn nicht gar die bitterste Enttäuschung im amerikanischen Eheleben sein."

In den Kunstgalerien fiel ihm auf, daß die Amerikaner die Gemälde dicht an der Deckenleiste aufzuhängen pflegten. Das erschien ihm zunächst als irrational; als er aber sah, wie schlecht die Bilder waren, verstand er den Vorteil dieser Sitte. Das Kunstverständnis der Amerikaner ließ überhaupt zu wünschen übrig. Wilde erzählte von einem Kunstliebhaber, der sich einen Abguß der Venus von Milo aus Paris hatte kommen lassen. Zu seiner Überraschung wurde die Statue ohne Arme abgeliefert, worauf er gegen die Eisenbahngesellschaft klagte. Er gewann seinen Prozeß und bekam eine Entschädigungssumme, denn bei den US-Gerichten hatte es sich noch nicht herumgesprochen, daß die Venus von Milo ein Torso ist.

Am meisten bewunderten die Amerikaner Oscar Wilde jedoch infolge des Umstandes, daß sie ihn bei ihren Gelagen nicht unter den Tisch trinken konnten. Alle seine Herausforderer wälzten sich betrunken am Boden, indes Wilde im Anschluß an das Besäufnis einen Spaziergang durch die Stadt machte.

Vor allem die Grubenarbeiter im Wilden Westen waren tief beeindruckt durch seine Trinkfestigkeit. Er las ihnen im Vortrag aus der Biographie des Benvenuto Cellini (1500-1571) vor, und sie machten ihm Vorwürfe, daß er den Kerl nicht mitgebracht habe. Er sagte, Cellini sei schon lange tot, was die Frage provozierte, wer ihn denn erschossen habe. Man sieht, Wilde hatte es mit den Amerikanern nicht leicht.

Am Ende seiner Vortragsreise durch die USA und Kanada hatte Wilde immerhin 600 Dollar oder 1200 Pfund eingenommen, was vermutlich nach dem heutigen Geldwert etwa 30.000 Mark entsprechen würde. Das war das Resultat von sechs Monaten harter Arbeit; er hatte das ganze Land durchstreift und überall, wo es nur anging, seine Lehren verkündet. Abgesehen von böswilligen Kritiken, die kein Redner vermeiden kann, ehrte man ihn fast überall; man gründete sogar Schulen für Kunst, die seinen Namen erhielten. Nordamerika ermutigte den jungen Dichter, der nach England zurückging, um dort weiterhin um den literarischen Erfolg zu kämpfen.

Um diese Zeit hatte er auch das Theaterstück *Die Herzogin von Padua* beendet, aber auch dieses Werk war kaum bei den Bühnenleuten anzubringen. So ging der enttäuschte Dichter und Lebemann wiederum nach Paris, wo er in Dichter- und Künstlerkreisen viele Bekanntschaften machte. Er war eine auffällige Figur in der Szene der französischen Hauptstadt; er trug eine Lockenfrisur wie der römische Kaiser Nero und hatte sich einen Spazierstock aus Elfenbein wie der von ihm verehrte Balzac zugelegt; auch der weiße Morgenmantel, der an eine Mönchskutte erinnerte, war eine Balzac-Imitation; denn der große Romancier arbeitete am Schreibtisch nur im Mönchsgewand.

Im Umgang mit Victor Hugo, den Goncourts, Daudet, Zola, Bourget, Verlaine und anderen, aber auch im Kontakt mit den Malern Degas und Pissaro vervollständigte Wilde sein Kunstverständnis; in den *Tagebüchern* der Goncourts taucht er mit nicht sehr schmeichelhaften Charakterisierungen auf: Die beiden Brüder nennen ihn „ein Individuum mit zweifelhaftem Geschlecht, mit der Sprache eines Komödianten und aufschneiderischen Erzählungen". Darauf darf man jedoch nicht allzuviel geben, da die Goncourts nicht immer sachgetreu, sondern in der Regel sehr subjektiv urteilten.

Immerhin: Er war, wie schon als Knabe unter den Mitschülern, anders als die anderen. Hesketh Pearson, der eine einfühlsame Biographie über ihn geschrieben hat (*Oscar Wilde – sein Leben und Werk*, Bern 1947), bezeichnet ihn als einen „Schauspieler" und deutet einige seiner Hauptprobleme im Leben und in der Kunst unter dem Aspekt, die gefühlsmäßige Seite seines Wesens habe sich nie über das Jugendalter hinaus entwickelt, indes seine Intellektualität schon voll entfaltet gewesen sei, als seine Kameraden kaum zu denken begonnen hätten (loc. cit. S. 47/48). Dieser Zustand habe bis zum Ende seines Lebens angehalten:

> Es gibt einen Knabentyp, der nicht glücklich ist, solange er nicht eine Rolle spielt oder sich verkleidet oder die Menschen durch irgendeine Darbietung erschreckt oder sie durch sein Benehmen schockiert. Oscar gehörte zu diesem Typ, und er überwand niemals diese Neigung. Er behielt auch die Charaktermerkmale des üblichen Knabenschlags: eine romantische Lebensansicht, ein Sündenbewußtsein verbunden mit der Lust zu sündigen, eine starke Anziehung zu den Freuden des übermäßigen Essens und Trinkens, einen Sinn für das Wunderbare und die Liebe zum Spaß. Ein Gutteil seines Charmes lag in dem unbeirrbaren Vergnügen, das er an dem reinen Akt des Lebens nahm, und in der jugendlichen Hochherzigkeit, die er bewies; so waren die vielen Rollen, die er spielte, seine Liebe zur Schauspielerei und Maskerade, die so viele Menschen irritierte, in mancher Hinsicht das Resultat dieser jugendlichen Überschwenglichkeit.

Nach der Rückkehr aus Paris betätigte sich Wilde in London als Kunstkritiker, Buchrezensent und später als Herausgeber einer Frauenzeitschrift. Als Kunstkritiker befreundete er sich mit dem Maler Whistler, aber diese Freundschaft hielt nicht sehr lange. Beide haschten nach glanzvollen und geistreichen Formulierungen, und da Wilde dem Maler offensichtlich darin überlegen war, kam es zur eifersüchtigen Gehässigkeit von Seiten des letzteren. Hier einige Proben von Wildes Aphorismen zur Kunst, die nicht nur Whistler vor Neid erblassen ließen:

> Jedes Gemälde, das ein Maler mit Gefühl schafft, ist das Gemälde des Künstlers, nicht des Modells.
> Kunst drückt nur aus, was Kunst ist, sonst nichts!
> Der wahre Künstler existiert nur in seinem Schaffen. Das Persönliche ist niemandes Sache.
> Schönheit steht höher als Genie, denn sie verlangt keine Erklärung.
> Das einzige, was der Künstler nicht sehen kann, ist das Augenscheinliche. Das einzige, was das Publikum sehen kann, ist das vor Augen Liegende. Das Resultat ist die Kritik der Journalisten.
> Die Kunst ist die einzige ernsthafte Sache in der Welt. Und der Künstler die einzige Person, die niemals ernsthaft ist.
> Verschiedenheit der Meinungen über ein Kunstwerk zeigt, daß das Werk neu, kompliziert und lebensfähig ist.

Wenn er nicht gerade ernsthaft über die Kunst reflektierte, schoß er bösartige Sprüche über die offiziell anerkannte Kunst und die akademischen Pseudokünstler ab, die ihm sicherlich bei einflußreichen Kunstkreisen keine Freunde verschafften. Bei den repräsentativen britischen Künstlern beobachtete er eine „merkwürdige Mischung von schlechter Malerei und guten Absichten"; als er einige Mitglieder der Königlichen Akademie beschrieb, behauptete er, sie hätten sich „als Künstler verkleidet"; die eindrücklichsten Leistungen der Akademie-Mitglieder sah er im „Firnissen von Gemälden"; und als man ihm ein Bild eines hochgeschätzten Pseudokünstlers zeigte, fragte er ungläubig: „Ist dies wirklich alles mit der Hand gemalt?" Von den Malern, welche die Nebel auf der Themse allzu naturgetreu kopierten, befürchtete er, daß sie den Betrachtern ihrer Bilder „Schnupfen und Bronchitis" anhängten. Bekannt ist auch sein Ausspruch, daß die Natur die Kunst nachzuahmen pflege; erst seitdem Whistler und andere rosenfarbige Sonnenaufgänge gemalt hätten, gäbe es diese auch in der Wirklichkeit!

Wer Berichte über Wildes Unterhaltungs- und Formulierungskunst liest, kann verstehen, daß Winston Churchill, befragt darüber, wen er sich im Jenseits als Gesprächspartner wünsche, kurzerhand antwortete: „Oscar Wilde." Ähnlich werden viele seiner Zeitgenossen gedacht haben.

Wo immer er auftrat, verbreitete er gute Laune, erzeugte stürmisches Gelächter über den Reichtum seiner witzigen Ideen, die er auch in das harmloseste Gespräch verschwenderisch einbrachte. Es war unmöglich, in seiner Nähe Trübsal zu blasen; er erheiterte jedermann, sogar die griesgrämigsten Geister und auch alle jene, die ihm mit Vorurteilen gegenübertraten.

1883, nach seinem Frankreichaufenthalt, verlobte sich Wilde mit Constance Lloyd, und bald darauf heiratete er sie: Es war eine echte Liebesheirat. Beide Partner schwärmten füreinander, und Oscar scheint auch das eheliche Liebesleben zunächst in vollen Zügen genossen zu haben. Zwei Knaben kamen in den folgenden Jahren zur Welt, an denen Wilde mit zärtlichen Vatergefühlen hing. Es sah wirklich so aus, als habe er für sein Leben einen bürgerlichen Rahmen gefunden. Jedenfalls war ihm seine Frau sehr zugetan und hätte bei einiger Konstanz seiner Gefühle durch dick und dünn zu ihm gehalten. Aber Wilde war offenbar nicht in der Lage, eine heterosexuelle Beziehung dauernd fortzuführen.

Seine Meinungen über Frauen, Liebe und Ehe waren nicht gerade begünstigend für eine verläßliche und zeitüberdauernde Partnerschaft. Wenn man auch in den folgenden Aussprüchen immer daran denken muß, daß Wilde das Paradox liebte und mit seinen Aphorismen seine Zuhörer zu verblüffen pflegte, hört man doch aus den Texten ein eher saloppes Verhältnis zum Liebesproblem heraus. Der Spötter Wilde konnte es nicht lassen, sich auch als Zyniker zu geben, eine Rolle, die einem Spaßmacher eine gewisse Überlegenheit über das Spießbürgertum zu verleihen scheint. Oscar Wilde sagte unter anderem:

> Wenn man liebt, täuscht man zuerst sich, später andere.
> Was ist der Unterschied zwischen einer Laune und einer ewigen Liebe? Die Laune dauert ein wenig länger.
> Ein Mann kann mit jeder Frau glücklich sein. Vorausgesetzt, daß er sie nicht liebt.
> Die Frauen lieben uns um unserer Fehler willen. Hätten wir genug Fehler, würden sie uns alles verzeihen, selbst unser Genie.
> Was für ein Gerede die Leute um die Treue machen! Selbst in der Liebe ist sie nur ein Problem der Physiologie. Sie hat mit unserem Willen gar nichts zu tun. Junge Leute möchten treu sein und können es nicht. Alte Leute möchten untreu sein und können es auch nicht. Mehr kann man wohl kaum sagen.
> Wer treu ist, kennt nur die triviale Seite der Liebe. Der Untreue allein kennt ihre Tragödien.
> Die Leute, die nur einmal im Leben wirklich lieben, sind die wirklich Oberflächlichen. Was sie ihre Treue nennen, nenne ich entweder die erschlaffende Wirkung der Gewohnheit oder einen Mangel an Einbildungskraft. Treue ist für das Leben der Gefühle dasselbe, wie Konsequenz für das Leben des Intellekts – nämlich das Eingeständnis des Mißerfolgs.

In diesen Sentenzen deutet sich an, daß der Superstar Oscar Wilde am kargen Publikum einer ihn liebenden Frau kaum Genüge finden konnte. Es drängte ihn aus der Ehe hinaus in die *High-society*, deren Einladungen er durch seinen Humor berückende Glanzlichter aufsetzte. Constance wurde mehr und mehr beiseite geschoben und tröstete sich, wie sich viele vom Leben und von der Liebe enttäuschte Menschen trösten: Sie wurde fromm. Wilde jedoch kletterte in jenen Jahren zu den Gipfeln seines literarischen und gesellschaftlichen Erfolges empor; er entfesselte eine große schriftstellerische Produktivität, und seine Lustspiele und seine Erzählungen, sein *Dorian Gray* und seine Märchen machten ihn zu einem der populärsten Autoren von ganz England.

Auf dem Gipfel des Erfolgs. – Seit 1887 produzierte Wilde Kurzgeschichten, Essays und Märchen, in die er seine witzigen Epigramme und seine heitere Lebensphilosophie einflocht. Bekannt ist etwa seine Geschichte *Das Gespenst von Canterville* (1887), das die Leiden eines altenglischen Gespenstes glossiert, dessen Spukschloß an eine moderne amerikanische Familie verkauft wird. Die nüchternen Amerikaner lassen sich nicht durch Gruselerscheinungen beeindrucken; sie geben dem Gespenst Ratschläge gegen Rheumatismus und empfehlen ihm dringend, die Ketten zu ölen, mit denen es um Mitternacht scheppernd durch die Schloßkorridore streicht. Immerhin verhilft dann schließlich die junge Amerikanerin dem durch eine Mordtat belasteten Ritter aus dem Mittelalter zur Erlösung.

Noch launiger ist *Lord Arthur Saviles Verbrechen*. Der junge Lord Arthur erfährt von einem Handlinienleser, daß es ihm bestimmt sei, einen Menschen zu ermorden. Arthur steht gerade vor seiner Verlobung mit der entzückenden Sybil, aber als ein Mann von Verantwortungsgefühl will er zuerst den für ihn bestimmten Mord hinter sich bringen, bevor er in den Hafen der Ehe einfährt.

Aber es ist gar nicht leicht, einen Menschen zu töten. Ein Gift, das der junge Lord einem alten und kranken Onkel verabreicht, verhilft diesem zur unerwarteten Genesung. Ein Sprengstoff, den er anonym einem anderen Verwandten schickt, erzeugt nur blaue Pulverwölkchen, welche die Verwandtschaft sehr amüsieren. Arthur Savile sucht verzweifelt nach irgendeinem brauchbaren Opfer, das er unbemerkt um die Ecke bringen kann; da entdeckt er bei einem Nachtspaziergang den kundigen Chiromanten, der ihn durch die Weissagung belastet hat, auf einer Themsebrücke, über das Geländer gelehnt; mit einem kurz entschlossenen Ruck wirft Lord Arthur den Handlinienexperten ins Wasser und kann am nächsten Tag in der Zeitung lesen, daß dieser sein Leben durch Selbstmord beendet hat. Seinem Glück mit Lady Sybil steht nunmehr nichts im Wege.

Solche Geschichten pflegte Wilde seinen Freunden und Zuhörern dutzendweise zu erzählen; aber es kostete ihn viel Mühe, sie auch aufzuschreiben. Dann und wann raffte er sich dazu auf; so ergab sich mit der Zeit eine Sammlung von Erzählungen, die Muster spezifisch englischen Witzes sind.

Aber nach dem Urteil aller Zeitgenossen, die Oscar Wilde kannten, sind alle aufgezeichneten Erzählungen nur ein matter Abglanz dessen, was er an Anekdoten, scheinbar lehrhaften Hinweisen und Witzen produzierte, wenn er im Gespräch in Fahrt kam. So sprach man z.B. einmal in einer Gesellschaft vom Hochmut angeblich heiliger Menschen, die hinter ihrer Fassade von Frömmigkeit und Tugend mitunter Abgründe von Eitelkeit und Ehrgeiz verbergen. Wilde stimmte dieser Diagnostik zu und steuerte zur Entlarvung frommer Scheinheiligkeit folgende hübsche Geschichte bei:

> Ein Oberteufel inspizierte bei Gelegenheit die Arbeit der Unterteufel, welche die Menschen verführen und auf Abwege bringen sollten. Dabei beobachtete er eine Gruppe seiner Mitarbeiter, die sich vergeblich darum bemühten, einen betenden Heiligen von seiner Andacht abzulenken. Nichts vermochte den Gottesmann zu irritieren; nackte Weibsbilder, die Vorspiegelung wundersamer Tafelfreuden, der Anblick von Gold und Juwelen – alles glitt am Beter ab, der ganz seiner Gottesverehrung hingegeben war. Der Chefteufel schaute dem Bemühen seiner Helfer zu und sagte schließlich: „Ihr macht das ganz falsch. Nun paßt einmal auf, wie man da vorgehen muß!“ Er näherte sich dem Heiligen in Gestalt eines Wanderers, begrüßte ihn und sagte: „Ich soll Ihnen einen Gruß Ihres Bruders ausrichten. Er ist kürzlich *Erzbischof von Athen* geworden!“ Im selben Augenblick verzerrte sich das

> Gesicht des Heiligen vor Neid und Eifersucht, und mit der Andacht beim Beten war es endgültig vorbei.

Ernsthafter sind Wildes Märchen, in denen das Mitleid mit dem leidenden und erniedrigten Menschen eine große Rolle spielt. Man denke etwa nur an so herrliche Kunstmärchen wie *Der glückliche Prinz*, *Die Nachtigall und die Rose*, *Der junge König*, *Der Geburtstag der Infantin*, *Der Fischer und seine Seele* und *Das Sternenkind*: Alle diese Texte belehren uns darüber, daß der Spötter und Zyniker Wilde ein ungemein sensitiver Charakter war, dessen Seele von zartestem Mitgefühl erfüllt war.

Um sich seinen Gefühlen nicht ganz auszuliefern, verwendete er seinen hochgezüchteten Intellekt dazu, sich selbst und andere lachen zu machen; wenn die Wogen des Gelächters hochgingen, triumphierte er nicht nur über die eigene Verletzlichkeit, sondern erhob sich auch über seine Zuhörer als ein Lehrer der Lebensklugheit, der Selbst- und Weltüberwindung. Humor ist – wie Sigmund Freud gezeigt hat – ein Sieg des Ich angesichts einer Bedrohung oder Frustration, die mit Kraftmitteln nicht bewältigt werden können, wohl aber durch Änderung der Einstellung und Beurteilung von Menschen und Dingen.

Der Witzbold Wilde war überall beliebt; aber um 1890 gestattete er sich zwei Fauxpas, welche die Gunst des aristokratischen Publikums für ihn verminderten. Das sollte sich erst später als sehr unheilvoll erweisen; vorerst aber erregten die nun zu besprechenden beiden Publikationen viel Kopfschütteln und weitläufige Mißbilligung.

1890/91 erschien Wildes einziger Roman *Das Bildnis des Dorian Gray*, ein Text, der unter dem Einfluß der ästhetischen Theorien von Ruskin und Pater geschrieben wurde. Er enthält viel autobiographisches Material und kann auch als Lebensbeichte verstanden werden. Jedenfalls scheint sich Wilde in dem geistreichen Lebemann Lord Henry Wotton porträtiert zu haben. Und das Problem seiner Homosexualität mutet wie ein roter Faden an, der sich durch die artistischen, melodramatischen und symbolistischen Schilderungen seines Buches hindurch zieht.

Schon der Auftakt des Romans ist eine homosexuelle Situation. Ein Maler (Basil Hallward) hat einen Jüngling entdeckt, der von adonishafter Schönheit ist. Er malt diesen jungen Mann in verschiedenen Kostümen, bis er zuletzt ein Porträt von ihm verfertigt. Dieses ist von eigenartiger Schönheit, ein getreues Ebenbild des Jünglings, der Dorian Gray heißt. Ein Freund des Malers (Lord Henry Wotton) bewundert das Bild und wünscht das Original kennenzulernen. Nur widerstrebend stellt Hallward „seinen" Dorian dem als Zyniker und Epikuräer verschrieenen Lord Henry vor und muß sogleich erleben, was er befürchtet hat: Lord Henry gewinnt mit seinen souverän witzigen Anmerkungen sofort die Sympathie Dorians, und es entsteht sozusagen eine Freundschaft auf den ersten Blick.

Noch ist Dorian ein unschuldiger Jüngling, um den ein Hauch von Weiblichkeit und Anmut liegt, wie ihn die Homosexuellen an den von ihnen verehrten und begehrten Jünglingen lieben. Aber diese Natürlichkeit wird schon durch das Bildnis zerstört, das Hallward von Dorian gemalt hat: Indem der Jüngling seine bezwingende Schönheit erkennt, erkrankt er an einer Eigenliebe, an der er später zugrunde gehen wird.

Dorian erbittet sich sein Bild vom Maler als Geschenk und erhält es auch. Beim Anblick seiner wunderbaren Gesichtszüge wünscht er flehentlich, daß er selbst nie altern solle: Das Bild solle anstatt seiner alt und vom Leben verwüstet werden. Eine geheimnisvolle Macht gewährt ihm tatsächlich diesen Wunsch; Dorian bleibt ungeachtet seines lasterhaften und kriminellen Daseins unangetastet schön und jung, indes sich in sein in einem Abstellraum verborgenes Gemälde die Runen seiner inneren Verwüstung einschreiben.

Und hier nun der Lebenslauf Dorians: Er verliebt sich in eine junge Schauspielerin, die ihm auf der Bühne als Figur in Shakespearestücken wie eine zauberhafte Prinzessin vorkommt. Er will diese Schauspielerin (Sybil Vane) heiraten, aber er kennt sie nur von wenigen Gesprächen und eben von ihren Auftritten auf der Bühne her. Nach einer überstürzten Verlobung mit ihr lädt er Lord Henry und Hallward in das erbärmliche Vorstadttheater ein, damit sie die angebetete Künstlerin sehen und bewundern können. Aber unter Henrys Zynismus und kalter Beobachtungsgabe verwandelt sich Sybil in eine kleine Stümperin; faktisch spielt sie an jenem Abend wirklich schlecht, da sie durch ihre Liebe zu Dorian in eine neue Lebensdimension eingetreten ist und dadurch die Bühne als minderwertige Scheinwelt empfindet.

Aber für Dorian ist die Zuneigung zu Sybil gerade an diese Scheinwelt geknüpft; kaum hat sie als Schauspielerin versagt, ist seine Liebe für sie erloschen. Er trennt sich von ihr mit einer emotionalen Härte, die Sybil in den Suizid treibt.

Dieser Freitod seinetwegen berührt Dorian in keiner Weise. Er fängt ein zügelloses Leben an, das um Ausschweifungen mit beiden Geschlechtern kreist. Lord Henry scheint diese heillose Entwicklung zu begünstigen, zu fördern und zu ermutigen. Diese Lasterhaftigkeit spielt sich im Verborgenen ab, und niemand in der vornehmen Gesellschaft, in der Dorian verkehrt, würde glauben, daß der schöne und edel aussehende junge Mann tief im Sumpf der Perversionen und der Süchte watet.

Nur das Gemälde in der Dachkammer seines Hauses hält alle seelischen Beschmutzungen fest, die Dorian unbekümmert und leichtlebig in sich aufnimmt; eine dämonische Wandlung geht auf der vom Künstler bemalten Leinwand vor sich, indem das Porträt Züge von Bösartigkeit und Verfall zeigt. Eines Tages enthüllt Dorian dem Maler Hallward die merkwürdige Veränderung des Bildnisses, und da er in diesem Bewunderer seiner Schönheit die Ursache seines ihm bewußt werdenden Unglücks sieht, ermordet er ihn in einem wahnwitzigen Affekt.

Nun ist er sogar zum Mörder geworden, und im weiteren Verlauf der Handlung wird er mitschuldig am Selbstmord eines Jugendfreundes und an der Opiumsüchtigkeit eines anderen Kameraden. Daneben geht aber sein Gesellschaftsleben ungestört weiter, und Lord Henry begleitet ihn auf dem Wege seiner verruchten Ausschweifungen. Eines Tages bemüht sich der von Schuldgefühlen doch noch berührte Dorian um eine halbherzige Wandlung; er versucht, eine gute Tat zu tun, und beobachtet nun gierig das Gemälde, ob es dadurch ein bißchen ansprechender werde.

Aber das Bild hält ihm unverändert das Gesicht der moralischen Zerstörung entgegen, und in seiner Verzweiflung durchsticht Dorian diesen Spiegel seiner Innerlichkeit mit einem Messer. Es ertönt ein grauenhafter Aufschrei, und die herbeieilenden Diener finden neben einem *jugendschönen* Porträt ihres Herrn einen schauderhaft entstellten Mann voller Runzeln und von abstoßendem Aussehen. „Erst als sie seine Ringe betrachteten, erkannten sie, wer er war."

Das Motiv dieses Romans ist sicherlich nicht neu; die Romantik hat derartige Konfigurationen mehrfach abgehandelt. Auch wird man an Balzacs Erzählung *Das Chagrinleder* und Joris Karl Huysmans Buch *A rebours* (deutsch: *Wider den Strich*) erinnert.

Trotz dieser Abhängigkeiten wird man gerne zugeben, daß *Dorian Gray* ein originelles Meisterwerk der Weltliteratur ist. Gewiß ist der Roman relativ handlungsarm, aber für dieses Manko wird der Leser durch die köstlichen Dialoge entschädigt, in denen Wilde seinen unversieglichen Einfallsreichtum versprüht. Das läßt einen auch die zahlreichen Manierismen vergessen, die dem Leben des Titelhelden eine Art Kunstwerkcharakter verleihen sollen, aber im Ganzen eher künstlich wirken.

Wilde strebte wohl einen rein ästhetischen Roman an, aber wider Willen wurde das Buch unter seinen Händen doch moralisch infiltriert, indem Dorian Gray unter seinem ethischen Defizit leidet und hiervon zuletzt in den Selbstmord getrieben wird. Man muß in diesem Zusammenhang vermutlich an unbewußte Schuldgefühle des Autors selbst denken, der das Evangelium des Genusses verkündete, aber im tiefsten Innern gespürt haben muß, daß sein Spiel mit dem Leben an sich bodenlos sei. Dorian Grays Untergang nimmt ahnend die Schicksalstragödie seines Urhebers vorweg.

Sieht man den Roman so, dann ist er trotz seiner Andeutungen von Homosexualität, Drogenkonsum, Verbrechen und (verhaltener) Lobpreisung der Sinnlichkeit durchaus kein unmoralisches Elaborat. Um so mehr muß es uns wundern, daß die Kritik ihn fast unisono bei seinem Erscheinen als solches verdammte. Pearson in seiner Wilde-Biographie notiert folgende Urteile: Esoterische Geilheit; stupid und vulgär; dumm und schlüpfrig; ekelhaft; stinkende Fäulnis; sollte ins Feuer geworfen werden; aufdringlich vulgär; grob und roh; wird jeden jungen Menschen verderben, der damit in Berührung kommt; unmenschlich, peinigend und lasterhaft; langweilig; sollte gerichtlich verfolgt werden; giftiges Buch, Gestank und geistige Fäulnis; es bedroht die Moral; eine Geschichte, die ausschließlich das Strafgericht interessiert usw. (loc. cit. S. 152).

Man sieht, wenn seine Majestät, der Spieß- und Kleinbürger, zum Literaturkritiker wird, dann ist er bemüht, zuerst durch moralische Floskeln und dann durch das Eingreifen der Justiz das für ihn Anstößige niederzuwalzen und totzuschlagen. Oscar Wilde wehrte sich gegen diese unqualifizierten Verunglimpfungen, indem er dem Buch ein „Vorwort" voranstellte, das aus einer Reihe von

Aphorismen bestand, die das Verhältnis von Kunst, Kritik und Moral zu definieren versuchten. Diese Sentenzen sind so geschliffen formuliert, daß man kaum der Versuchung widerstehen kann, zumindest einige von ihnen an dieser Stelle anzuführen:

> Der Künstler ist der Schöpfer schöner Dinge.
> Die Kunst zu offenbaren und den Künstler zu verbergen ist die Idee des Kunstwerkes.
> Kritiker ist, wer den Eindruck, den er von dem Schönen empfangen hat, in einen anderen Stil oder in ein neues Material übertragen kann.
> Die höchste und die niedrigste Form der Kritik ist eine Art Autobiographie.
> Diejenigen, welche häßliche Absichten in schönen Dingen entdecken, sind verdorben, ohne andere zu entzücken.
> Diejenigen, welche schöne Absichten in schönen Dingen entdecken, haben Kultur.
> Sie sind unsere Hoffnung. Sie sind die Auserwählten, für die schöne Dinge ausschließlich Schönheit bedeuten.
> Es gibt weder ein moralisches noch ein unmoralisches Buch. Bücher sind gut oder schlecht geschrieben.
> Das moralische Leben bildet zum Teil den Vorwurf des Künstlers, aber die Moral in der Kunst besteht in der Brauchbarmachung eines unbrauchbaren Mediums.
> Kein Künstler will etwas beweisen. Nicht einmal Dinge, die bewiesen werden können.
> Ein Künstler soll es nicht mit der Ethik halten. Das Ethos äußert sich in einer unverzeihlichen Manieriertheit des Stils.

Kein Zweifel: Mit *Dorian Gray* strapazierte Wilde seine vornehmen Gönner im Londoner Westend, die in ihm einen glänzenden Alleinunterhalter sahen, durch welchen das Geplauder ihrer Salons in geistige Brillanz eingetaucht und davon umhüllt wurde. Aber was sollten sie von Wilde denken, als dieser kurz darauf sogar seinen Essay *Die Seele des Menschen im Sozialismus* veröffentlichte, der geradezu ein Bekenntnis zur sozialistisch-individualistischen Weltanschauung enthielt! Nun fühlten sich fast alle schockiert, die unter Umständen die angebliche Laszivität des *Dorian Gray* noch einigermaßen zu tolerieren bereit waren. Es war *shocking* über alle Maßen...

Vermutlich ist Wilde zu seinem Aufsatz durch G. B. Shaw und die sogenannte „Fabian Society" angeregt worden. In dieser Gesellschaft waren Schriftsteller und Sozialwissenschaftler vereinigt, die eine evolutionäre Gesellschaftsumwandlung anstrebten, aber dennoch unter dem Einfluß des revolutionären Marxismus standen. Sidney und Beatrice Webb, H. G. Wells und manche andere waren die geistigen Protektoren dieses Clubs, der sich nach dem römischen Feldherrn Fabius Cunctator nannte, dem es gelang, Hannibal zu besiegen, indem er sich auf Abwartetaktik verlegte; ähnlich wollten die Fabier ohne direkten Angriff den Kapitalismus stürzen; ihre intellektuellen Arbeiten von Rang wurden zum ideologischen Fundament der Labour Party, die allerdings noch weiter von Marx abrückte, als dies bei den Webbs, bei Shaw und Wells der Fall war.

Wilde bekannte sich zum Sozialismus, aber als Ästhet und Nonkonformist formulierte er eine durchaus individualistische Reformgesinnung. Er sprach nicht so sehr von der Gerechtigkeit, von der Ausbeutung der Armen und von Lohnforderungen; ihn störte an der Verelendung der breiten Volksschichten vor allem, daß Armut häßlich ist und daß sie den Menschen seelisch verkrüppelt. Da der Mensch sich selbst verwirklichen solle, sei eine Gesellschaftsordnung, die ihn einer unerträglichen materiellen Not überantwortet, zutiefst unmoralisch.

Aber wenn man die Gesellschaft verändern will, muß man nach Wilde sich sehr davor hüten, alles Heil der Zukunft von einem sozialistischen Staat zu erwarten. Es berührt heute, angesichts der furchtbaren Erfahrungen, die man überall mit dem Staatssozialismus gemacht hat, jeden einsichtigen Leser fast wie eine Prophezeiung, wenn Wilde mit eindrücklichen Worten vor der vom Marxismus herbeigewünschten Staatsallmacht warnt und der persönlichen und kollektiven Freiheit in allen Stücken den Vorrang gibt. Wie weise war es doch von ihm, als er folgende Sätze formulierte:

> Wenn der Sozialismus autoritär ist, wenn es Regierungen gibt, die sich mit der wirtschaftlichen Macht bewaffnen, wie heute mit der politischen Macht, wenn wir mit einem Wort Industrietyrannen bekommen sollen, dann wird der letzte Staat des Menschen schlechter als der erste sein.
>
> Es ist bedauerlich, daß ein Teil des Gemeinwesens praktisch in Sklaverei leben soll, wenn man aber dieses Problem durch Versklavung des ganzen Gemeinwesens lösen will, so ist das kindisch.
>
> Alle Autorität ist Degradierung; sie degradiert jene, die sie ausüben, und sie degradiert jene anderen, über die sie ausgeübt wird.

Man erkennt aus diesen Sätzen, daß Wilde das Heil der Zukunft von keiner Massen-Partei erhofft, weil alle politischen Ideologien die Macht des Menschen über den Menschen erstreben. Wilde signalisiert die Gefahr, daß in den angeblichen Freiheitsbewegungen neue Terrorsysteme vorbereitet werden, weil man keine Freiräume für die individuelle und unkonventionelle Entwicklung offen lassen will. Marx und die Marxisten proklamierten unter dem Anspruch, endlich das Bewegungsgesetz der Geschichte gefunden zu haben, einen Absolutismus schlimmster Prägung; und wo die Kommunisten an die Macht kommen, sind es ganz einfach andere Spießbürger, die nun das Diktat im Sozial- und Geistesleben übernehmen.

Ganz richtig bemerkt Wilde, daß der Kapitalismus eine entfremdende Gesellschaftsordnung ist, weil in ihm das Geld zum obersten Gott und Götzen gemacht wird. Aber der Mensch ist nicht dazu geschaffen, um bloß materiellen Gütern nachzujagen; seine wahren Lebensziele sollen Schönheit, Wahrheit und Vernunft sein. Jede Gesellschaftsstruktur, die das verhindert, ist des Teufels. Individualismus und Kunst sind unentbehrlich, wenn der Mensch seiner geistigen Bestimmung gerecht werden will. Hier wiederum meint Wilde:

> Die wahre Vollendung des Menschen liegt in dem, was der Mensch ist, nicht in dem, was er besitzt.

> Es gibt nur eine Klasse von Menschen in der Gesellschaft, die noch mehr als die Reichen über das Geld nachdenken, das sind die Armen.
> Der Hunger ist der Vater des modernen Verbrechens und nicht die Sünde.
> Den Armen Sparsamkeit empfehlen, ist sowohl grotesk wie beleidigend. Das heißt einem Hungernden den Rat geben, weniger zu essen... Der Mensch sollte sich weigern, zu beweisen, daß er wie ein schlecht ernährtes Tier leben kann.
> Was die tugendhaften Armen betrifft, so kann man sie natürlich bedauern, aber man kann sie unmöglich bewundern.
> Agitatoren sind eine Schicht von Menschen, die sich in alles einmischen; sie kommen zu irgendeiner völlig zufriedenen Klasse der Gesellschaft und säen die Saat der Unzufriedenheit aus. Aus diesem Grund sind Agitatoren absolut unentbehrlich.

Das war starker Tobak, aber es kam noch viel ärger. Wilde gab unverhohlen seiner Bewunderung für Ungehorsam und Rebellion Ausdruck. Er bedauerte nur die Rebellen, die einen Großteil ihrer Kräfte für die Umgestaltung der trägen und konservativen Gesellschaft einsetzen müssen, anstatt in Muße und Selbstverwirklichung zu leben. Er eröffnete seinen Lesern ohne Rückhalt, daß die beste Regierung für einen Künstler überhaupt keine Regierung sei. Er rief dazu auf, man solle Utopia realisieren; denn eine „Weltkarte, die Utopia nicht einschließt, lohnt die Betrachtung nicht". Der Fortschritt sei die Verwirklichung von Utopien.

Abstieg und Untergang. – Im Sommer 1891 lernte Wilde den jungen Lord Alfred Douglas kennen, der damals in Oxford studierte. Alfred, von seinen Freunden „Bosie" genannt, war ein schlechter Student, aber ein verheißungsvoller Dichter; er war ein Jüngling von großer Schönheit. Er stammte aus einer zerrütteten und nachher geschiedenen Ehe; sein Vater war der Marquess von Queensberry, ein bekannter Sportler und unerträglicher Mensch, der sich im allgemeinen um seinen Sohn sehr wenig kümmerte. Alfred Douglas war bei seiner geschiedenen Mutter aufgewachsen, bis er für sein Studium nach Oxford ging.

Wilde verliebte sich in den jungen Poeten, der nicht nur seinen Schönheitssinn ansprach, sondern auch – was für Wilde wichtig war – eine Abstammung aus der Hocharistokratie hatte. Er umwarb Bosie mit allen ihm zur Verfügung stehenden Mitteln, und der Jüngling war natürlich stolz darauf, von einem genialen und berühmten Mann verhätschelt zu werden.

Der Zauber der Wildeschen Gesprächskunst fügte ein weiteres hinzu, um Alfred Douglas für Wilde zu gewinnen. Ob Wilde hierbei der große Verführer war, ist nicht sicher zu ermitteln; in den englischen Internaten von damals grassierte Homosexualität allemal, und Bosie wird schon einige diesbezügliche Erfahrungen gehabt haben. In seiner viel später geschriebenen *Autobiographie* teilt er allerdings mit:

> Gleich bei der zweiten Begegnung, als er mir ein Exemplar von *Dorian Gray* schenkte, das ich mit nach Oxford nahm, machte er Annäherungsversuche. Erst als ich ihn mindestens schon ein halbes Jahr kannte, und er zweimal bei mir in Oxford übernachtet hatte, gab ich nach. Ich machte mit ihm und ließ ihn mit mir

> machen, was unter den Jungen in Winchester und Oxford passierte ... Analverkehr fand nie zwischen uns statt, weder wurde er versucht, noch wurde daran gedacht ... Diese Seite unserer Freundschaft sagte mir nie zu. Es war vollkommen gegen meine sexuellen Instinkte, die nach Jugend, Schönheit und Sanftheit strebten. Nach einer Weile merkte er, daß ich es überhaupt nicht mochte und nur ihm zu Gefallen damit einverstanden war, und sehr bald ließ er es ganz sein. Die letzten sechs Monate vor seiner Einlieferung ins Gefängnis fand nichts dergleichen zwischen uns statt, noch wurde zwei Jahre später, als er herauskam, auch nur davon gesprochen.

Wilde schrieb zahlreiche Liebesbriefe an seinen jungen Freund, in denen er mitunter auch offenherzig von Abenteuern mit willigen Jugendlichen berichtete, die er gegen Geschenke zur homosexuellen Hingabe bewog. Er vernachlässigte damals bereits völlig seine Frau und seine Kinder, beschränkte sich auf seine Rolle als Poet und Lebemann, rauchte und trank exzessiv und liebte opulente Gastmahle, bei denen er unaufhörlich die Raketen seines Witzes abschoß. Die Beziehung zu Douglas, die zum Mittelpunkt seines inneren und äußeren Lebens wurde, war aber alles andere als harmonisch. Es kam immer wieder zu heftigen Streitigkeiten, die durch leidenschaftliche Versöhnungen übertüncht wurden.

1893 veröffentlichte Wilde seine Dichtung *Salome*, die er zuerst auf Französisch herausbringen mußte, da in England ein Gesetz bestand, welches die Behandlung von biblischen Personen in Bühnenstücken verbot. Aber als Buch durfte *Salome* in England publiziert werden. Man nennt diesen Text die einzig erfolgreiche Tragödie Wildes; es ist ein Drama von Liebe und Tod, vom Kampf der Geschlechter, bei dem das dämonische Weib den Untergang des geliebten Mannes bewirkt.

Der Stoff hat biblische Ursprünge: Herodes, der König von Galilea, begehrt seine Stieftochter Salome, die ihrerseits sich in den gefangen gehaltenen Propheten Jochanaan (Johannes der Täufer) verliebt. Da Jochanaan die Prinzessin abweist und seinen Fluch auf die Verderbtheit des Königshauses ausspricht, verlangt Salome von ihrem Stiefvater den Kopf des Gottesverkünders; um ihre Forderung durchzusetzen, tanzt sie vor Herodes den Tanz der sieben Schleier, worauf Jochanaan der Kopf abgeschlagen wird, den Salome mit wilder Haßliebe küßt. Da aber Herodes die Rache Gottes fürchtet, läßt er Salome durch die Palastwache töten. – Die berückend schöne Dichtung Wildes ist durch Richard Strauss zu einem durch Klangmagie und üppiges musikalisches Farbenspiel berühmt gewordenen Musikdrama vertont worden.

Salome wurde trotz seines Bibelthemas einige Jahre später in England gespielt und brachte bedeutende Erfolge. Aber schon rollte die Woge des Verhängnisses auf Wilde zu. Alfred Douglas hatte einige seiner Kleider einem fragwürdigen jungen Mann geschenkt, mit dem er vorübergehend befreundet war; in den Rocktaschen eines Anzuges befanden sich mehrere Briefe, die Wilde an ihn geschrieben hatte.

Diese Briefe gelangten in die Hände von berufsmäßigen Erpressern, die Wilde zunächst mit Geldgaben zum Schweigen brachte. Er kaufte schließlich seine Liebesepisteln zurück, aber einige Abschriften blieben irgendwo im Umlauf.

Der Vater von Alfred Douglas bekam Kenntnis von deren Inhalt; er fing an, seinen Sohn und Wilde zu verfolgen, und da er ein paranoider Charakter war, artete diese Verfolgung zu einer fanatischen Hetzjagd aus.

Der Gipfel vielfältiger Attacken war dann, daß der Marquess Queensberry in Wildes Club erschien und dem Portier seine Visitenkarte hinterließ, worauf mit deutlichen Lettern geschrieben stand: „Für Oscar Wilde, der als Sodomit posiert." Orthographie war offenbar nicht die Stärke des kämpferischen Marquess; denn in der Hitze des Gefechtes schrieb er „Somdomit", aber auch so war erkennbar, daß er Wilde öffentlich der Homosexualität beschuldigte.

Wilde sah sich genötigt, gerichtlich gegen seinen Beleidiger vorzugehen. Der beauftragte Anwalt fragte ihn ausdrücklich, ob seine Weste rein sei; Wilde beschwor feierlich seine Unschuld, so daß einem Ehrverletzungsprozeß nichts im Wege stand. Das Verfahren nahm seinen Lauf und schien sich zuerst zu Gunsten des Klägers zu wenden; aber die Anwälte von Queensberry waren nicht faul und trugen mit der Zeit enormes Belastungsmaterial gegen Wilde zusammen.

Es stellte sich bald heraus, daß das Gericht den Marquess Queensberry nicht nur freisprechen, sondern Wilde auch wegen „Sodomie" anklagen mußte; und das bedeutete damals mit einiger Sicherheit eine Verurteilung zu mehreren Jahren Zuchthaus. Mit einer grenzenlosen Leichtfertigkeit überging Wilde die Warnungen seiner Freunde, die ihm von einer Fortführung des Prozesses abrieten und ihm die Flucht auf den Kontinent empfahlen. Alfred Douglas jedoch, der seinen Vater haßte, argumentierte für einen weiteren Kampf gegen ihn; und Wilde hörte auf seinen Adonis, dem er beinahe hörig war.

Natürlich nahm das ganze gesellschaftliche und literarische England gewaltigen Anteil an diesem Sensationsprozeß. Und was Wilde nicht vorausgesehen hatte, traf ein: Die öffentliche Meinung erklärte sich sehr schnell gegen den früher vergötterten Schriftsteller, als seine „Unmoral" ans Licht trat. Der Staatsanwalt hatte keine allzu große Mühe, sein Opfer von allen Seiten zu attackieren, und das glanzvolle Feuerwerk Wildescher Verteidigungsreden verfehlte im Gerichtssaal seine Wirkung.

Man holte alles hervor, was man nur hervorholen konnte: *Dorian Gray* wurde als Verführung der Jugend und Aufruf zum Laster angeprangert; Gedichte Wildes, in denen die Schönheit von Jünglingen gepriesen wurde, galten als Beweis für die unnatürliche Neigung des Dichters; und dann lagen Briefe auf dem Tisch, die ebenfalls „sodomitisch" ausgelegt werden konnten. Anfänglich gelang es Wilde, mit witzigen Antworten zu vertuschen, daß er tatsächlich in die Enge getrieben wurde; aber nach und nach zog sich das Netz der Indizien immer enger um ihn zusammen, und der Staatsanwalt hatte alle Trümpfe in der Hand.

Wilde wurde verhaftet und nach Scotland Yard gebracht. Nahezu alle seine Freunde wandten sich von ihm ab. Es kam – wie vorauszusehen war – die Verurteilung zu zwei Jahren Gefängnis mit Zwangsarbeit.

Montgomery Hyde schreibt in seiner aufschlußreichen Biographie *Oscar Wilde – Triumph und Verzweiflung* (München 1982, S. 406):

> Die Strafe, die Wilde zu verbüßen hatte, war von furchtbarer Strenge, wenn ihm auch aufgrund seines Alters und seiner körperlichen Verfassung einige ihrer schlimmsten Erscheinungsformen erspart bleiben sollten. Die Aussagen verschiedener Zeugen vor einem Gefängnisausschuß des Innenministeriums hatten kurz zuvor gezeigt, daß zwei Jahre Gefängnis mit Zwangsarbeit, was Einzelhaft mit mühsamer und vorwiegend nutzloser Arbeit an der Tretmühle und an der Kurbel sowie Wergzupfen einschloß und bei schlechter und unzureichender Ernährung durchzuführen war, den Körper und den Geist eines Mannes zerbrechen konnten. In der Tat verbüßten alte Verbrecher viel lieber eine Zuchthausstrafe, die nicht unter drei Jahre verhängt werden konnte, in einem Zuchthaus wie Dartmoor oder Portland, denn dort wurde hauptsächlich an der frischen Luft gearbeitet, und es bestand immer die Chance der vorzeitigen bedingten Entlassung. Bei einer Gefängnisstrafe wurden die verschiedenen Formen der Zwangsarbeit vor allem drinnen, meistens in der Zelle des Gefangenen, durchgeführt; Straferlaß wegen guter Führung gab es nicht.

Die hygienischen Verhältnisse waren entsetzenerregend; für einen Ästheten wie Wilde konnten Ekel und Unerträglichkeit kaum noch gesteigert werden. Besuche durfte er nur äußerst selten empfangen; man verweigerte ihm sogar Schreibzeug und Papier. Das einzige Buch, das er lesen durfte, war die Bibel. Mitunter erhielt der Häftling auch eine Audienz beim Gefängnisgeistlichen, der ein paar fromme Sprüche von sich gab und dann nach Hinterlassung eines Traktätchens verschwand. Der für Wilde zuständige Pfarrer fragte ihn, ob er zu Hause immer Morgengebete gesprochen habe. Wilde verneinte mit Bedauern, worauf der würdige Vertreter des geistlichen Standes sich auf den Kommentar beschränkte: „Da sehen Sie, wohin Sie gekommen sind!“

Auch die Gefängnisärzte waren erbärmlich. Als Wilde im Gefängnis ernstlich zu kränkeln begann, wurden seine Leiden bagatellisiert, bis er ganz zusammenbrach und ins Lazarett eingeliefert werden mußte.

Montgomery Hyde referiert den Tagesablauf des Gefängnisinsassen folgendermaßen:

> Er stand um sechs Uhr auf und machte seine Zelle sauber. Um sieben Uhr bekam er Frühstück, das aus Kakao und braunem Brot bestand. Dann wurde er mit anderen Gefangenen zum Hofgang geführt, der eine Stunde dauerte. Anschließend zupfte er Werg in seiner Zelle, bis das Mittagessen gebracht wurde. Dieses Mahl bestand aus fettem Schinken und Bohnen oder Suppe; einmal in der Woche gab es kaltes Fleisch. Von 12.30 bis 18 Uhr mußte er wieder Werg zupfen. Dann bekam er Tee; um sieben Uhr ging das Licht aus, und er legte sich ins Bett. In einem Zeitungsartikel wurde sein Leben in dieser Zeit genau beschrieben: „Er muß eine bestimmte Menge Werg pro Tag zupfen, darf mit niemandem sprechen, und mit Ausnahme der einen Stunde Hofgang verbringt er seine Zeit in seiner Zelle.“

Viel eindrücklicher jedoch hat der Häftling selbst seine Situation im Gefängnis in der berühmten *Ballade aus dem Zuchthaus zu Reading*, auf die wir bald zu sprechen kommen werden. beschrieben. Er sagt darin:

Das Herz gefüllt mit Mitternacht,
Die Zelle mit Zwielichtschein;
Wir drehen das Schöpfrad, wir zupfen den Hanf,
In gesonderter Hölle allein,
Und grausiger das Schweigen schweigt,
Als eherne Glocken schrei'n.

Und nie kommt menschliche Stimme uns nah,
Mit sanftem Wort gesellt.
Das Auge ist hart und mitleidlos,
Das im Guckloch Wache hält.
Ohne Welt, ohne Trost, du verrohst, du verrohst!
An Leib und Seele entstellt.

Jede Zelle schmal, drin wir hausen zumal,
Ist ein fauler und finstrer Abort.
An der Gitterwand hoch der Stinkodem kroch
Aus dem lebendigen Mord.
Oh Maschine der Menschlichkeit! Bis auf die Lust,
Alles zu Staub darin verdorrt.

Zu den Leiden im Gefängnis kam auch der finanzielle Zusammenbruch und das endgültige Scheitern seiner Ehe. Der Marquess von Queensberry wollte Wilde total vernichten; da er auf Grund des gegen ihn angestrengten Ehrverletzungsprozesses seine Anwaltskosten auf Wilde abwälzen durfte, proklamierte er seine Forderungen auf einige hundert Pfund mit Unnachsichtigkeit, und weil der Schuldner im Gefängnis nicht zahlen konnte, wurde sein Konkurs eröffnet. Wildes Mobiliar, seine Bibliothek und seine künstlerischen Kostbarkeiten wurden versteigert, genauer gesagt: verschleudert.

Man erzielte kaum Preise zur Deckung der Gesamtmasse der Schulden, die sich auf einen sehr hohen Betrag summierten, da Wilde immer sorglos in den Tag hineingelebt hatte. Auch wertvolle Manuskripte gingen bei der Versteigerung unwiederbringlich verloren.

Wildes Gattin setzte mit unsäglicher Mühe durch, ihren Mann besuchen zu dürfen, aber die Zusammenkünfte wurden nur im Beisein eines Wärters erlaubt, und eine Glasscheibe trennte den Mann von seiner Ehefrau. Auf Anraten von Freunden und Verwandten verlangte Constanze Wilde, daß die beiden Kinder einen Vormund bekamen und Wilde seiner Erzieherrechte verlustig ging; sie versprach ihm eine Rente von 150 Pfund pro Jahr aus ihrem Erbteil, aber nur unter der Bedingung, daß er keinen „Umgang mit schlechten oder ehrlosen Menschen" pflege.

Wilde hat später, nach seiner Entlassung aus dem Gefängnis, seine Gattin nicht mehr gesehen. Sie starb im Jahre 1898 in Genua an einem chirurgischen Eingriff.

Da Wildes Krankheitszustand dem Ministerium mitgeteilt wurde, verfügte dieses seine Verlegung ins Gefängnis von Reading, das etwas kleiner war und draußen auf dem Lande lag. Die Überführung im November 1895 hat der Dichter selbst folgendermaßen geschildert:

> An diesem Tag mußte ich von zwei Uhr bis halb drei Uhr auf dem mittleren Bahnsteig der Station Clapham Junction stehen, in Sträflingskleidung und mit Handschellen, als Schauspiel für die Umstehenden. Man hatte mich aus der Krankenabteilung geholt, ohne mir auch nur eine Minute vorher Bescheid zu sagen. Etwas Groteskeres als mich kann man sich nicht vorstellen. Die Leute lachten bei meinem Anblick. Mit jedem neuen Zug, der einlief, wurde die Zahl der Gaffer größer. Sie amüsierten sich maßlos. Da wußten sie natürlich noch nicht, wer ich war. Als sie es erfahren hatten, lachten sie noch mehr.

In Reading wurde Wilde zuerst durch einen Gefängnisdirektor gequält, dessen Hauptvergnügen darin bestand, die Gefangenen zu bestrafen. Ein schweres Delikt bestand zum Beispiel darin, daß die Gefangenen bei ihrem einstündigen Spaziergang im Hof des Zuchthauses miteinander sprachen; sah dies ein Wächter, dann kam es zu Haftverschärfungen, die das ohnehin unerträgliche Gefängnisleben noch unerträglicher machten.

Zum Glück folgte dann auf den Sadismusexperten ein anderer Direktor, dessen Menschlichkeit Wilde nicht genug rühmen konnte. Nun erhielt er auch Bücher, Papier und Schreibmaterial, und mit Hilfe dieser für ihn unendlich wichtigen Utensilien bekam er die Kraft zum Überleben. Auch gab es menschenfreundliche Wärter, deren er später mit großer Wertschätzung gedachte.

In den englischen Zuchthäusern wurde noch geprügelt, und Wilde empörte sich über die brutalen Strafen, die manchmal – dem Gesetz entsprechend – exekutiert wurden. Auch gab es zahlreiche Kinder im Gefängnis, die sich kleine Eigentumsdelikte zuschulden kommen ließen. Solche Strafen konnten durch Bezahlung einer Buße abgegolten werden; aber die jungen Delinquenten waren immer so arm, daß sie keinen Shilling für ihre Befreiung aufbringen konnten. In einigen Fällen griff der mitleidige Wilde in die eigene Tasche und befreite minderjährige Häftlinge, deren Elend ihm ans Herz griff. Ein Wärter, der solchen Kindern Kekse geschenkt hatte, wurde wegen Disziplinarvergehen entlassen. Wilde schrieb damals an den *Daily Chronicle*:

> Sie waren noch ganz klein, das jüngste Kind – dem der Wärter die Kekse gab – ein winziges Bürschchen, für das man offenbar keinen Anzug gefunden hatte, der klein genug gewesen wäre. Ich hatte in den zwei Jahren meiner Haft natürlich viele Kinder im Gefängnis gesehen. Vor allem in Wandsworth waren immer viele Kinder. Aber der Kleine, den ich am Nachmittag des 17. Mai in Reading sah, war winziger als alle anderen. Ich brauche nicht zu sagen, wie furchtbar mich der Anblick dieser Kinder in Reading deprimierte, denn ich wußte, welche Behandlung sie erwartete. Die Grausamkeiten, die in englischen Gefängnissen Tag und Nacht an Kindern verübt werden, wird niemand glauben, der sie nicht mit eigenen Augen gesehen hat und die Brutalität des Systems kennt ... Wie diese Kinder heute behandelt werden, spricht wirklich der Menschheit und allem gesunden Denken Hohn. Das hat die Dummheit angerichtet.

Zwei literarische Werke von Rang entstanden in Wildes Gefängniszeit; das eine ist ein langer Brief an Alfred Douglas, dem Wilde die Überschrift gab *Epistola in carcere et vinculis* (Brief in Kerker und Ketten), und welcher 1905 von seinem Herausgeber Robert Ross den Titel *De profundis* (Aus der Tiefe) erhielt; das andere ist die große *Ballade aus dem Zuchthaus zu Reading*, auf die wir weiter unten detailliert eingehen werden.

Im Brief an Douglas versucht sich Wilde über das Ausmaß seiner inneren und äußeren Katastrophe Rechenschaft abzulegen. Es kommt hierbei zu Anklagen gegen den jungen Freund, der ihn offensichtlich ins Verderben getrieben hatte. Aber Wilde bleibt bei dieser Schuldzuteilung nicht stehen; er sucht ernsthaft in seiner *Epistola* die Erkenntnis seiner selbst, seiner Schwächen und Verfehlungen. Dadurch wird der Brief zum bedeutenden Dokument der Selbsterforschung und künstlerischen Rechtfertigung. Denn Wilde will nicht zugeben, daß sein Umgang mit obskuren Gestalten in jeder Hinsicht falsch war; als Poet beansprucht er für sich Ausnahmeerfahrungen; diese wären in der Philisterwelt nicht zu finden gewesen:

> Man hat es mir schrecklich verübelt, daß ich die bösen Dinge des Lebens an meinen Tisch lud und an ihrer Gesellschaft Gefallen fand. Doch von dem Standpunkt aus, von dem ich, auch im Leben ein Künstler, ihnen nahte, waren sie wunderbar anregend und reizvoll. Es waren Gelage mit Panthern. In der Gefahr lag der größte Reiz. Ich fühlte mich immer, wie der Schlangenbeschwörer sich fühlen muß, wenn er die Kobra von dem bunten Tuch oder aus dem Weidenkorb lockt, daß sie sich hochstemmt und auf sein Geheiß ihr Schild breitet und sich in der Luft hin- und herwiegt, wie eine Pflanze gelassen in der Strömung schaukelt. Sie waren für mich die goldschimmerndsten Schlangen. Ihr Gift war ein Teil ihrer Vollkommenheit. Als sie nach mir stießen, wußte ich nicht, daß sie nach Deiner Pfeife und für das Geld Deines Vaters tanzten. Ich schäme mich überhaupt nicht meiner Bekanntschaft mit ihnen. Sie waren höchst interessant. Aber ich schäme mich der ekligen Philisterwelt, in die Du mich brachtest.

Trotz des obigen Passus machte sich Wilde keine Illusionen über die Torheit seines Verhaltens. Er bekennt gegenüber Douglas, daß er sein Genie verschleudert und seine Jugend vergeudet habe; in einem charakteristischen Satz des Briefes heißt es sogar, er sei es müde gewesen, auf den Höhen zu wandeln; daher sei er absichtlich in die Tiefe gestiegen, um dort neue Reize zu suchen. „Was das Paradoxe mir im Bereiche des Denkens war, wurde mir im Reich der Leidenschaften die Perversion." Diese Gedanken Wildes werden uns im Zusammenhang mit der psychologischen Deutung seiner Lebenstragödie noch beschäftigen.

Fast erschütternder als die *Epistola* ist jedoch unseres Erachtens *Die Ballade aus dem Zuchthaus zu Reading*, die 1898 erstmals erschien. Sie ist ein sehr umfängliches Gedicht, das erst jenseits der Gefängnismauern geschrieben wurde. Es handelt von einem Kavalleristen der Königlichen Reitergarde, der in einem Anfall von wahnwitziger Eifersucht seiner Geliebten den Hals durchgeschnitten hatte. Dieser Mörder aus pathologischer Leidenschaft wurde 1896 in Reading gehängt.

Wilde sah ihn beim täglichen Rundgang im Gefängnishof und versetzte sich mit seiner ganzen dichterischen Kraft in das Gemüt des zum Tode Verurteilten, der auf seine Exekution wartete. Dabei wurde ihm die ganze Problematik von Verbrechen und Strafen transparent. Die strafende Gesellschaft erschien ihm hierbei als mindestens so schuldig wie der schlimmste Delinquent; wobei dieser ungemein häufig in einer Form von Bewußtseinstrübung oder gar Wahn handelt, indes jene kaltblütig und moralisierend mordet.

Wilde beschreibt in pathetisch gesteigerten, eindringlichen Rhythmen die Angst der Mitgefangenen, die um den baldigen Tod ihres Leidensgenossen wissen. Er zeichnet die trostlose Einsamkeit in den Zellen; er artikuliert die Verlassenheit der Verfemten und Ausgestoßenen, die im Grunde um keinen Deut schlechter sind als die, die sie verfemen und ausstoßen.

Wilde war nicht nur ein Genie der Unterhaltung und des Humors, sondern auch des Mitleids – er erinnert in dieser Beziehung an Tolstoi. Wie der große russische Moralist und Epiker sah er das ungeheure Ausmaß an sozialer Ungerechtigkeit, die im ärgsten Widerspruch zur Christlichkeit unserer Staaten und Gesellschaftsordnungen steht.

Wenn Wilde nur die *Ballade aus dem Zuchthaus zu Reading* geschrieben hätte, wäre ihm ein Platz in der Weltliteratur schon sicher gewesen. Der volksliedhafte Ton der Ballade ist von wundersamer Eingängigkeit; die Verse bleiben dem Leser im Gedächtnis haften, und mehr noch als ihr Wohlklang ergreifen Sinn und Inhalt jedes empfängliche Gemüt. Man erinnere sich nur an den Auftakt zu diesem herrlichen Text, der den Übeltäter als Mitmenschen und Bruder vor unsere Augen führt:

Er trug nicht mehr den roten Rock,
Denn Blut und Wein sind rot.
Die klebten an des Mannes Hand,
Als man ihn bei der Toten fand;
Das arme Weib, das er geliebt,
Im Bett schlug er sie tot.

Er ging mit andern Gefangenen
Im Kleid von schäbigem Grau.
Eine Kricketmütze auf dem Kopf,
Und sein Gang war seltsam flau.
Doch niemals sah ich einen Menschen schaun
So sehnsuchtsvoll ins Blau.

Der Verurteilte wurde zwar als Mörder aus der Gesellschaft ausgestoßen, aber nach der Meinung des Dichters sind Totschläger keine Ausnahmen; sie tun nur, was alle Menschen tun, aber sie machen es ungeschickter und unbeholfener, und daher kann man sie aussondern und für eine exemplarische Bestrafung an den Pranger stellen. Sieht man aber näher zu, dann muß man nach Wilde die Sache so formulieren:

Denn jeder tötet, was er liebt,
Damit ihr es nur hört.
Der tötet mit dem bösen Blick,
Der schmeichelnd es zerstört.
Der Feige tötet mit dem Kuß
Der Tapfere mit dem Schwert.

Wilde hatte zunächst den Verurteilten nicht beachtet, da er sich von der grauen Menge der Häftlinge in keiner Weise unterschied. Aber beim täglichen Spaziergang raunte ihm ein Sträfling zu, daß der Junge da drüben demnächst gehängt werde. Der Dichter reagiert auf diese Mitteilung mit einer gewaltigen Betroffenheit:

Oh Jesus! Die schwere Kerkermauer,
Wankte mit einem Mal.
Und der Himmel über meinem Haupte erschien
Wie ein Helm aus glühendem Stahl.
Und wiewohl meine Seele leidgebeugt,
Vergaß sie der eigenen Qual.

In den englischen Gefängnissen gab es den Galgenbaum, wie es in französischen Zuchthäusern die Guillotine gab. Tolstoi wurde auf seiner Frankreichreise zu einer Guillotinierung zugelassen und berichtete mit Worten der Empörung über den furchtbaren Akt, dem der Staat seit jeher einen Anstrich von grausamer Feierlichkeit zu verleihen wußte. Wilde beschrieb seine Reaktion auf den Anblick des Galgenbaums mit apokalyptischen Ausdrücken wie folgt:

Der Eichenbaum und der Ulmenbaum,
Sind lieblich anzuschaun.
Doch gräßlich ragt, vom Wurm zernagt,
Des Galgenbaumes Graun.
Und ob alt oder grün, der Mensch muß dahin,
Als Frucht an den hängenden Taun.

Konservative Gesellschaftstheoretiker, wie z.B. Joseph de Maistre (1753-1821) in seinem Buch *Der Henker*, haben mit Recht betont, daß der Scharfrichter eine gesellschaftsstabilisierende Instanz sei; er ist nicht nur schauererregend für die Delinquenten, die er hinrichtet, sondern auch für alle Bürger, die in ihm ein Abbild der autoritären Herrschaft erblicken sollen. Tatsächlich weiß der Autoritarismus sehr wohl, warum er an der Todesstrafe hartnäckig festhält, ungeachtet des Umstandes, daß deren Abschreckungskraft gleich Null ist. Die Gegner der Todesstrafe verweisen darauf, daß die tötende Gesellschaft qualitativ einen viel schlimmeren Mord begeht als der wahnwitzigste Verbrecher. Auch ist stets die Möglichkeit von Justizirrtümern gegeben, die man nach einer Hinrichtung nicht mehr korrigieren kann.

Aber das beeindruckt die Ewiggestrigen in keiner Weise. Sie plädieren für die Beibehaltung oder Wiedereinführung der Todesstrafe, indes schon die Aufklärungsepoche (Beccaria: *Vom Verbrechen und Strafen*, 1764) die absolute Inhumanität dieser Strafform erkannt hat. Wildes Dichtung ist unter anderem auch ein hinreißender Appell zur Abschaffung des Hängens und Köpfens und des elektrischen Stuhls, womit die herrschenden Klassen ihre Unrechtsregime – stets mit Unterstützung der Geistlichkeit – zu verteidigen pflegen. In der *Ballade* ertönt der Aufschrei:

> Der Direktor hielts mit der Vorschrift wie
> Mit dem feierlichsten Akt.
> Der Gefängnisarzt sagte, der Tod sei nur
> Ein naturwissenschaftlicher Fakt.
> Und der Kaplan kam zweimal am Tag
> Mit frommen Traktaten bepackt.

Mit allen Mitgefangenen fieberte Wilde mit, als der Kavallerist der Königlichen Garde gehängt wurde, im Beisein des Pfarrers, der sich immer zufrieden gibt, wenn der Verurteilte bereut und durch ein Gebet die sichere Aufnahme in den Himmel anstrebt. Aber Wilde sah den Verlauf der Dinge anders:

> Sie hängten ihn wie ein wildes Tier;
> kein Requiem erklang,
> das Frieden vielleicht seiner Seele gab,
> so umhergejagt und bang.
> Sie zogen ihn aus und scharrten ihn ein,
> und dauerte keines lang.

Die *Ballade aus dem Zuchthaus zu Reading* wurde ein literarischer Erfolg, aber wahrscheinlich eher aus Sensationsgründen, und nicht, weil das Lesepublikum die ungeheure Dringlichkeit des Themas verstanden hatte. Wilde plante damals sogar ein Buch über Gefängnisse, Strafreform und Abschaffung der Todesstrafe; aber er hatte nicht mehr die Kraft zu literarischen Leistungen, da er einen Großteil seines Selbstwertgefühls im Gefängnis eingebüßt hatte. Er war glücklich über diese letzte Dichtung, in der er noch einmal sein Bestes gegeben hatte: Es war sein Schwanengesang.

Wir haben nun noch kurz die letzten drei Jahre von Wildes Leben nach der Haftentlassung zu referieren. Im Mai 1897 kam er aus dem Gefängnis, wurde vorübergehend von Freunden aufgenommen und reiste dann bald nach Dieppe in Frankreich, da ihm England keine Heimat mehr bot. Er nahm den Namen Sebastian Melmoth an, nach einer Romanfigur aus einer Erzählung von C. R. Maturin (*Melmoth, der Wanderer*), mit dem er weitläufig verwandt war. In der Nähe von Dieppe mietete er sich in einem Hotel ein und fühlte sich recht gut aufgehoben. Er war zuversichtlich und ohne lähmende Verbitterung. Dem Freunde Will Rothenstein schrieb er damals sogar, er schäme sich in keiner Weise, im Gefängnis gewesen zu sein; Scham empfinde er nur darüber, daß er ein Leben geführt habe, das eines Künstlers nicht würdig war. Und dann fährt er im Brief fort:

> Ich weiß nur, daß ein Leben entschiedenen und vorsätzlichen Materialismus und eine Philosophie des Genusses und des Zynismus und ein Kult sinnlichen und sinnlosen Wohlbehagens schlecht ist für einen Künstler: Es engt die Phantasie ein

> und stumpft die zarteren Empfindungen ab. Meine ganze Lebensführung, lieber Junge, war grundverkehrt. Ich habe nicht das Beste aus mir gemacht. Jetzt glaube ich, daß ich bei guter Gesundheit und mit Hilfe der Freundschaft einiger guter, einfacher und netter Menschen wie Ihnen und einer ruhigen Lebensweise, allein mit meinen Gedanken und frei vom unstillbaren Hunger nach Vergnügungen, die den Körper zerstören und die Seele fesseln – ich glaube also, daß ich noch einiges schaffen kann, was Ihnen allen gefällt.

Aber der Weg zur Hölle ist bekanntlich mit guten Vorsätzen gepflastert. Wilde war nicht in der Lage, über seinen Schatten zu springen; seine Gewohnheiten und Verhaltensweisen traten bald wieder zutage. Schon im September 1897 traf er wieder mit Alfred Douglas zusammen, und es kam zur innigen Versöhnung der beiden Freunde. Sie vereinbarten eine gemeinsame Reise nach Neapel, und Wilde versicherte dem Freunde, daß er nur an seiner Seite arbeiten und dichten könne. Er wußte genau, daß er mit der Rückkehr zu Douglas die materielle Unterstützung durch seine Frau verlieren würde, und daß seine Freunde einer solchen Wiedervereinigung ablehnend gegenüberstanden; aber gemäß seinem Charakter mag gerade das auch ein Motiv gewesen sein, um sich wieder in die Hörigkeit gegenüber Bosie zu begeben.

Sie verbrachten zwei Monate in Neapel, und Wilde schwärmte von Douglas wie eh und je. Er nannte ihn die Romanze seines Lebens – er hätte eher von Tragödie sprechen sollen. Bald ergaben sich wiederum Streitigkeiten, unter anderem wegen des Geldes; Wilde hatte fast nichts mehr zur Verfügung, und Douglas war nicht bereit, seine Rente mit ihm zu teilen. So trennten sie sich im Dezember; Douglas ging nach Paris, und Wilde blieb in Neapel. Als er eine Reise nach Sizilien unternahm, stahl ihm sein Diener alle Kleider und einige Wertgegenstände. Wilde ging dann im Winter nach Paris und lebte dort in sehr dürftigen Verhältnissen.

Die Pariser Schriftsteller, die ihn in der Zeit seines Ruhmes hoch eingeschätzt hatten, waren nun gar nicht begierig, mit ihm zu verkehren. Als er einmal in einem Straßencafé saß, sah er André Gide vorübergehen und winkte ihn zu sich; Gide setzte sich ihm gegenüber, mit dem Rücken gegen die Straße, damit man ihn nicht zusammen mit Wilde sehen könne. Aber letzterer bat ihn regelrecht an seine Seite zu kommen: „Setzen Sie sich neben mich“, sagte er, „ich bin augenblicklich so allein.“

Noch war er ein Meister der Unterhaltungskunst, aber gegen Ende eines Gespräches war er oft gezwungen, seine Gesprächspartner anzupumpen, was die fulminante Wirkung seines Witzes und seiner Heiterkeit reduzierte. Alkohol und homosexuelle Beziehungen trösteten ihn über seinen inneren und äußeren Verfall hinweg; aber die Spuren des wüsten und trostlosen Lebens zeichneten sich – anders als bei Dorian Gray – in sein Gesicht ein.

Seine Gesundheit begann sich zu verschlechtern, und ein leidiger Hautausschlag machte ihm monatelang zu schaffen. Manche Autoren führen dies auf seine schlecht abgeheilte Syphilis zurück, aber andere vermuten eine Allergie oder eine Hautentzündung wegen Vitaminmangel, hervorgerufen durch den Alkoholabusus.

Auf einer weiteren Italienreise zeigte sich Wilde vom Katholizismus stark beeindruckt, und in Rom suchte er Gelegenheiten, sich in Kollektivaudienzen vom Papst segnen zu lassen. Aber die italienischen Knaben und Jünglinge entzückten ihn ebenso sehr wie die römischen Kirchen; wie so viele innerlich haltlose Menschen oszillierte er zwischen Sehnsucht nach gläubiger Geborgenheit und gnadenloser Attraktion durch das „Laster".

Die letzten Monate seines Lebens verbrachte er wieder in Paris. Er hatte die Genugtuung zu erfahren, daß seine Stücke in England gedruckt und aufgeführt wurden und viel Erfolg hatten. So konnte er mit Recht den Satz aussprechen, daß sein Werk zu leben anfangen werde, wenn er selbst mit dem Leben aufhören müsse. Im Herbst 1900 mußte er sich einer Ohrenoperation unterziehen, die sehr schmerzhaft war. Die Ärzte erkannten, daß er dem Ende nahe war. Er starb am 30. November 1900; neun Jahre nach seinem Tode wurden seine sterblichen Überreste auf den Friedhof Père Lachaise übergeführt, wo er seither in der Nähe von Balzac und Heine seine letzte Ruhestätte hat.

Oscar Wilde und die Homosexualität. – Am Thema „Wilde" lassen sich einige Probleme der Homosexualität studieren; hier steht uns mehr Material zur Verfügung als beim durchschnittlichen Menschentypus, da ein großer Dichter uns meistens Einblick in seine seelische Konstitution gewährt. Selbst wenn die biographischen Quellen spärlich fließen, haben wir am Werk umfängliche Seelenbekenntnisse vorliegen: Denn jedes dichterische Oeuvre kann als „Bruchstück einer großen Konfession" (Goethe) betrachtet werden. Bei Wilde haben wir den Vorteil, daß auch aus seinem Leben viele Fakten bekannt sind; es soll in der Folge versucht werden, Biographie, Sexualverhalten und Werk einer einheitlichen Interpretation zu unterziehen. Zu diesem Zwecke sei aber zunächst die Thematik der sexuellen Deviation in den Vordergrund gestellt.

Die Geschichte der Homosexualität ist ein erschütterndes Leidenskapitel in der Kulturgeschichte der Menschheit. Abgesehen vom Griechenland der Antike, wo Homoerotik zeitweise und an bestimmten Orten sehr toleriert wurde, war die gleichgeschlechtliche Beziehung für die Menschen ein Horror. Davon spürt man viel im Alten Testament; die Geschichte von Lot in Sodom und Gomorra berichtet vom Besuch der Engel im Hause des Erwählten, wobei die Menge von Lot verlangte, er möge ihnen die schönen Besucher zum Sexualverkehr ausliefern. Die beiden sündhaften Städte wurden wegen diesen und anderen Sünden durch ein göttliches Strafgericht vernichtet; von daher kommt der Ausdruck „Sodomie", mit welchem die Homosexualität belegt wurde.

Das Christentum ächtete diese Art von Sexualität als eines der schlimmsten Vergehen gegen Gott und die Moral. Man verfolgte dementsprechend Homosexuelle bis zum Anbruch der Neuzeit als besonders üble Verbrecher – auf ihr Delikt hin wurden sie in der Regel zur Todesstrafe verurteilt.

Auch die neuzeitliche Gesetzgebung blieb der christlichen Ideologie treu. Bis in die jüngste Vergangenheit sprach man von der Homosexualität als von einem strafbaren Vergehen. Man konnte sich kaum denken, daß der § 175 im Deutschen Strafgesetzbuch abgeschafft werden könnte. Das Ruchbarwerden homosexueller Betätigung war ein Todesstoß für die bürgerliche Ehrenhaftigkeit eines Menschen. Daher sahen sich Homosexuelle oft Erpressungen ausgesetzt, wenn sie es wagten, ihrer Neigung zu folgen.

Inzwischen ist man jedoch in Fragen der Sexualmoral etwas realistischer und humaner geworden. Homosexuelle schämen sich derzeit weniger ihrer sexuellen Disposition; sie vereinigen sich zu Solidaritätsgruppen, welche die völlige Gleichberechtigung der Invertierten fordern. Auch vor öffentlichen Meetings scheuen sie längst nicht mehr zurück. Allerdings ist die Öffentlichkeit immer noch nicht so weit, das Homosexuellenproblem *sine ira et studio* zu prüfen. Uralte Sexualtabus und Vorurteile dieser Art können nicht von heute auf morgen abgebaut werden.

Die Psychoanalyse hat sich ebenfalls mit dieser dornigen Frage auseinandergesetzt. Freud selbst in seinen *Drei Abhandlungen zur Sexualtheorie* (1905) vertritt die Meinung, daß es vielleicht konstitutionell bedingte und auch neurotische Homosexualität gebe. Daher könne man, wenn der Patient es wünsche, homosexuelle Neigungen psychotherapeutisch angehen. Es handle sich oft genug um eine sexuelle Abwegigkeit, die ähnlich strukturiert sei wie die anderen Anomalien des Liebeslebens. Die Fahndung nach lebensgeschichtlichen Ursprüngen der Homosexualitätsneurose sei nicht selten erfolgreich; aber die Therapie sei in den meisten Fällen überaus mühsam.

Diese Thesen sind von vielen Tiefenpsychologen in modifizierter Form wiederholt worden. Sie stoßen neuerdings auf heftigen Widerstand in Homosexuellenkreisen, die darin einen Restbestand des alten Puritanismus und der engstirnigen Sexualmoral vermuten. Die Homosexuellen verlangen in wachsendem Maße, man solle ihre Sexualvariante als ein naturgegebenes Faktum annehmen und nicht daran herumdoktern wollen. Schon in der Formel, daß Homosexualität etwas Neurotisches sein könne, sehen sie eine Diskriminierung, gegen die sie sich leidenschaftlich und energisch zur Wehr setzen.

Nun sollte man die Tiefenpsychologie, wenn irgend möglich, nicht der moralischen Engstirnigkeit bezichtigen. Hat sie doch Wesentliches dazu beigetragen, daß die Debatten um die vielfältigen Formen der Sexualität sachkundiger und rationaler geführt werden können. Die Frage, ob Homosexualität *(auch,* wie wir behutsam formulieren wollen) Ausdruck einer Neurose sein kann, muß in keiner Weise als moralische Abwertung qualifiziert werden. Es ist eine wissenschaftliche Fragestellung, die nicht durch Parteiinteresse entschieden werden darf.

Davon völlig unberührt bleibt die Forderung, daß man Invertierte nicht belästigen und schon gar nicht strafrechtlich verfolgen soll. Die Idee der sexuellen Toleranz ist eine ungemein bedeutende Errungenschaft des modernen Lebensverständnisses, an welchem Tiefenpsychologie, Psychiatrie, Soziologie, Anthropologie und ähnliche Wissenschaften mit Erfolg gearbeitet haben.

Wenn Homosexualität wirklich neurotisch bedingt sein kann, soll man nicht vergessen, daß dasselbe auch für sehr weite Bereiche der Heterosexualität gilt. Kein Homosexueller muß sich im falschen Wahn wiegen, daß er und seine Gruppe auf der Seite der Kranken, die Heterosexuellen jedoch *in globo* auf der Seite der Gesunden stünden. Darüber hat die psychotherapeutische Kasuistik genauen Aufschluß gegeben. Die sexuell Normalen (wie man sie zu nennen pflegt) sind so häufig pathologisch, daß niemand, der von der Norm abweicht, aus dem Rahmen der Menschheit fällt.

Wir vermeiden aus den oben genannten Gründen die Frage, ob die Inversion an sich neurotisch sei, und beschreiben nur Beobachtungen, die wir an offenkundig neurotischen Homosexuellen machen können. So versuchen wir, uns jeglicher Diskriminierungstendenz zu enthalten; aber auch so kann man nicht sicher sein, ob nicht betroffene Menschen in ihrer Überempfindlichkeit doch noch eine solche zu spüren meinen.

Interessant ist immerhin an zahlreichen homosexuellen Lebensläufen, daß spätere Homosexuelle in ihrer Kindheit keine gute Gelegenheit hatten, ihre Geschlechtsidentität aufzubauen. Wir sprechen hier nur von Männern, aber bei lesbischen Frauen gelten ähnliche Zusammenhänge. So haben zahlreiche Homosexuelle als Kind keinen Vater oder keine Vaterbeziehung gehabt; es fehlte ihnen das Modell für die Ausbildung männlicher Verhaltensmuster, wobei ein negatives Vaterverhältnis noch schlimmer sein kann als die völlige Abwesenheit eines Vaters.

Die Ergänzung zu dieser Mangelsituation ist eine extrem verzärtelnde oder „liebevoll verschlingende“ Mutter, oder aber auch eine lieblose, harte und verständnislose Muttergestalt. All dies kann zu einem abschreckenden Frauenbild führen, wobei unter Umständen die Erfahrung mit der Mutter auf alle Frauen unbewußt übertragen wird. Die Angst vor der Mutter weitet sich aus zur allgemeinen Angst vor der Frau, deren sichtbare Repräsentanten sexuelle Gleichgültigkeit oder Abscheu sein können. Mitunter besteht auch eine intensive Bindung an die Mutter, die sich der Aufnahme von dauerhaften heterosexuellen Beziehungen entgegenstellt.

Aber all das ist nur die relativ „grobe Kausalität“. Gibt es doch unzählige heterosexuelle Menschen, die auch schwierige Vater- und Mutterbeziehungen hatten und gleichwohl keine homosexuellen Bedürfnisse haben. Man muß daher das Problem genauer studieren: Bei eingehender Betrachtung findet man feinere Motivverflechtungen, die dem ungeübten Blick leicht entgehen. Vor allem muß man sich davor hüten, das Forschungsinteresse hauptsächlich auf das Sexualverhalten zu konzentrieren, wie es einem die „Sexualabweichler“ unwillkürlich nahe legen.

So ist es auffällig, daß z.B. Homosexuelle von ihrer sexuellen Thematik enorm fasziniert sind. Ihr Denken und Fühlen kreist überwiegend um diese Frage; sie sprechen oft und viel davon (sofern sie dies ohne Gefahr tun können). Aber das muß nicht bedeuten, daß hierin die Hauptsymptomatik des betreffenden Menschen liegt.

Es ist eine alltägliche Erfahrung in der Psychotherapie, daß der Patient sich auf eine Detailfrage seines Seelenlebens fixiert, um andere bedrängende Probleme nicht ins Auge fassen zu müssen. Was Haupt- und was Nebensymptom ist, wissen die Patienten selbst nicht zu sagen. Sie sind so an Verdrängungen, Selbsttäuschungen und mangelhafte Selbstexplikationen gewöhnt, daß sie den leichtgläubigen Analytiker oder ihre Umwelt im allgemeinen irreführen können.

In Fällen von Homosexualität gilt es jeweils zu überprüfen, ob nicht die homosexuellen Neigungen zu einem Syndrom gehören, in welchem Angst vor der Frau, Angst vor emotionalem Engagement, Zwanghaftigkeit, Expansionsangst überhaupt und Sonderlingshaltungen bedeutsam hervortreten. Die Sexualität eines Menschen ist immer Spiegelbild seiner Charakterstruktur und vielfältiger Stellungnahmen zum Leben.

Wenn das zutrifft, dann würde die homosexuelle Symptomatik unter den Begriff der „neurotischen Präokkupation" (Ablenkung) fallen; d.h. sie ist Vordergrundsphänomen, auf das sich der Patient konzentriert, um sich nicht mit dem noch belastenderen Hintergrund auseinandersetzen zu müssen. Im Sinne von Alfred Adler müßte man daher nicht nur fragen, *warum* der Mensch ein Homosexueller ist (also Ursachenforschung), sondern auch *wozu* er die Homosexualität gewählt hat – nämlich als Ausweg vor noch schlimmeren Komplikationen (also finale Forschung, Suche nach unbewußten Zielen und Zwecken).

Diese Optik ist ungewohnt; es ist nicht leicht, sie plausibel zu machen. Vielleicht hilft folgender Gedankengang weiter: Jean-Paul Sartre sagt gelegentlich über das Genie, es sei ein Ausweg aus der Verzweiflung. Wenn ein Mensch in absolut untragbare Situationen hineingerät, dann wird er aufgeben oder aber auch verzweifelt um Selbstbehauptung ringen. Im letzteren Fall kann es ihm gelingen, Wege zu finden, die noch niemand beschritten hat: Das aber nennen wir Genialität.

Ähnlich können wir nun behaupten, daß auch Neurose, Perversion, Psychose und Verhaltensanomalien Auswege aus der Verzweiflung sind. Denn ein in chaotischen Gefühlszuständen lebendes Individuum empfindet es immer als eine Spannungsverminderung, wenn es durch den Ausbruch einer Störung oder Krankheit oder durch Manifestwerden einer sexuellen Deviation ein faß- und bekennbares Problem bekommt, mit dem es sich arrangieren kann.

Daher das Aufatmen des Neurotikers, des sexuellen Abweichlers, des psychosomatischen Patienten usw., sobald sich sein Zustand zu einem festen Bild oder Krankheitsbild stabilisiert. Er kann dann damit operieren im sozialen Feld, erhält einen Status irgendwelcher Art und kann auch sich selbst einigermaßen definieren. Aber hinter dieser stabilisierten Instabilität gibt es Lebensprobleme, die in der Regel viel weitläufiger sind als das offiziell benannte Symptom.

So ist z.B. vielen Beobachtern aufgefallen, daß unter den Homosexuellen eine bestimmte Zahl von *kindlichen* und *jungenhaften Menschen* sind, die einen Entwicklungsrückstand aufweisen und irgendwie nicht erwachsen werden können und wollen. Bei anderen wieder bemerkt man tiefgreifende „ontologische Unsicherheit" (R. D. Laing), d.h. *wenig Selbstachtung* und ein *Gefühl der mangelhaften Verläßlichkeit der Welt als Ganzes.*

Das ist zurückzuführen auf ungünstige Kindheitserfahrungen und eine oft merkwürdige Sozialisation. Sodann mangelt es bei einer ganzen Reihe von Invertierten an dem, was die Daseinsanalyse „das Leiben" nennt, nämlich das *schlichte Eintauchen in den Leib und seine Vollzüge,* wie es nicht nur für das Sexuelle, sondern auch für das Schlafen, das Essen und Verdauen, das produktive Arbeiten, das heitere Genießen und die Selbstsicherheit im Auftreten erforderlich und wünschbar ist. Fehlt das Leibenkönnen im genannten Sinne, dann wird *Hingabe als Hergabe* befürchtet und ist weder denk- noch vollziehbar. Man steht dem eigenen Körper mit einer seltsamen Fremdheit gegenüber; eventuell hat man ein eher manipulatives Verhältnis zu ihm, eingegrenzt durch unverständliche Attacken von Scham, Ekel, Angst, Entfremdungsgefühlen und Hypochondrie.

Da jeder Homosexuelle als Individualität ein Fall für sich ist, ist es schwierig, Charakteristiken zu finden, die zur Homosexualität generell passen; vielleicht ist es sogar unmöglich. Daher macht es wohl Sinn, *Einzelfallstudien* auszuarbeiten, in welchen das Beschreiben der individuellen Persönlichkeit Rückschlüsse erlaubt auf den betreffenden Menschentypus oder das allgemeine Zustandsbild. Solche Fallstudien sind bei phänomenologisch orientierten Forschern viel beliebter als *Massenenquêten,* bei denen ein Riesenaufwand an Untersuchung ein Minimum an Resultat erbringt. Wir wählen Oscar Wilde als Objekt einer derartigen Phänomenologie der Homosexualität.

Wildes Werdensgeschichte enthält viele jener Faktoren, welche die Psychoanalytiker für die Entstehung von Homosexualität verantwortlich machen. Wir folgen hierbei hauptsächlich der Biographie von Montgomery Hyde, ziehen aber auch die Bücher von Hesketh Pearson und Richard Ellmann (*Oscar Wilde*, München 1991) zu Rat. Wiederholungen von früheren Feststellungen werden nicht ganz zu vermeiden sein.

Wir wissen bereits, daß die Ehe der Eltern Wildes nicht glücklich war. Sir William Wilde hatte außereheliche Verhältnisse und einige uneheliche Kinder. Lady Francesca wurde als theatralische Persönlichkeit beschrieben. Sie war äußerlich viel größer und voluminöser als ihr Gatte, der ihren Gefühlsbedürfnissen vermutlich wenig entgegenkam. Wahrscheinlich war Oscar ihr Partnerersatz; wenn es zu einer „Mutterbindung" kam, dann hat hier die Mutter den Sohn emotional an sich gefesselt.

Oscar war geistig beweglich, aber physisch schwerfällig und unsportlich. In die Jungengemeinschaft seiner Umwelt hat er sich sicher nicht eingefügt. Er stand draußen und imponierte höchstens durch seine rhetorische Schlagfertigkeit und seine Intelligenz. Sein körperliches Erscheinungsbild scheint von der Mutter geprägt worden zu sein; auch im späteren Leben bot er einen ziemlich auffälligen Anblick.

Die Mutter erzog ihn fast wie ein Mädchen. Er wurde ein verträumter, poesiebeflissener Junge, sehr unterschiedlich zu seinem Bruder Willie, der energischer und realistischer war. Aber auch Willie war hernach unangepaßt im Leben; er entwickelte sich zum schweren Alkoholiker und starb noch vor Oscar Wilde (1899). Ein Studienkollege erinnerte sich wie folgt an Oscar (Hyde, S. 33):

> Wilde war von Anfang an etwas Besonderes. Er trug das Haar viel zu lang, manchmal in der Mitte und manchmal an der Seite gescheitelt, und er warf es sich fast mit der gleichen Bewegung aus dem Gesicht wie manche jungen Leute heutzutage. Sein Gesicht war ohne jede Farbe, „bleich wie der Mond", mit schläfrigen und dicken Lippen; stets lag ein selbstgefälliges Lächeln auf seinen Zügen, und er lachte konvulsivisch. Er schwankte beim Gehen und lümmelte sich bei Tisch. Ich habe ihn nie rennen sehen ... Seine Handschrift war riesig und krakelig – ihm selbst nicht unähnlich. Wenn er für sein Stipendium arbeitete, verbrauchte er Unmengen von Papier ... Mehr als vier Wörter brachte er normalerweise nicht auf eine Zeile, und Linien interessierten ihn nicht.

Pearson legt besonderes Gewicht auf eine früh eingetretene Werdenshemmung, die vor allem die gefühlsmäßige Seite seiner Persönlichkeit betraf, aber den Intellekt in einer gewissen Einseitigkeit sogar begünstigte. Er sagt (S. 48):

> Der Knabe in Oscar ist für seine zahlreichen Posen verantwortlich, vor allem für seine Leidenschaft, sich in Szene zu setzen, worüber der Mann in ihm gelegentlich amüsiert und gelegentlich verdrossen war. Diese beiden Iche, das unreife Gefühls-Ich und das überreife intellektuelle Ich, waren in jeder Etappe seiner Karriere klar voneinander unterschieden, und dieser Gegensatz verdarb den größten Teil seines Werkes, obwohl die vollkommene Vereinigung dieser beiden Charaktere einmal ein Meisterwerk schuf. Hier brauchen wir nur die knabenhafte Seite seiner Natur zu unterstreichen, da sie die Eigentümlichkeit seines ersten Auftretens in der Öffentlichkeit und vor allem alle seine späteren Absurditäten erklärt.

Mit anderen Worten: Er weigerte sich, erwachsen zu werden, weil er auf Grund seiner frühkindlichen Sozialisation in der Männerrolle nichts Erstrebenswertes sah und es vorzog, ein juveniler Spaßmacher zu bleiben. Da er intelligent war, konnte er sich als Star betätigen; überall war er im Mittelpunkt und genoß den Applaus für seinen Humor und seine Unterhaltungskunst. Das sieht souverän aus, enthält aber mehr Masochismus, als der Laie ahnt. Zum Masochismus kamen in seinem Falle auch Narzißmus und Infantilismus (Juvenilismus) hinzu, eine Trias, die Freud für den weiblichen Geschlechtscharakter als typisch ansah.

Wir stehen somit vor dem Befund, daß Wilde durch Erziehung, Sozialisation und Identifikationsschicksal ins Feminine hinübergedrängt wurde, und tatsächlich scheint er als späterer Homosexueller den eher weiblichen oder doch den masochistischen Part übernommen zu haben. Die Biographen bezeugen häufig genug die Eitelkeit, die Selbsterniedrigung (trotz Stolz) und das Kindliche an Oscar Wilde.

Belege für Wildes Narzißmus müssen nicht eigens gesucht werden. Auffällige Kleidung, extravagante Wohnungsausstattung, Herumstolzieren in den Straßen mit einer exquisiten Blume in der Hand oder im Knopfloch und tausend andere Belege können hierfür namhaft gemacht werden. Vergessen wir auch nicht, daß er immer der Mittelpunkt aller Gesellschaften war: Ein Star ist fast definitionsgemäß eitel.

Und war nicht die Beziehung zu Alfred Douglas eine extrem masochistische? Wir haben weiter oben von Hörigkeit gesprochen, und diese Feststellung ist nicht übertrieben. Masochismus zeigt sich auch im Exhibitionismus, der – nach Freud – eine passive Form der prägenitalen Triebbefriedigung darstellt. Wer sich ins Rampenlicht drängt, beachtet und bewundert werden will, unternimmt zwar zu diesem Zwecke Anstrengungen (Aktivitäten), aber sein Triebziel ist ein passives: Erst im Angeschautwerden erlebt er sich als existent.

So können Starallüren, Breit- und Großspurigkeit masochistische Modalitäten sein, nämlich Weisen des Abhängig- und Unselbständigseins, trotz des Triumphes im Publikumsapplaus. Ein Unterhaltungskünstler ragt zwar aus der Menge heraus; aber nicht selten streift sein Witzeln und Sich-in-Szene-Setzen ans Clownhafte: Der Spaßmacher belustigt andere, aber für ihn selbst ist das Heiterkeit-Spenden eine Abwehr von Depression. Im Innern des Witzboldes sieht es nicht selten traurig aus.

So gesehen, befand sich der erfolgreiche Poet und Gesellschaftslöwe Wilde in einem prekären Seelenzustand, auch als er künstlerisch und sozial im Aufstieg war. Gewiß unternahm er das Wagnis einer Ehe und zeugte auch zwei Kinder; aber für einen Menschen mit dieser Persönlichkeitsstruktur mußte eine Gattin bald langweilig, beängstigend und freiheitsberaubend erscheinen. Verheiratet zu sein war „zu normal“ für Wilde; er sehnte sich nach dem Freiheitsspielraum des Abnormen.

Die Anziehungskraft des Un- und Außernormalen hat für ein übersozialisiertes Menschenkind mitunter eine verhängnisvolle Gewalt. Wer in Kindheit und Jugend durch besitzergreifende und uneinsichtige Erzieher zu viele „Du sollst!“ und „Du mußt!“ aufoktroyiert bekam, erlebt im späteren Leben unter Umständen in der Verneinung solcher Forderungen einen bewußten oder unbewußten Sieg; für ihn ist das Übertreten von Normen und Geboten eine, wenn auch verzweifelte, Machtbekundung.

Unbeholfenheit angesichts von schwierigen Daseinsproblemen kann überdeckt werden durch solche Versuche der Revolte auf Nebenkriegsschauplätzen. Heimlich siegt man dabei über die Eltern, die Gesellschaft, die Mittelmäßigkeit und den „Durchschnittspöbel“; Abnormsein (d.h. Dasein in der Deformation) kann als Manifestation besonderer Individualität empfunden werden, und faktisch ist dies auch einer der Motoren von Sexualität, Neurose und Suchtkrankheiten. Darauf verweist Erwin W. Straus in seinem grundlegenden Werk *Geschehnis und Erlebnis* (Berlin 1930, S. 110):

> Die Deformierung ist ein, wenn nicht *der* Grundbegriff der Psychopathologie der Neurosen, Perversionen und Süchte. Ein menschliches Gemeinwesen, das sich allein aus Perversen und Süchtigen zusammensetzte, könnte nicht bestehen, es wäre dem Untergang geweiht. Ihm fehlte das tragende Fundament im Erleben seiner einzelnen Glieder. Es ermangelte ihm jede gemeinschaftsbildende Tendenz. Dem widerspricht es nicht, daß Süchtige sich zuweilen in Gruppen von eigenartiger so-

> ziologischer Struktur zusammenfinden. Wir wollen dementsprechend mit dem Begriff der Deformierung zum Ausdruck bringen, daß wir in der Selbstzerstörung und der Zerstörung der Institutionen und Werke nicht das äußere Ergebnis der Suchten und Perversionen sehen, sondern daß wir die Selbstzerstörung und die Zerstörung der Gebilde des objektiven Geistes als ihren geheimen Sinn betrachten.

Wir meinen hier einen Einblick in Wildes Seelenproblematik zu gewinnen, da er ja unzweifelhaft sein Leben deformiert und zerstört hat, indem er der einsichtslosen und unmenschlichen Gesellschaft jede Handhabe bot, das Kunstwerk seiner Existenz zu zertrümmern. Er handelt dabei unbewußt, aber durchaus folgerichtig.

Er hat es selbst gesagt (und wir haben es weiter oben zitiert), daß das Laster für seine Lebensführung dasselbe sei wie das Paradox für sein Denken: In beiden Fällen sprengte er die Normen, und das war für ihn lustbetont und eventuell auch leicht, da er von Jugend an einen Affekt gegen das Übliche und Normale in sich trug, der mutmaßlich auch eine Überheblichkeit und Rache gegen den ihm auferlegten Erziehungszwang war.

Straus in dem genannten Text spricht (ohne es direkt so zu nennen) von der „Zeitgestalt des Lebens“, aus der sich ein Großteil aller übrigen Gestalten und Gestaltungen ableiten läßt. Da der Mensch Zeitbewußtsein besitzt, fühlt er die Aufgabe, seinen ganzen Lebensablauf sinnvoll zu strukturieren, d.h. Vergangenheit, Gegenwart und Zukunft innerlich zusammenzufügen und zur Einheit zu bringen. Das geschieht jeweils im sinnerfüllten Augenblick, aber mit Vor- und Rückblick auf Zukunft und Vergangenheit, die zum „Augenblick als Ewigkeit“ (Goethe) dazugehören. Man kann dies auch eine verantwortungsbewußte Lebensführung nennen, die sich nicht den sinnarmen Launen des Augenblicks überläßt, sondern meistens bedenkt, was das momentane Verhalten für das Lebensganze bedeutet.

Sexual- und seelengestörte Menschen haben nach Straus eine tiefe Angst vor solcher Zeitbewußtheit, d.h. sie fühlen sich ihr nicht gewachsen. Im Zuge ihrer Deformierungstendenzen machen sie den Augenblick zum isolierten Zeitpartikel und genießen in ihm eine scheinbar folgen- und verantwortungslose Lust, die sie zu nichts verpflichtet. Auch das ist eine Definition des Lasters und der Perversion. Wilde rühmte oft und beredt den Genuß des Hier und Jetzt, die Ausschöpfung aller Lustmöglichkeiten, ohne deren Konsequenz zu bedenken. Und diese Optik führte ihn wohl zur sexuellen Deviation, zum Ausstieg aus Ehe und Familie, aber auch zur Geschlechtskrankheit und zum „selbstgewählten“ Untergang.

Wilde war offenbar durch die „Zeitdauer“ einer heterosexuellen Liebe (und Ehe) überfordert; aber sexuelle Abenteuer mit Prostituierten oder Strichjungen und eine Freundschaft mit einem Jüngling kam seinem auf Punktualität eingestellten Zeitempfinden eher entgegen. Perversion und Laster sind „flüchtig“, und dies im doppelten Sinne: Sie vergehen rasch (und wiederholen sich dann) und haben Fluchtcharakter, auch wenn der von ihnen Betroffene meint, darin einen gewaltigen Mut zu bekunden. Es gibt aber keinen Mut zur sexuellen Abwegigkeit – es ist die Furcht vor Bindungen, die zu ihr hinführt, auch wenn dies von den Beteiligten bestritten wird.

Wilde wurde erst am Ende der achtziger Jahre zum aktiven Homosexuellen (er mag vorher ein „Platoniker" gewesen sein), und er hat selbst in seinen Texten (*Dorian Gray*) geäußert, daß es eine „Leidenschaft für die Sünde" gibt, die Perversionen verständlich macht. Es ging ihm eben um eine Rebellion, und auf der Suche nach neuen Sensationen griff er in die Tiefen des Lebens, da ihm die Höhen nicht genug zu bieten schienen. Pearson trifft mit einer Aussage einen ganz entscheidenden Punkt (S. 268):

> Es gibt Gelegenheiten, bei denen man Wilde kaum als voll verantwortlich ansehen kann; er erscheint dann mehr wie ein Schuljunge als wie ein rationaler, erwachsener Mann. Man spürt, daß er viel mehr von der Idee angezogen wurde, etwas Abscheuliches zu tun, als bloß seiner Natur zu folgen. Und man fragt sich, ob die homosexuelle Seite an ihm jemals zum Ausbruch gekommen wäre, wenn er nicht durch den Begriff der „Sünde" verführt worden, wenn keine Gefahr damit verbunden gewesen und wenn ihm dies nicht kühn, eigenartig, dekadent, pervers, rebellisch und sogar aristokratisch erschienen wäre.

Wenn unsere obigen Überlegungen über die entfaltete Zeitgestalt des normalen Lebens (ständige Synthesen von Vergangenheit, Gegenwart und Zukunft) und die Punktualität oder Unmöglichkeit des Werdens in der seelischen oder sexuellen Abnormität richtig sind, dann fällt auch ein helles Licht von hier aus auf die Symbolik einer Figur wie Dorian Gray. Dieser will nicht altern, und das heißt, daß er im Grunde die innere und äußere Entwicklung ablehnt. Wo kein Altersprozeß ist, gibt es auch keine Reifung, kein seelisches Wachstum. Es ist keine neuartige Beobachtung, daß viele Homosexuelle einen Kult der Jugend pflegen und sich selbst darum bemühen, die Zeichen des Alters zu verbergen oder zu eliminieren. Auch darin zeigt sich die Hypertrophie des Jetzt auf Kosten des Werdens und Vergehens.

Das Motiv des *Dorian Gray* ist demnach kein zufälliges, sondern ein typisches; Wilde hat einen sehr charakteristischen Homosexuellenroman geschaffen. Da er aber ein großer Künstler war, wurde mehr daraus: Es wurde ein Roman über die Themen Jugend, Schönheit, Schuld, Kunst und Verbrechen.

Wir haben bis jetzt die fraglichen Auswirkungen von Wildes Homosexualität auf sein Leben und sein Schicksal gewürdigt; es verbleibt uns aber noch die Aufgabe, die Bedeutung seiner „Sexualkonstitution" für seine künstlerische Leistung ins Auge zu fassen. Da eine bedeutende Zahl schöpferischer Persönlichkeiten homosexuell war, meint so mancher harmlose Durchschnittsmensch, daß ihn seine abseitige Sexualverfassung in eine illustre Gesellschaft einreihe: Die sexuelle Deviation wird dann als Auszeichnung empfunden. Aber vermutlich ist dies derselbe Irrtum, dem jene unterliegen, die sich als Deutsche groß fühlen, weil sie der Nation von Goethe, Schiller, Nietzsche, Schopenhauer usw. angehören. Gerade der letztere warnte jedoch vor jeder Gruppeneitelkeit, weil man sich dabei ohne jegliche Anstrengung die Verdienste von Genies zueigne, die meistens unter ihrer Gruppe unsäglich zu leiden hatten.

Und doch ist die Homosexualität nicht auszuklammern, wenn man Wildes künstlerische Potenzen verstehen will. Homosexuelle haben manchmal einen Trend zur Kunst, u.a. vielleicht deshalb, weil sie sich als Outsider fühlen. Der Outsider wird sich seiner Individualität meistens stärker bewußt als der Insider. Auch ist er in einer andauernd prekären Situation, die ihn zwingt, verstärkte Anstrengungen zu unternehmen, wenn er gelten und anerkannt sein will. Was mit erziehungsbedingter Künstlichkeit oder sozialer Außenständigkeit anfängt, kann, bei genügender Schulung und Selbstbildung, in soziales Verankert-Sein und Kunst einmünden. Durch die Kunst verbindet sich so mancher Outsider mit der Welt.

Wenn man es recht bedenkt, dann erkennt man sogar, daß sehr viele Beiträge zur Kultur von Outsidern stammen, die sich klug und energisch darum bemühen, Insider zu werden. Wer als Outsider geboren wird und es bleibt, kommt für die kulturelle Entwicklung kaum in Betracht: Er figuriert eher in den Listen der Sozialfürsorge und der Kriminalpolizei oder gehört zu den Halb- und Ganzverwahrlosten, die dem Kulturleben als Opposition entgegenstehen. Wer als Insider zur Welt kommt, hat fast immer nicht den Anreiz zu gewaltigen Anstrengungen; er sitzt oder liegt schon auf der richtigen Seite – warum sollte er da große Kräfte und Fähigkeiten entfalten? Der geborene Insider ist in der Regel zur Mittelmäßigkeit verdammt, es sei denn, daß ihm seine Lebensschicksale zu einer späteren künstlichen Außenseiterrolle verhelfen. Aber derlei glückliche Fügungen sind selten; man kann auf sie kaum zählen.

Outsidertum kann in vielerlei bestehen. Man kann einer völkischen, rassischen oder religiösen Minorität angehören. Oder man kann einen beträchtlichen körperlichen Mangel aufweisen. Oder man kann eine sehr prekäre Gesundheit haben, die täglich aufs Neue erkämpft und erobert werden muß. Oder man kann in relativer Armut und Entbehrung aufwachsen; aber die betreffende Mangelsituation darf nicht zu kraß sein, sonst lähmt sie alle guten Kräfte im Menschen. Oder man hat überdurchschnittliche Anpassungsschwierigkeiten als Kind und als Jugendlicher usw.

Wildes Künstlertum in seiner spezifischen Ausgestaltung ist demnach von seiner seelischen und sexuellen „Konstitution“ (die wir als erworben betrachten) nicht zu trennen. Mit einer heroischen Anstrengung baute er trotz seiner schiefen Stellung in der Welt etwas Gerades, Hochragendes und Zeitüberdauerndes auf: seine Kunstwerke, von denen er sagte, daß sie Bestand haben würden, auch wenn er selbst nicht mehr am Leben sei.

Dieser heitere Epikuräer, der dem Augenblick zu huldigen pflegte, entrichtete doch seinen Tribut an die große Menschheitskultur, die einen (relativen) Ewigkeitswert besitzt. Und des weiteren gelang ihm, der in seinem Leben mit Deformierungstendenzen liebäugelte (und an ihnen zugrunde ging), in seiner Kunst eine Formvollendetheit, die noch viele Generationen beeindrucken wird. Seine Mitwelt hat ihn zuerst vergöttert und dann verteufelt; es wird die Aufgabe der Nachwelt sein und bleiben, ihn zu verstehen und zu würdigen. Denn Wilde ist ein Dichter einer humanen und besseren Zukunft.

LITERATUR

Ellmann, R.: Oscar Wilde, München 1988.
Harns, F.: Oscar Wilde, Bern o.J.
Hofmannsthal, H. v.: Reden und Aufsätze, Bd. 1, Frankfurt 1979.
Hyde, M.: Oscar Wilde – Triumph und Verzweiflung, München 1982.
Magee, B.: Einer von zwanzig, eine Untersuchung über Homosexualität bei Mann und Frau, Wiesbaden 1967.
Pearson, H.: Oscar Wilde – Sein Leben und Werk, Bern o.J.
Straus, E.: Geschehnis und Erlebnis, Berlin 1930.
Wilde, O.: Sämtliche Werke, Frankfurt o.J.

George Bernard Shaw
oder die Überwindung der Tragik durch Humor

Man hat in verschiedenen Epochen unterschiedliche Definitionen des Genies gegeben: Theologische Zeitalter sprachen davon, daß der geniale Mensch ein Sprachrohr der Gottheit sei. Aufgeklärtere Jahrhunderte bevorzugten realistische Erklärung. Im Zeitalter der Klassik kam die These auf, daß das Genie vielleicht nur Fleiß sei. Genauen Beobachtern fiel auf, daß geniale Menschen zeitlebens etwas Kindliches in ihrem Gemüt bewahren; man meinte daher, daß ein Mensch, der sich per Zufall die Spontaneität, Frische und Empfänglichkeit des kindlichen Geisteslebens bewahren könnte, Chancen habe, genial zu werden.

Auch bemerkte man, daß echte Genies positive Leistungen für die Gemeinschaft (d.h. die Kultur) erbringen. Diese Einsicht führte bei Alfred Adler dazu, vom Genie zu behaupten, es sei ein Mensch mit großen Gaben, die für die Kulturentwicklung voll eingesetzt würden. Den tragischen Aspekt des genialen Lebens und Schaffens berührt Jean-Paul Sartre mit seinem Diktum, das Genie sei „ein Ausweg aus der Verzweiflung". Damit wiederholt er gewissermaßen eine Erkenntnis Nietzsches, der davon spricht, daß geniale Menschen durch die Macht der Umstände irgendwo und irgendwie in einen „Kerker" geraten und mit unendlicher Hartnäckigkeit einen Weg nach draußen graben; wenn ihnen das gelingt, so haben sie mitunter neue Wege entdeckt und beschritten.

Alle Autoren kommen darin überein, im Genie einen Überwinder von Lebensschwierigkeiten und Einengungen der *Conditio humana* zu sehen. Es handelt sich offenbar um Menschen, die frühzeitig im Leben mit überdurchschnittlichen Komplikationen konfrontiert werden und diese im Sinne des Kulturfortschritts produktiv bewältigen.

George Bernard Shaw hätte vermutlich alle diese Definitionen humorvoll über sich ergehen lassen. War er doch tatsächlich ein enorm fleißiger Mensch; die riesige Masse seiner Publikationen bezeugt es. Auch blieb er für die Dauer seines langen Lebens ein witziger, eigensinniger Junge, gutherzig wie ein wohlgeratenes Kind, leidenschaftlich lernwillig und entwicklungsfreudig. Die Sorge für die Gemeinschaft fehlte beim Sozialisten Shaw nie; er stritt sich dauernd mit Individuen und Menschengruppen herum, um sie für Frieden, Freiheit, soziale Verantwortung und politische Vernunft zu gewinnen.

Und die Verzweiflung, aus der ein Ausweg zu finden ist? Auch sie gab es im Leben Shaws, der viele Jahre der Armut und Erfolglosigkeit kannte, aber sich durch sie nicht beirren ließ. In ihm lebte die kindliche Zuversicht, daß er eines Tages den Widerstand der stumpfen Welt brechen werde. Und er überwand alle Not und Tragik durch die köstliche Gabe des Humors, mit Hilfe dessen er über sich selbst und seine Mitmenschen zu lächeln und lachen pflegte. Echte Humoristen sind versteckte Tragiker. Shaw wußte um die dunklen und düsteren Seiten des Menschenlebens, aber er lehrte sich selbst und anderen die tapfere und heitere Resignation, die gleichwohl vom Licht der Hoffnung umspielt ist.

Nur in einem einzigen Punkt hätte Shaw den überlieferten Geniebegriffen widersprochen: Als ein Sprachrohr der Gottheit wird er sich wohl kaum gefühlt haben, und mit listigem Augenblinzeln würde er solche Apotheosen mit der Formel beiseite gewischt haben: „Schon eher ein Sprachrohr des Teufels!" Tatsächlich eignet seinen Schriften ein mephistophelischer Zug, immer aber gemildert durch Wohlwollen und Menschlichkeit, die dieser irische Humorist ständig verströmte. In Shaw war der Humor untrennbar mit Humanität verbunden.

Bernard Shaw wurde am 3. Juli 1856 – im selben Geburtsjahr wie Sigmund Freud – als drittes Kind des Getreidehändlers Georg Carr Shaw und seiner Gattin Lucinda Elizabeth, geb. Gurly, in Dublin geboren. Seine Familie gehörte der protestantischen Oberschicht Irlands an; aber der Vater, der ein Alkoholiker und Witzbold war, hatte nie geschäftlichen Erfolg, und daher konnten die Shaws, sehr zum Leidwesen der Mutter, nie standesgemäß leben.

Man hatte Fräulein Gurly abgeraten, Mr. Shaw zu heiraten und ihn als Trinker denunziert; aber der Komödiant George Carr Shaw beteuerte leidenschaftlich, er sei Abstinenzler, und erst nach der Hochzeit entdeckte seine Frau die leeren Wein- und Whiskyflaschen, die immer irgendwo im Haus deponiert wurden. Kein Wunder, daß die Ehe nur eine Fassade blieb. Frau Shaw zog sich in die Gefilde des Gesanges und der Musik zurück und kümmerte sich weder um ihren Gatten noch um ihre Kinder.

Dadurch genoß George Bernard Shaw die beste Erziehung, die man ihm zuteil werden lassen konnte. Man ließ ihn in Ruhe, und doch hatte er auch das Vorbild von Humor und Kunstbegeisterung immer vor Augen. Vom Vater erzählte er viel später, er habe ihm den Respekt vor der Bibel eingeschärft, aber sich dabei oft umdrehen müssen, um sein Gelächter zu verbergen. Bei einer anderen Gelegenheit sagte er seinem Sohn, er müsse unbedingt schwimmen lernen; er selbst habe durch seine Schwimmkunst einmal Shaws Onkel Robert aus dem Wasser gerettet. Allerdings fügte er maliziös bei: „Um dir die Wahrheit zu sagen, nie habe ich in meinem späteren Leben etwas so sehr bereut!"

Der Musiklehrer der Mutter, George John Vandeleur Lee, wurde zum Hausfreund der Familie, möglicherweise auch zum Geliebten von Shaws Mutter. Er brachte umfassende Musikkentnisse ins Haus, und der heranwachsende Shaw wurde für die Musik und die anderen Künste enthusiasmiert. Kunst wurde ihm früh zum Religionsersatz. Denn der Aufenthalt in der Kirche erschien ihm stets als langweilig und geisttötend. In späteren Jahren bezeichnete er ganz schlicht die Kirche seiner Jugend als das „Haus Satans" und glossierte seine Erfahrung folgendermaßen:

> In meinen Knabenjahren wurde ich ein Opfer der unmenschlichen und absurden Gewohnheit, kleine Kinder jeden Sonntag den Frühgottesdienst absitzen zu lassen.

> Stumm und regungslos im besten Anzug in einer dunklen, muffigen Kirche zu hocken, wenn draußen die Morgensonne lachte, während die jungen Glieder vom unnatürlichen Stillsitzen schmerzten und die rastlose Phantasie keine Lust verspürte, sich mit den ewig gleichen Erwachsenen zu beschäftigen, die jeden Sonntag im selben Kirchenstuhl saßen; das Gewissen beschwert von dem Wahn, man sei von allen der einzige Verworfene, der sündhafterweise nur den Schlußsegen herbeisehnte; von dem Verlangen geplagt, man möchte doch etwas aus einer Oper singen statt Jacksons *Tedeum*; ganz davon zu schweigen, daß einem der Pfarrer als scheinheilige Schlafmütze verhaßt und der Küster ein Schrecken war, weil er unartige Jungen vermutlich hinauswarf und sie kraft der Inspiration seines Amtes wohl nur anzusehen brauchte, um sie zu durchschauen: all dies reicht aus, in jedem empfindsamen Burschen den Entschluß reifen zu lassen, wenn er erst einmal erwachsen sei und tun könne, was ihm passe, werde er seine Freiheit zunächst einmal im Kirchenschwänzen betätigen.

Eine Gouvernante sollte dem kleinen Shaw Lesen beibringen, aber sie verwirrte ihn nur, denn er behauptet, er habe immer schon lesen können, vermutlich bereits bei seiner Geburt. Auch in der Schule will er nicht viel gelernt haben; das einzige, woran er sich später erinnern konnte, war das Multiplizieren, und er beteuerte feierlich, ansonsten habe ihm das ehrwürdige Schulhaus, das er zu frequentieren genötigt war, nichts beigebracht. Daher weigerte er sich später hartnäckig, wenn man Passagen aus seinen Schriften in Schulbüchern abdrucken wollte; denn in den Schulen sei das Lesenlernen zur Folter herabgewürdigt, und daran wolle er nicht mitschuldig sein. Zeitlebens hielt er sich für einen Autodidakten, d.h. für einen Selbstlerner.

Komödiantische Belustigungen waren eine Kompensation für Shaws Unbehagen an der Schule und im Familienleben: Er parodierte Verwandte und Bekannte und erhielt dafür bei seinen Mitschülern mächtigen Applaus. So übte er seinen späteren Beruf als Spötter und Komödienschreiber frühzeitig ein. Anscheinend bot die Verwandtschaft viel Stoff zur Parodie; es waren darunter viele Käuze und Sonderlinge, die quer zum Leben standen. Im Shaw-Clan war Clownerie nicht selten.

Shaw las zahlreiche Bücher als Kind und meistens Texte, die Erwachsene nicht unbedingt gerne in den Händen von Kindern sehen. Er sagte von sich selbst später: „Vermutlich bin ich ohne die Ehrfurcht und die vielen Hemmungen aufgewachsen, die den meisten kleinen Jungen die Zunge im Zaume halten.“ Das bedeutet, daß er schüchtern und frech, zaghaft und überexpansiv zugleich war. Mit einer solchen Mischung von Charakterzügen mußte sein Leben eigenwillig und schwierig verlaufen.

Da seine Mutter von einer Karriere als Sängerin träumte, nahm sie ihren Sohn oft in Opern mit, und schon der Fünfzehnjährige kannte alle Meisterwerke dieser Art beinahe in- und auswendig. Er blickte mitunter auch hinter die Kulissen und wurde ernüchtert, als er hinter der pompösen Glitzerwelt auch Menschliches, Allzumenschliches sah. Auch das war für den zukünftigen Humoristen lehrreich; brachte er doch lebenslänglich seinen Zeitgenossen bei, daß sehr viel Bewundernswertes nur Tand und Nonsens ist.

1872 gab es eine große Veränderung im Shaw-Haushalt. Die Mutter hatte genug von den Eskapaden ihres Mannes und beschloß, mit ihren beiden Töchtern nach London zu gehen, wohin sich George John Vandeleur Lee bereits begeben hatte. Shaw blieb mit seinem Vater in Dublin, und da die Geldmittel kärglich waren, mußte er sich eine Berufslehre suchen. Er wurde Angestellter in einer Maklerfirma für Grundstücke, wo er in den nächsten Jahren wegen seines Fleißes und seiner Tüchtigkeit sehr geschätzt wurde. Nur stieß sich der Firmenchef daran, daß Shaw gelegentlich seinen Mitangestellten weitläufige Partien aus Opern vorsang. Das kam zum Glück viel öfter vor, als es bemerkt wurde; deshalb konnte sich Shaw gleichwohl in seiner Stelle halten.

Allerdings verbot man ihm, im Büro aufrührerische Reden gegen die Religion zu deklamieren. Anlaß hierzu bot unter anderem ein Erweckungsprediger, der in Dublin das Volk mit Drohungen und Verheißungen zum wahren Glauben bekehren wollte. Shaw, der eine solche Versammlung mit angehört hatte, schrieb hierüber in einer Zeitung: „Die Erweckung wirkt auf die einzelnen oft so, daß sie höchst unangenehme Mitglieder der Gesellschaft werden."

Dublin wurde zu langweilig für Shaw, der 1876 nach London ging, das er – im Schutze seiner Mutter – zu erobern gedachte. Er wollte Schriftsteller werden, aber das erwies sich als ein viel schwierigerer Beruf als der eines Kassierers. Der Lebensunterhalt wurde für die nächsten Jahre durch die mütterlichen Einkünfte als Gesangslehrerin und durch väterliche Geldzuwendungen bestritten, die allerdings sehr knapp gehalten waren. Shaw wurde zum Bohemien, der eine permanente verzweifelte Armut kennenlernte. Er ließ sich davon nicht entmutigen, aber die Lehrjahre des Autors waren hart und zermürbend.

Damals lernte Shaw, zäh und hartnäckig zu werden; er schuftete wie ein Wilder ohne Aussicht auf Erfolg und schrieb fünf Romane, die von den Londoner Verlegern einhellig abgelehnt wurden. Wiewohl er begriff, daß Verleger nicht den Wert von Meisterwerken zu schätzen wissen, resignierte er als Romanverfasser und suchte ein neues Feld für seine Schreiblust, die unersättlich war.

Durch Empfehlung von G. J. Lee wurde er Musikkritiker und zeigte sich in diesem Fach als ein brillanter Kenner, der unterhaltsam über musikalische Kunstwerke zu plaudern wußte. Das Zeilenhonorar war winzig, aber immerhin konnte er sich gedruckt sehen, was seinen Glauben an die Schriftstellerei bestärkte. Bewundernswert war die Geduld der Mutter, die ihn nun fast zehn Jahre aushielt, ohne daß er einer nützlichen und einträglichen Beschäftigung nachging. Aber er konnte sich in all diesen Jahren keine anständige Kleidung leisten, was seine bereits bestehende Schüchternheit ins Unerträgliche steigerte. Auch das trieb ihn stets an den Schreibtisch zurück, wobei er selbst launig bemerkt:

> Der Hauptgrund, weshalb ich die Literatur zu meinem Beruf machte, war, daß der Autor, da ihn seine Kunden nie zu sehen bekommen, sich nicht anständig zu kleiden braucht. Als Effektenmakler, Arzt oder Geschäftsmann hätte ich gestärkte

> Wäsche und einen Zylinder tragen und darauf verzichten müssen, meine Knie und Ellbogen zu gebrauchen. Die Literatur ist der einzige vornehme Beruf, der keine Livree kennt – sogar der Maler begegnet denen, die ihm sitzen, von Angesicht zu Angesicht -, und so wählte ich die Literatur. Obwohl Sie, geneigter Leser, meine Artikel kaufen, haben Sie keine Ahnung, wie ich auf der Straße aussehe. Ahnten Sie es, dann würden Sie sich wahrscheinlich ein anderes Blatt halten.

Zum Glück gab es in den Bibliotheken keine Kleidungsvorschriften, und so wurde Shaw zum Stammgast in der British-Museums-Bibliothek, wo er neben gelehrten und ungelehrten Besuchern ungestört seine Studien betreiben konnte. Um seine Angst vor den Menschen zu überwinden, trat er einem Debattierclub bei, dessen Mitglieder über Evolutionstheorie, Atheismus, Positivismus und alle übrigen Weltprobleme diskutierten. Auch wenn ihm das Herz bis zum Halse schlug, zwang er sich dazu, in jeder Sitzung einen rhetorischen Beitrag zu leisten. So bildete er sich zu einem hervorragenden Redner aus, der zeitlebens unzählige Zuhörer zu begeistern wußte. Auch in erregten Diskussionen verließen ihn niemals sein Witz und seine Schlagfertigkeit; er brachte sogar seine Gegner zum Lachen, wenn diese nur einen Funken Humor hatten.

Die sozialistischen Ideen traten damals allgemein ins Rampenlicht, und ein eifriger Wahrheitssucher wie Shaw wurde bald mit ihnen konfrontiert. Man riet ihm, *Das Kapital* von Karl Marx zu lesen, und er setzte sich hin, um es in einer französischen Übersetzung (eine englische gab es noch nicht) durchzuarbeiten. Da es ihm mitunter langweilig wurde, studierte er zwischenhinein die Partitur von Wagners *Tristan und Isolde*. Aber durch die Marxlektüre wurde er unwiderruflich zum Sozialismus bekehrt; bis zu seinem Lebensende blieb er dieser Weltanschauung treu.

Er verstand sich als sozialer Agitator und verschmähte es nicht, auch im Hyde-Park und irgendwo in Vorortlokalen den Sozialismus zu predigen. Das war damals keine ungefährliche Sache; die Polizei zerstreute öffentliche Versammlungen mit dem Gummiknüppel, und oft rückten Soldaten aus, um angebliche Revoluzzer mit dem Säbel zu attackieren. Nach einigen dramatischen Erfahrungen dieser Art erkannte Shaw, daß er für den aktiven Kampf mit Polizisten und Militärs nicht geeignet sei; er wollte dem sozialen Fortschritt mit dem Kopf und nicht mit den Fäusten dienen. Hierzu bot sich bald eine ausgezeichnete Gelegenheit.

Er trat der *Fabian Society* im Jahre 1884 bei, etwa ein Jahr nach deren Gründung durch fortschrittliche Intellektuelle, unter denen bald Sidney Webb, Havelock Ellis und J. Ramsay Macdonald die Führung hatten. Shaw avancierte schnell zum Vorsitzenden dieser Vereinigung, die ihre Hoffnung nicht auf eine Revolution, wohl aber auf eine friedliche Evolution setzte. Die Fabier wollten gesellschaftswissenschaftliche Kenntnisse und Erkenntnisse verbreiten, die immer mehr führende Persönlichkeiten des sozialen und kulturellen Lebens dafür gewinnen sollten, Armut und Verelendung wirksam zu bekämpfen. Die Fabier waren ein elitärer Club; die Spitzen der Intelligenz wurden von ihnen angezogen.

Das Programm der späteren Labour Party wurde hier erdacht und formuliert. Shaw konnte sich in diesem Milieu am richtigen Platz fühlen; er befreundete sich eng mit Sidney und dessen Gattin Beatrix Webb und agitierte leidenschaftlich für Sozialismus, Freiheit und Vernunft.

Um 1890 gehörte Shaw der intellektuellen Avantgarde von London an und war mit einer gewissen Zahl von Künstlern, Gelehrten und Schriftstellern befreundet. Er arbeitete als Musik- und Literaturkritiker, frönte seinem Hobby als sozialistischer Vortragender und verdiente leidlich zum Leben und zum Sich-Kleiden. In jener Zeit entdeckte er seine Berufung zum Theater. Henrik Ibsen stand damals im Streit der Meinungen. Natürlich lehnten die konservativen Kreise den nordischen Gesellschaftskritiker ab, der die Hohlheit der bürgerlichen Welt entlarvte und schonungslos die Mängel der sozialen und kulturellen Ordnung bloßstellte. Shaw beteiligte sich an dieser Diskussion und veröffentlichte 1891 seine *Quintessenz des Ibsenismus*, worin er für den bewunderten Autor Partei ergriff.

Sein Freund William Archer regte ihn dazu an, selbst ein Stück im Ibsenschen Stil zu verfassen. Das gelang tatsächlich nach einigen Umwegen; schon 1892 kam es zur Uraufführung von *Die Häuser des Herrn Sartorius*.

Dieses pessimistische Stück attackierte den Kapitalismus, der in den Elendsquartieren der Großstadt Menschen in unhygienischen und unwürdigen Verhältnissen hausen läßt und aus ihnen die größtmögliche Miete herauspreßt, ohne an ihre Gesundheit und an ihre Menschenwürde zu denken. Sartorius ist ein solcher Plutokrat ohne Menschlichkeit; deswegen verachtet ihn sein potentieller Schwiegersohn Harry Trench, der aber beschämt erkennen muß, daß ein Teil seines eigenen Einkommens aus Anteilscheinen an Sartoriusaktien besteht.

Wie so viele Shawsche Helden gibt auch dieser Moralist nach einigen Anläufen der Entrüstung nach; er wird von der kaltblütigen Sartoriustochter Blanche eingefangen, und das behagliche oder sorglose Leben ist ihm wichtiger als die moralische Integrität. Das war ein erster Blick hinter die Fassaden des Kapitalismus; es sollte bald noch schlimmer kommen.

Schon im Jahr darauf wurde *Frau Warrens Gewerbe* verfaßt, worin so viel moralischer Sprengstoff enthalten war, daß es von der Zensur verboten wurde; es konnte erst dreißig Jahre später in England öffentlich gespielt werden. Shaw beherrschte hier bereits sein dramatisches Metier ausgezeichnet; sein Stück wird heute noch erfolgreich gespielt.

Zum Inhalt: Vivie Warren wurde in Heimen und Instituten aufgezogen und kennt kaum ihre Mutter, die immer auf Reisen ist. Nun hat sie ihre Universitätsstudien abgeschlossen, und es soll zu einer Begegnung zwischen Mutter und Tochter kommen. Die Mutter trifft in Begleitung des alten Lebemannes Sir George Crofts ein. Schon bald wird deutlich, woher der Reichtum stammt, durch den sie ihrer Tochter eine aufwendige Erziehung gönnen konnte: Frau Warren betreibt mit Crofts finanzieller Unterstützung einige Bordelle in den Hauptstädten Europas.

Vivie ist entsetzt über den Beruf ihrer Mutter und noch mehr über ihren schändlichen Begleiter, der sich unverhüllt zur Religion des Lasters und des Profits bekennt und sogar Vivie zur Frau haben will. Es kommt zu erregten Auseinandersetzungen, in deren Verlauf die Vergangenheit der Mutter transparent wird: Sie stammt aus ärmlichsten Verhältnissen und stand vor der Wahl, als Industriearbeiterin zugrunde zu gehen oder durch Prostitution einen sozialen „Aufstieg" zu erzwingen. Sie hat das letztere geschafft; nun will sie Vivie zu sich nehmen und mit ihr zusammenleben.

Vivie verweigert sich einer solchen Zusammengehörigkeit. Eine Ehe mit Crofts kommt natürlich für sie nicht in Frage, und auch der leichtlebige Pfarrerssohn Frank Gardner, mit dem sie eine Liebelei eingegangen ist, erweist sich als untragbar, da hinter seinen sentimentalen Beteuerungen nur menschliche Oberflächlichkeit und Egoismus stecken. So wählt Vivie die Härte eines Berufslebens und verschmäht den Reichtum der Mutter, die sie aber nicht verurteilt, weil sie sie als Opfer eines sozialen Systems sieht.

Shaw reihte später diese beiden Dramen in die Gruppe seiner „unerquicklichen Theaterstücke" ein, und sie sind in der Tat für konservative Betrachter alles andere als erfreulich. Und doch kann niemand ihre innere Wahrhaftigkeit bestreiten, die daraus entspringt, daß der Autor keine gesellschaftlichen Tabus schont und unerschrocken jeden Respekt heischenden Popanz angreift. Man erkennt hier einen grundlegenden Charakterzug Shaws, der seinen Ruhm als Schriftsteller begründet hat: nämlich den Mangel an Ehrfurcht, sofern sie falsche Demut vor verlogenen Götzenbildern einschließt.

Als Shaw in seinen zwanziger Jahren in einem vegetarischen Restaurant zu Mittag aß, kam er mit einem ungebildeten Phrenologen ins Gespräch, der ihm vorwarf, ein heilloser Skeptiker zu sein. Shaw soll gefragt haben, ob er denn keinen „Ehrfurchtshöcker" auf dem Kopf habe. „Höcker", rief der Phrenologe entrüstet, „ein Loch haben Sie an dieser Stelle!"

Aus dieser Abwesenheit ehrfürchtiger Scheu bezieht der Shawsche Witz seine unübertreffliche Schlagfertigkeit, die von wohlerzogenen Frechheiten aller Art wie mit Glanzlichtern überspielt wird. Hier einige Textproben aus dem Repertoire von Shaws Ironie:

> Ich bekenne ohne Zögern, daß ich nicht halb soviel weiß, wie man nach meinen Artikeln annehmen sollte; aber im Reiche der Tauben ist der Einohrige König.

> Als ich neulich abend eigentlich ganz gern etwas Kopfweh gehabt hätte, fiel mir ein, daß ich lange nicht mehr im Konzert war.

> Es hat mich fast zwanzig Jahre intensiver Selbstbeherrschung gekostet, unterstützt von dem natürlichen Verfall meiner geistigen Fähigkeiten, um mich so stumpfsinnig zu machen, daß das englische Publikum mich als ernsthaften Menschen akzeptierte, und ich bin gar nicht sicher, ob ich nicht in einigen Kreisen noch immer als suspektes Individuum angesehen werde.

> Nichts besänftigt mich nach einem langen und aufreizenden Klavierprogramm mehr, als mich hinzusetzen und mir von Meisterhand in den Zähnen herumbohren zu lassen.

Man gewöhnte sich daran, in ihm einen Witzbold zu sehen, wobei die Meinungen auseinandergingen, ob er ein liebenswerter oder ein tückischer Witzbold sei. Aber übersehen konnte ihn niemand; die englische Geisteswelt mußte mit jenem Mann rechnen, der die Initialen GBS berühmt machte.

Er entwickelte stilvoll seine Persönlichkeit zum Original und zum eigensinnigen Kauz. Früh bekannte er sich zum Vegetarismus, und seine Beschimpfungen prasselten auf all jene herab, die es nicht lassen konnten, sich vom Kadaver toter Tiere zu ernähren. Als man ihn in einer öffentlichen Versammlung mit Würsten bewarf, beklagte er sich bitter, daß man seinen Vegetarismus nicht zur Kenntnis nehme; er bitte darum, Kohlköpfe als Wurfgeschoß zu benützen, da Würste bei ihm als Vegetarier reinste Verschwendung seien.

Er ließ sich nach den Entwürfen eines deutschen Gesundheitsreformers eine Wollkleidung anfertigen, die Jackett und Hose als Einheitskleid präsentierte, und mit diesem auffälligen Gewand lief er Spießruten durch Gegenden, wo derlei als *shocking* empfunden wurde. Aber sein Gesundheitsfanatismus machte sich doch im Laufe seines langen Lebens gut bezahlt – er war selten krank, und seine Vitalität verließ ihn nicht bis in seine letzten Jahre.

Er war ein hochgewachsener, eindrücklicher Mann, mit Gesichtszügen, in denen Schalk und Humor ständig aufblitzten. Vermutlich hätte er unzählige Frauen erobern können, aber sein Puritanismus und sein intellektueller Stolz hielten ihn davon ab, auf diesem Gebiet große Abenteuer zu wagen.

Das geistige Leben und Erleben bedeutete ihm sichtlich mehr als das sexuelle. Sein Verhältnis zur Erotik war überwiegend spirituell, und er soll zu einem Freund gesagt haben, der Geschlechtsakt sei für ihn „etwas Ungeheuerliches und Unanständiges", und er könne nicht begreifen, wie sich ein Mann und eine Frau mit Selbstachtung bei Tage in die Augen sehen könnten, wenn sie die Nacht vorher beisammen waren.

Später unterhielt er einige Liebesverhältnisse per Korrespondenz; am liebsten war ihm der Austausch von Briefen und verbalen Zärtlichkeiten mit schönen Frauen, die ihm die Mühe ersparten, sich mit ihnen direkt und intim abzugeben. Ein Ingredienz des Shawschen Genies war eine gewisse sexuelle Verklemmtheit, die sich ein wenig im Laufe der Jahre lockerte.

Gleichwohl übten schöne und kluge Frauen eine starke Anziehung auf ihn aus. Er lebte bis ins Alter von 29 Jahren völlig enthaltsam, bis ihn eine Gesangsschülerin seiner Mutter, eine attraktive Witwe, zum Tee einlud und regelrecht vergewaltigte. Das geschah nicht ohne seine Zustimmung, denn Jenny Patterson war geistreich und liebenswürdig, wenn auch um einiges älter als Shaw.

Es kam zu einer zwei Jahre dauernden Beziehung, die schwierig wurde, weil Frau Patterson enorm eifersüchtig war. Sie machte ihm dramatische Szenen, die später in das Theaterstück *Der Liebhaber* eingingen. Schließlich entschwand sie aus Shaws Leben; dieser hatte sich inzwischen der Schauspielerin Florence Farr zugewendet. Sie war eine resolute Frau, die ihren Bewerbern, sofern sie ihr gefielen, zu sagen pflegte: „Bringen wir's hinter uns!", womit ein Initialkuß gemeint war, der den Weg für weitere Zärtlichkeiten öffnete.

Shaw, der mehr Geist als Sexus in sich verspürte, konnte doch nicht umhin, in späteren Jahren der Allgewalt des Eros mit folgenden Worten seinen Tribut zu entrichten:

> Ich schätze den intimen Verkehr wegen seiner erstaunlichen Macht, eine himmlische Flut von Gemütserregungen und eine Steigerung des Lebensgefühls hervorzurufen, die, so flüchtig sie waren, mir einen Vorgeschmack dessen gaben, was eines Tages die normale Seinsweise einer Menschheit in geistiger Ekstase sein mag. Ich habe dem stets in einer Sturzflut von Worten leidenschaftlichsten Ausdruck gegeben, einmal weil ich überzeugt war, die Frau habe ein Recht darauf, zu wissen, was ich in ihren Armen empfand; zum andern, weil ich sie daran teilhaben lassen wollte. Aber, ausgenommen vielleicht ein einziges Mal, war ich nie ganz davon überzeugt, daß ich die Frau auch nur halb so weit fortgerissen hatte wie sie mich.

Auch die Marxtochter Eleanor, eine gescheite und dynamische Frau, imponierte Shaw, aber sie verliebte sich in einen Doktor Aveling, der sie schmählich hinterging und an ihrem Selbstmord vermutlich die Hauptschuld trägt. Eine weitere Herzensfreundin war die große Rednerin Annie Besant, die unter Shaws Einfluß zum Sozialismus bekehrt wurde; da sie aber Shaws Zuneigung nicht festhalten konnte, konvertierte sie zur sogenannten Theosophie der Madame Blavatsky, die einen vollendeten Mystizismus beinhaltet. Frau Besant ging später nach Bombay und lernte dort den Inder Krishnamurti kennen, den sie adoptierte; er wurde zum Verkünder der neuen Heilsbotschaft, in welcher christlicher und östlicher Aberglaube als neues Credo verkündet wurden.

Auf seine Briefliebschaften mit bedeutenden Schauspielerinnen haben wir bereits hingewiesen. Seine wichtigsten diesbezüglichen Partnerinnen waren Stella Patrick Campbell und Ellen Terry. Beide Briefwechsel dauerten sehr lange und führten zum lebhaftesten Austausch von Komplimenten, Vertraulichkeiten und Zärtlichkeiten, alles aber nur auf dem Papier. Für Ellen Terry war er immer der geliebte „Joey", der gute Junge, der auf sublimierte Liebe dauernden Anspruch haben durfte.

Aber alle diese Tändeleien nahmen ein Ende, als Miß Charlotte Payne-Townshend Shaws Schicksal in ihre zarten Hände nahm. Sie war eine irische Millionärstochter, die mit den Fabiern sympathisierte; dort lernte Shaw sie kennen und verliebte sich in sie. Aber vor einer Heirat wäre er am liebsten bis zum Lebensende ausgewichen. Auch Charlotte zögerte, da sie mißliche Liebeserfahrungen hinter sich hatte.

Nach einigen Jahren wurde Charlotte aber doch zu seiner Sekretärin, die mit ihm größere Reisen unternahm und sich in dieser Weise über den viktorianischen Moralkodex hinwegsetzte. Dann wurde Shaw krank. Eine langwierige Eiterung am Fuß machte ihn pflegebedürftig, und Charlotte konnte seine kläglichen Wohnverhältnisse – immer noch bei seiner Mutter – nicht länger mitansehen. Sie nahm ihn zu sich in ihre feudale Wohnung, und um sie nicht gänzlich zu kompromittieren, entschlossen sich beide zur Heirat. Das geschah 1898 – Shaw war 42 Jahre alt.

Es war eine gute Wahl, wie es sich in jahrzehntelangem Zusammenleben zeigen sollte. Charlotte war ein idealer *fellow-traveller*, eine Kameradin in allen Lebenslagen. Sie nahm gewaltiges Interesse an seiner Arbeit, inspirierte sie und leistete hierfür Sekretärinnendienste. Ob das sexuelle Moment in dieser Partnerschaft wirklich integriert war, ist umstritten. Manche Autoren behaupten, es sei eine keusche Ehe gewesen, aber Brieffunde aus der jüngsten Vergangenheit scheinen dem zu widersprechen. Kenner von Shaws intimster Lebensführung (wie zum Beispiel Beatrice Webb) nahmen an, daß Shaw seiner Gattin lebenslänglich treu geblieben ist – vielleicht mit einer einzigen Ausnahme. Und das ist für einen beliebten Bühnenschriftsteller, um dessen Nähe und Zuneigung sich Männer und Frauen rissen, keine kleine Leistung!

Ein Dramatiker von Weltrang. – Seit 1894 wandte sich Shaw von den „unerquicklichen Theaterstücken“ ab und produzierte „erquickliche Schauspiele“, in denen das ästhetische und erheiternde Moment wichtiger war als die Sozialkritik. Er hatte wohl erkannt, daß ein Frontalangriff gegen die Unzulänglichkeiten der bestehenden Gesellschaft dem Publikum zuviel zumutete; nun wollte er als Humorist menschliche Schwächen bloßstellen und indirekt erziehend auf seine Mitwelt einwirken. Die massive Gesellschafts- und Kulturkritik verlagerte er im wesentlichen auf seine theoretischen Werke. Auf der Schaubühne gab er sich überwiegend als heiterer Unterhalter, was nicht wenig zu seinem Dauererfolg beitrug.

Diese Wendung zeigte sich bereits 1894 in *Helden*, dessen englischsprachiger Titel *Arms and the Man* lautete. Dies ist eine der meistgepielten Komödien Shaws, immerhin eine Kritik am Militarismus, der als Wahnwitz und Dummheit hingestellt wird. Um die Zensurbehörde zu beschwichtigen, ist das Stück auf den Balkan verlegt worden; auch westeuropäische Militärs können darüber lachen, wenn man ihre Kollegen in „Bulgarien“ durch den Kakao zieht. Das geschieht in *Helden* mit so unbeschwerter Eleganz, daß man Zweifel an jeglichem Heldentum bekommt, das mit kriegerischem Getöse einher geht.

Zum Inhalt: Bulgarien führt Krieg gegen Serbien, und die Familie des bulgarischen Majors Petkoff wartet begierig auf Nachrichten von der Front. Raina Petkoff ist mit dem Major Saranoff verlobt, der zusammen mit ihrem Vater bulgarische Truppen anführt. Die Handlung spielt sich im Hause Petkoff ab; hier schürzt sich der Knoten dramatischer Verwicklungen, der komödiantisch aufgelöst werden soll.

Die Kampfhandlungen verlagern sich aus der Ferne in die Nähe: Während die Schüsse um das Haus knallen, und Raina in Liebe an ihren Verlobten Saranoff denkt, der sich – wie man bereits gehört hat – im Krieg heroisch ausgezeichnet hat, steigt ein fremder Offizier in ihr Zimmer. Es handelt sich um Hauptmann

Bluntschli, einen Schweizer in serbischen Diensten, der vor den bulgarischen und russischen Truppen auf der Flucht ist.

Bluntschli bittet die erschreckte Raina um Schutz; würde man ihn entdekken, so sei seine Massakrierung sicher. Raina verbirgt ihn in der darauffolgenden Hausdurchsuchung, aber sie ist enttäuscht darüber, daß Bluntschli ihr den Krieg als eine Folge von idiotischen Manövern ohne Ziel und Zweck darstellt; auch die Heldentat ihres Verlobten hat er selbst miterlebt, nennt sie aber einen Anfall von Wahnsinn, da Saranoff einen Reiterangriff gegen Maschinengewehrstellungen anführte: Hätten die Serben Munition gehabt, so wäre kein Bulgare am Leben geblieben.

Auch Bluntschli hat nur einen ungeladenen Revolver bei sich; um so mehr ist er mit Schokolade versorgt, denn im Krieg sind seiner Meinung nach Schokoladen wichtiger als Patronen. Raina nennt ihn einen Pralinensoldaten, leiht ihm aber doch einen Hausrock ihres Vaters und sieht ihn nur ungern am nächsten Morgen davonziehen.

Die bulgarischen Kriegsmänner Petkoff und Saranoff kehren bald darauf siegreich nach Hause zurück. Sie haben Bluntschli bei den Waffenstillstandsverhandlungen kennengelernt und auch von seiner Flucht und seiner Beherbergung in einem vornehmen Bulgarenhaus Kenntnis bekommen; doch sie wissen nicht, wo sich das alles abspielte. Aber das Stubenmädchen Louka, mit der Saranoff schäkern will, verrät diesem Rainas „Verrat“; nun taucht auch Bluntschli selbst auf, der den geliehenen Hausrock zurückbringen möchte.

An heiteren Verwicklungen herrscht hierauf kein Mangel. Petkoff hat bereits nach seinem komfortablen Hausrock gesucht und ihn schmerzlich vermißt. Bluntschli wird von Raina empfangen, und der Hausrock in die Majorsgarderobe hinein geschmuggelt; Raina und ihre Mutter möchten am liebsten den kompromittierenden Gast loswerden, bevor ihn Petkoff und Saranoff gesehen haben. Aber die beiden kommen doch auf die Szene und begrüßen mit Freuden den ehemaligen Feind, den sie beim Friedensschluß als tüchtigen Mann schätzen gelernt haben. Bluntschli wird sofort zum Gast des Hauses erklärt.

Nur Saranoff ist eifersüchtig auf ihn und will ihn zum Duell fordern. Der biedere Schweizer hat nichts dagegen, allerdings stellt sich heraus, daß Raina ihn und nicht Saranoff liebt, den sie bei seinen Tändeleien mit Louka ertappt hat. Wird Raina jedoch mit Bluntschli eine standesgemäße Ehe führen können? Auf den ersten Blick erscheint der Pralinensoldat wie ein mittelloser Söldner, der sich an die Serben für Kriegsdienste verkaufte, weil dort gerade Bedarf an Mietsoldaten vorhanden war.

Da trifft ein Telegramm ein, welches das Ableben von Bluntschlis Vater berichtet; dieser war ein Schweizer Großhotelier. Beim Vergleich der Reichtümer, den Petkoff seinem zukünftigen Schwiegersohn abverlangt, zeigt sich schnell, daß der Sohn des Hoteliers Bluntschli an Pferden, Häusern, Bettlaken, Bestekken, Droschken usw. viel vermögender ist als jede feudale Bulgarenfamilie – Raina wird mit ihm eine vorzügliche Partie machen. Saranoff bekommt Louka, die

Doppelhochzeit kann gefeiert werden, Bulgarien und Serbien werden (vorübergehend) im Frieden leben.

Einen Ausflug ins Poetisch-Psychologische stellt *Candida* dar, ein Stück das ebenfalls 1894 geschrieben, aber erst 1897 (in Aberdeen) uraufgeführt wurde. Es ist eine der ersten von vielen Huldigungen an lebenskluge Frauen, die man in Shaws Werken reich ausgestreut findet. Candida ist eine Pfarrersfrau; sie sieht sich zwischen zwei Männer gestellt, einerseits ihren Gatten, Pastor Jakob Morell, und andererseits ihren jugendlichen Verehrer Eugen Marchbanks, einen romantischen Dichter.

Pastor Morell ist ein begehrter Vortragsredner, dessen Terminplan ständig voll ausgelastet ist; überall hält er Vorträge über sozialen Fortschritt und christliche Nächstenliebe, die von der Menge begeistert aufgenommen werden, weil sie moralisch erhebend und politisch wirkungslos sind. Seine Ehe mit Candida scheint durchaus intakt zu sein, aber das Auftreten von Marchbanks vermag doch daran zu rütteln. Der junge Poet ist in Candida verliebt und meint, in ihr ein gleichgestimmtes, engelhaftes Wesen gefunden zu haben. Mit der Unbekümmertheit pubertärer Genialität deklariert er, daß Candida eigentlich an seine Seite gehöre. Pastor Morell, der auch seine Gattin zum bewundernden Publikum glaubt zählen zu dürfen, muß sich nun doch fragen, ob er gegen den geistvollen Dichter und Träumer standhalten kann, der mit den Hilfsmitteln der Poesie ein Frauenherz zu bestricken vermag.

Candida überblickt mit ruhiger Gelassenheit den Wettstreit der beiden Männer um ihre Person. Zuletzt erklärt sie, daß sie sich für den „Schwächeren" zu entscheiden gedenkt; und Pastor Morell muß zu seiner Rührung und Ernüchterung erfahren, daß er dieser Schwächere ist. Der Poet wird zur Entsagung ermahnt; aber er hat zum Trost die Poesie, von welcher der Dichter durchblicken läßt, daß sie voller Geheimnisse und Verzückungen steckt, die Durchschnittsmenschen kaum zu ahnen vermögen.

Schon in diesen frühen Schauspielen wird sichtbar, daß Shaw nicht brilliert mit dem Aufbau von komplizierten Handlungsabläufen, sondern mit blendenden Dialogen, die schlagfertig, brisant und belustigend sind. Es geschieht in seinen Stücken meistens gar nicht viel; die Menschen bewegen sich auf der Bühne und führen wunderbare Gespräche, denen man mit heiterer Spannung folgen kann.

In der Kunst dieser bühnenadäquaten Gesprächsführung ist Shaw ein großer Meister – unter seinen Zeitgenossen übertraf ihn darin lediglich sein Landsmann Oscar Wilde, dem er gelegentlich in London begegnete. Aber Freundschaft konnte zwischen diesen beiden grundverschiedenen Männern nicht zustande kommen: Wilde war ein Epikuräer und Lebemann, der mit dem Puritaner Shaw nicht recht harmonierte. Wenn die beiden zusammentrafen, hielt der sonst sehr beredte Shaw stille, um die Wildeschen Paradoxe voll genießen zu können. Eines davon betraf Shaw selbst; denn Wilde sagte über ihn: „Er ist ein prächtiger Mensch – er hat auf der ganzen Welt einen einzigen Feind, und von seinen Freunden kann ihn niemand leiden."

Das wurde von Shaw gar nicht übelgenommen. Als Wilde wegen seiner Homosexualität in Verruf geriet, beteiligte sich GBS in keiner Weise an der allgemeinen Mißachtung des großen Dichters, den nun plötzlich niemand mehr kennen wollte. Shaw zitierte ihn weiterhin, rühmte seine Stücke und verfaßte sogar eine Petition zu seiner Haftverkürzung, an der sich allerdings nur ein einziger Mitunterzeichner beteiligte. Wilde hatte nach seinem Prozeß mit dem Grafen Queensberry (der ihn öffentlich wegen seiner Homosexualität denunziert hatte) gesellschaftlich ausgespielt.

Schon damals wurde die Formel geprägt, Shaw sei ein „lachender Ibsen". Man nannte seine Dramen ein Chaos klarer Gedanken; denn tatsächlich wurden in ihnen unzählige kluge Auffassungen mitgeteilt, die nicht immer stringent zusammenhingen, sondern in lockere Handlungsfragmente eingefügt waren. Shaw amüsierte sich dabei nicht nur über seine Mitmenschen und die Welt, sondern auch über sich selbst.

Als ihn nach einer Aufführung das begeisterte Publikum vor den Vorhang rief, störte ein Zuschauer die festliche Stimmung durch Pfeifen und Buhrufe. Der Autor wandte sich an diesen Störenfried und rief ihm zu: „Ich bin ganz Ihrer Meinung bezüglich meines Stückes; aber was können wir zwei gegen diese vielen Leute hier ausrichten!" Das allgemeine Gelächter war so schallend, daß der Kritiker darin einstimmen mußte.

1898 beendete Shaw sein Theaterstück *Cäsar und Kleopatra*, das er eine Historie in fünf Akten nannte. Er hatte Mommsens ausgezeichnete Darstellung über Cäsar gelesen, und das animierte ihn zu einem Schauspiel, in dem er des Imperators ägyptisches Abenteuer thematisiert.

Aber von Heldenverehrung – wie bei Mommsen – spürt man wenig in diesem Spiel, um so mehr von Ironie, die den großen Mann der Geschichte als menschlich-allzumenschlich präsentiert. Wir sehen weniger den Kriegsmann Cäsar auf der Bühne, sondern eher einen alternden Diplomaten, der sich seiner Glatze schämt und sich nur ungern in Kriegsgeschehen einläßt, wenn ihm dieses von außen aufgezwungen wird. Die junge Kleopatra wird zwar seine Geliebte, aber Cäsar hat andere Sorgen im Kopf als das verwöhnte Geschöpf des ägyptischen Pharaonenhofes: Die Last eines Weltreiches liegt auf seinen Schultern.

Man kann sich kaum der Einsicht verschließen, daß Shaw – der Anti-Imperialist und Pazifist – Cäsars Persönlichkeit seinen hohen Respekt nicht versagen kann. Was Cäsar im intrigenverseuchten Ägypten tut und vollbringt, ist nicht nur schlau, sondern auch weitblickend und vernünftig; wenn es nach ihm ginge, würden Kämpfe nach Möglichkeit vermieden, wenngleich Roms Weltherrschaft geschützt und gewahrt werden soll.

Kommt es aber doch zu Auseinandersetzungen mit den Waffen, dann erweist sich der römische Feldherr als kühl-überlegener Geist, der bis zum äußersten durchhält und Planung und Überblick nicht aus den Augen verliert. Die leidenschaftlich handelnden Ägypter sind einem solchen nüchternen Rechner hoffnungslos unterlegen. Bei der Abreise aus Alexandria kann Kleopatra eine restlos unterworfene römische Provinz übergeben werden, die unter der Schirmherrschaft eines von Cäsar erwählten Statthalters – Antonius – stehen wird; er wird dann auch Cäsar als Geliebter der Pharaonentochter ablösen.

Diese dramatisierte Geschichtsschreibung ist voll von geistreichen Anspielungen auf die Themen der Politik und Herrschaft, des Alterns und der Liebe, des Krieger- und Beamtenstandes usw. Als Begleiter Cäsars hat Shaw den Sekretär Britannus erfunden, einen Briten, mit dem er englische Eigenarten lächerlich machen kann. Merkwürdig ist die Schlußszene, in der Cäsar aufs Schiff steigt mit dem Gefühl, irgend etwas vergessen zu haben: Es ist der Abschied von Kleopatra! Das zeigt, daß der Machtmensch Cäsar im Grunde wenig für die Liebe übrig hat; sie ist für ihn nur eine Ruhepause im Pokern um die Herrschaft, im Streben nach gottähnlicher Souveränität.

Cäsar und Kleopatra wurde zuerst in Deutschland aufgeführt, und zwar in Berlin, unter der Regie von Max Reinhardt. Überhaupt hatte Shaw in den USA und im deutschsprachigen Raum fast noch mehr Erfolg als zunächst in England. Erst nachträglich verstanden sich seine Landsleute dazu, auf die Botschaft seiner Stücke zu hören und deren aggressiven Witz zu akzeptieren. Der österreichische Theaterkritiker Siegfried Trebitsch übersetzte Shaws Werke feinsinnig ins Deutsche; sie sind nicht nur *best-*, sondern auch *longseller* geworden.

Um 1900 begann die These populär zu werden, daß Shaw ein zweiter Shakespeare sei. Das gefiel ihm nicht schlecht, wenngleich er im späteren Leben hervorzuheben liebte, daß er wesentlich älter als Shakespeare geworden sei und dementsprechend eine Jugendphase, mittlere Jahre und einen Altersstil vorzuweisen habe; Shakespeare jedoch, der vielleicht zu viel getrunken habe, sei vorzeitig aus der Literatur ausgeschieden. Aber immerhin habe er Meisterwerke geschaffen, so daß es kein Sakrileg sei, ihn mit GBS zu vergleichen.

In den Jahren 1901-1903 entstand Shaws Werk *Mensch und Übermensch*, das 1905 von der berühmten *Stage Society* und im *Royal Court Theatre* aufgeführt wurde. Es war eine Don-Juan-Komödie; allein unter Shaws Händen wurde das Don-Juan-Motiv sehr eigenartig abgewandelt. Man zeigt nun nicht mehr den großen Verführer („Doch in Spanien tausendunddrei!") auf der Frauenjagd, sondern es ist die Frau, die Don Juan nach einer wunderlichen Verfolgungsjagd zur Strecke bringt.

Shaw unternimmt in diesem Stück einen Ausflug in die Philosophie. Er bekennt sich zur Annahme einer Lebenskraft, einem *élan vital* Bergsonscher oder einem Lebenswillen Schopenhauerscher Prägung. Diese Lebensschwungkraft will Entwicklung, Fortschreiten und Aufstieg. Sie ist ein Schöpfungswille mit Humor – alles, was in der Lebewelt geschieht, kann nur aus ihr begriffen werden.

Zum Inhalt: Der Held des Stückes, Jack Tanner, hat einen „Katechismus für Revolutionäre" geschrieben, wiewohl er der gesellschaftlichen Oberklasse angehört. Ann Whitefield ist in ihn verliebt und arrangiert es nach dem Tod ihres Vaters, daß Jack zu ihrem Vormund wird. Aber Tanner hat Angst vor Liebe und Ehe. Er begibt sich auf die Flucht durch Frankreich und Spanien, gefolgt von Ann, die ihn schließlich mit ihrem ganzen Troß in der Sierra Nevada einholt. Das gelingt ihr nur deshalb, weil Tanner mit seinem schnellen Automobil durch Banditen aufgehalten wird. Diese arretieren auch Ann und ihre Sippschaft, aber man verständigt sich in Güte, da die Räuberbande unter ihren Gefangenen auch weitläufige Bekannte entdeckt.

Ein Zwischenspiel in der Hölle – geträumt von Jack nach dem Überfall und ausstaffiert mit Personen, die an die *dramatis personae* erinnern – verwendet die Thematik von Mozarts *Don Juan* in geistreicher Abwandlung. Die Szenerie dieses Traumes sind Himmel und Hölle, vorzüglich die letztere, was Shaw gestattet, der Theologie und dem Bibelglauben bittere Wahrheiten unterzujubeln.

Tanner kapituliert schließlich, und Ann wird seine Gattin. Der Dichterling Octavius, der Ann verehrt, hat das Nachsehen. Die Lebenskraft kopuliert jene Paare, die eine Evolution in Vitalität und Geistigkeit versprechen. Auch Octavius' Schwester Violet, die kühn Gesellschaftskonventionen hinter sich läßt, bekommt einen guten Gatten – Doppelhochzeiten sind immer ein beliebter Komödienschluß.

Man sagt, daß dieses Stück Shaws Religionsphilosophie enthalte, und tatsächlich spricht Jack Tanner jene evolutionistische Überzeugung aus, von welcher der Autor beseelt war. Damit gibt er aber auch ein Selbstbekenntnis des Autors wieder:

> Ich sage Ihnen, solange ich mir etwas Besseres als mich selbst vorzustellen vermag, kann ich mich nicht wohl fühlen, wenn ich es nicht ins Leben zu rufen oder den Weg dafür frei zu machen versuche. Das ist das Gesetz meines Lebens. Auf diese Weise wirkt in mir das unaufhörliche Emporstreben des Lebens zu höherer Organisation, zu weiterem, tieferem, heftigerem Selbstbewußtsein und zu klarerem Selbstverstehen. Die Oberherrschaft dieses Zweckes war es, die mir die Liebe zum bloßen Vergnügen eines Augenblicks, die Kunst zu einer bloßen Übung meiner Fähigkeiten und die Religion zu einem bloßen Vorwand der Trägheit herabdrückte; da diese Religion einen Gott, der auf die Welt sah und fand, daß sie gut sei, aufgestellt hatte gegen den Instinkt in mir, der durch meine Augen auf die Welt sah und fand, daß sie verbessert werden könnte.

Gott ist demnach nicht überlegener Geist, der alles kann, begreift und voraussieht. Er ist eine tastende und suchende Lebensschwungkraft, die sich in Irrwegen verlaufen kann und seine Schöpfung immer unvollständig läßt. Das aber ist die Chance des Menschen. Er kann und soll die Welt vervollständigen, verbessern und weiter entwickeln. Im fortschrittlichen Menschen ist mehr Gottheit als im Bibelkundigen, und der Revolutionär ist tüchtiger in der Gottesliebe als der Theologe. Das war starker, aber wohlschmeckender Tobak. Der Biograph Hesketh Pearson schreibt über dieses Stück, das als eines der tiefsinnigsten von Shaw gilt:

> Mit der Aufführung von *Mensch und Übermensch* wurde Shaw zum Abgott der aufstrebenden Generation von Intellektuellen, und diese Position behielt er zehn Jahre lang. Sein Einfluß auf die denkenden jungen Männer und Frauen in den ersten Jahren des Jahrhunderts und auch in den Jahren nach dem Kriege 1914/18 war weit größer als der von Wells, Chesterton, Bellock, Galsworthy, Bennett und anderen Autoren. Eigenschaften, die die Jugend besonders ansprachen, waren sei-

> ne Respektlosigkeit gegen Herkommen und Amt, seine Gleichgültigkeit gegenüber unrechtmäßig erworbenen Ansprüchen und Aufgeblasenheit, seine Verachtung für die gängige Moral, sein Eintreten für unpopuläre Anliegen und für Verfolgte, seine Vitalität, sein Humor und seine Unfähigkeit, feierliche Leute ernst zu nehmen.

Shaw arbeitete damals mit der Schauspiel-Kompagnie von J. E. Vedrenne und H. Granville-Barker zusammen, die viel für seinen Ruhm in England bewirkte. An der Einstudierung seiner Stücke war er stets mitbeteiligt. Er pflegte seine Texte den Schauspielern vorzulesen, wobei seine Lesungen stets als großartig empfunden wurden. Er konnte jede Rolle beim Lesen sorgfältig differenzieren; alle Personen bekamen ihre eigene Stimme, und das hielt Shaw während einiger Stunden durch, ohne zu ermüden. Es gab keine Monotonie dabei; Gesten wurden beim Lesen nicht gemacht, und allein mit der Stimme – deren Modulation und Tonfall – ließen sich alle notwendigen Effekte erzielen. Der Vorleser Shaw riß die Schauspieler mit, wenn er sie für eines seiner Stücke begeistern wollte.

Ebenfalls 1905 kam *Major Barbara* auf die Bühne, Shaws berühmtes Heilsarmeestück. Es ist – wie *Die Häuser des Herrn Sartorius* – ein sozialkritisch-moralisches Schauspiel, bei dem die Moral gegenüber dem gesellschaftlichen Konformismus unterliegt. Die Kanonen siegen hierbei über die Heilsarmee.

Zum Inhalt: Barbara, die Tochter des Rüstungsfabrikanten Undershaft, ist Major in der Heilsarmee. Ihr Verlobter ist Lehrer für Griechisch und damit ein klassischer Humanist. Barbara hat sich von ihrem Vater losgesagt, da sie seine Art des Gelderwerbs mißbilligt. Nun will sie in der Heilsarmee für die Ärmsten der Armen Gutes tun. Aber sie wird von den Bettlern und Trinkern betrogen und muß erkennen, daß die Heilsarmee ihr Werk mit Spenden von Schnaps- und Waffenfabrikanten zu bestreiten pflegt.

Ihr Vater erweist sich bei näherem Zusehen als aufrechter Charakter, wenn auch jenseits einer echten Moral stehend. Die an der Mildtätigkeit verzweifelte Barbara kann seinen Argumenten nichts entgegensetzen und gibt ihren Idealismus für einen billigen Realismus preis. Ihr Verlobter will sein Lehrfach Griechisch gern an den Nagel hängen; eine Stelle als Nachfolger von Undershaft steht für ihn in Aussicht. Die Anpassung triumphiert über die Auflehnung; und Barbara wird, wie sie sich vornimmt, die materiell gut gestellten Arbeiter des Rüstungsbetriebes „auf Gott hinlenken“.

Mit diesem Stück leistet Shaw eine Vorausschau auf das Jahr 1914. Er sah die Aufrüstung in der gesamten Kulturwelt und konnte sich an den Fingern abzählen, daß es einmal zum großen Kladderadatsch kommen werde. Eine Rettung vor dem allgemeinen Unheil wäre möglich gewesen, wenn die herrschenden und besitzenden Klassen an die Arbeiterschaft und ihre Parteien Konzessionen gemacht hätten. Man zog es jedoch vor, sich in ein Kriegsabenteuer zu stürzen, weil dies allemal soziale Spannungen von innen und außen ableitet. Aber das verantwortungslose Spiel schlug fehl: Der Erste Weltkrieg erschütterte den Kapitalismus wie ein Erdbeben, und auch die monarchischen Systeme hatten keinen Vorteil von ihm. Das Entstehen der UdSSR zeigte an, daß nun auch andere gesellschaftliche Herrschaftsstrukturen zum Zug kamen.

Shaw war lebenslänglich – von Kopfschmerzen abgesehen – sehr gesund und hatte mit Ärzten wenig zu tun. Nun hatte einer seiner Freunde über ihn geschrieben, er könne nur dann den höchsten Rang als Dramatiker für sich beanspruchen, wenn er auch den Tod auf der Bühne dargestellt habe. Daher beschloß er, ein amüsantes Stück über die Ärzte und den Tod zu schreiben, wobei er die Gelegenheit wahrnahm, den von ihm nicht besonders geliebten Ärztestand etwas lächerlich zu machen.

Dies gelang ihm in bezaubernder Weise. Das Stück hieß *Der Arzt am Scheideweg* und wurde 1906 uraufgeführt. Es enthält eine empfindliche Kritik an Ärzten und Quacksalbern, wobei der Autor zu erkennen gibt, daß die Grenze zwischen beiden Gruppen sehr unscharf gezogen ist. Die Geldmacherei im Ärztestand wird schonungslos bloßgestellt; und wenn man die Dialoge der Shawschen medizinischen Berühmtheiten im Schauspiel anhört, schwankt man hin und her, ob man sie als hohle Aufschneider oder geistig sture Spezialisten einstufen soll. Shaws Meinung blickt überall durch, daß es lebensgefährlich ist, sich den Heilkundigen und Heilkünstlern anzuvertrauen.

Zum Inhalt: Der Arzt Ridgeon hat ein neues Heilmittel gegen die Tuberkulose entdeckt. Allein er kann es nur auf wenige ausgewählte Patienten anwenden; denn der Stoff ist rar und die Behandlungsmethode aufwendig. Nun wird er von der Gattin eines jungen Künstlers konsultiert, die ihn bittet, ihren kranken Mann zu heilen. Aber die Frau gefällt dem Junggesellen Ridgeon über alle Maßen. Auch meldet sich ein armer Berufskollege, der ebenfalls an schwerer Tbc erkrankt ist.

Ridgeon hat nur noch einen Freiplatz in seiner Klinik. Er nimmt den Kollegen an und übergibt den Künstler – der sich bei näherem Zusehen als Tunichtgut, Pumpgenie und sexueller Luftikus erweist – einem anderen Arzt, der ihn erwartungsgemäß um die Ecke bringt. Aber Ridgeon wird die Frau des Künstlers Dubedat nicht bekommen. Sie durchschaut sein Manöver und wählt als Witwe einen anderen Mann.

Dubedat ist nicht unsympathisch dargestellt, denn der Autor legt dem skrupellosen Künstler die Worte in den Mund, er sei „ein Schüler von Bernard Shaw". In *Der Arzt am Scheideweg* scheint die Kunst über der Moral und über der Religion zu stehen. Jedenfalls läßt Shaw den sterbenden Dubedat die Worte sagen: „Ich glaube an Michelangelo, Velazquez und Rembrandt." Das bewirkte einen Aufschrei der Entrüstung, weil es die Frommen als Blasphemie empfanden. Manche Kritiker taten *Der Arzt am Scheideweg* als geschmacklosen Scherz ab. Aber das war es keineswegs. Es war ein heiteres und tiefsinniges Spiel über jenen Berufsstand, der sich als Herr über Leben und Tod fühlt und dennoch nicht selten menschliche und moralische Größe oft kaum vom Hörensagen kennt.

1912 und 1913 kam es wieder zu zwei Haupttreffern in der Komödienkunst, nämlich zu *Androklus und der Löwe* und *Pygmalion*. Damit schließt Shaws dichterische Tätigkeit vor dem Ersten Weltkrieg.

Androklus und der Löwe gilt als schwaches Stück, aber es ist klug und lustig wie alle Produktionen des Meisters. Es war als ein Spiel für Kinder gedacht, aber auch die Erwachsenen genossen die witzige Unterhaltung. Androklus ist ein Christ in der Römerzeit, der Tiere über alles liebt. Bei einem Gang durch die Wüste findet er einen Löwen mit einem Dorn im Fuß; trotz Todesängsten befreit Androklus das Tier vom Fremdkörper und entläßt es in die Wildnis. Später wird der fromme Mann eingefangen und soll in Rom – wie damals üblich – den wilden Tieren in der Arena vorgeworfen werden. Mit anderen Glaubensgenossen zieht er unter Bewachung in die Hauptstadt ein und zittert seinem Tode entgegen.

Auch die schöne Lavinia wird den Märtyrertod erleiden, was den kommandierenden römischen Hauptmann mit Trauer erfüllt. Er würde sie gerne zum Heidentum bekehren und damit retten. Aber Lavinias Dialektik ist der seinen weit überlegen. Schon naht die Stunde des Kampfspiels heran. Als nun Androklus in der Arena mit geschlossenen Augen den Tod erwartet, kommt ein liebevoller Löwe auf ihn zu, in dem er den ehemaligen Patienten der Wüste erkennt. Die beiden umarmen sich freundschaftlich, erschrecken den Cäsar und sein Hofgesinde und erzwingen die Befreiung der Christen. Lavinia wird wohl bald darauf den Hauptmann bekehrt haben, die übrigen Christen werden freigelassen, und die Wohltat am Tier hat sich bestens gelohnt.

Das ist kein theatralisches Schwergewicht, aber bühnenwirksam ist es allemal. Dasselbe gilt auch für *Pygmalion*, das unter dem Titel *My fair Lady* ein ungeheurer Bühnenerfolg wurde – allerdings als Musical, dessen eingängige Melodien sich in die Ohren der Menschen aller fünf Kontinente einschmeichelten.

Pygmalion wandelt die alte Sage ab, wonach der Künstler sich in sein Werk verliebt und am liebsten den bearbeiteten Stein als lebendige Gestalt in seinen Armen halten würde. Nur ist Shaws Held kein Bildhauer, sondern der berühmte Professor Higgins, welcher der beste Sprachlehrer Englands ist. Higgins nimmt ein Proletariermädchen als Schülerin an und geht die Wette ein, daß er sie in kurzer Zeit sprachlich zu einer Herzogin erziehen werde.

Das gelingt in der Tat, aber Eliza Doolittle wird ihm zur unentbehrlichen Hausgenossin, was er sich in seinem Gelehrtendünkel kaum eingestehen will. Er behandelt sie herablassend, doch das energische Mädchen zeigt ihm deutlich die inzwischen entstandene Abhängigkeit von ihr und ist tatsächlich aus einem Blumenmädchen eine Dame geworden. Am Ende des Stückes ist die Vermutung offen, ob Eliza Higgins oder einen unbedeutenden Mann heiraten wird. *Pygmalion* wurde 1913 in Wien uraufgeführt: ein Verdienst des Wiener Burgtheaters und Siegfried Trebitschs.

Vom Anfang des Ersten bis zum Ende des Zweiten Weltkrieges. – Im ersten Jahrzehnt unseres Jahrhunderts stand Bernard Shaw seinen Zeitgenossen als ein streitbarer Mann vor Augen, der Kontroversen nicht scheute und an allen nur möglichen Fronten zum Angriff überging. Sein Biograph H. Pearson schreibt über ihn und seine vielseitigen Aktivitäten:

> Die Fabier-Front war keineswegs die einzige Front, an der Shaw kämpfte. Er wandte sich gegen die Anhänger der Vivisektion in der medizinischen Forschung, gegen die Verfechter der Zwangsimpfung, gegen die pessimistischen Physiker, die lehrten, daß die Sonne verglühe und die Menschheit zum baldigen Kältetod verurteilt sei, gegen diejenigen, welche den *General Medical Council* in einen gewöhnlichen Fachverband anstelle einer Sicherung gegen Berufsegoismus umfälschen wollten, gegen die Flagellomanen (wie er die Befürworter der Prügelstrafe im Strafgesetzbuch, in den Streitkräften und in den Schulen betitelte) und gegen jede Art Mißbräuche, die ihm vor die Rohre kamen. Die Religion, die aus dem Fabier-Programm strikt herausgehalten werden sollte, rief ihn mit solchem Effekt auf den Plan, daß man ihm trotz seines unverhüllten Irrglaubens bei Predigten in Kathedralen und Freikirchen zustimmte; und er bestieg selbst die Kanzel im *City Temple* zu London als Gastprediger vor Versammlungen, die bei diesen Gelegenheiten stets überfüllt waren.

Der Gestaltpsychologe Kurt Lewin sagte bei Gelegenheit: „Wenn du einen Menschen kennenlernen willst, dann versuche ihn zu ändern!“ Man kann diese Einsicht auch auf die Welt und die Gesellschaft übertragen; wer diese begreifen will, muß an ihrer Veränderung arbeiten. Das tat Shaw mit bemerkenswertem Elan: Seine zahllosen Kämpfe mit Menschen, Menschengruppen und Ideologien vertieften sein Wissen und machten ihn zum Welt- und Menschenkenner von hohem Rang.

Er definierte das Genie als einen Menschen, der weiter sieht und tiefer schürft als andere Menschen, dessen ethische Wertungen von den ihren abweichen, und der Energie genug besitzt, seiner besonderen Sicht und den daraus folgenden Wertungen in einer Weise besonderen Nachdruck zu verschaffen, die seinen spezifischen Fähigkeiten am besten entspricht. Das letztere tat er unermüdlich, und es war nicht seine Schuld, daß er die Dummheiten der Menschen deutlicher als andere erkannte und sie in das helle Licht seiner Dichtungen rückte. Geleitet wurde er von der mehr oder minder unerträglichen Ahnung, daß alles, was in dieser verrotteten Kultur Zustimmung und Begeisterung auslöst, irgendwo faul und falsch sein muß. Er war genial im Aufspüren dieser Brüchigkeiten und tollkühn in ihrer öffentlichen Bekanntmachung, die er auch dann nicht scheute, „wenn die Welt voll Teufel war“.

Er arbeitete in politischen, sozialen, künstlerischen und wissenschaftlichen Ausschüssen mit und war überall ein kooperativer, geistreicher Gesprächspartner. Geschätzt wurde auch seine Konzilianz, trotz der Hartnäckigkeit seines Argumentierens. Für einige Jahre hatte er sogar ein Amt in der Grafschaft London inne und verwaltete dieses mustergültig. Kein Zweifel: Der Künstler Shaw verfügte durchaus auch über ein reiches Spektrum bürgerlicher Tüchtigkeiten.

Wenn seine Stücke erfolgreich waren, freute ihn dies natürlich, aber wenn sie durchfielen, war er, zur Überraschung seiner Freunde und Bekannten, ebenfalls vergnüglicher Stimmung. Das kam wohl daher, daß er wie ein munteres Kind alles, was er machte, als Versuch ansah: Und lernen konnte er aus Erfolgen wie auch aus Mißerfolgen. Das war offenbar ein großes Stück seelischer Gesundheit in ihm, nämlich der Mut zu immer neuem Probieren und Anfangen. Er war nie beleidigt oder auf die Menschheit böse, wenn sie ihm nicht applaudierte.

Seit 1905 wohnte das Ehepaar Shaw in einem Landhaus in Ayot St. Lawrence (Hertfortshire). Damit hatten sie eine Wohnstätte bis zu ihrem Lebensende gefunden. Es war auf einem Dorf, umgeben von Bauernhöfen, mit denen der Verkehr rein gesellschaftlich blieb. Aber die ländliche Einsamkeit tat den beiden Großstadtmenschen offensichtlich gut. Und nicht selten kam Besuch von allen Seiten, da der Freundeskreis der Shaws ebenso groß war wie der Kreis von Leuten, die von Shaw etwas für das Theater, für die Politik oder für ihre Lebensweisheit wissen wollten.

Shaw selbst wurde mit zunehmendem Alter immer dynamischer und unternehmungslustiger. Technische Errungenschaften hatten ihn seit jeher interessiert; Autofahren war neben dem Schwimmen sein Lieblingssport. Als Sechzigjähriger kaufte er sich ein Motorrad und brauste mit solcher Geschwindigkeit aus der Fabrik davon, daß er bei einer Kurve vor seinem Haus ziemlich weit entfernt von seiner lädierten Maschine aus einer Betäubung erwachte. Auch das Fahrrad war für ihn unentbehrlich. Er war ein Hypermotoriker und mußte sich stets bewegen. Wenn er saß, konnte er keine Ruhe geben, sondern turnte auf seinem Stuhl herum, als ob er ein Gymnastikprogramm absolvieren müßte.

Unablässig übte er auch das Reden, das er als Beruf und Berufung empfand. War er in guter Gesellschaft, dann plauderte er mit ungeheurer Lebhaftigkeit, oft sich selbst mit einem herrlichen Lachen unterbrechend oder sich vergnüglich die Hände reibend, weil ihm die eigenen Scherze gefielen. Seine Schlagfertigkeit war stupend. Bekannt ist der Vorschlag, den ihm eine schöne Dame machte, er solle mit ihr ein Kind zeugen. Seine Intelligenz und ihre Schönheit würden einen Übermenschen hervorbringen. Shaw nickte zustimmend, meinte aber bedenklich: „Und wenn das Kind aber meine Schönheit und Ihre Intelligenz erbt?" Die Dame soll darauf ihren Vorschlag zurückgezogen haben.

Seine Kunst als öffentlicher Redner wurde viel bewundert – er galt als einer der besten Volksredner seiner Epoche. Er stand sehr aufrecht vor seinem Publikum, artikulierte großartig und sprach so verständlich, daß ganz ungebildete Leute verstanden, worum es ging. Dabei vermied er jeden demagogischen Ton. Es genügte ihm, die Menschen so anzusprechen, wie wenn er ihnen von Du zu Du etwas sagen wollte.

Fast noch mehr als die Literatur liebte er die Musik, die er ganz hervorragend und im Detail kannte. Mozart war sein spezieller Liebling; aber auch Beethoven und Wagner figurierten in seiner Vorzugsliste. Über Wagner hat er das geistreiche Buch *The perfect Wagnerite* (deutsch: *Wagner-Brevier*) veröffentlicht, worin er den *Ring des Nibelungen* ganz modern politisch auslegt.

Siegfried wird für ihn dabei zum Anarchisten bakuninscher Prägung; Wagner selbst war ja auch in seinen Anfängen ein politischer Revolutionär in Dresden an der Seite von Michael Bakunin gewesen. Was Shaw als Kommentar zum schwülstig-mythologischen *Ring* anbietet, ist heiter und respektlos wie alles, was er geschrieben hat: Aber es ist ein guter Zugang zum tieferen Sinn der *Ring*-

Dichtung, die von den Wagnerianern oft nur in ihrem mythologischen und musikalischen Zauber verstanden wird.

Als Europa auf den Ersten Weltkrieg zusteuerte, näherte sich Shaw seinem sechzigsten Lebensjahr. Die große Katastrophe fiel in den Übergang vom zweiten zum letzten Drittel seines patriarchalisch-langen Lebens. Indes die Kriegsspannung in Europa sich aufs äußerste steigerte, war Shaw leidenschaftlich bemüht, einen Krieg zwischen England und Deutschland abzuwenden. Er verfaßte ein Manifest unter dem Titel *Common Sense about the War* (*Vernünftiges über den Krieg*) und wagte es, diesen Text zu publizieren.

Es stieß auf eine wütende Ablehnung, da die Chauvinisten und Kriegshetzer die Führung übernommen hatten und die englische Nation zum Haß gegen den Feind erziehen wollten. Um so mehr entrüsteten sie sich darüber, daß Shaw schrieb, die Soldaten sollten in allen Armeen ihre Offiziere erschießen und dann friedlich nach Hause gehen – ein Vorschlag, der leider nicht befolgt wurde. Auch wandte er sich dagegen, den militärischen Gegner zu verteufeln und das eigene Volk und seine Bundesgenossen in den Himmel zu erheben. Seiner Meinung nach waren die Politiker aller Nationen schreckliche Stümper, daß sie es zu einem Massaker gigantischen Stils kommen ließen.

Shaw erlebt wieder einmal die Situation des Einzelgängers. Nach der Veröffentlichung seines Manifestes boykottierte man seine Stücke, und seine Bekannten schnitten ihn, als ob er ein Aussätziger wäre. Ein führender Politiker (Lord Asquith) äußerte im Casino der Seestreitkräfte: „Man sollte den Mann erschießen!" So weit kam es zum Glück nicht; aber Shaw hatte nicht Unrecht, wenn er von sich behauptete, er habe damals so viel moralischen Mut bewiesen, daß ihm eigentlich das Viktoria-Kreuz zugestanden hätte. Auch diese Auszeichnung erhielt er nicht. Seine Landsleute schlugen eher vor, er solle das „Eiserne Kreuz" bekommen, jene Auszeichnung, welche die deutsche Führung für Tapferkeit vor dem Feind bereithielt.

Zwischen 1914 – 1918 war Shaw einer der bestgehaßten Männer Großbritanniens. Aber er war nicht nur der Angegriffene; er fungierte auch gerne als Angreifer, und niemand war vor seiner Ironie sicher. So schickte er zum Beispiel damals Winston Churchill – der im Ersten Weltkrieg schon Erster Lord der Admiralität (d.h. Marineminister) und damit ein sehr einflußreicher Mann war – zwei Freikarten zur Uraufführung eines seiner Stücke mit dem Hinweis, wenn Churchill noch einen Freund in England habe, möge er ihn ins Theater mitbringen. Churchill, der um schlagfertige Antworten auch nicht verlegen war, replizierte, er sei an diesem Tag verhindert, aber er käme gern am folgenden Tag, falls es – wider Erwarten – zu einer zweiten Vorstellung des Stückes käme!

Aber dann war der Krieg zu Ende, und ein Teil der Gemüter beruhigte sich ein bißchen. Shaw war nicht mehr der große Buhmann, sondern immerhin ein Theaterautor mit Weltreputation. Er verdiente viel Geld mit seinen Stücken und war auch ein gewiefter Geschäftsmann, der den Theaterdirektoren so viel Geld aus der Tasche zog, als nach menschlichem Ermessen möglich war.

Das war nicht etwa gemeine Geldgier. Shaw diagnostizierte, daß fast alle Bühnenautoren von den Theaterleitungen schlimm ausgenützt wurden, weil sie sich auf geschäftliche Verhandlungen kaum verstanden. Er kam nun seinen Kollegen in aller Welt zu Hilfe, indem er zeigte, daß man auch als Autor für seine Rechte und Einkünfte sorgen dürfe. Als Kritiker des Kapitalismus war er nicht geneigt, sich von kapitalistischen Verlegern und Theateragenturen übers Ohr hauen zu lassen. Mit der Zeit verfügte er über ein Einkommen, das ihn aller materiellen Sorgen enthob. Aber auch als vermögender Mann kämpfte er für den Sozialismus, den er als Humanismus, Individualismus und Friedensbewegung interpretierte.

Shaw begrüßte die russische Oktoberrevolution mit großer Zustimmung, da er gutgläubig meinte, in der UdSSR habe man die Absicht, den Sozialismus zu verwirklichen. Aber die Bolschewiken waren weniger freundlich in der Einschätzung von Shaw und den Fabiern, die für sie bestenfalls nützliche Idioten sein konnten, welche man vor den Karren der Weltrevolution spannen durfte. Das bei ihnen übliche Schimpfwort war „Kleinbürgertum", und wer nicht bolschewistisch orientiert war, besorgte *nolens volens* die Geschäfte des Kapitals und des Imperialismus; ein Verdikt, dem auch Shaw nicht entging.

Aber 1931 wurde er nach Rußland eingeladen (zusammen mit Lady Astor und einigen Parlamentariern) und wurde sogar von Stalin in einer Audienz empfangen. Der schlaue Diktator gab sich humanistisch und souverän, so daß die Besucher einen guten Eindruck von ihm davontrugen. Shaw hatte an der UdSSR dies und das auszusetzen, aber im großen und ganzen ließ er sich doch von den Propagandatricks imponieren. Mit Mühe erreichte er es, daß man ihm erlaubte, die Krupskaja zu besuchen, Lenins Witwe, welche damals bereits durch Stalin völlig ins Abseits gedrängt worden war. Shaw verließ Rußland als ein halber Verteidiger des sowjetischen Systems, und diese Halbheit wurde ihm später mit Recht angekreidet.

1920 war sein Stück *Haus Herzenstod* uraufgeführt worden, ein Schauspiel, dessen Manier offensichtlich von Tschechow angeregt wurde. Es ist ein symbolistisches Werk über eine Familie, die menschlich und moralisch verrottet ist. Einzig der alte Vater, Kapitän Shotover, ist eine wahrhaft sympathische Figur; allerdings ist er so kauzig und seltsam, daß man mitunter an Spuren von Altersschwachsinn denkt.

Shaw selbst meinte, sein Shotover sei ein modernisierter König Lear. Jedenfalls hat er viel Sorgen und Umtriebe mit seinen beiden Töchtern und Schwiegersöhnen, und sein einziger Trost ist die junge Ellie Dunn, die sich – nach einer Enttäuschung mit dem Industriellen Mangan – mit dem alten Seebären verlobt. Das chaotische Haus soll ein Symbol für England sein. Der Weltkrieg wird repräsentiert durch ein paar Bomben, die in der Nähe des Hauses einschlagen und den Industriellen wie auch einen Einbrecher töten. Das Stück ist unzusammenhängend, aber voll poetischer Schönheiten. Auch äußert Shotover zwischen seine wirren Gedankenfetzen mitunter tiefgründige Weisheiten, die an Shaw selbst erinnern.

Auf *Haus Herzenstod* folgte das merkwürdige Stück *Zurück zu Methusalem* (1920/1922). Es ist ein monströses Spiel, dessen Aufführung mindestens drei Abende erfordert. Sein Grundgedanke ist relativ einfach. Shaw war im Krieg auf die Idee gekommen, daß der Mensch zu kurz lebe, um gescheit werden zu können. Hat er nach einigen Jahrzehnten ein wenig von der komplizierten Menschenwelt begriffen, muß er auch schon bald sterben oder hat doch nicht mehr die Kräfte, um seinen Einsichten Taten folgen zu lassen. Daher wäre die Lösung aller menschheitlichen Probleme darin zu suchen, den Menschen langlebiger zu machen. 300 Jahre würden vielleicht ausreichen, dieses dumme Wesen Mensch einigermaßen zu zivilisieren und zu kultivieren. Die Frage ist nur, wie man dem Menschen eine solche Lebensdauer verschaffen kann.

Shaw schlägt folgenden Ausweg vor: Er hatte sich mit der Lamarckschen These befreundet, daß Vorsätze, Bemühungen und Gewohnheiten der Lebewesen in die Erbsubstanz eingehen und auf lange Sicht den Phäno- und Genotypus einer Art verändern können. Nun geht es also darum, sich fest vorzunehmen, uralt zu werden. Nach und nach wird die Lebenssubstanz diesem Wunsch nachgeben und sich irgendwie fügen; denn der Schöpfungsprozeß ist ja noch nicht abgeschlossen. Es ist an uns, ihm die gewünschte Richtung zu geben.

Shaws Stück fängt bei Adam und Eva im Paradies an. Die Urahnen des Menschengeschlechts leben zufrieden im Garten Eden, aber die Schlange ist auch schon dabei. Sie bringt vor allem Eva einen weitläufigen Wortschatz bei, und mit den Worten entstehen Begierden und Heimlichkeiten. Vor allem erfährt Eva durch die Schlange das Geheimnis der Fortpflanzung: So kommen Kain und Abel zur Welt. Der erste Brudermord findet statt, und Kain ist stolz darauf, daß er mit seiner Tat etwas Neues in die Schöpfung eingeführt hat. Er ist ein grober Jäger und Krieger und wird den künftigen Verlauf der Weltgeschichte bestimmen.

Dann sind wir plötzlich in England um 1920. Ein Pfarrer und ein Biologe – zwei Brüder – beschließen, die Menschen durch die Lamarckschen Methoden uralt werden zu lassen. Man muß es nur richtig wollen. Tatsächlich sind der Pfarrer und sein Dienstmädchen die ersten, denen das gelingt.

Und schon im dritten Teil des Stückes treffen wir den 250 Jahre alten Pfarrer als Erzbischof und seine Magd als Innenminister an. Niemand weiß um ihr Alter, aber sie sind so weise, daß sie sich den einflußreichen Regierungsposten mühelos verschaffen konnten.

Nicht genug damit: Teil vier spielt an der irischen Küste im Jahre 3000. Nun gibt es zwei Kategorien von Menschen: Langleber und Kurzleber. Und zuletzt gar – im Jahre 31920 – werden die Menschen in Eiern ausgebrütet, entschlüpfen ihnen als Erwachsene, sterben nur noch durch Unfälle und nehmen schon die Zeit vorweg, wo der Mensch nur noch Geist sein wird und keinen Körper mehr braucht. Man kann hierzu nur mit Aldous Huxley sagen: „Schöne neue Welt!"

Shaw hielt seine Methusalem-Idee für etwas ganz Großartiges, aber er drang damit nicht besonders durch. Jedenfalls lesen wir in Freuds *Der Mann Moses und die monotheistische Religion* (GW, Bd. XVI, S. 156) aus dem Jahre 1938/39 folgenden Kommentar:

> Ich teile nicht die Ansicht meines Altersgenossen Bernard Shaw, daß die Menschen erst dann etwas Rechtes leisten würden, wenn sie 300 Jahre alt werden könnten. Mit der Verlängerung der Lebensdauer wäre nichts erreicht, es müßte denn vieles andere an den Lebensbedingungen vom Grunde aus geändert werden.

Wer hat da recht? Ganz daneben liegt die Shawsche These nicht, denn schon das französische Sprichwort sagt mit volkstümlicher Weisheit: „Wenn doch die Jugend wüßte; wenn doch das Alter könnte!“ Es ist in der Tat ein schlimmer Fehler in der Konstruktion des Menschen, daß sein Verstand sehr langsam reift – jedenfalls nicht schnell genug, um vor dem Verfall der Kräfte zu wissen, worauf es im Leben ankommt. Viele sterben geistig infantil, und nur selten sind jene Fälle, wo jemand rechtzeitig weise wird. Für die Mehrheit gilt denn doch das Brechtsche Spottlied:

> Denn für dieses Leben
> ist der Mensch nicht klug genug.
> Und sein höchstes Streben
> ist nur Selbstbetrug!

Brecht, der ein Bewunderer Shaws war, meint in der *Dreigroschenoper*, daß wir nicht rasch genug allen Lug und Trug erfahren; daher leben wir bis zum Ende mit kindischen Illusionen, die es den Machthabern aller Schattierung erlauben, mit uns ihre tückischen Machinationen zu treiben. Daraus kann man den Imperativ ableiten: „Mensch, werde alt und weise!“ Shaw wurde jedenfalls beides – sehr zum Vorteil der europäischen Literatur.

Nach dem *Methusalem* rätselte er daran herum, welches neue Stück er schreiben solle. Seine Frau riet ihm, sich mit dem Stoff der Johanna von Orléans zu befassen; das ergab die Idee zum Schauspiel *Die heilige Johanna*, das 1923 in New York uraufgeführt wurde. Als Untertitel wählte er die Kennzeichnung: „Dramatische Chronik in sechs Szenen und einem Epilog“.

Shaws *Johanna* wurde ein großer Publikumserfolg. Das Stück beruhte auf gründlichem Quellenstudium, aber Shaw stellt die Heldin – im Gegensatz zu Voltaire, Schiller und anderen Bearbeitern – als Protestantin und Nationalistin dar, die der Bote einer neuen Zeit ist, welche die mittelalterliche Ständeordnung abzulösen beginnt. Johanna repräsentiert den Fortschritt, den gesunden Menschenverstand und – wie so oft bei Shaw – die tüchtige Frau, die das Leben und seine Kämpfe besser versteht als der Mann.

Das ist gewiß nicht das historische Mädchen aus Domrémy, das Schafe hütete und dann der angeblichen Stimme der Gottesmutter folgte, um Frankreich von den Engländern zu befreien. Aber in der Shawschen Gestaltung ist sie ungemein bühnenwirksam, und sowohl Protestanten als auch Katholiken können an dieser „Jungfrau“ nicht viel aussetzen.

Shaw zeigt, wie das einfache Hirtenmädchen mit seinem *Common sense* die verzagten Franzosen aufrichtet, was ihr leichtfällt, weil zufällig mit ihrem Erscheinen „Wunder“ verknüpft sind. In jenen Zeiten war man ohnehin wundergläubig. Das Umschlagen des Windes vor einer Schlacht konnte schon das Gefühl erwecken, Gott stehe einem besonders bei. Mit ihrem kindlichen Glauben reißt Johanna die französischen Truppen mit sich, und die Engländer beginnen eine Bastion nach der anderen in Frankreich zu verlieren.

In ihrem prophetischen Radikalismus will aber Johanna zuviel; der gekrönte Dauphin ist schon zufrieden, wenn er mit den Engländern einen vorteilhaften Vertrag abschließen kann. Johanna kämpft mit einigen Getreuen weiter und wird gefangen genommen. Dann folgt der Ketzerprozeß in Rouen, bei dem die Engländer schon im voraus eine Verurteilung durch den Feuertod verlangen. Die Kleriker sind zwar bestrebt, Johanna zu retten (nach Shaw); das Mädchen hingegen redet sich selbst um Kopf und Kragen, weil es nicht abschwören will und zuletzt auch den Tod auf dem Scheiterhaufen einer lebenslänglichen Einkerkerung vorzieht. Man höre Johannas ergreifende Worte, als sie vernimmt, vor welcher Alternative sie steht:

> Brot hält kein Leiden für mich und Wasser keine Trübsal. Aber mich einzukerkern, daß ich das Licht des Himmels nicht sehe und die Felder und Blumen nicht erblikke; meine Füße zu fesseln, daß ich mit den Soldaten nie wieder reiten, die Berge nie wieder erklimmen kann; mich faulig dumpfe Dunkelheit atmen zu lassen und mir alles fernzuhalten, was mich der Liebe Gottes zurückbringt, wenn eure Verderbtheit und Narrheit mich versucht, Ihn zu hassen: Das alles ist schlimmer als der Feuerofen der Bibel, der siebenmal entzündet wurde. Ohne mein Schlachtroß könnte ich sein, in einem Weiberrock könnte ich laufen, die Banner und Trompeten und die Ritter und Soldaten könnte ich vorbeiziehen und mich verlassen sehen, wie sie andere Frauen verlassen, wenn ich nur noch den Wind in den Bäumen, die Lerchen im Sonnenlicht, die jungen Lämmer durch den klaren Frost schreien hören darf... Aber ohne das kann ich nicht leben, und wenn Ihr es mir oder anderen menschlichen Wesen nehmen wollt, so weiß ich, daß euer Rat des Teufels, meiner aber Gottes ist.

Nun muß sie den Weg aller Ketzer gehen, und die rohen Söldner haben ihre Volksbelustigung, weil ein Weib vor ihren Augen verbrannt wird. Nur ein einziger Soldat hat Mitleid mit ihr und gibt ihr ein primitives Kreuzchen in die Hand. Die Kirchenfürsten waschen ihre Hände in Unschuld; und doch empfinden sie ein Grauen bei dieser Hinrichtung, von der sie wissen oder ahnen, daß sie auf verlogenen Rechtssätzen beruht. Später sprach die Kirche Johanna selig und heilig; das geschah, nachdem sie längst nicht mehr die Geschäfte des Klerus beunruhigte und beeinträchtigte. H. Pearson sagt über den Bühnentriumph der *Heiligen Johanna* folgendes:

> Die Aufführung der *Heiligen Johanna* war die Krönung von Shaws Karriere. Sie verlieh ihm ein ungewöhnliches Prestige. Fortan wurde alles, was er sagte oder tat, mit Achtung, ja fast mit einer Spur von Ehrfurcht behandelt ... Jedes Wort, das er sprach, wurde über mehrere Kontinente hin gekabelt. Jeder unsinnige Scherz, den er machte, und viele andere, die man in alberner Weise für ihn erfunden hatte, fanden als Born der Weisheit eines tiefen Denkers dankbare Aufnahme. Wenn man den Autor seines nächsten Stückes als den „Heiligen Shaw" angekündigt hätte, niemand wäre überrascht gewesen.

Shaws siebzigster Geburtstag wurde in aller Welt mächtig gefeiert. Der englische Premierminister McDonald fragte sogar an, ob er nicht geadelt sein wolle. Shaw winkte ab. Der Premier konterte, ob ihm die Pairswürde gefällig sei; im Oberhaus könne er den Lords nützlich sein. Shaw machte jedoch geltend, er könne es sich nicht leisten, als Herzog zu leben – und Geringeres werde man ihm doch nicht anbieten wollen.

Darauf meinten Freunde, er könne doch wenigstens einen Verdienstorden annehmen. „Ich habe ihn mir bereits selbst verliehen", replizierte der Dichter. 1925 wurde ihm der Nobelpreis zuerkannt, aber auch diesen lehnte Shaw ab, indem er sagte, er hätte das Geld in seiner Jugend gebrauchen können; nun habe er selbst genug! Er empfahl, das Geld zur Gründung einer schwedisch-britischen Gesellschaft zu verwenden, die den Literaturaustausch fördern solle; und so geschah es.

Als er siebzig Jahre alt war, erfolgte ein Zusammenbruch, der ihn beinahe das Leben gekostet hätte. Er erholte sich nur mühsam, aber mit dem Schreiben, Denken und Kämpfen hörte er nicht auf. Eine Frau aus seiner Verwandtschaft hatte ihn um einige Auskünfte über soziale und ökonomische Fragen gebeten. Shaw setzte sich drei Jahre hin und verfaßte das Buch *Wegweiser für die intelligente Frau zum Sozialismus und Kapitalismus* (1928), das von vielen für sein theoretisches Meisterwerk angesehen wird.

Nun folgten noch einige weitere Theaterstücke, die nicht mehr den Schwung der früheren Jahre erkennen lassen, aber immer noch meisterhaft und lebensklug sind. *Der Kaiser von Amerika* (1929) schildert die Nöte eines englischen Königs, der von seinen Ministern proletarischer und bürgerlicher Herkunft arg bedrängt wird, aber sie alle geschickt an die Wand spielt. Nur wird er am Ende des Schauspiel selbst in eine große Bedrouille gebracht: Die Amerikaner haben sich nämlich entschlossen, den Unabhängigkeitskrieg von 1776 zu bereuen, und kehren in den Schoß des britischen *Commonwealth* zurück. So droht dem König von England das Schlimmste, was ihm passieren kann: Er wird Kaiser von Amerika! Shaw amüsiert sich köstlich über die Engländer und Amerikaner, die von jeher Objekte seines Witzes waren.

1934 macht das Ehepaar Shaw eine Weltreise, welche die beiden Achtzigjährigen gut überstanden. 1935 wurde das Stück *Die Millionärin* uraufgeführt, eine Gelegenheit, den Kapitalismus wieder zu verlachen. 1939 folgte *Der gute König Karl*, welches Isaak Newton auf die Bühne bringt, aber auch König Karl und seine Mätressen, den Quäker George Fox und weiteres Personal aus *merry old England*. Auch gegen sein neunzigstes Lebensjahr hin schrieb und publizierte Shaw unermüdlich weiter.

Den Zweiten Weltkrieg kommentierte Shaw weniger als den Ersten, da in seinem hohen Alter die politische Kampflust etwas herabgemindert wurde. Immerhin verfolgte er wach die Ereignisse in der Politik und gab nicht immer glückliche Stellungnahmen zum Faschismus und Bolschewismus ab. Aber persönliches Leid bedrängte ihn mindestens so sehr wie die Sorge um Europa und seinen Fortbestand. Charlotte litt an einer schweren Krankheit (Ostitis deformans), der sie 1943 erlag. Der Greis Shaw blieb allein in seinem Landhaus zurück, allerdings betreut durch Hausangestellte und Nachbarn, mit denen er befreundet war.

Noch 1944 (fast neunzigjährig!) publizierte er das Buch *Politik für jedermann* und beendete bald darauf seine Sittenkomödie *Zuviel Geld*. Weitere Entwürfe zu Schauspielen wurden von ihm verfolgt; er hatte nicht die Absicht, sich zur Ruhe zu setzen. Sein unermüdlicher Aktivismus sollte ihm zuletzt zum Verhängnis werden. Der rüstige Vierundneunzigjährige entdeckte in seinem Garten, daß einige Bäume nicht gut genug beschnitten waren. Also bestieg er die Leiter und arbeitete emsig an der Verschönerung seines Baumbestandes. Dabei stürzte er ab und brach sich ein Bein. Er wurde ins Krankenhaus gebracht, wo zum Beinbruch eine Nierenkrankheit hinzukam. Einige Operationen schwächten ihn derart, daß er am 2. November 1950 starb.

Ähnlich wie Charlotte bedachte er in seiner Erbschaft alle seine Angestellten reichlich, aber ein Großteil des beträchtlichen Vermögens ging an die Gesellschaft, die ein neues englisches Alphabet ausarbeiten sollte. So ging der Witzbold Shaw aus dem Leben, wie er durch das Leben gegangen war: skurril, liebenswürdig, human, kauzig und verspielt. Seine Persönlichkeit und sein Werk geben uns heute noch manches Rätsel auf.

Weltanschauung, Werk und Persönlichkeit. – Goethe war schon bei Lebzeiten unbestritten der Dichterfürst Deutschlands und beinahe Europas; er genoß die entsprechende Ehrerbietung als eine ihm zukommende Würde, die er sich hart genug erarbeitet hatte. Aber es fehlte nicht ein Tropfen Wermut im Kelche seines Ruhmes. Seine Zeitgenossen bewunderten ihn wohl als Poeten, aber als Naturforscher wollten sie ihn nicht so recht anerkennen. Das schmerzte Goethe über alle Maßen, und er hätte vermutlich ganz gerne auf einen Teil seiner Dichterreputation verzichtet, wenn ihn die Leute nur auch als Geologen, Botaniker, Biologen und vor allem als Physiker respektiert hätten. Er konnte es kaum fassen, daß seine Beiträge zur Optik gegenüber dem Newtonschen Plunder (und er verwendete viel härtere Ausdrücke für die Theorien des großen Engländers über die Natur des Lichtes) hintangestellt wurden; sah er sich doch als den eigentlichen Bahnbrecher in der richtigen Auffassung der Farbenlehre, die er in langer Bemühung entwickelt hatte.

Ähnlich mag es GBS ergangen sein. Man würdigte ihn als den größten Dramatiker in englischer Sprache seit Shakespeare, und ein Dutzend seiner Komödien gehörte (und gehört immer noch) zum besten Theaterrepertoire der Welt. Aber sein politisches, philosophisches und gesellschaftswissenschaftliches Werk wurde zu seinem Leidwesen mit weitgehender Achtlosigkeit übergangen. Und doch hatte er – wie Goethe – dieser Nebentätigkeit seine ganze Intelligenz, seinen unermeßlichen Arbeitseifer und seine geistige Kühnheit gewidmet. Es stimmte ihn ärgerlich, daß er damit nicht ankam, und es wird daher unsere Aufgabe sein, den weltanschaulichen Teil von Shaws Lebenswerk genauer ins Auge zu fassen.

Shaws Weltanschauung ruht auf vier Pfeilern, die etwa zu bezeichnen wären als Sozialismus, Puritanismus, Lebensphilosophie und Aufklärung. Diese Faktoren sollen nun einzeln in Betracht gezogen werden.

Das Wort Sozialismus ist in den letzten hundert Jahren so oft mißverstanden und mißbraucht worden (vor allem von den Sozialdemokraten, Kommunisten und ihren Gegnern), daß bald niemand mehr weiß, was er sich darunter vorstellen soll. Was Shaw darunter versteht, entnimmt man am besten seinen *Fabian Essays in Socialism* (1889), seinen Büchern *Wegweiser für die intelligente Frau zum Sozialismus und Kapitalismus* (1928), *Der Sozialismus und die Natur des Menschen* (1884-1918, aus dem Nachlaß herausgegeben) und vielen kleineren Schriften, die wir hier nicht erwähnen wollen.

Von Marx, der für ihn eine Offenbarung war, übernahm Shaw die Kritik an der Unmenschlichkeit des Kapitalismus, der für ihn identisch war mit Wucher, Verschwendung menschlicher Arbeitskraft im wirtschaftlichen Konkurrenzkampf und absolut ungerechter Verteilung des Besitzes und des Lebensgenusses. Dagegen empörte sich sein Gerechtigkeitsgefühl, und er hätte nichts dagegen gehabt, eine Gesellschaft, die derlei zuließ, in die Luft zu sprengen.

Aber sein nüchterner Tatsachensinn ließ ihn bedenken, daß Revolutionen unendlich viel zerstören, was nachher mit unsäglicher Mühe wieder aufgebaut werden muß. Daher sein unbedingtes Streben nach einer friedlichen Evolution zum Sozialismus hin. Dieser sollte auf einer Verstaatlichung der Grundindustrien und einer staatlichen Wirtschaftsplanung beruhen, die jedermann ein gerechtes Einkommen sichern müßte.

Shaw wollte den Staat nicht vergotten. Sein Individualismus forderte gegen die Staatsallmacht viele Absicherungen, damit individuelle Freiheit und Vernunft zum Tragen kommen können. Und der alte Shaw schrieb sogar in *Politik für jedermann* (1944) die nachdenklichen Worte nieder: „Es mag sich herausstellen, daß der Sozialismus in korrupten und dummen Händen viel korrupter ist als eine Plutokratie, die nur selbstsüchtig ist.“

Das mußte er sich nicht theoretisch aus den Fingern saugen: Die Beispiele bewiesen es deutlich. Shaws Puritanismus steuerte zur sozialistischen Gesinnung eine hartnäckige und fast missionarische Leidenschaft bei, mit der das Humane gefordert und erstritten werden sollte. Shaw hat zwar seine religiöse Erziehung oft zum Anlaß für Spott und Ironie genommen, aber sein Geist wurde doch durch eine strenge und puritanische Moral eingefärbt, die dem Politiker GBS ein prophetisches Gewicht gab.

Dazu kam eine bürgerliche Mentalität im besten Sinnes des Wortes. Die bürgerliche Erziehung hat – zumindest im 18. und 19. Jahrhundert – einen Menschentypus hervorgebracht, den Freud durch den Begriff Analcharakter definierte. Er schrieb ihm hierbei die Eigenschaften: Reinlichkeit, Gewissenhaftigkeit, Eigensinn, Ordnungsliebe usw. zu. Der Soziologe David Riesman (*Die einsame Masse*) nannte denselben Charaktertyp innengelenkt, womit er auf die moralische Selbständigkeit solcher Individuen hinweisen wollte. Kein Zweifel, daß Shaw ein

Produkt dieser Sozialisation und Gesellschaftsmentalität war, und zwar ein hervorragend gelungenes Exemplar der bürgerlich-puritanischen Sozialschicht.

Diese Schicht und ihre Repräsentanten wurden durch den Sozialismus ungerecht abgewertet: Das Wort *Bourgeois* wurde zum Schimpfwort, und der Puritaner war *per se* ein sexuell Verklemmter und moralinsaurer Tugendbold. Einer solchen Kritik muß jedoch entgegengehalten werden, daß die puritanischen Bürger immerhin enorm tüchtig waren, und daß wir ihnen unzählige Fortschritte in Welt und Wissenschaft zu verdanken haben.

Der von den lärmigen Gesellschaftskritikern angekündigte und gepriesene proletarische Mensch mit seiner proletarischen Kultur ist uns bis anhin ähnliche Leistungen im Sozialleben, in den Künsten und im Kulturfortschritt überhaupt schuldig geblieben. Ein Puritaner ist ein Mensch, der von sich viel (oft zuviel!) verlangt und dementsprechend auch an die Welt und an die Mitmenschen hohe moralische Standards anlegt. Das entartete häufig zu Verstiegenheiten und Verdrängungen, aber es entfaltete sich eben auch zur genannten Innenlenkung, zum Leistungsethos und zum universellen Verantwortungsgefühl. Der aufrechte Puritanismus Shaws, der mit Lebensfreundlichkeit und sozialem Pflichtbewußtsein gepaart war, führte zu schönsten Blüten einer Moralität, die kein politischer Radikalismus überbieten kann. Ebenso war er modern genug, um etwa folgende Gesinnungen zu stützen:

> Eine Kirche, die keinen Raum für Freidenker hat, die das Freidenkertum nicht ermutigt, im vollen Glauben, daß der Gedanke, wenn er wirklich frei ist, durch sein eigenes Gesetz den Weg gehen muß, der in den Schoß der Kirche führt, hat nicht nur keine Zukunft in der modernen Kultur, sondern offenbar auch kein Vertrauen zu der triftigen Wissenschaftlichkeit ihrer eigenen Dogmen und macht sich selbst des Ketzertums schuldig.

Oder an anderer Stelle über die christliche Fleisches- und Leibverachtung:

> Weitaus am gefährlichsten ist die christliche Auffassung, das Geschlecht sei mit allen seinen Betätigungen an sich etwas durchaus Obszönes, und die Unbefleckte Empfängnis sei ein Wunder. Dies ist eine Blasphemie gegen das Leben, und, um es in christlichen Ausdrücken zu sagen, eine Anklage gegen Gott wegen Unanständigkeit.

Als dritten Pfeiler von Shaws Weltbild nannten wir die Lebensphilosophie. Sie hat ihren Ursprung bei Schopenhauer, der den Lebenswillen als „Ding an sich" in die abendländische Spekulation eingeführt hat. Darauf folgte die Vertiefung dieses Gedankens durch Nietzsche und seine subtile Ausarbeitung durch Henri Bergson. Allen drei Denkern ist Shaw weitgehend verpflichtet.

Mit dem Bekenntnis zu einer spirituellen Lebensschwungkraft, die am Anfang der Evolution des Lebens steht, wendet sich Shaw gegen Darwin, dessen Theorien er oft polemisch persifliert hat. Das bedeutete bei ihm keine Ablehnung der Entwicklungslehre; nur sah er das Evolutionsgeschehen nicht als blindes Spiel des Zufalls, sondern als eine gerichtete Anstrengung des Organischen zur Vervollkommnung und Geistwerdung hin. Das gibt dem Shawschen Sozialismus ein biologisches Fundament.

GBS wollte eine soziale und humane Welt, weil dies den Forderungen der Evolution entspricht. Eine kapitalistische Wirtschaftsordnung ist nicht nur häßlich und unmenschlich; sie hindert uns auch daran, uns persönlich weiterzuentwickeln, weil die Jagd nach dem Geld alle unsere Geisteskräfte konsumiert. Wenn man aber auf das Leben als die sinnschaffende Kraft zurückgeht, kann man sich vor der Einsicht nicht verschließen, daß dieses Leben nicht ganz demokratisch ist: Es hat auch aristokratische Tendenzen, weil es z.B. Menschen verschiedener Art, Leistungsfähigkeit und Qualität ausbrütet, die nicht über einen Leisten geschlagen werden dürfen.

Shaw wandelt hier in Nietzsches Spuren. Er bewundert starke Persönlichkeiten und hat nur die Hoffnung, daß diese in einer vernünftigen Welt der Gemeinschaft mehr dienen werden als bisher. Gelegentlich setzt er sogar seine Hoffnung auf den zukünftigen „Übermenschen“. Man kann dies bei einem Sozialisten als inkonsequent bezeichnen, aber es ist nicht gesagt, daß eine derartige Lebensphilosophie mit dem Sozialismus unverträglich sei. Auch Oscar Wilde behauptete in seiner eindrücklichen Schrift *Die Seele des Menschen im Sozialismus*, daß die einzige Rechtfertigung des wahren Sozialismus darin bestehe, daß er viel mehr Individualismus erlauben soll als alle bisherigen Sozialordnungen.

Das war auch Shaws Meinung. Und wer wollte dem nach den Erfahrungen in Rußland und anderswo widersprechen? Shaws lebensphilosophische Einsichten waren vermutlich ein wertvolles Korrektiv gegen Marxsche Einseitigkeiten, die der Fabier GBS im Laufe der Jahre kritisch revidierte. Daß er sich hernach in einigen biologistischen Konstruktionen (*Zurück zu Methusalem*) verstieg, soll hier nicht eigens bekrittelt werden. Die Lebensphilosophie hat bei fast allen ihren Repräsentanten zu lückenhaften Weltbildern Anlaß gegeben (man denke an Schopenhauer, Bergson, aber auch O. Spengler, L. Klages, ja sogar beim umfassend gebildeten Nietzsche); bei Shaw war es nicht anders.

Nach Shaw schafft das Leben sich selbst und immer höhere Formen, und zwar durch zielgerechte Bemühungen, die im Menschen sogar durch das Bewußtsein gelenkt sind. Ob dies wahr ist oder nicht: Diese Weltanschauung ermöglichte Shaws Glauben an den Sozialismus und seine eigene Selbstgestaltung, die fast der beste Beleg für seinen spirituellen Evolutionismus ist. Man kann seinen Vegetarismus, seine asketischen Züge, seine unablässigen produktiven Willensanstrengungen, aber auch sein imposantes Solidaritätsgefühl mit diesem Weltbild in Zusammenhang bringen, wobei sein Charakter nach dieser Weltanschauung suchen mußte und rückwirkend von ihr in seinem Sein bestätigt wurde.

Ein letztes Geisteselement in GBS ist seine Aufklärungsmentalität. Er holte sich Anregungen für seinen Kampf um geistige und politische Freiheit im ruhmreichen 18. Jahrhundert, das ihm vermittelt wurde durch die englische Dichtung und die Weltliteratur, aber auch durch den Positivismus und die Religionskritik des 19. Jahrhunderts. Ein Angehöriger einer politisch oder religiös unterdrückten Menschengruppe (und über Shaws irische Herkunft werden wir noch einiges zu sagen haben) wird immer dazu neigen – wenn er revoltiert und einen weiten geistigen Horizont hat –, Vorurteile und gesellschaftliche Machtstrukturen in Frage zu stellen. Shaw ging auch diesen Weg. Und da er über ein gewaltiges Arbeits- und Durchhaltevermögen verfügte, schuf er in seinem Werk ein Kompendium modernen Aufklärungsdenkens, das bis in seine Stücke hinein überall fühlbar wird.

Das ist nicht Witz um der Heiterkeit willen, wie oft bei Oscar Wilde. Der Shawsche Witz will zum Denken anregen, möchte Bestehendes in Frage stellen und eine bessere Zukunft ahnen lassen. Shaws Theater ist eine der großartigsten Schulen für Geistesfreiheit. Damit sind wir bereits bei seinem Werk angelangt, dessen Umfang und Reichhaltigkeit tatsächlich oft genug an Shakespeare erinnert.

Allerdings hat es nicht die Lebensfülle Shakespearescher Gestaltungen, da Shaw nicht wie eine Naturgewalt anmutet, sondern eher wie ein Verstandesmensch, der sein Wissen und seine Erkenntnisse in geeigneten Schauspielen witzig unterbringt. Die Shawsche Muse ist viel rationaler und daher auch etwas dünnblütiger als die Shakespearesche: Sie ist die tugendhaftere Schwester ihrer elisabethanischen Geschlechtsgenossin, braver, verständiger und sozialer, aber auch poetisch harmloser und darum für manche Leute etwas weniger attraktiv. Diese Kritik äußerte schon Alfred Kerr 1904 unter dem Titel *Das neue Drama*. Dort sagt er über GBS:

> Was ist der Kern von Bernard Shaw? Ein skeptischer Mensch; oft mit stockender Leitung (aber diese Halbheit kann der Größe näher sein als eine, leicht beschränktere, Ganzheit). Kein Schöpfer ersten Ranges; doch ein Verfeinerer der dramatischen Psychologie. Ein Meister-Glossierer des Augenblicks. Und fraglos ein ethischer Gewinn.

Noch etwas kritischer schrieb Thomas Mann in seinem Essay *Bernard Shaw* anläßlich seines Todes im Jahre 1950. Mann nennt ihn zwar einen „Großen der alten europäischen Garde", den er mit André Gide und Knut Hamsun in eine Reihe stellt; *sous-entendu* hätte er wohl gerne auch den Namen Thomas Mann beigefügt, aber für diesmal unterdrückte er seinen Narzißmus.

Dann betont er die Verpflichtung Shaws gegenüber der deutschen Kultur, auf die wir weiter oben schon hingewiesen haben. Vielleicht war es noch mehr die deutsche Musik als die deutsche Literatur, der Shaw vielfältige Anregung verdankte. Bezüglich der Wagnerverehrung wußte sich Thomas Mann einig mit dem bedeutenden Iren, dem er im Nachruf ein Denkmal errichtete. Dabei sagte er sehr richtig:

> Dieser Mann war, wie Ibsen und Wagner, ganz und gar ein Werkmensch; er trachtete, mit Zarathustra zu reden, nicht nach seinem Glücke, sondern nach seinem Werke. Er hat keinen Müßiggang gekannt, den er vor allen Dingen als unsozial empfinden mußte, und hat erklärt, daß er im Sinne des Durchschnittsmenschen, der sich in der Jugend „die Hörner abläuft", nie jung gewesen sei. Eben darum

> blieb er immer jung und noch als Greis in seinem Werk übermütig wie ein Fohlen. Anti-Bourgeois durch und durch, mit der marxistisch-revolutionären Parole: „Anti-Bourgeois aller Länder, vereinigt euch!", war er nach seinem moralischen Empfinden, seiner Lebensführung durchaus bürgerlich, ja puritanisch, und sagte, daß er sich morgen von der Literatur zurückziehen und ein achtenswerter Käsehändler werden könnte, ohne an seinen häuslichen Gewohnheiten irgend etwas zu ändern. Der Gegensatz zum Bourgeois war ihm nicht der Bohemien, sondern der Sozialist.

Zu Shaws Vegetarismus und erotischer Gehemmtheit übergehend, vermißt Thomas Mann an seinem Werk etwas Irdisch-Leibhaftiges, das aber durch seine Heiterkeit doch wiederum aus seinen Verstiegenheiten immer wieder zur Erde und zu den Mitmenschen herab geholt wird. Shaw sei eventuell der „lachende Prophet einer vom Tragischen emanzipierten und entdüsterten Menschheit". Thomas Mann schließt seine Überlegungen mit den Worten:

> Überlassen wir es der Zeit, wie leicht oder schwer sie ihn befinden wird. Gewiß ist, daß Nüchternheit und Salat-Diät ihm notwendig waren für seine Art von Helligkeit, Lustigkeit, Ungebundenheit und befreiendem Übermut, und nichts wäre falscher, als ihn wegen seiner Kühle eigentlicher Lieblosigkeit zu zeihen. Sein Lachen galt allem und jedem, und doch war er nichts weniger als ein mephistophelischer Nihilist, welcher „der heilsam schaffenden Gewalt die kalte Teufelsfaust entgegensetzt".

Es bleibt uns noch übrig, Charakter und Persönlichkeit des Dichters genauer zu untersuchen. Hilfe mögen uns hierzu leisten die bereits öfter zitierte Biographie von H. Pearson, Shaws *Sechzehn selbstbiographische Skizzen* (Frankfurt 1964) und die Unzahl der Vorworte, die er zu seinen Theaterstücken geschrieben hat und als eigenständige Essays veröffentlichte. Interessant sind auch Hinweise, die Erik H. Erikson in seinem Buch *Identität und Lebenszyklus* (Frankfurt 1973, S. 125-136) gibt.

Wir haben ausreichend die schwierigen Kindheitsbedingungen Bernard Shaws gewürdigt. Aber er selbst wäre nicht der Mann gewesen, der diese Erschwerungen seiner Jugendjahre beklagt und betrauert hätte. Wie alle Genies wußte er, daß das eigentliche Lebensgesetz Überwindung heißt, und daß Schwierigkeiten Chancen sind, an denen wir wachsen und uns entwickeln können. In den Härten einer einsamen und auch gefühlsarmen Jugend wurde der Charakter Shaws zu jener Härte und Elastizität geschmiedet, durch die er später die Weltwiderstände zu brechen oder heiter zu überspielen vermochte.

GBS hatte offenkundig einen leptosomen Körperbau, und nach der Typologie von Ernst Kretschmer würde dazu auch ein schizoides Temperament gehören. Schizoid nennen wir Menschen, welche die Widerständigkeit der Welt stärker empfinden als die physisch und psychisch stabileren Pykniker oder Athletiker.

Kretschmer meint, daß zur Schizoidie eine Bevorzugung der Innerlichkeit gehört; derartige Menschen sind eher intro- als extravertiert. In ihrer genialen Spielart sind sie Theoretiker, Idealisten und spekulative Geister, die ein ausgeklügeltes Denksystem der Realität überstülpen. Sie können kauzig, humorvoll (aber eher Ironie und Sarkasmus als heiteres Gewährenlassen von Welt und Leben!) und rationalistisch sein. Aber auch Asketen, Fanatiker und weltlfremde Spintisierer sind unter ihnen. Das Spektrum des Schizoiden reicht demnach von einem kritischen Verhältnis zur Wirklichkeit bis zu deren Leugnungen im schizophrenen Wahn.

Bei Shaw kommt zu diesem Konstitutionstypus noch die Tatsache hinzu, daß er ein Ire war. Man soll diese Abstammung nicht unterschätzen. Irland war jahrhundertelang von den Engländern unterdrückt und ausgebeutet worden. In der Neuzeit regte sich ein irischer Nationalismus und Patriotismus, der lange Zeit zum leidenschaftlichen Kampf gegen den englischen Bedrücker beitrug. Terrorismus ist in dieser Aufstandsmentalität seit langem inbegriffen.

Die Iren fühlten sich als ethnische Minorität im englischen Königreich, denen man viele bürgerliche Rechte verweigerte. Die Armut des Landes fügte ein weiteres hinzu, um jeden Iren zu einem potentiellen Revoluzzer zu machen. Zumindest war dies seit 1880 so, als der irische Volksführer Parnell seiner Nation Freiheitsbewußtsein einflößte.

Auch Shaw war von diesem Nationalismus beeinflußt und hatte für die Engländer eine Art von Haßliebe übrig, die durch seinen Humanismus und seinen Humor gemildert wurde. Immerhin sagte er bei Gelegenheit: „Die Engländer sind in Ordnung, aber sie begreifen nicht, daß ich Ausländer bin und einen ererbten Haß auf das habe, was sie Patriotismus nennen. Ich bin nachdrücklich und ganz unvernünftigerweise stolz darauf, Ire zu sein."

Wer einer benachteiligten ethnischen Minorität angehört, kann sich in Masochismus, Lethargie, Alkohol oder Neurose flüchten, wenn er unter gesellschaftlichen und materiellen Nachteilen leidet. Er kann aber auch revoltieren, und seine Auflehnung gegen ein System, das auf politischen und nationalen Vorrechten beruht, kann ihn zum Terroristen machen. Shaw wählte den letzteren Weg, aber nicht mit der Waffe in der Hand, sondern mit dem Dynamit des Geistes. Bertolt Brecht, ebenfalls ein intellektueller Terrorist, würdigte seinen irischen Gesinnungsbruder im *Berliner Börsen-Courier* (1927) mit folgenden Worten:

> Man wird es schon gemerkt haben, daß Shaw Terrorist ist. Der Shawsche Terror ist ungewöhnlich und bedient sich einer ungewöhnlichen Waffe, nämlich des Humors. Dieser ungewöhnliche Mann scheint der Ansicht zu sein, daß nichts in der Welt zu fürchten sei als das ruhige und unbestechliche Auge eines gewöhnlichen Menschen, daß aber dies zu fürchten unbedingt nötig sei... Der Shawsche Terror besteht darin, daß Shaw es für das Recht jedes Menschen erklärt, in jedem Fall anständig, logisch und humorvoll zu handeln, und für die Pflicht, dies auch zu tun, wenn es Anstoß erregt. Er weiß genau, was für ein Mut dazu gehört, über das Lustige zu lachen, und wieviel Ernst nötig ist, um das Lustige herauszufinden. Und wie alle Leute, die ein Ziel verfolgen, weiß er, daß das Zeitraubendste und Ablenkendste, was es gibt, eine gewisse Sorte von Ernst ist, die in der Literatur populär ist, sonst aber nirgends.

Man kann demnach den Shawschen Witz und seine brisante Rhetorik in Dramen und theoretischen Schriften nur verstehen, wenn man die Herkunft aus Irland berücksichtigt; auch bei Swift, Oscar Wilde, James Joyce und Sean O'Casey mag es ähnlich sein. Über dieses Irische in seiner Wesensart hat sich Shaw selbst mehrfach so eindrücklich mitgeteilt, daß wir der Versuchung nicht widerstehen können, einige dieser Kommentare wiederzugeben. So schreibt er unter anderem:

> Wir (Irländer) können England nicht zermalmen, wie ein Möbelwagen einen Kinderwagen zermalmen würde. Wir sind der Kinderwagen, und England ist der Möbelwagen. Wir müssen es studieren und unsere wirklichen Schwächen und unsere wirkliche Stärke erkennen; wir müssen sein träges Gewissen und sein rasches Erschrecken ausnutzen; wir müssen mit Ideen und politischen Grundsätzen kämpfen, da wir nicht mit Bajonetten kämpfen können; wir müssen England an Einsicht, Können und Ausdauer übertreffen.

Und anderswo sagt er:

> Wenn ihr in meinen Schriften jene Heldenverehrung für kindische Greise und Tölpel vermißt, die England mit Standbildern unheilvoller Staatsmänner und alberner Generäle übersät, so liegt die Erklärung einfach darin, daß ich ein Ire bin.

Das Verhältnis des Iren zu England ist am geistreichsten formuliert im Theaterstück *John Bulls andere Insel* (1904), welches so witzig die Gegensätze zwischen Iren und Engländern abhandelt, daß der englische König bei einer Aufführung in ein Lachen verfiel, welches seinen Stuhl unter ihm zusammenkrachen ließ. Vermutlich konnte er sich so dem Gelächter übergeben, weil er die kritischen Untertöne des Schauspiels überhörte.

Shaw wollte immer die englischsprechenden Menschen zu einem Plus an Humanität erziehen, und diesem Impuls verdanken wir einen Großteil seines Oeuvres, das welterziehend wirkt. Dabei verachtete er angesichts großer Bestrebungen durchaus nicht kleine Unternehmungen. Hierfür ein Beispiel für viele: Shaw war trotz seiner permanenten Überbeschäftigung ein eifriger Briefschreiber an die Zeitungen, wenn irgend etwas vorfiel, das er seines Kommentars für wert und würdig hielt.

Ein eindrückliches Muster erwähnt H. Pearson: Ein Sträfling war aus dem Pankhurst-Gefängnis ausgebrochen und hernach wieder eingefangen worden. Nun war es damals üblich, daß solche Gefangenen nach ihrer erneuten Festnahme sechs Monate in Ketten gelegt wurden, als Strafe für ihren Ausbruch. Shaw fand das ungeheuerlich und schrieb in den *Daily News*, daß die Behörden hier für ihre Unachtsamkeit am Sträfling grausame Rache nähmen. Er fuhr fort:

> Der Mann wurde dazu verurteilt, eingekerkert zu werden, nicht, sich selbst einzukerkern. Der einfachste Instinkt anständigen sportlichen Verhaltens, um nicht höher zu greifen, fordert nachdrücklich das von jeher geheiligte Recht des Gefangenen, zu entweichen, wenn er kann. Die Vorteile auf seiten der Gefängnisbehörden sind überwältigend; alles, was öffentliche Gelder, Bolzen und Riegel, Wachen und Schußwaffen, Mauern und Eisenspitzen und die unverkennbare Marke der Gefangenenkleidung bewirken können, um einem einzelnen, mittel- und hilflosen Mann

> Hindernisse in den Weg zu legen, ist gegen ihn vereint. Und wäre er der schlimmste Verbrecher, so müßte die öffentliche Meinung seiner Leistung Beifall zollen, auch wenn er nur ein paar Tage siegreich bliebe.

Infolge dieses Zeitungsbriefes wurde die Kettenstrafe für Ausbrecher in den englischen Gefängnissen abgeschafft! Überall eingreifend, wo man mit Vernunft und Überzeugungskraft helfen konnte, war GBS selbst ein herrliches Beispiel für die von ihm angenommene Lebensschwungkraft, die materielle und versteinerte Strukturen auflöst und durch kritische Einwände und Entwicklungen zum Tanzen bringt. Und wie der Mensch ist, so ist auch sein Gott: Shaws Gottheit (wenn man bei ihm von so etwas sprechen darf) war selbstkritisch, evolutionär und ständig im Aufstieg begriffen.

Charakteristisch für diese seine Religionsauffassung des werdenden Gottes, dem wir Menschen erst zur vollen Existenz verhelfen müssen, ist eine Stelle aus seinem Buch *Ein Negermädchen sucht Gott* (1932), worin er sich als einen arbeitsamen Iren darstellt. Es heißt in diesem Text:

> „Bist du nicht gekommen, um Gott zu suchen?" fragte das schwarze Mädchen. „Verteufelte Suche", sagte der Ire. „Gott kann ja nach mir suchen, wenn er mich braucht. Ich persönlich glaube, er ist nicht alles das, was er zu sein vorgibt. Er ist noch nicht richtig fertig und vollendet. Etwas ist in uns, das auf ihn hinzielt, und etwas ist außerhalb von uns, das auf ihn hinzielt, das ist gewiß; und außer diesem ist nur noch sicher, daß dieses Etwas viele Fehler macht bei dem Versuch, dorthin zu gelangen. Wir müssen ihm den Weg finden, so gut wir können, du und ich; denn es gibt furchtbar viele andere Leute, die nur an ihre Bäuche denken." Und er spuckte in die Hände und grub weiter.

Hört man ihn so reden, dann wird man zugeben müssen, daß GBS nicht nur ein „sehr sicherer und feststehender Mann von ungewöhnlichem Verstand" war (so Hermann Bahr in seinen *Essays* von 1912), sondern geradezu ein Philosoph, der die Grenzen des Verstandes einsah und sie durch innere Lebendigkeit zu transzendieren vermochte. G. K. Chesterton, ein katholischer Ire und ebenfalls ein Schriftsteller von hohen Graden, rühmte an seinem ungläubigen Landsmann das Sokratische, d.h. den unermüdlichen Wahrheitssucher, der im Gespräch mit anderen bescheiden war und von der eigenen Unwissenheit aus die Unwissenheit der anderen (die ihnen unbewußt blieb) zu entlarven wußte. Auch Gegner seiner intellektuellen, moralischen und politischen Position rühmten seine Ehrlichkeit, die zu leugnen nur ganz sturen und einfältigen Betrachtern vorbehalten blieb. Solche Leute nannten Shaw einen Hanswurst und hätten ihn gerne im Zucht- oder Irrenhaus gesehen.

Merkwürdig ist, daß Shaw einen der abstraktesten Philosophen des 20. Jahrhunderts zu einem nahezu überschwenglichen Lob animiert hat. Edmund Husserl, selbst ein großer Humanist und Gründer der phänomenologischen Schule, aus der die Existenzphilosophie hervorgegangen ist, schreibt in seinem *Nachlaß* (erstmals veröffentlicht in *Hamburger akademische Rundschau*, Jahrgang 3, 1948/1950):

Shaw ist ein unvergleichlicher Wecker des sozialen Gewissens und Glaubens, daß keine Welt, die für uns ist, bloß ist, sondern daß eine jede eben die ist, zu der wir sie aus Kraft oder Schwäche, aus gewissenlosem Egoismus oder aus der Macht unserer wahren Freiheit werden lassen oder machen. Mit einem Worte, der Künstler Shaw ist der wirksamste Prediger der europäischen Gegenwart und ihr radikalster kritischer Zuchtmeister, unermüdlich in der Enthüllung aller Verlogenheiten und wohlmeinenden Unechtheiten, aller intellektuellen und praktischen Vorurteile in den erdenklichen Verkleidungen. Aber niemand übertrifft ihn an reiner Menschenliebe, vor der aller Haß hin schmilzt, und an wahrhaftiger Wahrhaftigkeit, die auch sich selbst nicht schont. Ein echt philosophischer Zug seiner Kunst liegt in der Universalität ihrer sozialpsychologischen Analyse und exemplarischen Gestaltung, die nicht in der Halbheit stecken bleibt, Menschen und Schicksale in der Vereinzelung darzustellen, sondern sie in den konkreten Einheitszusammenhang der ganzen sozialen Kultur als ihres sozialen Milieus hineinstellt und sie in ihrer universalen Bedeutung und Motivationskraft wirksam macht.

LITERATUR

Arnold, A.: G. B. Shaw. Berlin 1916.
Erikson, E. H.: Identität und Lebenszyklus. Frankfurt 1973.
Holroyd, M.: Bernard Shaw – Magier der Vernunft. Eine Biographie. Frankfurt a. M. 1995.
Mander, G.: Shaw. Velber bei Hannover 1965.
Mann, Th.: Bernard Shaw, in: Schriften und Reden zur Literatur, Kunst und Philosophie. 3. Band, Frankfurt 1968.
Otten, K. und Rohmann, G. (Hrsg.): G. B. Shaw. Darmstadt 1978.
Pearson, H.: G. B. Shaw – Geist und Ironie. München 1981.
Shaw, G. B.: Sechzehn selbstbiographische Skizzen. Frankfurt 1964.
Ders.: Wagner-Brevier. Frankfurt 1973.
Ders.: Der Sozialismus und die Natur des Menschen. Frankfurt 1973.
Ders.: Wegweiser für die intelligente Frau zum Sozialismus und Kapitalismus. Frankfurt 1981.
Ders.: Lustspiele. Frankfurt 1977.
Ders.: Klassische Stücke. Frankfurt 1962.
Ders.: Der Aufstand gegen die Ehe. Frankfurt 1972.
Ders.: Die Aussichten des Christentums. Frankfurt 1971.
Ders.: Warum für Puritaner – Vorreden. München 1966.
Ders.: Briefwechsel mit seiner Freundin Stella Patrick Campbell. Hamburg 1960.
Ders.: Shaw-Brevier, hrsg. v. U. Michel-Wenz. Frankfurt 1976.
Ders.: Dramatische Werke in vier Bänden, eingeleitet von Hans Mayer. Berlin 1962.
Stresau, H.: G. B. Shaw. Reinbek 1962.
Tompkins, P.: Mollissima – Shaw und Molly Tompkins. Hamburg 1962.

Bertrand Russell oder ein Philosoph der Freiheit

Ralph Waldo Emerson (1803-1882), einer der wenigen philosophischen Schriftsteller von Rang, die Amerika hervorgebracht hat, sagt in seinen *Essays*:

> Seht euch vor, wenn der große Gott einen Denker auf unseren Planeten kommen läßt. Alles ist dann in Gefahr. Es ist, wie wenn in einer großen Stadt eine Feuersbrunst ausgebrochen ist, wo keiner weiß, was eigentlich noch sicher ist und wo es enden wird. Da ist nichts in der Wissenschaft, was nicht morgen eine Umdrehung erfahren haben möchte, da gilt kein literarisches Ansehen mehr, noch die sogenannten ewigen Berühmtheiten; alle Dinge, die dem Menschen zu dieser Stunde teuer und wert sind, sind dies nur auf Rechnung der Ideen, die an ihrem geistigen Horizont aufgestiegen sind ... Ein neuer Grad der Kultur würde augenblicklich das ganze System menschlicher Bestrebungen einer Umwälzung unterwerfen.

Als Bertrand Russell – das dritte Kind von Lord John Amberley und seiner Frau Lady Kate – in Ravenscroft (Süd-Wales) geboren wurde, sah es nicht so aus, als ob der Welt ein aufregender und Unruhe stiftender Philosoph geschenkt worden sei. Man schrieb das Jahr 1872; Lord Amberley war der Sohn des berühmten Lord John Russell, der als Führer der Liberalen im Parlament (der Whigs) eine zeitlang sogar mit Glanz Premierminister gewesen war. Dementsprechend versuchte sich Bertrand Russells Vater auch in der Politik, und man würde sich nicht gewundert haben, wenn auch seine beiden Söhne – sieben Jahre vor Bertrand war Frank geboren worden – sich als tüchtige Liberale einen Namen gemacht hätten.

Aber Frank sollte zeitlebens allzu viele Privatsorgen haben, so daß er dem politischen Leben nach Möglichkeit auswich; und Bertrand wurde auch kein Politiker, aber er glich dieses Manko einigermaßen dadurch aus, daß er als Philosoph den politischen Drahtziehern aller Schattierungen viel Ärger bereitete. Jedenfalls war er ein kämpferischer Geist wie Großvater John Russell, der wichtige soziale Reformen in England eingeführt hatte.

Russells Vater versuchte sich auch in der Politik, aber er brachte sich um alle Chancen, weil er – im Jahre 1868! – für die Geburtenkontrolle eintrat. Er zog sich enttäuscht aufs Land zurück und schrieb an einem Buch über Religionskritik. Lord Amberley und seine Frau waren nämlich entschiedene Freidenker, was sich auch darin bekundet, daß sie als Taufpaten für Bertrand den bedeutenden positivistischen Philosophen John Stuart Mill wählten. Wie angesehen die Russells waren, zeigt sich etwa daran, daß die Königin Victoria mitunter den Großvater John Russell in seinem Wohnsitz Pembroke Lodge besuchte, wobei der kleine Bertie mit anmutiger Unbefangenheit vor Ihrer Majestät Verbeugungen und Komplimente machte.

Das ländliche Glück der Eltern von Bertrand nahm ein rasches Ende. Schon dem Zweijährigen verstarb die Mutter an Diphterie; und zwei Jahre später starb auch der Vater, der nur knapp 34 Jahre alt wurde. So wurde der vierjährige Bertrand bereits zur Vollwaise. Er wurde nun von den Großeltern in Pembroke Lodge erzogen, einem prachtvollen Wohnsitz, den die Königin Lord John und seiner Gattin auf Lebenszeit geschenkt hatte.

Großvater John war eine sehr eindrückliche Persönlichkeit, die vermutlich auf den Heranwachsenden stark einwirkte. Er und Frank wurden aber hauptsächlich von dessen Gattin erzogen, die im Gegensatz zu den verstorbenen Eltern streng christlich war. Lady Russell war eine Puritanerin reinsten Wassers, und ihr Erziehungsstil bevorzugte Strenge, Selbstdisziplin und physische wie auch psychische Abhärtung. Freigeistige Lektüre gab es keine in diesem Hause; aber Bertie erhielt zu seinem zwölften Geburtstag von seiner Großmutter eine Bibel, in welche sie die beherzigenswerte Widmung hineinschrieb: „Du sollst nicht der Masse folgen, wenn sie Böses tut. Sei stark und guten Mutes. Mach dich frei von Angst und Furcht, denn der Herr, dein Gott, ist stets bei dir."

Diese biblischen Parolen haben Bertrand Russells Leben beeinflußt, wenngleich er sich später ganz radikal zum Atheismus und zum Agnostizismus bekannte. Bertie war ein kleiner Musterknabe, der in seiner Jugend meistens ohne Freunde und Kameraden auskommen mußte. Dadurch entwickelte er sich zu einem sehr ernsthaften und altklugen Jungen, dessen fast ausschließlicher Umgang würdevolle und ranghohe Erwachsene waren. Frühzeitig erwachte sein Interesse für Mathematik und Bücher aus allen Wissenssphären. Sein Bruder Frank unterrichtete ihn in den mathematischen Fächern und wunderte sich darüber, wie rasch der Junge die komplizierten Zusammenhänge begriff.

Einem so scharfen Intellekt konnte natürlich auch das fromme Weltbild von Großmutter Russell nicht Genüge tun. Schon der fünfzehnjährige Bertrand verglich die überzeugenden Beweise der Mathematik mit den unglaubwürdigen Behauptungen der Religion, wobei er sich für lebenslängliche Skepsis entschied. In seiner alle Erwachsenen begeisternden Bravheit verlegte er alles Revoltieren ins Geistige, wo ihn niemand kontrollieren und dirigieren konnte. So kommt eventuell der puritanischen und rechtgläubigen Lady Russell das Verdienst zu, zu der Hervorbringung eines der leidenschaftlichsten und klügsten Freigeister des 20. Jahrhunderts einen nicht unerheblichen Beitrag geleistet zu haben.

In Pembroke Lodge gingen auch Wissenschaftler ein und aus, die sich mit dem wissensdurstigen Bertie gerne und ausgiebig unterhielten. Der berühmte Physiker John Tyndall lud ihn gelegentlich in sein Haus ein. Allgemein war man davon überzeugt, daß Bertie eine wissenschaftliche Ausbildung erhalten sollte. So ging er 1889 nach Cambridge, wo er für Mathematik inskribierte. Er hielt diese Disziplin für die Königin aller Wissenschaften, da sie absolut sichere Wahrheiten versprach. Aber er liebte auch ungemein die Dichtung und die Philosophie.

Erst in Cambridge (seit 1890) lernte der junge Russell seine Schüchternheit und Einsamkeit überwinden. Er gewann dort Freunde, und mit manchen von ihnen blieb er über Jahrzehnte hinweg in Verbindung. Auch gab es dort eine Diskutiervereinigung, in der Bertie bald durch seinen Witz und seine Beredsamkeit glänzte. In der Gesellschaft der diskutierenden „Apostel", wie die Clique auch genannt wurde, war eine junge geistige Elite versammelt; viele dieser jugendlichen Hitzköpfe standen später an der Spitze des englischen Geisteslebens. Russells Gesprächspartner in jener Zeit waren z.B. Bob Trevelyan, Lytton Strachey, John Maynard Keynes, G. E. Moore und A. N. Whitehead.

Russell behauptete im Rückblick auf jene Zeit, er habe damals unter seinen Freunden viele fragliche Denkgewohnheiten erworben, aber eine davon sei von bleibendem Wert gewesen: die intellektuelle Redlichkeit. Das ist übrigens eine Tugend, die Nietzsche als besonders hochstehend pries.

Russells Dissertation befaßte sich mit den *Grundlagen der Geometrie* (1895); er wurde in Cambridge Dozent, aber zunächst ohne genau umschriebene Lehrverpflichtung. In jenen Jahren suchte er den Übergang von der Mathematik zur Philosophie. Eine wichtige Etappe auf diesem Wege war die Beschäftigung mit Leibniz. In Vertretung eines anderen Dozenten sollte Russell einen Kurs über Leibniz halten; dabei entdeckte er die große Aktualität der Leibnizschen Philosophie, in welcher bereits Ansätze zu einer mathematischen Logik zu finden sind. 1900 publizierte Russell seine *Kritische Darlegung der Philosophie von Leibniz*. Mit diesem Buch erwarb er sich Ansehen in den Fachkreisen.

Von 1900-1914 veröffentlichte Russell noch einige sehr wichtige Arbeiten, aber bevor wir diese in seine Lebens- und Denkgeschichte einordnen, müssen wir Entwicklungen in seiner Privatsphäre erwähnen. Der scheue, scheinbar asexuelle Puritaner heiratete 1895 die Quäkertochter Alys Pearsall Smith. Die Familienangehörigen in Pembroke Lodge waren gegen die Verbindung mit dieser Amerikanerin, die einige Jahre älter als Bertie war. Man nannte sie eine „Jugendverführerin", und Lady Russell schaltete sich ein, um ihren Enkel vor einer Mésalliance zu behüten. Sie raunte unter anderem auch davon, daß die Russells eine überspannte Sippschaft seien, so daß allfällige Nachkommen durch vererbte Gemütskrankheiten bedroht wären.

Das einzige, was sie ausrichten konnte, war jedoch nur ein Aufschub der Eheschließung; Bertie bekam einen Posten an der Pariser Gesandtschaft und sollte einige Monate lang prüfen, ob es ihm mit der Heirat ernst sei. Aber auch die Pariser Atmosphäre konnte seinen Entschluß nicht erschüttern. Allerdings einigte er sich mit Alys, daß sie keine Kinder haben wollten. Tatsächlich gab es in der Aszendenz mehrere gemütsgestörte Russells, aber als Bertie später mit anderen Frauen einige Kinder bekam, erwiesen sie sich als so normal und abnorm wie die anderen Menschenkinder.

Es kam zu einer Quäker-Hochzeit, da die Familie von Alys nur ungern auf eine religiöse Zeremonie verzichtet hätte. Die Ehe ließ sich zunächst gut an. Das junge Paar beschloß, fremde Länder kennenzulernen, und man machte einen Anfang mit Berlin. Alys studierte da die Lage der Frauen in Deutschland, indes Bertrand Russell sich für die sozialdemokratische Partei interessierte.

Nachher fuhren beide nach Italien, wo die Schwester von Alys mit dem Kunsthistoriker und Kunstsammler Bernard Berenson (1865-1959) zusammen wohnte. Bertie und Alys wanderten durch die Apenninen, erquickten sich an der Schönheit von Venedig und genossen den Zauber der Städte an der Adria und in der Po-Ebene.

Der Ehestand wirkte sich auf die literarische Produktivität günstig aus. So schrieb Russell ein Buch über *Die deutsche Sozialdemokratie* (1896), das seinen nationalökonomischen Kenntnisreichtum und seinen politischen Scharfblick dokumentiert. Es ist bewundernswert im höchsten Maße, daß der Verfasser dieses Textes ein Akademiker im Alter von 23 Jahren war. Und dennoch war sein Urteil über die behandelten politischen Fragen reif und ausgewogen. Er sah sehr deutlich, daß die deutsche Linkspartei im Unterschied zu ähnlichen Bestrebungen in England nicht einfach eine pragmatische Gruppierung zur Verbesserung der Lebensverhältnisse in der Arbeiterschaft sei, sondern eine philosophisch fundierte Heilslehre von der Zukunft des Menschen. Dieser Anspruch, schrieb Russell,

> ist das besondere Kennzeichen, das die Sozialdemokraten interessant und menschlich wertvoll macht und sie über eine gewöhnliche politische Bewegung hinaus hebt. Denn die Sozialdemokratische Partei ist nicht bloß eine politische Partei, noch bloß eine ökonomische Theorie; sie hat eine völlig selbständige Philosophie über die Welt und die menschliche Entwicklung, sie ist, in einem Wort, eine Religion und eine Ethik. Beurteilt man das Werk von Marx oder die Ziele und Überzeugungen seiner Anhänger lediglich von einem engen ökonomischen Standpunkt aus, dann übersieht man seine Geschlossenheit und geistige Größe.

Russell hatte in Berlin Vorlesungen über Nationalökonomie gehört und die persönliche Bekanntschaft von August Bebel (1840-1913) und Wilhelm Liebknecht (1826-1900) gemacht. Da er fließend Deutsch sprach, konnte er mit Alys Parteiveranstaltungen besuchen und die Stimmung der Arbeiterschaft genau beurteilen. Er hatte offenbar Sympathie für die deutschen Sozialisten; jedenfalls rühmte er das *Kommunistische Manifest* (1848) und die Marxsche Geschichtstheorie, aber er war nicht gewillt, ein gläubiger Marxist zu werden. So bemängelte er am Marxismus die Mehrwert- und die Konzentrationstheorie, die sich seit Marxens Ableben nicht bestätigt hätten.

Scharfe Kritik übte er an der Bismarckschen Sozialistenverfolgung, empfahl aber andererseits den Sozialdemokraten, sich mit der bürgerlichen Mitte zu einigen, um den Obrigkeitsstaat langsam zu schwächen. Einer deutschen Revolution gab er keine großen Chancen; seine Einstellung war ohnehin evolutionär.

Er befürchtete die Verhärtung der Fronten zwischen den herrschenden Klassen und den Sozialdemokraten, wobei er vorausahnte, daß die ersteren in sozial ausweglosen Lagen einen Krieg vom Zaun brechen könnten, um durch den äußeren Konflikt die inneren Spannungen zu übertönen. Zu diesem wahnwitzigen Manöver kam es allerdings erst 1914; der Erste Weltkrieg war kein politischer Zufall, sondern eben die Antwort des Kapitalismus und Feudalismus auf die Herausforderung durch den Sozialismus in den europäischen Ländern.

Russell trug seine Überlegungen in der *London School of Economics* vor, die eine Gründung der *Fabian Society* war, mit welcher er sich in einigen wesentlichen Punkten in Übereinstimmung wußte. Er schrieb damals zahlreiche Zeitungsaufsätze und Abhandlungen, durch die er seinen Anspruch als politischer Denker dokumentierte. Aber die Philosophie wurde darüber nicht vergessen.

Ein Hauptthema, das ihn damals beschäftigte, war die Philosophie der Mathematik und die Frage, ob man Logik und Mathematik in einen engeren Zusammenhang bringen könnte. Auf dieses Problem war er eigentlich schon in seinen Leibnizstudien gestoßen. Der große Barockphilosoph träumte unter dem Titel einer *Characteristica universalis* von einer mathematischen Fach- und Kunstsprache, mit der man wissenschaftliche und logische Probleme einfach und elegant lösen könnte. Daraus entstanden dann 200 Jahre später das sogenannte Logikkalkül und die Logistik, die im naturwissenschaftlichen Denken und seiner philosophischen Bearbeitung eine Umwälzung bewirkten.

Im Jahre 1900 nahm Russell am Internationalen Kongreß für Philosophie in Paris teil und hielt dort einen Vortrag. Dabei lernte er die Ideen von Gottlob Frege (1848-1925) und Giuseppe Peano (1858-1932) kennen, die sich beide auf dem Weg zu einer mathematischen Logik befanden. Nach Hause zurückgekehrt, studierte er die Werke des letzteren und bekam daraus den Impuls zur Ausarbeitung seines wohl bedeutendsten Meisterwerkes *Principia mathematica philosophiae naturalis*.

Dieses Werk, gemeinsam verfaßt mit seinem Freund und Kollegen A. N. Whitehead (1861-1947), sollte ihn mehr als zehn Jahre in Anspruch nehmen. Russell übernahm den philosophischen, Whitehead den mathematischen Teil; die Zusammenarbeit verlief so, daß Russell Tag für Tag einige Seiten Text formulierte, die er Whitehead zur Korrektur, zur Ergänzung und zur Formulierung in der mathematischen Fachsprache übergab. Er ging das ganze Gebiet der Naturphilosophie und Logik durch, und es gelangen ihm – wenn man den Experten Glauben schenken darf – einige Entdeckungen von hohem Rang. Für den Nicht-Logistiker jedoch sind die *Principia mathematica* fast ganz unlesbar und unverdaulich; handelt es sich doch um ein Formelbuch mit der ernsthaften Analyse aller logischen Spitzfindigkeiten, die den Denkern seit den Zeiten der alten Griechen je aufgestoßen sind.

Russell selbst behauptete, daß er in jenen Jahren den geistigen Höhepunkt seines ganzen Lebens erklommen habe. Trotz gewichtiger emotionaler und intellektueller Krisen arbeitete er wie ein Besessener, und als das Manuskript 1909 beendet war, brachte er es in einem riesigen Kasten zum Verlag, der es drucken wollte. Es ergab sich, daß die Druckkosten auf etwa 600 Pfund zu stehen kamen, wovon die Universität und die *Royal Society* einen Teil zu übernehmen gewillt waren; die Autoren selbst mußten 100 Pfund beisteuern. Mit kaustischem Witz gab Russell später den Kommentar, sie hätten demnach für zehn Jahre Arbeit ein Minus-Salär von 100 Pfund verdient; selbst John Milton (1608-1674) mit seinem Buch *Das verlorene Paradies* habe für unsäglich viel Arbeit nicht so massive Verluste einstecken müssen.

Die *Principia mathematica* wurden zwar von der Fachwelt mit Hochachtung aufgenommen, aber gelesen haben sie vermutlich in Jahrzehnten nur einige Dutzend Gelehrte. Für Russell bedeutete das Vollbringen dieser enormen Leistung eine hohe Genugtuung. In einem Brief aus dem Jahre 1906 schreibt er an eine Freundin (B. Russell: *Mein Leben*, Band 1, Zürich 1967, S. 264);

> Unbedingt lebenswichtig ist für mich die Selbstachtung, die mir aus dem Werk erfließt – wenn ich (wie öfter schon) etwas getan habe, was ich bereue: Dann stellt das Werk meinen Glauben daran wieder her, daß mein Dasein meinem Nichtdasein vorzuziehen ist. Auf etwas anderes noch lege ich großen Wert: auf das Gefühl der Gemeinschaft mit einstigen und zukünftigen Wegbereitern. Ich führe oft imaginäre Zwiegespräche mit Leibniz, in denen ich ihm berichte, wie befruchtend sich seine Gedanken erwiesen haben und wie sehr viel schöner ihr Ergebnis ist, als er hatte voraussehen können; und in Augenblicken großen Selbstvertrauens stelle ich mir Gelehrte vor, die später einmal ähnliche Gedanken über mich hegen werden. Es gibt eine Gemeinschaft der Philosophen wie es eine Gemeinschaft der Heiligen gibt, und dies bewahrt mich durchaus davor, mich einsam zu fühlen.

Die in diesem Brief angedeutete Einsamkeit war schlimmer, als es auf den ersten Blick hin scheinen möchte: Die Ehe der Russells war nämlich seit 1900 in einer Krise, von der man kein Ende absehen konnte. Russell erklärt, daß er mit einem Male entdeckt habe, er könne Alys nicht mehr lieben. Warum ihm die Gefühle entschwanden, läßt sich schwer rekonstruieren; manche Autoren nehmen an, daß er in die Gattin von Whitehead verliebt war.

Aber das war nur *ein* Faktor dieser emotionalen Wandlung. Plötzlich bemerkte er in Alys' Charakter allerlei Unzuträglichkeiten, entwickelte eine Abneigung gegen ihre nähere Verwandtschaft und zog sich innerlich von ihr zurück. Das formale Zusammenleben ging weiter, aber das sexuelle Einverständnis war unrettbar verloren. Gelegentlich schliefen die Partner noch miteinander, aber von Russells Seite waren es nur Gefälligkeits-Liebkosungen. Mehr als zehn Jahre lang wurde diese Fassadenehe aufrechterhalten – für beide Beteiligte gewiß ein furchtbarer Streß, den sie mit Anstand überdeckten. Dann kam es zur räumlichen Trennung und 1921 zur Scheidung. Schon 1909 trat eine andere Frau in Russells Leben ein.

Neben der reinen Philosophie zog auch die Politik wieder Bertrand Russell an. Im Zweiten Burenkrieg (1899-1902) stand er zunächst auf der Seite der Interessen des englischen Imperialismus, aber rasch fand er zur humanitätsfreundlichen Gesinnung zurück, die Krieg und Herrschaft über andere Völker radikal ablehnte.

1907 kandidierte Russell bei den Unterhauswahlen für die Nationale Union der Frauenrechts-Gesellschaften im Bezirk Wimbledon bei London. Es war dies für ihn eine vortreffliche Gelegenheit, die politische Rückständigkeit und Sturheit der Volksmassen kennenzulernen. Der Widerstand, auf den die Vertreter der Frauenrechtsbewegung stießen, war durch grimmige Leidenschaft gekennzeichnet. Veranstaltungen der Frauenrechtler wurden durch Pfeifkonzerte und Schlägertrupps gestört. Man ließ Ratten in der Versammlung los, so daß die Frauen hysterische Zustände bekamen. Natürlich siegte der Gegner Russells mit einem beträchtlichen Stimmenvorsprung.

Für Russell war es eine gute Lehre; er schrieb an den amerikanischen Philosophen und Psychologen William James (1842-1910), den er seit mehr als zehn Jahren gut kannte: „Die Erfahrungen der letzten Tage haben mich mit der konkreten Wirklichkeit stärker in Berührung gebracht als ein ganzes Leben des Denkens."

Im politischen Wahlkampf machte er die Bekanntschaft mit liberalen Politikern, darunter auch mit dem Ehepaar Morrell. Philipp Morrell war ihm von der Studienzeit her ein guter Bekannter, aber seine Gattin Lady Ottoline wurde für ihn zu einer neuen Freundin. Lady Morrell war eine bemerkenswerte Persönlichkeit mit bezauberndem Charme und ungewöhnlicher geistiger Ausstrahlung. Der 37jährige Russell verliebte sich unsterblich in sie; die Gegenliebe ließ nicht auf sich warten. Lady Ottoline fand den jungen Philosophen ungeheuer faszinierend und fürchtete nur, sie werde nicht klug genug für ihn sein. Diese Furcht erwies sich als unbegründet, und es entspann sich ein lang dauerndes Liebesverhältnis, das für beide Beteiligte ungemein fruchtbar war. Als Philipp Morrell von der Leidenschaft seiner Frau für Bertie erfuhr, machte er gute Miene zum bösen Spiel, verlangte aber, daß die Beziehung nicht publik werden dürfe. Als Mitglied des Parlaments war er darauf angewiesen, den Anblick intakter Familienverhältnisse zu bieten.

Um 1910 wollte Russell für die Liberalen im Wahlkreis Bedford kandidieren. Zunächst wurde er vom Wahlkomitee mit Begeisterung aufgenommen; aber dann wurde er einer Katechisierung unterzogen, die er in seiner Autobiographie (loc. cit. S. 288) folgendermaßen wiedergibt:

> Frage: Sind Sie Mitglied der Englischen Hochkirche? Antwort: Nein, ich wurde zum Nonkonformisten erzogen. Frage: Sind Sie das noch? Antwort: Nein, nicht mehr. Frage: Soll das heißen, daß Sie Agnostiker sind? Antwort: Jawohl, das soll es heißen. Frage: Wären Sie gewillt, hin und wieder zur Kirche zu gehen? Antwort: Nein. Frage: Wäre Ihre Frau gewillt, hin und wieder zur Kirche zu gehen? Antwort: Nein. Frage: Würde es bekannt werden, daß Sie Agnostiker sind? Antwort: Wahrscheinlich.

Fazit: Ein Mensch, der nicht an Gott glaubte, war mit knapper Not noch wählbar, vorausgesetzt, daß er sich in die konventionelle Lüge schickte und dann und wann in die Kirche ging. Wer sich aber nicht von Sonntagspredigten berieseln lassen wollte, tat besser daran, auf eine politische Karriere zu verzichten. Russell war nicht der Mann, der billige Kompromisse zu schließen bereit war. Er zog sich nach Cambridge zurück, wo er – in einem Seminar mit oft nur drei Teilnehmern – Mathematik und Logik lehrte.

Lady Ottoline Morrell, deren Landhaus in der Nähe von Oxford in jener Zeit zu einem Zentrum für fortschrittliche Intellektuelle und hochbegabte Künstler wurde, war für Russell eine ideale Freundin und Geliebte. Sie muß eine bedeutende Frau gewesen sein; der Philosoph Santayana (1863-1952), ein Freund

Russells, beschrieb sie als ein „wundervolles Geschöpf, sehr groß, sehr schlank, in blauem Seidengeriesel". Letzteres spielt darauf an, daß sie auffallende Gewänder liebte; auch verachtete sie Konventionen und kleinbürgerliche Gewohnheiten. Sie war sehr belesen und künstlerisch geschmackvoll; ihre besondere Fähigkeit lag darin, kluge Menschen zu vereinigen und in vielen Gesprächen als Anregerin und Vermittlerin hervorzutreten. Der zierliche Russell liebte die hochgewachsene Dame sehr, und seine Leidenschaft wurde vollgültig erwidert.

Zu den Freunden Russells in Cambridge gehörte nicht nur der Philosoph G. E. Moore (1873-1958), sondern auch der junge österreichische Philosophiestudent Ludwig Wittgenstein (1889-1951), der sich in Manchester mit Aviatik beschäftigte und zum Studium der Mathematik nach Cambridge kam, weil man ihm gesagt hatte, der dort lehrende Russell verstehe am meisten von diesem Fach.

Wittgenstein war ein seltsamer Kauz, zeitweise dem Irrsinn nahe; am Ende des ersten Trimesters fragte er Russell dringend, ob er ein Idiot sei: Im Falle einer Bejahung dieser Frage würde er Pilot werden, als Nichtidiot jedoch würde er sich der Philosophie widmen. Russell riet zu philosophischen Studien, aber Wittgenstein war beileibe kein unkomplizierter Student. Oft suchte er nach Mitternacht seinen Lehrer Russell auf und bedrängte ihn stundenlang mit Problemen; er wurde meistens nicht nach Hause geschickt, da Russell bei seinem Geisteszustand fürchtete, er könne Suizid begehen. In seinem Gemüt lagen ungeheure Spannungen, an denen er dauernd zu zerspringen drohte.

Was später als Wittgensteins Philosophie berühmt wurde, hat eine gewisse Verwandtschaft mit den Lehren Russells, wiewohl sich die beiden Denker hernach weit auseinander entwickelt haben. Gemeinsam war ihnen eine Verwurzelung im Positivismus, der die Ergebnisse und Probleme der Naturwissenschaften als die Basis einer neuzeitlichen Philosophie betrachtet. Aber Wittgenstein entwickelte sich nach der Publikation seines *Tractatus logico-metaphysicus* (1921), der noch als Dissertation von Russell angenommen wurde, zu einem Sprachphilosophen und Philosophiekritiker, dem die Aussagen der Philosophen nur als verschiedene „Sprachspiele" erschienen, die nichts Wesentliches über die Wirklichkeit aussagten.

Einige Autoren berichten über seine mündliche Doktorprüfung bei Russell und seinen Kollegen in Oxford, daß Wittgenstein den Prüfern versicherte, sie seien absolut unfähig, seine Ideen zu begreifen, worauf man ihm die Hand drückte und ihm das Doktordiplom erteilte. Es kann jedoch nicht empfohlen werden, diese Methode bei Universitätsprüfungen nachzuahmen.

Russells eigene Philosophie, die sich damals herauszukristallisieren begann, kann man logischen Atomismus oder Philosophie der logischen Analyse nennen. Sie ist gegen den spekulativen Idealismus (der von Kant über Fichte und Schelling bis zu Hegel und ihren Nachfolgern im 19. und 20. Jahrhundert reicht) gerichtet, aber auch gegen biologische inspirierte philosophische Systeme (Schopenhauer, Nietzsche, Bergson usw.) und gegen die denkerischen Vereinfachungen des in den USA entstandenen Pragmatismus (William James, John Dewey).

Mathematik und Logik waren nur Ausgangspunkte dieser Lehre. Sie wurde dann weiterentwickelt (*Probleme der Philosophie*, 1912; *Erkenntnis der Außenwelt*, 1914) unter Einbeziehung moderner physikalischer und psychologischer Forschungen, behielt aber immer den analytisch-empirischen Grundzug, den man in der angelsächsischen Philosophie von Locke bis Hume zu finden gewohnt ist.

Die englischen Philosophen der Neuzeit waren im Großen und Ganzen immer naturwissenschaftsgläubige Empiriker und Skeptiker; Russell fügt sich durchaus in diese Tradition ein, die er durch mathematisches und logisches Raffinement überhöht. Auch war er zeitlebens politisch liberal und humanistisch gesinnt; zu seinem Humanismus gehörte die Ablehnung jeder Religion und die Zuversicht, daß die Wissenschaften im Einklang mit einer mehr oder minder rationalen Ethik – die dem Gefühl einen angemessenen Raum gewährt – den Fortschritt der Menschheit sichern können. So heißt es noch am Ende der monumentalen *Philosophie des Abendlandes* (1945, Zürich 1950):

> Im Chaos der widerstreitenden fanatischen Überzeugungen ist eine der wenigen einigenden Kräfte die wissenschaftliche Wahrheitsliebe; ich verstehe darunter die Gepflogenheit, unseren Glauben auf Beobachtungen und Schlüsse zu stützen, die so unpersönlich und von Konstitution und Umgebung so unbeeinflußt sind wie nur menschenmöglich. Die Einführung dieses Verfahrens in die Philosophie durchgesetzt und eine brauchbare Methode, sie fruchtbar zu machen, gefunden zu haben, sind die Hauptverdienste der philosophischen Schule, der ich angehöre. Die aus der Anwendung dieser philosophischen Methode gewonnene Gewöhnung an strenge Wahrhaftigkeit läßt sich auf den ganzen Bereich des menschlichen Tuns ausdehnen; sie bewirkt allenthalben, daß der Fanatismus nachläßt und die Bereitschaft wächst, einander Sympathie und Verständnis entgegenzubringen. Wenn die Philosophie auch einen Teil ihrer dogmatischen Ansprüche aufgibt, so wird sie doch weiterhin den Weg zur rechten Lebensführung aufzeigen und die Menschen dafür begeistern (loc. cit. S. 690).

Um 1910 wurde Russell außerordentlicher Professor in Cambridge, aber er erhielt nur das, was wir heute eine Professur auf Zeit nennen. Das hatte nichts mit seinen Qualifikationen als Philosoph zu tun, die damals bereits allgemein anerkannt waren. Aber weniger beliebt waren sein politisches Engagement und seine Religionskritik, von der er aus Karrieregründen nicht abzurücken geneigt war. Das ergab gewisse Schwierigkeiten mit Lady Ottoline Morrell, die tief religiös war und immer wieder versuchte, ihn für den Christenglauben zu gewinnen. Aber im Widerstreit zwischen Liebe und intellektueller Redlichkeit wählte Russell die letztere; einmal schrieb er seiner Geliebten nach einer heftig geführten Diskussion in einem Brief:

> Du mit Deinem Gott, Deiner Unsterblichkeit – Du entziehst Dich den schwierigsten Dingen, den ewigen Trennungen, dem Verfall, dem Sinn für die Verletzungen, die nicht wiedergutzumachen sind. Wie irgend jemand glauben kann, daß ein guter Gott sich solch eine Hölle ausgedacht hat, ist für mich erstaunlich. Dir und mir geht es noch außerordentlich gut, aber wenngleich wir momentan glücklich sind,

> haben wir in der Vergangenheit viel gelitten, und wenigstens einer von uns wird mit aller Wahrscheinlichkeit in der Zukunft noch mehr leiden, als er in der Vergangenheit gelitten hat. Kaum ein Mensch würde seinem ärgsten Feind soviel Leid zufügen – Gott jedoch fügt noch viel mehr den meisten Menschen zu.

Er belehrte seine Freundin darüber, daß das, was sie Gott nenne, für ihn die Unendlichkeit sei. Auch sei er dazu bereit, die Wahrheit göttlich zu nennen, aber er sehe keinen Sinn darin, daraus eine Phantasieperson mit Namen Gott zu konstruieren. Lady Ottoline ließ sich von diesen plausiblen Argumenten nicht überzeugen, aber das verringerte keineswegs die emotionale Faszination, die sie auf Russell ausübte.

Erwähnenswert ist jedoch, daß Russell sich 1913 mit dem Schriftsteller Joseph Conrad (1857-1924) befreundete; es entstand eine Freundschaft, die über Jahrzehnte hinweg Bestand hatte. Russell bewunderte die große Gestaltungskraft des Dichters polnischer Abstammung, in dessen Werken – die oft genug auf seine Erfahrungen als Kapitän in allen Teilen der Welt zurückgriffen – das Erlebnis der Einsamkeit des Menschen angesichts einer bedrohlichen Natur und Menschenwelt poetisch gestaltet wird. Aus Verehrung für diesen Geistesgenossen gab Russell später einem seiner Söhne den Vornamen Conrad.

Schon 1896 hatte Russell zusammen mit seiner Frau Alys eine Vortragsreise in den USA durchgeführt. Nun, da er international bekannt geworden war, erhielt er aus Amerika wiederum eine Einladung, und zwar für die Universität Harvard, der sich die Hochschule von Chicago anschloß. Da er oft in Geldnöten war, und das angebotene Honorar eine imposante Summe bedeutete, nahm er die Einladungen an und schiffte sich im März 1914 nach New York ein. Seine amerikanischen Vorlesungen wurden zu einem eindrücklichen Erfolg. Aber seinem kritischen Blick entgingen nicht die Schwächen des gesellschaftlichen und geistigen Lebens der USA. Die Menschen der tonangebenden Finanzkreise nannte er in einem Brief „reiche, vollgefressene, selbstsüchtige, schwache Ferkel". Über die Leute an den Universitäten urteilte er:

> Keiner grübelt hier, keiner ist geistesabwesend. Niemand nimmt sich Zeit, die Stimmen aus einer anderen Welt anzuhören ... Jeder ist freundlich, viele sind auf ihrem engen Spezialgebiet intelligent, und die meisten sind tugendhaft – aber keiner hat irgendwelche Qualitäten. Ja, sie machen viel Trubel um mich, doch dies macht mir viel weniger Spaß, als ich ursprünglich gedacht hatte.

Es amüsierte ihn, daß manche Amerikaner auf ihre Abstammung stolz waren, weil sie diese bis auf das Jahr 1776 zurückdatieren konnten. Für einen englischen Aristokraten war das gewiß nicht viel; hatte doch ein Urahne Russells zu den Rittern gehört, die mit Wilhelm dem Eroberer im Jahre 1066 die Schlacht von Hastings geschlagen hatten.

Unter seinen Studenten in den USA war T. S. Eliot (1888-1965), mit dem er freundschaftliche Beziehungen aufnahm. Eliot kam später mit seiner Frau nach London und wurde von Russell großzügig unterstützt. Ende Mai 1914 ging

Russell nach England zurück; es sollte noch zwei Monate dauern, bis der Erste Weltkrieg ausbrach, der auch für sein Leben Umwälzungen brachte.

Vom Ersten Weltkrieg bis zum Ausbruch des Zweiten Weltkrieges. – Bertrand Russell soll bei Gelegenheit einem Kollegen gestanden haben, er habe sich beim Verfassen der *Principia mathematica* so sehr überanstrengt, daß er fortan nur noch leichtere philosophische Arbeiten zustande gebracht habe. Wenn diese Mitteilung zutrifft, dann kann man das Ergebnis nur als einen Glücksfall bezeichnen; denn die Folge davon war, daß Russell den sprichwörtlichen Elfenbeinturm der reinen Gelehrsamkeit verließ und eine große Zahl von politischen, pädagogischen und populärphilosophischen Schriften publizierte, die ausgezeichnete Aufklärungstexte darstellen. Sie wollen in allen Bereichen des Lebens und Wissens Vernunft ausbreiten, und wenn sie sich auch an eine breite Öffentlichkeit wenden, lassen sie nirgendwo Format und Niveau vermissen. Auch als Erfolgsschriftsteller war Bertrand Russell ein Philosoph von Rang.

Der Ausbruch des Ersten Weltkrieges bot Anlaß genug, sich eingehend mit der politischen Wirklichkeit zu beschäftigen. Russell war verzweifelt darüber, daß die zivilisierten Völker in einen Krieg verwickelt wurden, dessen Ende nicht abzusehen war. Es überraschte ihn, wie schnell die Flut der Kriegsbegeisterung anstieg; die Massenmedien heizten den Fanatismus an, und die englischen Rekrutierungsbüros – in England gab es noch keine allgemeine Wehrpflicht – verzeichneten ein Übermaß an Anmeldungen zum Militärdienst. Auch Russells Freunde wären fast durchweg kriegsbegeistert. Selbst sein alter Freund Whitehead schickte mit Freuden seine beiden Söhne in den Krieg.

Wiederum bewährte sich Russells Kraft, gegen den Strom zu schwimmen: Gegen die Meinung seiner gesamten Umwelt schloß er sich der pazifistischen Bewegung an. Er lockerte seine Beziehungen zu Cambridge und vereinigte sich mit einer Gruppe von Intellektuellen, die im Kriegswahnsinn die Vernunft bewahren wollten und auch den Schutz der Kriegsdienstverweigerer übernahmen. Wer damals nicht zum Militär gehen wollte, war unter Umständen Gefängnisstrafen ausgesetzt; und Publizisten, welche die Kriegspropaganda nicht mitmachten, erlitten verschiedenerlei Repressalien.

Russell ließ sich nicht anfechten und schrieb zahlreiche Aufsätze, die der Regierung und den Militärbehörden nicht willkommen waren. Man scheute aber zunächst davor zurück, sich mit dem berühmten Philosophen anzulegen. Lady Ottolines Haus war ein Zentrum der Oppositionellen und der Nonkonformisten. Dort lernte Russell auch D. H. Lawrence (1885-1930) kennen, aber der Verfasser von *Lady Chatterley* harmonierte nicht besonders mit ihm.

Lawrence hatte die üble Gewohnheit, als selbsternannter Psychoanalytiker seine Freunde und Bekannten psychoanalytisch zu zergliedern. So behauptete er eines Tages schlankweg, daß Russells Pazifismus ein verdrängter Sadismus sei; der Haß gegen die Menschheit sei der Motor der Friedensliebe, die Russell und seinesgleichen verkündeten.

Russell, der jede Idee objektiv zu prüfen versuchte, forschte sorgfältig nach verborgenen Spuren von Blutgier in seinem Innern, konnte aber nichts Überzeugendes davon finden. Mit der Zeit wurde er sich klar darüber, daß Lawrence ein innerlich zerrissener Mensch war, mit dem man eine stabile Freundschaft nicht aufbauen konnte. Er stellte für den Dichter die Diagnose Größenwahn, und so ganz Unrecht wird er dabei nicht gehabt haben. Lawrence seinerseits ließ in zwei seiner Erzählungen karikierte Russell-Figuren auftreten, unter anderem in *Women in Love* einen Soziologen Sir Malleson, „ein fünfzigjähriger gescheiter und trockener Baronet, der sich fortwährend in Witzeleien erging und diese mit einem rauhen, kräftigen Pferdelachen begleitete“.

Russell hielt damals viele Vorträge und schrieb auch einige Bücher (darunter *Principles of Social Reconstruction*, 1916); wiewohl er darin immer maßvoll und humanistisch argumentierte, wurde er – das entsprach der Zeitstimmung – zu einem der meist gehaßten Männer Großbritanniens. Seine Universität hielt es für nötig, sich von ihm zu trennen und seinen Namen aus den Collegebüchern zu streichen; ein Umstand, der Russell tief kränkte.

Um so heftiger griff er nun in seinen öffentlichen Vorlesungen die bestehende Gesellschaftsordnung und den Krieg an. Lytton Strachey (1880-1932) schreibt über einen derartigen Vortrag Russells:

> Ich schleppte mich gestern zu dieser gräßlichen Craxton Hall, obwohl ich mich dem Grabe noch näher fühlte als sonst schon, und es war der Mühe wert. Es ist herrlich, wie er vor nichts zurückschreckt – Regierungen, Religionen, Gesetze, Eigentum; alle fallen sie um wie Kegel – es ist ein zauberhafter Anblick! Und seine aufbauenden Ideen sind absolut großartig. Er fügt alles zu einem prächtigen Gebäude zusammen und pflanzt es auf solidem Grund vor unser geistiges Auge. Ich glaube nicht, daß heute auf dieser Erde sonst noch ein so unerhörter Mann zu finden ist.

Die Regierung dachte nicht so freundlich über den Philosophen. Sie verbot ihm Vorträge in allen Küstenstädten mit der fadenscheinigen Begründung, daß diese Städte Kriegsgegend seien. Etwas triftiger war die Klage der Regierung, daß Russells Reden im Widerspruch zur Fortführung des Krieges stünden.

Als Russell anfangs 1918 in einem Zeitungsaufsatz eine kritische Bemerkung über die amerikanische Armee einflocht, ergab sich endlich eine Gelegenheit, gegen den Störenfried juristisch vorzugehen. Vor Gericht wurde Russell bezichtigt, das Ansehen der verbündeten Amerikaner beeinträchtigt zu haben. Man verurteilte ihn zu einer Geldstrafe von 100 Pfund oder zu einer Haft von sechs Monaten.

Russell, der sein Geld für den Pazifismus geopfert hatte, wollte lieber die Strafe absitzen. Im Mai 1918 ging er ins Gefängnis; aber durch den Einspruch einflußreicher Freunde erhielt er immerhin die Vergünstigung, in der Luxusklasse der Gefängniszellen eingesperrt zu werden. Dafür mußte er aber regelrecht monatliche Miete zahlen, und er verfehlte es nicht, den Gefängnisdirektor zu fragen, ob man ihm bei Mietrückstand kündigen werde, so daß er in die Freiheit ausziehen müsse.

Anders als die übrigen Gefangenen konnte er schriftstellerisch arbeiten, bekam Bücher, Möbel und Schreibutensilien, so daß er den Plan faßte, einige neue Bücher zu schreiben. Er durfte auch Besuch empfangen und konnte sich so das halbe Jahr erträglich gestalten. Nur vermißte er den Tabak – er war ein leidenschaftlicher Pfeifenraucher – und die Gespräche mit Freunden. Aber literarisch produktiv war er gleichwohl: Es entstand damals die *Einführung in die mathematische Philosophie*.

Nach seiner Entlassung mußte er für seinen Lebensunterhalt sorgen, da sein Vermögen fast auf Null zusammengeschmolzen war. Einige seiner Freunde gründeten einen Fonds, der ihm für drei Jahre materielle Sicherheit versprach. So konnte er in aller Ruhe sein nächstes Werk (*Die Analyse des Geistes*) in Angriff nehmen. Aber bald war er es müde, sich befürsorgen zu lassen; er wollte sein Brot eigenständig durch seine Schriftstellerei verdienen.

In der *Analyse des Geistes* vertrat Russell in Anlehnung an William James den sogenannten neutralen Monismus, d.h. die Lehre, daß die Materie nicht so materiell, und der Geist nicht so geistig sei, wie man allgemein annimmt. Dieses schwierige Theorem besagt z.B. für die Psychologie, daß seelisch-geistige Vorgänge etwas Biologisches seien, aber nicht rein biologisch, wie der Behaviorismus von James Watson (1878-1958) postuliert. Im Psychischen fand Russell andere Kausalgesetze als im Physischen, aber zu besonderer Klarheit hierüber gelangte er nicht, da seine Kenntnisse in diesem Bereich doch nur schmalspurig waren.

Die Beendigung des Krieges im Jahre 1918 brachte große gesellschaftliche Umwälzungen; vermutlich die folgenreichste war der Sieg des Bolschewismus in Rußland, wo seit der Oktober-Revolution (1917) Lenin und seine Partei an die Macht gelangt waren. Russell, der damals bereits aus einem Liberalen zum Sozialisten geworden war, verfolgte die Vorgänge in der Sowjetunion mit wachem Interesse. Er war beunruhigt darüber, daß sich in Rußland der marxistische Staatssozialismus durchgesetzt hatte, weil seiner Auffassung nach die Ausweitung der Staatsomnipotenz nicht von Gutem sein konnte.

Er fürchtete, daß jegliche Beamtenherrschaft allen geistigen und kulturellen Fortschritt blockieren würde; auch war er nicht davon überzeugt, daß die Verstaatlichung der Industrie und der Landwirtschaft zur Verbesserung der Produktionsmethoden führe. Alles in allem hielt er den Staat und seinen wachsenden Bürokratismus für eine reaktionäre Macht, auch dann, wenn man vom sozialistischen Staat sprach.

Die geschichtliche Entwicklung hat Russell offenbar auf der ganzen Linie fast uneingeschränkt recht gegeben. Aber 1918 konnte man all das noch nicht so deutlich sehen. Viele fortschrittliche Intellektuelle in der ganzen Kulturwelt setzten gigantische Hoffnungen in das russische Experiment; wer immer die Möglichkeit dazu hatte, beteiligte sich an Wallfahrten nach Sowjetrußland, um sich an Ort und Stelle davon zu überzeugen, wie dort angeblich neue Menschen und neue Verhältnisse geschaffen wurden.

Auch Russell konnte mit einer englischen Delegation 1920 in die Sowjetunion reisen; er verweilte zwei Monate mit Freunden aus der Labour-Party da und bereiste einen Teil des Landes. Die Regierung hatte Extrazüge organisiert, beherbergte die Gäste in Adelspalästen und bemühte sich, ihnen allerlei Potemkinsche Dörfer zu zeigen, die den Eindruck erwecken sollten, daß in Rußland eine neue Menschheitsära begonnen habe. Aber Russell ließ sich nicht blenden und blickte hinter die Fassade der Propagandatricks. Es war für ihn furchtbar ernüchternd.

Er und seine Begleiter wurden von Lenin im Kreml empfangen, und Russell registrierte bei Lenin, bei dem schon Anzeichen seiner späteren Krankheit zu spüren waren, eine gewisse Grausamkeit, die ihn abstieß. So erzählte Lenin, daß die Bolschewiken die armen Bauern gegen die reichen Muschiks aufhetzten, wobei ein Großteil der besser gestellten Bauernschicht getötet und aufgeknüpft wurde. Diesen Bericht gab Lenin mit einem fröhlichen Lachen, als ob der Tod von Tausenden Menschen gar nichts bedeute.

Russell nahm auch die Tätigkeit der allmächtigen Geheimpolizei (Tscheka) wahr, vor der jedermann zitterte. Er sah die verhungerten Volksmassen, aus denen man den letzten Rest von Arbeitskraft herauspreßte. Sein Blick schweifte in die Zukunft, und er nahm an, daß sich in Rußland der schlimmste Staatsterror der Geschichte entwickeln werde. So nahm er visionär den heraufkommenden Stalinismus vorweg.

Gewiß glaubte er, daß der Sozialismus irgendwie notwendig für die Menschheit sei, aber was er im Bolschewismus sah, erfüllte ihn mit Grausen vor einer absolutistisch gelenkten Zukunftsgesellschaft. Große Gemeinschaften waren seiner Meinung nach nie so klug wie gescheite und unabhängig denkende Individuen, und die Diktatur hielt er immer für schimpflich, ob es nun eine rote, eine braune oder eine schwarze sei. Er nannte die kommunistische Ideologie einen Islam oder einen Katholizismus des 20. Jahrhunderts, und das war in seiner Optik eine vernichtende Beurteilung.

Nach seiner Rückkehr schrieb er in England das Buch *Praxis und Theorie des Bolschewismus* (1920), das eine der frühesten sorgfältig abwägenden Analysen der russischen Revolution und ihrer Folgeerscheinungen darstellt. Es kann heute noch mit Gewinn gelesen werden und weckt immer wieder Erstaunen über die Klarsicht seines Verfassers. Es ist an dieser Stelle nicht erforderlich, Russells Rußlandbuch zu referieren, da ein umfänglicher Auszug seines Inhalts in seinen *Politischen Schriften, Band I* (München 1972) zugänglich ist. Wir resümieren lieber sein Rußlandbild anhand einer Textstelle, die sich in seiner *Autobiographie* (Bd. 2, Frankfurt 1973, S. 154) findet; er sagt dort:

> Was mich betrifft, so glich die Zeit, die ich in Rußland verbrachte, einem ständig zunehmenden Alptraum. Ich habe in meinen Schriften gesagt, was mir nach Überlegung die Wahrheit zu sein schien, aber ich habe nicht dem äußersten Entsetzen Ausdruck verliehen, das mich, als ich dort war, überkam. Grausamkeit, Armut, Mißtrauen, dicke Luft, die wir atmeten, Verfolgungen waren die Alltäglichkeiten. Man belauschte ständig unsere Unterhaltungen. Mitten in der Nacht

> vernahm man Schüsse und wußte, daß Idealisten in Gefängnissen getötet wurden. Es gab eine heuchlerische Vortäuschung von Gleichheit, und jeder wurde Genosse genannt, aber es war erstaunlich, wie verschieden dieses Wort ausgesprochen werden konnte, je nachdem, ob die angeredete Person Lenin oder ein fauler Diener war. Einmal in Petrograd (wie man es nannte) kamen vier zerlumpte Gestalten mit vierzehntägigen Bärten, schmutzigen Nägeln und wirrem Haar zu mir. Es waren die vier bedeutendsten Dichter Rußlands. Einem von ihnen erlaubte die Regierung, sich seinen Lebensunterhalt mit Vorlesungen über Versformen zu verdienen, aber er klagte, man bestehe darauf, daß er dieses Thema von einem marxistischen Standpunkt aus lehre, und er könne nicht einsehen, was Marx damit zu tun habe.

Später haben auch andere hoffnungsfrohe Intellektuelle entdeckt, daß der „bolschewistische Gott" auf tönernen Füßen stand; fortschrittliche Autoren wie Arthur Koestler, Stephen Spender, Ignacio Silone usw. vereinigten sich in den dreißiger Jahren zu einem Team, welches das Buch *Ein Gott, der keiner war* publizierte. Auch André Gide ließ sich von den Bolschewiken nicht irreführen. Aber da die Hingabesehnsucht, die Gläubigkeit und die Kritiklosigkeit der Menschen groß ist, meinten immer noch viele, daß das Licht aus dem Osten komme.

Wir haben noch nachzutragen, daß sich Russells Liebesleben nach der Trennung von Alys und seit der Zuwendung zu Lady Ottoline kräftig entfaltete. Als er vor Kriegsausbruch in den USA war, hatte er eine Liebesaffäre mit der Arzttochter Miß Dudley in Chicago. Nach seiner Rückkehr war er wieder leidenschaftlich in Ottoline verliebt, aber das hinderte ihn nicht, während seiner Arbeit für das Kriegsdienstverweigerer-Komitee eine Liaison mit Lady Constance Malleson, genannt Colette, anzufangen.

Es war vermutlich bei Colette, wo es ihm wirklich gelang, die ihm anerzogenen Fesseln des Puritanismus und der Triebverdrängung zu sprengen. Im Unterschied zu Ottoline, die eine überwiegend seelische Zuneigung für ihn empfand, war Colette auch eine ideale Sexualpartnerin, und Russell scheint bei ihr das größtmögliche Liebesglück seines Lebens gefunden zu haben.

Er war mit Abständen – Colette mußte als Schauspielerin mitunter auf Tournee in die Provinz reisen – fünf Jahre mit ihr zusammen, und als sie sich hernach trennten, hatten sie immer wieder Sehnsucht nach einander und trafen sich von Zeit zu Zeit, obwohl Colette später im Ausland lebte. Noch im hohen Alter tauschten sie zärtliche Briefe aus, und regelmäßig an jedem Geburtstag schickte ihm die Geliebte rote Rosen. Noch 1968 schrieb sie ihm: „Meine Gedanken sind bei Dir. Ich schicke Dir meine zärtlichste Liebe, für immer und ewig."

Auch Alys blieb dem Philosophen zeitlebens verbunden. Ottoline war seine *femme inspiratrice*, die jedoch keine Absicht zeigte, sich von ihrem Gatten und ihren Kindern zu trennen. So trat im Sommer 1919 eine weitere Frau in Russells Leben ein: Dora Black. Die Beziehung war nicht unproblematisch, aber Dora wollte mit ihm Kinder haben, und damit wurde ein wichtiger Wunsch Russells erfüllt. Er ließ sich von Alys scheiden, um Dora heiraten zu können.

1920 reiste er mit Dora – noch ohne standesamtliche Legalisierung – nach China. Man hatte ihn eingeladen, an chinesischen Universitäten eine Lehrtätigkeit zu übernehmen. Er lernte verschiedene Städte des Landes kennen und wurde ein enthusiastischer Bewunderer der alten chinesischen Kultur. Auch gefiel ihm die Menschlichkeit der Chinesen, die damals weder von der kapitalistischen noch von der bolschewistischen Mentalität angekränkelt waren.

Im Winter 1920/21 dozierte er in Peking mit großem Lehrerfolg. Seine chinesischen Studenten gaben sogar ein eigenes Russell-Journal heraus, um seine Lehren zu verbreiten. Russell beobachtete, daß ein Teil der Studierenden dem Bolschewismus zuneigte. Andererseits gründete Sun-Yat-Sen in jener Zeit die nationalistische Bewegung, die unter Tschiang Kai-Schek zum Gegenspieler der Kommunisten wurde. Noch waren Militärgouverneure die eigentlichen Herrscher über die chinesischen Provinzen, und oft kam es zu Kämpfen zwischen rivalisierenden Kleinpotentaten. Russell kommentierte diese Miniaturkriege mit den Worten:

> Beide Parteien laufen fort, und der Sieg gehört der Seite, die zuerst die Flucht der anderen entdeckt. Das beweist aber nur, daß der chinesische Soldat ein vernünftiger Mensch ist.

> Bei diesen andauernden Konflikten der Gouverneure untereinander war die Zentralregierung meist machtlos. Das erschien für Russell jedoch durchaus nicht als Manko; im Gegenteil, er stellte lakonisch fest:

> Neun Zehntel der Unternehmungen einer modernen Regierung sind schädlich; je schlechter sie ausgeführt werden, desto besser. In China, wo die Regierung träge, korrupt und dumm ist, besteht eine so hoch entwickelte persönliche Freiheit, wie sie in der übrigen Welt nirgends mehr zu finden ist.

Beinahe wäre China die Endstation von Russells Lebensfahrt geworden. In Peking ist der Winter sehr kalt. Russell bekam eine chronische Bronchitis und beachtete diese zu wenig. Nach dem Baden in einem warmen See verschlimmerte sich sein Zustand und wurde zu einer Lungenentzündung, deretwegen er einige Wochen lang im Deutschen Spital in Peking lag; zeitweise war er im Koma, und wenn nicht eine Krankenschwester und Dora ihn hingebungsvoll gepflegt hätten, wäre er nach dem Urteil der Ärzte mit Sicherheit gestorben.

Bei seiner Rekonvaleszenz sagten ihm chinesische Freunde, daß man ihn im Todesfall am Westsee bei Peking begraben und ihm einen Tempel errichtet hätte, was Russell veranlaßte, ein leises Bedauern über sein Überleben zu empfinden; denn – wie er sagt – auf diese Weise hätte er ein Gott werden können, was für einen Atheisten doch ziemlich chic gewesen wäre.

Zeitungen aus aller Welt hatten schon berichtet, daß er im Sterben liege. Eine Missionarszeitung brachte sogar die Todesnachricht und fügte hinzu: „Missionaren mag vergeben werden, wenn sie bei der Nachricht vom Tode Bertrand Russells erleichtert aufseufzen." Auch sein Bruder Frank in England wurde durch derlei Botschaften alarmiert; er bewies aber, daß er ein echter Russell war, indem er konstatierte: „Unsinn! Wenn Bertie in Peking hätte sterben wollen, hätte er mir das bestimmt vorher mitgeteilt!"

In der schlimmsten Krankheitszeit schlug er Dora, deren Geldmittel auszugehen drohten, vor, sie solle eine Anzeige in die Zeitung geben: „Russell tot. Geld nötig, um den alten Hund zu begraben." Zum Glück sollte der alte Hund noch ca. fünfzig Jahre weiterleben.

Im August war er wieder gesund und in England und beeilte sich, die Ehe mit Dora auf dem Standesamt zu besiegeln. Eile tat not, denn schon wenige Wochen nachher brachte Dora den Sohn John Conrad zur Welt. Russell war glücklich darüber, Vater zu werden. Zwei Jahre später wurde die Tochter Katharina Jane geboren.

Russell mußte nun für eine vierköpfige Familie sorgen, und der übliche Geldmangel stand wieder ins Haus. Als Optimist dachte er, von der Schriftstellerei leben zu können. Aber leicht war das immer noch nicht. Zuerst veröffentlichte er ein Buch über China (*China und das Problem des Fernen Ostens*, 1922), das nach dem Urteil der Experten sehr treffsicher die Situation des Reiches der Mitte analysierte. Russell empfahl den Chinesen, die Industrialisierung voranzutreiben, eine Einsicht, zu der sie später – nach den unbeholfenen Experimenten von Mao Tse-Dung – unter der Führung von Deng Hsiao Ping selbst auch gelangten.

Zusammen mit Dora publizierte er 1923 das Buch *Die Kultur des Industrialismus und ihre Zukunft*. Es war eine radikal antikapitalistische Schrift, aber sie setzte keine Hoffnungen in die gewaltsame Umgestaltung der Gesellschaft. Russell war reformgläubig, aber er wußte sehr wohl, daß herrschende Klassen extrem selten von sich aus zu Reformen neigen – daher schloß er revolutionäre Umsturzversuche nicht aus. Aber im allgemeinen hielt er Revolutionen für unheilbringende Ereignisse. Dora war diesbezüglich anderer Meinung als er. Sie war unabhängig von ihm auch in Rußland gewesen und vertrat eher kommunistische Ansichten.

Das Ehepaar hatte es mitunter recht schwer, zu politischen Kompromissen zu gelangen. Aber einig waren sie sich darin, daß sie ihre Kinder nicht den öffentlichen Schulen überlassen wollten, deren Erziehungsmethoden sie für verheerend ansahen. Darum wollten sie eine eigene Schule gründen. Das Geld hierfür wurde durch Publikationen Russells und seine Vortragsreisen in den USA beschafft.

Besonders erfolgreiche Bücher Russells in jener Zeit waren *Das ABC der Relativitätstheorie* und *Das ABC der Atome* (1923, 1925). Der Autor popularisierte die Erkenntnisse der modernen Physik auf amüsante und lehrreiche Weise, so daß der intelligente Leser ihn verstehen konnte. Als Russell wieder einmal den Atlantik überquerte, fand er einen Schiffsmaat auf dem Schiff, der *Das ABC der Relativitätstheorie* las und ihm genau referieren konnte, was im Buch enthalten war: ein Beweis dafür, daß die Darstellung ihr Ziel erreicht hatte.

Von seinem Bruder Frank mietete Russell ein Haus in Cornwall an der englischen Küste. Dort wuchsen seine Kinder in Ungebundenheit und Freiheit auf.

Als sie schulpflichtig wurden, wurde die *Beacon-Hill School* gegründet, in die man zwanzig Kinder aufnahm. Das geschah 1927; aber schon 1926 hatte Russell sein Interesse für Erziehungsfragen angemeldet, indem er das Buch *Ewige Ziele der Erziehung unter besonderer Berücksichtigung der ersten Kinderjahre* (deutsch: 1928) herausgab. Fragen der Erziehung und Bildung lagen ihm lebenslänglich am Herzen.

Die Schule konnte sich finanziell nicht selbst tragen; gleichwohl wurde sie zehn Jahre lang weitergeführt. Schwierig war in ihr unter anderem, daß halb oder ganz verwahrloste Kinder den Russells zur Obhut anvertraut wurden. Darüber schreibt Russell in seiner *Autobiographie* (Band II, S. 233):

> Eine dritte und vielleicht die bedeutendste Schwierigkeit war, daß wir übermäßig viele Problemkinder hatten. Wir hätten uns vor dieser Falle in acht nehmen müssen, aber anfänglich nahmen wir fast jedes Kind mit Freuden auf. Die Eltern, die sich am ehesten bereit zeigten, neue Methoden auszuprobieren, waren jene, die Schwierigkeiten mit ihren Kindern hatten. In der Regel waren diese Schwierigkeiten die Schuld der Eltern, und die üblen Auswirkungen ihrer Unvernunft wurden in den Ferien immer wieder erneuert. Was auch immer der Grund gewesen sein mag: Viele der Kinder waren grausam und destruktiv. Den Kindern Freiheit zu gewähren hieß, eine Herrschaft des Terrors einzufahren, bei der die Schwachen unter den Starken zitterten und litten. Eine Schule ist wie die Welt: Nur eine Regierung kann brutale Gewalt verhindern. Und so war ich gezwungen, die Kinder ständig zu überwachen, wenn sie keinen Unterricht hatten, um Grausamkeiten zu verhindern.

Russells Erziehungsstil war betont freiheitlich, hielt aber doch viel von Ordentlichkeit, Sauberkeit und weitläufiger Wissensvermittlung. Das unterschied seine Schule einigermaßen von derjenigen A. S. Neills (1883-1973). Der Gründer von Summerhill war trotz dieser Unterschiede begeistert von Russells pädagogischer Theorie und Praxis, und die beiden Erziehungsreformer hielten brieflichen Kontakt aufrecht. Russell, der in den Ministerien doch dann und wann einige Freunde hatte, konnte dem oft bedrängten Neill mitunter helfen, wenn Summerhill von dort her in Not war.

Im Rückblick auf sein Leben hat Russell später manche Kritik an seiner eigenen Schulgründung geübt. Besonders bedauerte er seine eigenen Kinder, die unter der schwer definierbaren Stellung als Kinder der Schulleiter und als Schüler wie alle anderen Schüler gelitten hatten. Auf diese Weise sei die Unbefangenheit im Verhältnis zu John und Kate gestört worden.

Nachträglich bezweifelte Russell, ob die Meinung richtig war, daß die beiden Kinder eine größere Kindergemeinschaft nötig hatten, um heran zu wachsen; er selbst war ja eher in einer gewissen Isolierung von den Alterskameraden aufgezogen worden. Jedenfalls machte er an seinen Kindern die Beobachtung, daß man kleine Kinder gegenüber größeren und älteren fast ständig beschützen muß; Kinder unserer Kultur sind offenbar selten fähig, freundlich und fördernd auf andere Kinder einzugehen, da sie derlei den Erwachsenen kaum abgucken können.

Im Zeitraum von 1927 bis 1930 veröffentlichte Russell drei bedeutende Bücher, die wir in Kürze charakterisieren wollen; es sind dies: *Warum ich kein Christ bin?* (1927); *Ehe und Moral* (1929); *Die Eroberung des Glücks* (1930).

Warum ich kein Christ bin? ist eine Aufsatzsammlung zu sehr vielen Fragen der Religion und Religionskritik. Russell reiht sich hierbei in die Gruppe jener tapferen und unkonventionellen Denker ein, die das undankbare Geschäft der religiösen Skepsis übernahmen. Da die „gute Gesellschaft" und der Staat sehr viel Wert darauf legen, daß dem Volke der alte und fromme Glaube erhalten wird, setzt sich jeder in die Nesseln, der sich gegen den Dogmatismus der Religion auflehnt.

In früheren Zeiten gelang es der Kirche meistens, die Ungläubigen per Ketzertod ins Jenseits zu senden, damit sie sich dort unverzüglich von der realen Existenz des Himmels und (vor allem) der Hölle überzeugen konnten. Heute geht das nicht mehr so leicht; aber es gibt andere Repressalien, die freigebig und unbedenklich angewendet werden. Ein Mensch wie Russell jedoch war nicht durch Gewalt und Einschüchterung mundtot zu machen.

Mit eindrücklicher Verstandeshelle belustigte er sich über die Gottesbeweise, die seit zwei Jahrtausenden kolportiert werden, ohne überzeugende Fakten vorzulegen. In einem so wichtigen Gebiet wie der religiösen Weltanschauung begnügen sich die Menschen mit einer Wahrheit vom Hörensagen, was nur möglich ist, weil man sie von Kindheit an zum Nichtdenken – und das heißt zum Glauben – erzogen hat. Russell argumentiert als kühler Analytiker:

> Die Religion stützt sich vor allem und hauptsächlich auf die Angst. Teils ist es die Angst vor dem Unbekannten und teils, wie ich schon sagte, der Wunsch, zu fühlen, daß man eine Art großen Bruder hat, der einem in allen Schwierigkeiten und Kämpfen beisteht. Angst ist die Grundlage des Ganzen: Angst vor dem Geheimnisvollen, Angst vor Niederlagen, Angst vor dem Tod. Die Angst ist die Mutter der Grausamkeit, und es ist deshalb kein Wunder, daß Grausamkeit und Religion Hand in Hand gehen, weil beide aus der Angst entspringen. Wir beginnen nun langsam die Welt zu verstehen und sie zu meistern, mit Hilfe einer Wissenschaft, die sich gewaltsam Schritt für Schritt ihren Weg gegen die christliche Religion, gegen die Kirchen und im Widerspruch zu den überlieferten Geboten erkämpft hat. Die Wissenschaft kann uns helfen, die feige Furcht zu überwinden, in der die Menschheit seit so vielen Generationen lebt. Die Wissenschaft, und ich glaube auch unser eigenes Herz, kann uns lehren, nicht mehr nach einer eingebildeten Hilfe zu suchen und Verbündete im Himmel zu ersinnen, sondern vielmehr hier unten unsere eigenen Anstrengungen darauf zu richten, die Welt zu einem Ort zu machen, der es wert ist, darin zu leben, und nicht zu dem, was die Kirchen in all den Jahrhunderten daraus gemacht haben.

Ganz deutlich gibt er zu bedenken, daß die Religion eine Form von Masochismus und Unwissenheit sei. Der religiöse Mensch verharre in der infantilen Abhängigkeit, nur daß anstelle von Vater und Mutter in der Kindheit der Vater im Himmel und die Gottesmutter getreten seien. Der Vorstellungsbereich, dem Gott und die Götter entspringen, sei derjenige der orientalischen Gewaltherrschaften; daher das Ritual der Unterwürfigkeit, das in keiner der großen Religionen fehlt.

Russell findet es entwürdigend, wie die Menschen sich vor Gott klein machen, sich selbst als Sünder beschuldigen und im Staube kriechen. Das sei Sklavenmentalität, die vom Staat begünstigt werde, weil sie jede Form von Regierung – auch die Diktatur – sehr erleichtere.

Man spricht vom Nutzen der Religion für die Kulturentwicklung, aber nach Russell übertreiben hierbei die meist käuflichen oder parteiischen Autoren. Der Schaden, den die Frömmler und Fanatiker im Laufe der Jahrtausende angerichtet haben, überwiegt bei weitem das bißchen Pseudokultur, das sie *nolens volens* auch akzeptieren und überliefern mußten.

Im allgemeinen bekämpfte die Kirche jeden wissenschaftlichen und philosophischen Fortschritt; ihr Kampf gegen die Sexualität hat das Leben verdüstert und alle Freiheitsimpulse gedrosselt. Die Ausrichtung auf das Jenseits lähmte die Kräfte für das Diesseits, und das Festhalten an angeblich ewigen Wahrheiten verunmöglichte das Finden realistischer und sich entwickelnder Erkenntnis.

In Russells Sicht ist die Religion das schlimmste Hindernis für den Fortschritt. Sie ist ein exquisites Mittel der Volksverdummung; sie stellt sich überall der Geburtenkontrolle, der Aufklärung der Massen und der menschlichen Unabhängigkeit entgegen. Russell meint sogar:

> Die Religion hindert uns auch daran, unseren Kindern eine vernünftige Erziehung zu geben, die Grundursachen der Kriege zu beseitigen und an Stelle der alten, grimmigen Lehren von Sünde und Strafe eine Ethik der Zusammenarbeit zu verbreiten. Es ist möglich, daß sich die Menschheit an der Schwelle eines goldenen Zeitalters befindet, wenn dies jedoch der Fall ist, muß zuerst der Drache getötet werden, der den Eingang bewacht, und dieser Drache ist die Religion.

Über mehr als 200 Seiten hinweg hagelt es Streiche auf den religiösen Obskurantismus, und zwar sowohl in seiner populären als auch in seiner hoch geistigen Form. Instruktiv ist auch die Aufzeichnung eines Streitgespräches, das der Philosoph mit dem Geistlichen Pater Copleston SJ geführt hat. Die beiden Protagonisten tragen dabei ihre Auffassungen zu den interessantesten Hauptpunkten der religiösen und der freigeistigen Weltanschauung vor, aber natürlich sind sie weit davon entfernt, sich einigen zu können.

Der Jesuitenpater hüpft von Problem zu Problem, um immer wieder festzustellen, daß der Intellekt vor gewissen Daseinsrätseln kapitulieren müsse; Russell erwidert hierauf unerschütterlich, daß ungelöste Fragen der Forschung durch weitere wissenschaftliche Bemühungen geklärt werden sollen, und daß das Unerforschliche auch ohne einen diffusen Gottesbegriff ertragen werden kann.

Am Ende geht man friedlich auseinander, aber der Jesuit hatte es leichter als der große Denker: Er mußte nur erziehungs- und traditionsbedingte Vorurteile aneinanderreihen, indes Russell die Mühe auf sich nahm, die genauen Grenzen des heute Wißbaren zu bestimmen.

Mit *Ehe und Moral* wagte sich der Philosoph mindestens so weit vor wie in seinem Religionsbuch; er attackierte die Ehe- und Sexualmoral, stellte die Monogamie in Frage und plädierte für die weitgehende Emanzipation der Frau. Diese Schrift erregte überall gewaltige Aufmerksamkeit, und sie hat vermutlich im angelsächsischen Bereich außerordentlich befreiend gewirkt.

Man hätte es vielleicht noch hinnehmen können, daß Russell für eine freie Sexualerziehung einstand; aber er ging noch weiter und wollte eine radikale Befreiung der Frau, ähnlich wie sie schon sein Taufpate John Stuart Mill (1806-1873) in *Die Hörigkeit der Frau* (1869) gefordert hatte. Zur Gleichstellung der Frau gehörte seiner Meinung nach dasselbe „Recht auf Ehebruch“, wie es sich die Männer seit Olims Zeiten einzuräumen pflegten. Im Einklang damit verlangte er die Lockerung der Monogamie-Vorschriften. Auch vorehelicher Geschlechtsverkehr schien ihm für beide Geschlechter notwendig, damit eine rechtzeitige Erziehung zur sexuellen Praxis stattfinden könne. Auch solle der junge Mensch verstehen lernen, was ihm sexuell angemessen sei: Man könne und solle nicht unwissend in die Ehe treten, da dies die Gefahr mit sich bringe, daß man eine völlig falsche Sexualwahl treffe.

Russell schloß sich dem amerikanischen Richter Lindsey an, der eine fünfjährige Probeehe für junge Leute vorschlug – diese Versuchsehe sollte leicht gelöst werden können. Lindsey und Russell meinten, durch besseren Zugang zur Sexualbefriedigung für die Jugend könnte auch die Prostitution einigermaßen eingedämmt werden.

Wiewohl *Ehe und Moral* ein wissenschaftlich recht kompaktes Werk ist und reiches geschichtliches, soziologisches und psychologisches Wissen des Autors ausbreitet, war man in konservativen Kreisen entsetzt über die Unmoral dieses Textes. Die Folgen sollte Russell später noch zu spüren bekommen.

Die Eroberung des Glücks ist eine geistreiche und lebenskluge Anweisung zu einer besseren Lebensführung, die sich an die Vernunft des Menschen wendet, um ihn vor selbst verursachten Schädigungen zu bewahren. Russell bekämpft in der einen Hälfte des Buches „Die Ursachen des Unglücks“, und in der anderen Hälfte ist er darum bemüht, „Die Ursachen des Glücks“ aufzuzeigen.

Sehr kritisch äußert er sich zu den Formen des Weltschmerzes, zum Geist der Konkurrenz, zu Langeweile, Müdigkeit, Neid, Schuldgefühlen, Verfolgungswahn und zum Was-wird-die-Welt-sagen-Komplex. Hat er auf diese Weise die Hemmschuhe des Glücklichseins und Glücklichwerdens deutlich gemacht, so verwendet er die Kraft seiner Eloquenz dazu, die Elemente des Daseinsglücks anzupreisen. Dazu gehören seiner Meinung nach Lebensbejahung, Zuneigung, Familie und Ehe, Arbeit, überpersönliche Interessen sowie Streben nach Entsagung.

Im Kapitel über die Arbeit betont er mit Recht, daß man sein Leben nicht punktuell auffassen dürfe; man solle immer dessen Totalität vor Augen haben. Viele Dummheiten und Laster würden uns erspart bleiben, wenn wir nicht die Bedeutung des Augenblicks aufblähen und überstrapazieren würden. Zeitüberdauernde Motive der Lebensgestaltung sind daher immens wichtig. Wer sich stets vom Augenblick einfangen und bestimmen läßt, wird wie ein Blatt im Wind hin und her getrieben: Er hat keine feste Orientierung in der Welt, und das ist fast immer die Quelle von Unheil.

Die Entwicklung breit angelegter Interessen ist ebenfalls eine Stütze unseres Glücks. In den zwischenmenschlichen Beziehungen soll man nicht sparsam sein, sondern Gefühl und Zuneigung reichlich verschenken; wer in diesen Sphären gibt, bekommt auch viel. Ein Kulminationspunkt von Russells Apologie der Lebensweisheit ist seine Aufforderung an uns alle, Seelengröße in irgendeiner Form zu erwerben und uns für Schönheiten und Wahrheiten dieser Welt zu öffnen. So heißt es in unserem Text (S. 156):

> Ein Mensch, der einmal in seinem Leben, wenn auch noch so vorübergehend und kurz, erfaßt hat, worin Seelengröße besteht, kann kein Glück mehr finden, wenn er kleinlich, selbstisch, von bedeutungslosen Ärgernissen gequält dahinlebt, in steter Angst vor dem, was das Geschick ihm noch zugedacht haben mag. Ein Mensch, der seelischer Größe fähig ist, wird die Fenster seines Geistes weit öffnen, um den Winden aus allen Teilen des Alls freien Zutritt zu gewähren. Er wird sich und Leben und Welt so richtig erkennen, wie unsere menschliche Beschränktheit es zuläßt; wird sich nicht über die kurze Dauer und Winzigkeit des menschlichen Lebens täuschen und dadurch zugleich erkennen, daß im Geiste des einzelnen sich zusammen drängt, was das erforschte Weltall an Werten für uns umschließt. Und er wird sehen, daß derjenige, in dessen Geiste sich die Welt spiegelt, in einem Sinne so groß wird wie die Welt selbst. Frei von den Ängsten, die den Sklaven der Verhältnisse befallen, wird er echte Freunde kennen und durch alle Wechselfälle seines äußeren Lebens hindurch in den Tiefen seines Wesens von Glück erfüllt bleiben.

Russells Beschäftigung mit Ehe, Moral und Seelenglück entsprang nicht nur rein philosophischen Interessen; es stand auch persönliche Betroffenheit dahinter. Denn die Ehe mit Dora war um 1930 bereits in einer schweren Krise. Die theoretisch von den beiden Partnern festgelegten Auffassungen über die freie Ehe wurden von Dora allzu unbefangen in die Praxis umgesetzt; sie gebar einem amerikanischen Journalisten zwei Kinder, die Russell nicht als seine Sprößlinge anerkennen wollte. Aber auch er selbst war gefühlsmäßig bereits anderweitig engagiert. Für seine Arbeiten in jener Zeit diente ihm als Sekretärin Patricia Helen Spence (Peter genannt), die zu seiner nächsten Lebensgefährtin werden sollte.

Da 1931 sein älterer Bruder Frank starb, erhielt Russell die Würde eines Earls und damit auch das Anrecht auf einen Sitz im Oberhaus. Weil ihm aber die Lords im Oberhaus als langweilig erschienen. nahm er seinen Platz in ihrer Mitte nicht ein. Gewiß waren die Lords froh, ohne diesen Störenfried ihr beschauliches Dasein weiterführen zu können.

1932 kam es zur endgültigen Trennung von Dora, aber erst 1935 war die Scheidung perfekt. Russell lebte bereits mit Patricia Spence zusammen und publizierte in den dreißiger Jahren unermüdlich weitere Bücher. Er war fast immer in finanzieller Bedrängnis, da er kein festes Einkommen hatte und seine pekuniären Verpflichtungen mit den Jahren wuchsen. Sein Freund George Santayana bot ihm die beträchtliche Summe von 500 Pfund für einige Jahre – jeweils halbjährlich ausgezahlt – als Unterstützung an. Damit konnten die schlimmsten Notlagen vorerst überbrückt werden.

Russell wünschte sich wieder eine Anstellung an einer Universität, wo er Philosophie lehren konnte. Cambridge zeigte jedoch keine Neigung, ihn als Dozent zu akzeptieren. Auch Princeton in USA, wo sein alter (eigentlich nur noch ehemaliger) Freund Whitehead lehrte, wollte ihn nicht. Aber die Universität von Chicago war mutiger; sie bot ihm einen Lehrstuhl an, den er von 1938-39 innehatte.

1936 hatte er „Peter" geheiratet, und so zog er mit ihr und den Kindern in die USA. Aus den zahlreichen Publikationen jener Zeit ist noch erwähnenswert das Buch *Macht* aus dem Jahre 1938. Es stellt eine Antithese zur Geschichtsphilosophie von Marx dar, in welcher ökonomische Faktoren zum Motor der Geschichtsbewegung gestempelt werden. Russell jedoch, in Anlehnung an Friedrich Nietzsche und Alfred Adler, betont die Tragweite des Machtmotivs und legt an ungemein kenntnisreichen historischen Zustandsschilderungen die Ubiquität (Allgegenwärtigkeit) des menschlichen Machtbedürfnisses dar.

Speziell befaßt er sich mit der Frage nach der Zähmung der Macht oder einer Ethik der Macht, wobei er einem wohlverstandenen Sozialismus große Zukunftschancen einräumt. Zugleich aber drückt er auch die tiefe Besorgnis aus, daß die Welt tatsächlich am zügellosen Machtwahnsinn der Politiker zugrunde gehen könnte.

Er hatte Grund genug für diesen sorgenvollen Ausblick in die Zukunft der Menschheit. 1922 hatte der Faschismus in Italien gesiegt; 1933 war Hitler in Deutschland an die Macht gekommen; und 1936 begann Franco in Spanien seine Revolte gegen die spanische Republik. Europa zeigte einen massiven Trend zur faschistischen Regierungsform. Die Demokratien waren schwach und nachgiebig, und im Osten hatte Stalin sein Terrorregiment über Rußland etabliert. Die Freiheit war überall in arger Defensivposition. Auch in Japan bestimmten die Militärs eine wahnwitzige Machtpolitik, die 1937 zum Überfall auf China führte. Knapp zwanzig Jahre nach dem furchtbaren Völkergemetzel des Ersten Weltkrieges stand man wieder an der Schwelle eines weiteren Krieges im Weltmaßstab.

Russell war im Ersten Weltkrieg ein unbedingter Pazifist gewesen, aber angesichts der neueren politischen Entwicklungen fragte er sich, ob man gegen Massenmörder wie Hitler, Stalin und Franco mit pazifistischen Gesinnungen etwas ausrichten könne. Zuerst meinte er, an der These der absoluten Gewaltlosigkeit festhalten zu können; aber dann sah er ein, daß der Faschismus noch schlimmer als Dschingis Khan war, der bei seinen Eroberungen ganze Völkerschaften ausgerottet hatte.

1938 unterstützte Russell noch Chamberlains Appeasement-Politik, die in München zu jenem fragwürdigen Abkommen führte, welches die Tschechoslowakei der deutschen Eroberungslust auslieferte. Aber Hitler wollte seinen Krieg, und nach der Einverleibung der Tschechoslowakei folgte die Aneignung von Danzig und 1939 der Krieg gegen Polen. Nun wußte auch Russell keinen Rat mehr und schrieb:

> Ich bin immer noch Pazifist in dem Sinne, daß ich den Frieden für das Wichtigste in der Welt halte. Aber ich glaube nicht, daß es in der Welt je Frieden geben kann, solange Hitler Erfolg hat. Seine Niederlage ist das notwendige und unabdingbare Vorspiel für alles Gute.

Vom Ausbruch des Zweiten Weltkrieges bis zum Vietnamtribunal. – 1938 war Russell Professor für Philosophie in Chicago und hielt dort viel beachtete Vorlesungen über *Wörter und Tatsachen* (später als Buch publiziert). Aber der Rektor der Universität, der ein Anhänger des heiligen Thomas von Aquino (ein Neo-Thomist) war, konnte ihn begreiflicherweise nicht leiden und erneuerte nicht seinen Vertrag nach Ablauf der vereinbarten Jahresfrist.

Nun ging es an die Universität von Kalifornien, was die Übersiedlung in ein landschaftlich viel reizvolleres Gebiet mit sich brachte, dessen Klima die Russells sehr behaglich fanden. Aber auch hier war das Rektorat mit einem extrem konservativen Mann besetzt, so daß Russell im zweiten Band seiner *Autobiographie* schreibt (S. 337):

> Die akademische Atmosphäre war viel weniger angenehm als in Chicago; die Leute konnten nicht so viel, und der Rektor der Universität war ein Mann, gegen den ich, wohl zurecht, eine tiefe Aversion hatte. Wenn ein Dozent irgend etwas allzu Liberales sagte, so entdeckte man, daß dieser betreffende Dozent seine Arbeit schlecht machte, und er wurde entlassen. Bei Fakultätssitzungen pflegte er herein zu marschieren, als ob er Schaftstiefel trüge, und jeden Antrag zu streichen, der ihm nicht gefiel. Alle zitterten vor seinem Stirnrunzeln, und ich mußte an eine Sitzung des Reichstags unter Hitler denken.

Als das Studienjahr beendet war, wurde Russell vom *City College* der Stadt New York zur Übernahme einer Professur eingeladen. Da er die Sache für perfekt hielt, bat er um seine Entlassung in Kalifornien; später stellte es sich heraus, daß die New Yorker Affäre noch fraglich war, weshalb er sein Rücktrittsangebot in Los Angeles zurückziehen wollte. Aber der oben erwähnte Rektor stemmte sich dagegen; denn eifrige christliche Steuerzahler hatten dagegen protestiert, daß man mit ihrem Gelde einem Gottlosen Salär bezahlte für eine Tätigkeit, die der akademischen Jugend eher schaden als nützen werde.

In New York kam es aber noch viel schlimmer. Das *City College* unterstand der Stadtverwaltung, in welcher die Katholiken eine starke Fraktion bildeten. Aber auch die Protestanten zogen mit: Man entfesselte gemeinsam ein Kesseltreiben gegen Russell, dessen Anstellung als Professor mit dem Sieg des Antichrist identifiziert wurde.

Nicht nur der Atheismus von Russell kam aufs Tapet; besonders stützte man sich auf das Buch *Ehe und Moral*, in welchem angeblich – wie die frommen Fanatiker meinten – der Ehebruch und alle möglichen sexuellen Perversionen empfohlen wurden. Speziell stieß man sich daran, daß Russell gesagt hatte, man solle kleine Kinder nicht für Masturbation bestrafen.

In den USA war man sehr erfahren in den Techniken der Hexenjagd, und Russell bekam dies mit voller Wucht zu spüren. In den Zeitungen erschienen zahlreiche Aufsätze, die ihn als einen „ausgetrockneten, geschiedenen und dekadenten Fürsprecher der Promiskuität" glossierten; eine Jesuitenzeitschrift nannte ihn einen Professor der Unmoral und Religionslosigkeit, der in England von allen anständigen Leuten geschnitten werde.

Leserbriefe an die Zeitungen zeigten, daß sich auch die Armen im Geiste an dieser Kampagne beteiligen wollten; so schrieb ein Leser, er halte Russell für einen „Teufelsgehilfen für die Menschheit", für das „Zerrbild eines Genies". Immerhin: Auch dieser verhetzte Kleinbürger fühlte sich gedrängt, das Wort „Genie" für Russell zu gebrauchen.

Eine Amerikanerin strengte einen Prozeß gegen den Staat New York an, weil sie befürchtete, ihre minderjährige Tochter, die demnächst an die Universität gehen wollte, werden durch Russell sittlich vergiftet werden. Ihr Anwalt klagte Russell so ziemlich aller moralischen Vergehen an, die im Hirn eines entrüsteten Spießers das tägliche Vergnügen eines Freigeistes zu bilden scheinen.

Russell durfte vor Gericht nicht als Verteidiger seiner selbst auftreten, da die ganze Angelegenheit nur den Staat New York und die private Klägerin anging. Die Stimmung im Lande wurde so angeheizt, daß es riskant war, irgendwelchen Vortragsverpflichtungen Folge zu leisten. Russell erzählt, daß sich Saalbesitzer weigerten, Säle für seine Vorträge bereitzustellen; auch lief er Gefahr, beim Erscheinen in der Öffentlichkeit vom katholischen Pöbel gelyncht zu werden.

Der rühmliche Prozeß in New York, dessen die führenden Intellektuellen des Landes sich schämten, war nicht der erste dieser Art. Schon in den späten zwanziger Jahren hatte man in den USA einen Schullehrer der Stadt Dayton (Ohio) vor Gericht gebracht, weil er den Schulkindern die Evolutionstheorie von Darwin gelehrt hatte. Die Anklage führte kein Geringerer als ein republikanischer Präsidentschaftskandidat. Der arme Lehrer entging mit Not einem Strafurteil, wozu nicht wenig beitrug, daß einer der berühmtesten Strafverteidiger der Nation (Clarence Darrow) für ihn in die Bresche sprang.

Nun lag Russell in der Schußlinie der Ewiggestrigen, und der Anwalt jener Dame, deren Name nicht genannt zu werden verdient, führte aus, seine Werke seien „geil, wollüstig, ausschweifend, erotomanisch, lüstern, respektswidrig, engstirnig, unwahr und des sittlichen Charakters ermangelnd". Russell habe in England eine Nudistenkolonie geleitet, in der seine Kinder nackt herum liefen. Auch habe er obszöne Gedichte verfaßt. Er sei eigentlich kein Philosoph, sondern nur ein Wortverdreher; was er seine Philosophie nenne, „sind nur billige flitterhafte, abgenutzte, geflickte Fetische und Behauptungen, zu dem Zweck ersonnen, die Menschen irre zu führen".

Natürlich zeigte sich der Richter tief beeindruckt von diesen Ausführungen und gab der Klägerin recht, daß ihre Tochter – die übrigens gar nicht am *City College* studieren wollte – durch Russell moralisch und sittlich zerstört werden könnte.

So kam es dazu, daß die Moralität des Staates New York 1939 gerettet wurde. Für Russell stellten sich aber damit wiederum ernsthafte Probleme der Existenzsicherung; er konnte aus England wegen des ausgebrochenen Krieges keine

Gelder beziehen, und in den USA war er ohne Einkommen. Da bot ihm Dr. Barnes von der *Barnes Foundation* einen Fünfjahresvertrag an. Er sollte an der Kunststiftung dieses Mannes in Philadelphia freie Vorlesungen über Philosophie halten. Barnes hatte durch eine Erfindung viele Millionen verdient; dann hatte er sich vom Geschäftsleben zurückgezogen und wollte den Mäzen spielen. Er war aber ein sehr schwieriger Charakter, mit dem niemand auf Dauer auskommen konnte. Auch Russell, der sein Angebot mit Freuden annahm, sollte mit ihm Komplikationen bekommen.

Zunächst las er an der *Barnes Foundation* über die Geschichte der abendländischen Philosophie und ergänzte damit seine Vorstudien zu seinem Monumentalwerk über die *Philosophie des Abendlandes*, das er 1945 publizieren konnte. Aber die Idylle mit Dr. Barnes dauerte nicht lange. Dieser streitbare Manager wurde schon nach einem Jahr mit Russell unzufrieden und wollte ihn fristlos entlassen. Russell pochte auf seinen Fünfjahresvertrag und ging damit vor Gericht. Die Fakten sprachen offenkundig für ihn, aber da Dr. Barnes ein paranoider Charakter war, schöpfte er alle Berufsungsmöglichkeiten nach dem Urteil der Ersten Instanz aus, so daß Russell erst manche Jahre später zu seinen finanziellen Entschädigungen kam. Inzwischen brachte er sich mühsam finanziell über die Runden, aber das herannahende Kriegsende verbesserte seine Chance auf Arbeit und wachsende internationale Anerkennung.

1944 überquerte Russell den Atlantik, um sich wieder in England niederzulassen. In seinem Gepäck war das Manuskript der *Philosophie des Abendlandes*, die damals schon fast beendet war, Cambridge stellte ihn wieder als Professor an, und seine Vorlesungen hatten triumphale Erfolge. Er nahm auch seinen Sitz im Oberhaus ein und erklärte in einer Jungfernrede den Lords die damalige Weltsituation. Er sah bereits die Aufspaltung der Welt in die beiden Machtblöcke der USA und der UdSSR voraus und glaubte nicht, daß die beiden Systeme friedlich nebeneinander existieren könnten.

Er freute sich darüber, daß die Churchill-Regierung nach dem Kriegsende durch ein Labour Government abgelöst wurde; aber die Explosionen der Atombomben in Hiroshima und Nagasaki erfüllten ihn mit Schrecken vor der Zukunft. Er postulierte, daß die Atombomben bald durch Wasserstoffbomben mit viel größerer Sprengkraft abgelöst würden; auch zweifelte er nicht daran, daß Rußland den Vorsprung der Amerikaner in der Atomwaffenproduktion einholen werde. Die Vision einer Welt mit gefüllten Kernwaffenarsenalen erschien ihm als grauenhaft. Den derzeit lebenden Politikern und Staatsmännern traute er nicht über den Weg und hielt dafür, daß sie in Krisensituationen durchaus eine Vernichtung allen Lebens auf der Erde riskieren würden, um ihre Machtambitionen durchzusetzen.

So kam er auf die absurde Idee, ein kurzer Krieg mit Rußland unter Einsatz der Superbomben sei vielleicht noch der beste Weg zur Inthronisation einer einheitlichen Weltregierung. Diese wäre unter kapitalistischer Ägide fortschrittlicher als eine kommunistische Tyrannis; denn im Westen gebe es doch noch die Freiheit des Individuums und die Trennung von wirtschaftlicher und politischer

Macht. Zum Glück kam es nicht zu diesem kurzen Krieg, und Russell publizierte sein großartiges Meisterwerk über die *Philosophie des Abendlandes*.

Es zeugt von Russells gigantischer Arbeitskraft, daß er im Alleingang die ganze abendländische Philosophiegeschichte darzustellen vermochte. Sein Buch umfaßt etwa 700 großformatige, eng bedruckte Seiten. Es ist eigentlich eine europäische Kulturgeschichte, zentriert um die Entwicklung der Philosophie, die als „Niemandsland zwischen den Wissenschaften und der Theologie" definiert wird. Russell zeigt den Zusammenhang zwischen sozialen, ökonomischen, allgemein kulturellen und philosophischen Entwicklungen auf. Er widmet allen bedeutenden Philosophen von Thales bis Russell sehr aufschlußreiche Kapitel, die – und das ist ein Novum in der Geschichtsschreibung der Philosophie – amüsant zu lesen sind.

Natürlich ist er nicht unparteiisch, und seine Urteile über geistige Strömungen und einzelne Denker können durchaus angefochten werden. Russell betrachtet die philosophischen Systeme, die Herrschaftsformen und die Kulturzustände vom Standpunkt des Aufklärers, des Liberalen und des Menschenfreundes; dabei muß er oft genug so manche Scheingröße der Kulturgeschichte entlarven und manche ehrwürdige Institution als antihuman attackieren.

Aber in seiner Objektivität ist er sogar darum bemüht, den Philosophen des Mittelalters, die im scholastischen Nebel meditierten und überall die überragende Weisheit der Bibel nachzuweisen bestrebt waren, gerecht zu werden. Er kannte sie alle – von Thomas von Aquino über Duns Scotus bis zu Abälard – in ihren Originaltexten, und manche von ihnen stellt er mit sichtlicher Sympathie dar. Kein Zweifel: Die *Philosophie des Abendlandes* war ein großer Wurf, neben den *Principia mathematica* sicherlich Russells zweites Hauptwerk von Weltrang. Jedenfalls war dies auch die Meinung Albert Einsteins, mit dem Russell in seiner amerikanischen Periode oft in Princeton zur Diskussion zusammengekommen war; der geniale Physiker schrieb:

> Bertrand Russells der Geschichte der Philosophie ist eine köstliche Lektüre. Ich weiß nicht, ob man die köstliche Frische und Originalität oder die Sensitivität der Einfühlung in ferne Zeiten und fremde Mentalität bei diesem großen Denker mehr bewundern soll. Ich betrachte es als ein Glück, daß unsere so trockene und zugleich brutale Generation einen so weisen, ehrlichen, tapferen und dabei humorvollen Mann aufzuweisen hat. Es ist ein im höchsten Sinne pädagogisches Werk, das über dem Streit der Meinungen und Parteien steht.

Wer genauer die einzelnen Kapitel durchliest, wird natürlich finden, daß Russell infolge seiner positivistischen Einstellung vor allem jenen Denkern nicht ganz gerecht wird, die ihre Systeme jenseits der Naturwissenschaften aufbauten und eher ihr Fundament in den Geistes-, Sozial- oder Humanwissenschaften suchten. Auch der spekulative Idealismus, der die deutsche Philosophie in ihrer wichtigsten Epoche kennzeichnet, findet bei dem logischen Atomisten Russell wenig Gnade. Hier kann man gelegentlich von einem blinden Fleck in seiner Optik sprechen, aber die idealistische Spekulation mit ihrem deutlichen Trend zur Theologie bot seinem Witz tatsächlich so manche Angriffsfläche.

Wir können es uns nicht versagen, einige von Russells Kommentaren wörtlich anzuführen. Über Immanuel Kant sagt er z.B.:

> Wie jeder Mensch damals schrieb auch er eine Abhandlung über das Erhabene und Schöne. Die Nacht ist erhaben, der Tag ist schön, das Meer ist erhaben, das Land schön; der Mann ist erhaben, die Frau schön und so fort. Die *Encyclopaedia Britannica* bemerkt, er habe, da er niemals verheiratet war, noch im Alter die Gewohnheiten seiner Studentenzeit gehabt. Ich möchte wissen, ob der Verfasser dieses Artikels Junggeselle oder Ehemann war (S. 584).

Auf Kant folgte Fichte, dessen Ich-Vergottung Russell als eine Form von Wahnsinn diagnostiziert. Streng verweist er dem Philosophen seinen zügellosen Nationalismus, der ihn 1807 (*Reden an die deutsche Nation*) veranlaßte, die Deutschen das „Urvolk der Erde" zu nennen und zu behaupten: „Charakter haben und deutsch sein ist unzweifelhaft gleichbedeutend." Mit Recht sieht Russell in Fichte einen Wegbereiter des deutschen Faschismus.

Aber bei Hegel kam es noch schlimmer. Dieser als preußischer Staatsphilosoph erblickte im Staat die „sichtbare Erscheinung Gottes auf Erden". Auch verherrlichte er den Krieg als einen Jungbrunnen für die Völker, die ohne ihn erschlaffen und erlahmen würden. Hegel hob die Deutschen in den Himmel und setzte sie über alle anderen Völker, was für Russell angesichts des bereits errungenen Internationalismus der Aufklärungsphilosophie einen erbärmlichen Sündenfall darstellt.

Hegel nannte seine Epoche im Hinblick auf den preußischen Staat eine Epoche der Freiheit. Russell, der sich auch bei Hegel um Verständnis bemüht, kann natürlich einen feudalistischen, militaristischen und autoritären Staatsapparat in keiner Weise als frei anerkennen. Er läßt durchblicken, daß Hegel trotz geistiger Größe hoffnungslos an Untertanenmentalität erkrankt war.

Auch Nietzsche wird sehr heftig kritisiert, wobei viele Feinheiten der Nietzscheschen Philosophie dem nüchternen Tatsachensinn Russells entgehen. Das ist weiter nicht verwunderlich; die angelsächsische Welt, die seit jeher einen starken Trend zum Positivismus hat, tat sich immer schwer mit Nietzsches Lehre, die eigentlich erst seit Walter Kaufmanns Nietzschebuch (1950) in den USA und in England vermehrtes Interesse fand. Die Angelsachsen stießen sich oft an vordergründigen Aspekten des Nietzscheanismus, an der Herrenmenschenmoral, am Übermenschen-Theorem, an der (angeblichen) Frauenverachtung Nietzsches und an seinem Antidemokratismus. Auch Russell ist nicht frei von solchen Banal- und Globalbeurteilungen. So heißt es z.B.:

> Nietzsche ist nie auf den Gedanken gekommen, das Machtstreben, mit dem er seinen Übermenschen ausstattet, könne ein Ergebnis der Angst sein. Wer seine Nächsten nicht fürchtet, sieht auch keine Veranlassung, sie zu tyrannisieren. Menschen, die der Furcht Herr geworden sind, haben nicht die wahnwitzige Veranlagung von Nietzsches „Künstler-Tyrannen" im Stile Neros, die sich an Musik und Massen-

mord zu vergnügen suchen, während ihre Herzen von Angst vor der unvermeidlichen Palastrevolution erfüllt sind. Ich möchte nicht bestreiten, daß die Welt – zum Teil infolge seiner Lehre – seinem Angsttraum wirklich recht ähnlich geworden ist (S. 634).

Und weiter kommt es zu Kritiken an Karl Marx, Henri Bergson, John Dewey, William James und vielen anderen Philosophen, wobei Russell sichtlich milder verfährt als beim deutschen Idealismus. Über 700 Seiten hinweg hält er den Leser in Spannung und wacher Aufmerksamkeit, was nur möglich ist, weil sein Stil dauernd die innere Lebendigkeit seines Gemüts und die Schärfe seines Intellekts durchblicken läßt.

Vielleicht ist es sinnvoll, an dieser Stelle Russells Arbeitsethos zu rühmen, das in mancher Hinsicht an die Arbeitstechniken von Sigmund Freud und Thomas Mann erinnert. Er hielt eisern an einem bestimmten Tätigkeitsrhythmus fest; der Vormittag gehörte der Schreibarbeit, der Nachmittag der philosophischen Lektüre, und der Abend geselligen Veranstaltungen oder „leichten Texten", worunter durchaus auch einmal ein Kriminalroman sein durfte. Im Laufe eines sehr langen Arbeitslebens konnte Russell dementsprechend ein Arbeitspensum bewältigen, das in jedem Fall das Prädikat „heroisch" verdient. Die Liste seiner Publikationen besteht aus etwa fünfzig Büchern und unzähligen Abhandlungen, ein denkwürdiges Monument geistiger Schöpferkraft und eines großartigen Mitteilungsbedürfnisses.

Seit seiner Rückkehr nach England (1944) war Russell beinahe – wie sich einer seiner Biographen (R. W. Clark) ausdrückt – ein Mitglied des Establishments geworden. Er stand nun in seinem achten Lebensjahrzehnt, und die Engländer neigten dazu, die wilden Eskapaden seines Lebens zu vergessen und in ihm in erster Linie einen *great old man* zu sehen. Die BBC (*British Broadcasting Company*) konnte sich nicht genug tun, ihn immer wieder zu Radiovorträgen und Radiodiskussionen einzuladen. Man schickte ihn auch als offiziellen Redner ins Ausland, wo er bei allen möglichen Gelegenheiten über Philosophie, Politik und die Situation des Menschen im Atomzeitalter sprechen sollte. Der Greis Russell genoß das alles mit sichtlichem Behagen; von Altersmüdigkeit war bei ihm wenig oder gar nichts zu spüren. Ein Beobachter beschrieb ihn bei einer öffentlichen Veranstaltung folgendermaßen:

Schlank und kerzengrade eilte er, das Manuskript in der Hand, mit einer Kraft und Energie zum Podiurn, die seine Jahre Lügen strafte. Etwas von seinem Alter verriet sich nur in den tiefen Falten seines Gesichts sowie in seiner Gewohnheit, regelmäßig seine Kiefermuskeln zu betätigen. Seine Haltung aber war hinreißend jugendlich. Was einem nach der Vorlesung in Erinnerung blieb, waren das Blitzen seiner Augen und die raschen entschlossenen Bewegungen, die nichts von der Last des Alters verrieten; bemerkenswert aber auch und vor allem die Männlichkeit seines Geistes und seiner Sinne.

1948 reiste er für einen Vortrag nach Norwegen und kam dabei fast ums Leben. Das Flugzeug ging auf dem Meer, nahe der Küste, nieder, und ein Teil der Passagiere ertrank. Russell, ein geübter Schwimmer, rettete sich bis zu einem Boot und kam völlig durchnäßt im Hotel an. Zum Glück überreichte man ihm schnell einen kräftigen Kognak, und er behauptete, der Alkohol habe ihm das Leben gerettet.

1950 erhielt er vom englischen König die hohe Auszeichnung des *Order of Merit*. Der König bemerkte hierbei, Russell habe ein abenteuerliches Leben geführt, und es wäre gewiß nicht gut, wenn dies alle Leute so täten. Russell hatte Verständnis für die Bedenken des Monarchen, der später über ihn gesagt haben soll: „Sieht komisch aus, der Mann."

Andere fanden ihn eher ehrwürdig und sehr eindrücklich. So auch die Australier, die ihn 1950 zu einer Tournee durch ihr Land einluden. Er absolvierte die anstrengende Reise mit vielen Vorträgen, Zeitungsinterviews und Empfängen ohne merkliche Zeichen von Ermüdung und Überanstrengung. Er begeisterte viele Australier für seine Philosophie und seine politische Gesinnung; aber der berühmte Erzbischof Mannix von Melbourne fühlte sich durch ihn mächtig gestört. Jedenfalls erklärte der hohe Geistliche, man hätte Russell nicht ins Land einladen sollen, um dort seine atheistischen Theorien zu verbreiten; dem Beispiel der USA folgend, hätte man ihm am besten die Einreise verweigert.

Russell antwortete in einem Telegramm, er verlange eine sofortige öffentliche Entschuldigung, da man ihm in den Vereinigten Staaten nie Einreiseschwierigkeiten gemacht habe. Der Bischof mußte blamiert zugeben, daß er sich auf unzuverlässige Informationen gestützt habe.

Russell bewunderte Australien als ein Land mit gewaltigen Zukunftsmöglichkeiten. Er meinte, wenn er noch einmal auf die Welt kommen könnte, würde er am liebsten Australier werden; denn Westeuropa sei ein müder Kontinent, und die Amerikaner seien ein ruheloses Volk. Wirtschaftsaufschwung sei wichtig für diesen großen Kontinent, aber er hätte nur Sinn, wenn auch entsprechende Kulturfortschritte gemacht würden.

Und in diesem Zusammenhang erinnerte er die Australier daran, daß alle wichtigen zivilisatorischen und künstlerischen Erfindungen von Nonkonformisten in die Welt gesetzt worden seien. Daher müsse man dem Menschen die Freiheit, exzentrisch zu sein, einräumen; ohne Toleranz für Abweichler sei die Kultur zum Stillstand verdammt.

1948 hatte er nochmals ein Meisterwerk unter dem Titel *Das menschliche Wissen* veröffentlicht. Es enthielt populäre und streng wissenschaftliche Partien, darunter eine tiefgründige Theorie der Wahrscheinlichkeit, sodann auch eine Lehre von der wissenschaftlichen Schlußfolgerung. Er war immer noch in der Lage, umfängliche Gedankenmassen zu organisieren und sie in einer wunderbar klaren und verständlichen Sprache darzustellen.

So war es eigentlich nicht überraschend, daß man ihm 1950 in Stockholm den Nobelpreis für Literatur überreichte: Er hatte ihn wohl verdient. Er war der dritte Philosoph, dem dieser Preis zugeteilt wurde; der erste war Rudolf Eucken (1908), ein heute mit Recht vergessener eklektischer Denker; der zweite war Henri Bergson (1927), dessen Philosophie hinreißende dichterische Qualitäten aufweist. Angesichts der hohen Bedeutung des philosophischen Denkens für die Kulturentwicklung hätte das Nobelkomitee noch so manchen Philosophen ehren müssen. Bei Jean-Paul Sartre wurde 1964 ein ziemlich verspäteter und halbherziger Versuch gemacht, aber der auf seine Unabhängigkeit sorgfältig bedachte Existentialist lehnte den Preis ab mit der Begründung, er wolle sich nicht institutionalisieren lassen; zugleich ließ er durchblicken, daß er das Nobel-Institut für eine bourgeoise Angelegenheit hielt, in dessen erzkonservative oder reaktionäre Machenschaften er sich nicht einspannen lassen wolle.

Russell konnte das Geld des Nobelpreises gut gebrauchen, um die Scheidung seiner dritten Ehe zu finanzieren. Denn auch die Beziehung mit Patricia Spence war um 1949 zerbrochen; „Peter" erlangte die Scheidung aber erst 1952. Immerhin hatte sie ihn bereits Ende 1949 verlassen und den Sohn Conrad (aus dieser Ehe) mit sich genommen.

In seinen Ehen war Russell sichtlich nicht so erfolgreich wie in seiner Philosophie. Der nahezu Achtzigjährige versuchte es gleichwohl ein viertes Mal, und diesmal fand er die Frau seines Lebens. Es war Edith Finch, eine amerikanische Dozentin, mit der er bereits seit Jahrzehnten bekannt oder befreundet war. Sie heirateten 1952, und Russell verbrachte die restlichen achtzehn Jahre seines Lebens an Ediths Seite, die für ihn Geliebte, Mitarbeiterin und Pflegerin im höchsten Alter wurde.

Denn zur Ruhe setzen wollte er sich noch keineswegs. Immer noch begab er sich gern auf Reisen, z.B. nach Frankreich, Italien und in die USA. Anläßlich seines 78. Geburtstages (1950) arrangierte seine erste Frau Alys für ihn eine Geburtstagsfeier, bei der er – wie Alys stolz mitteilte – volle vier Stunden selbst redete und die Gäste mit Witzen unterhielt. Alys war ihm immer noch herzlich zugetan, und als sie kurz darauf krank wurde und im Sterben lag, schleppte sie sich stets selber zum Telefon, da es möglicherweise Bertie sein konnte, der sie anrief.

Wenn er Vorträge hielt, drängten sich unübersehbare Volksmassen in seine Auditorien, so daß in Amerika ein Journalist zu ihm sagte, das Publikum müsse einer Verwechslung unterliegen; wahrscheinlich meine es, die Filmschauspielerin Jane Russell, ein Busenwunder jener Zeit, habe einen Vortrag angemeldet. Es war für den Reporter undenkbar, daß bloß für einen Philosophen tausende Menschen zusammenströmen sollten.

Da er seit langem wußte, wie sehr er auf die Menschen durch das gesprochene und geschriebene Wort einwirken konnte, wollte er vor allem in den politischen Krisensituationen, die nach dem Ende des Zweiten Weltkrieges fast pausenlos aufeinander folgten, als „Funktionär der Menschheit" (E. Husserl) ein Lehrer der Vernunft sein.

1949 war die Volksrepublik China gegründet worden. Schon 1950 begann der Koreakrieg, der zur bewaffneten Konfrontation zwischen den USA und China führte. Zum Glück blieb dieses dreijährige Ringen um Korea, das immerhin hunderttausenden Menschen das Leben kostete, ein mit konventionellen Waffen ausgetragener Krieg; aber unter den amerikanischen Militärs gab es viele Stimmen, die dafür plädierten, man solle die Chinesen mit Atombomben in ihr

Land zurück jagen. Natürlich hätte dann auch Rußland in den Streit eingegriffen, und das atomare Desaster hätte seinen Verlauf genommen.

Schon 1952 hatte man in den USA die A-Bombe weiterentwickelt zur H-Bombe, d.h. zu einer Bombe, die nicht mehr hauptsächlich auf der Uranspaltung beruhte, sondern auf der viel energiereicheren Verschmelzung von Wasserstoff zu Helium. Die Sprengkraft einer einzigen Bombe dieser Art wird auf etwa 20 Millionen Tonnen Normalsprengstoff eingeschätzt. Zuerst waren die Amerikaner im Alleinbesitz dieser Superwaffe, aber die Russen konnten bald nachziehen.

Überhaupt wurde der „Atomclub" schnell größer, als man es vorgesehen hatte. Zunächst waren die USA, England und Rußland die Inhaber des Atomwaffenmonopols; aber die Franzosen setzten unter de Gaulle ihren Ehrgeiz darein, auch eine Weltmacht zu sein, so daß die Forschungen in dieser Hinsicht energisch vorangetrieben wurden. Beim heutigen Stand der Dinge gehören auch die Chinesen zum „Club", die Israelis, Indien und Pakistan.

In anderen Staaten wird gewiß im Verborgenen eifrig am zukünftigen Atom-Arsenal gebastelt, und man kann sich die Folgen ausmalen, wenn mehr als ein Dutzend Staaten bei allfälligen Konflikten ihre atomaren Lenkwaffen gegeneinander loslassen können. Bestimmt wird dann auch unter der Hand ein schwungvoller Handel einsetzen; das Waffengeschäft hat sich noch immer über Menschheitsinteressen hinweggesetzt, und es wird sicherlich auch mit Atombomben prächtig florieren.

In dieser Situation erhob Russell seine mahnende Stimme und schrieb offene Briefe an Nikita Chruschtschow und Dwight D. Eisenhower. Er beschwor diese führenden Weltpolitiker, die Stimme des Menschheitsgewissens zu hören und endlich ernstzunehmende Abrüstungsverhandlungen einzuleiten. Um die gleiche Zeit versuchte er auch, berühmte Wissenschaftler dafür zu gewinnen, gemeinsam mit ihm die Weltöffentlichkeit zu warnen. Es kam zu einer weitläufigen Kampagne für die nukleare Abrüstung.

Sehr hilfreich war dabei die Unterstützung durch den Industriellen Cyrus Eaton, der regelmäßig weltbekannte Wissenschaftler in sein Haus nach Pugwash am Sankt Lorenzostrom in Kanada einlud, damit sie dort die „Pugwash-Konferenzen" abhalten konnten. In Pugwash trafen sich viele Nobelpreisträger, die darüber berieten, was man für die Verständigung zwischen Ost und West leisten könne.

Russell schrieb damals sein Büchlein *Hat der Mensch eine Zukunft*?, in welchem er seiner Sorge um das Schicksal der Gattung *Homo* Ausdruck verleiht. Er erinnert an den komplizierten Verlauf der Evolution des Lebens auf der Erde, die Milliarden Jahre in Anspruch genommen hat. Nun läge es in den Möglichkeiten des Menschen, alles Leben auf der Erde zu vernichten.

Russell glaubte nicht daran, daß der Mensch von Natur zum Kriegführen bestimmt sei. Er bestritt, daß es einen angeborenen Trieb zum Töten und Hassen gebe und betonte mit Recht, daß es Institutionen, Ideologien, Religionen und Erziehungssysteme sind, welche die Menschen zum Feind ihres Nachbarn machen und eine latente Kriegsbereitschaft schüren. Nach Russells Meinung wäre es durchaus möglich, die Menschen zum Frieden zu erziehen; aber das setze auch einen Kampf gegen Dummheit und Vorurteil voraus und eine Aufklärung der Massen, wie sie bis jetzt noch nie dagewesen ist.

Seine stupende geistige Vielseitigkeit dokumentierte der achtzigjährige Russell unter anderem auch dadurch, daß er plötzlich – wie aus heiterem Himmel – anfing, Erzählungen zu schreiben. Diese wurden später unter dem Titel *Satan in den Vorstädten* veröffentlicht. Man publizierte sie anonym und bat die Leser, zu erraten, wer der Verfasser sein könnte. Man tippte auf G. B. Shaw, H. G. Wells, sogar auf Churchill, aber auf Russell kam niemand. Die Verblüffung war allgemein, als der Name des Autors genannt wurde.

Russell selbst schreibt im Vorwort zu diesem Band von fünf Erzählungen:

> Der Versuch, im Alter von achtzig Jahren noch mit etwas Neuem anzufangen, ist vielleicht ungewöhnlich, wenn auch kein Präzedenzfall: Hobbes war noch älter, als er seine Autobiographie in lateinischen Hexametern schrieb. Immerhin bedarf es vielleicht einiger beruhigender Worte, falls dieser oder jener sich wundern sollte. Dabei kann ich mir nicht vorstellen, daß sich ein Leser über meinen Versuch, Geschichten zu schreiben, noch mehr wundern könnte als ich selbst. Aus mir völlig unbekannten Gründen hatte ich plötzlich den Wunsch, die in diesem Band aufgenommenen Geschichten aufzuzeichnen, obwohl ich in meinem ganzen Leben niemals an so etwas gedacht habe. Ich bin auf diesem Gebiet bar jeder kritischen Urteilskraft und ahne nicht, ob die Erzählungen von irgendwelchem Wert sind. Ich weiß nur, daß es mir Spaß gemacht hat, sie zu schreiben und könnte mir denken, daß es vielleicht auch Leute gibt, denen es Spaß macht, sie zu lesen.

Hohe literarische Qualitäten sollte man bei diesen Novellen nicht suchen; sie sind doch überwiegend Verstandesprodukte, und man merkt deutlich, daß der Autor ein eifriger Leser von Kriminalromanen war. Daher wird in diesen Geschichten konspiriert, unheimliche Charaktere und Ereignisse sind darin gar nicht selten, und schließlich wird auch die Gefahr des Weltunterganges heraufbeschworen. Der Spott über die Geistlichkeit ist darin zu finden, und Politiker, Kapitalisten und Generäle werden durch den Kakao gezogen. Auch als Erzähler war und blieb Russell ein Moralist reinsten Wassers.

In den sechziger Jahren wurde der hochbetagte Russell zum *Spiritus rector* der britischen Anti-Atomtod-Bewegung. Trotz seines Alters beteiligte er sich an Demonstrationen, darunter auch an einem Sitzstreik vor einem Ministerium. Ein Polizist wollte die um ihn herum stehende oder sitzende Gruppe auflösen, aber als er hörte, der Greis im Mittelpunkt sei ein Lord, zog er sich ehrfurchtsvoll zurück. Nicht ganz so ehrfürchtig waren die Richter, die Russell und seine Frau anklagten wegen des Delikts der Aufhetzung der Öffentlichkeit gegen die Staatsgewalt.

Das war 1961, und der 89jährige Russell wurde samt Gattin zu zwei Monaten Gefängnis verurteilt. Auf Einspruch seiner Ärzte wurde die Strafe auf eine Woche Gefängnis reduziert, wobei der Aufenthalt im Gefängniskrankenhaus als Strafmilderung zugebilligt wurde. Russell nahm ein Paket Kriminalromane ins Gefängnis mit, dazu auch die Autobiographie der Madame de Staël. Fünfzig Jahre vorher hatte er einen Gefängnisaufenthalt zur Ausarbeitung eines schwierigen Buches benützt.

Russell entfaltete in jenen Jahren eine große politische und fast diplomatische Tätigkeit. Er bombardierte die Staatsmänner der westlichen und östlichen Hemisphäre mit Briefen, in denen er sie zur Abrüstung aufrief und sie an ihre Verantwortung für die Zukunft der Menschheit erinnerte. In der Kuba-Krise von 1962 korrespondierte er mit Kennedy, Chruschtschow, Castro und dem Uno-Generalsekretär U Thant, um schließlich die Genugtuung zu erleben, daß beide Seiten Vernunft zeigten.

Aber schlimmere Vorgänge zeichneten sich in Vietnam ab. Dort wehrten sich die Franzosen erbittert gegen den Zusammenbruch ihres Kolonialregimes, der unaufhaltsam war. Als der Abzug Frankreichs infolge des Sieges der kommunistischen Truppen aus Nordvietnam unvermeidlich war, traten die Amerikaner an ihre Stelle und unterstützten das korrupte Feudalsystem in Südvietnam durch eine große Zahl von Militärberatern. Diese reichten bald nicht aus, und so ließen sich die USA in einen echten Kolonialkrieg in Vietnam ein, in dessen Verlaufe sie einige hunderttausend Soldaten nach Südostasien entsenden mußten. Der schmutzige Krieg in Vietnam nahm seinen Verlauf, und die Weltöffentlichkeit wurde nach und nach alarmiert durch die Berichte von amerikanischen Flächen-Bombardements, von Verpestung der Wälder und des fruchtbaren Landes, von Greueltaten der GIs im Sinne der in Nürnberg nach Ende des Zweiten Weltkriegs definierten Kriegsverbrechen.

Der Protest gegen diese Form von Genocid kam in Gang; die Studenten an amerikanischen und westeuropäischen Universitäten waren führend in der Revolte gegen das Massenmorden in Vietnam. Die englische Labour Party, der Russell jahrzehntelang angehört hatte, erwies sich als sehr zahm gegen den amerikanischen Bundesgenossen und wagte es nicht, die USA mit einer eindeutigen Verurteilung ihres Vietnamabenteuers zu provozieren. In einer öffentlichen Veranstaltung rügte Russell diesen englischen Pseudosozialismus und zerriß seine Parteikarte vor den Augen seines Publikums.

In jenen Jahren wurde sogar ein Vietnam-Tribunal gegründet, in dessen Vorsitz Russell neben Sartre und Isaac Deutscher (dem Biographen Trotzkis und Stalins) saß. Es kam zu vielbeachteten Zusammenkünften in Stockholm und anderswo, wobei unwiderlegliche Beweise für die amerikanischen Kriegsverbrechen vorgelegt wurden. Russell konnte krankheitshalber nicht an diesen Sitzungen teilnehmen; er ließ sich durch jugendliche Freunde und Anhänger vertreten.

Der nunmehr 95jährige rauchte aber täglich seine Pfeifen, erledigte mit Hilfe seiner Frau eine umfängliche Korrespondenz und beendete die Ausarbeitung seiner dreibändigen *Autobiographie*, die ein herrliches Dokument seiner unauslöschlichen Geistesfrische ist. Auf mehr als 1000 Druckseiten erzählt er darin sein Leben und seine Denkgeschichte, und aus seinen unerschöpflichen Archiven teilt er Briefe mit, in denen buchstäblich alle Persönlichkeiten genannt sind, die in Russells Jahrhundert Rang und Namen hatten. Auch die Liebesbriefe von und an geliebte Frauen sind in diesem Text enthalten. Dazu kommen die Aufzeichnungen über geistige und politische Auseinandersetzungen, die seinen unruhigen Lebenslauf ausmachten.

Russells *Autobiographie* bestätigt die Nietzschesche Einsicht, daß ein wirklicher Philosoph auch ein philosophisches Leben führen muß – ansonsten ist eine Lehre mit noch so hohen spirituellen Ansprüchen unglaubwürdig. Vor allem deutsche Denker scheinen seit langem die Parole zu befürworten, daß die Geschichte eines Philosophen die Geschichte eines denkenden Kopfes sei; tatsächlich kann man etwa bei Kant, Hegel, Husserl, Heidegger und vielen anderen kaum von einem wahrhaft interessanten Leben sprechen, das in deutlicher Korrelation zu ihren weltumspannenden und auch weltbewegenden Theorien steht.

Russell stellt einen anderen Typ des Philosophen dar. Er war kein einsamer, in sich versponnener Grübler, sondern der Aristokrat und Weltmann, der sich für den Gang des sozialen und kulturellen Geschehens im Weltmaßstab verantwortlich fühlte. Infolge einer unendlichen Vielfalt von Aktivitäten konnte er nicht allen seinen Auffassungen absoluten Tiefsinn und rein geistige Erleuchtung geben; dafür aber war er ein kritischer Zeitgenosse von Format, ein Förderer der Vernunft, und man kann die Mutmaßung nicht von der Hand weisen, daß die moderne Welt eher solche Denker benötigt als die mystisch raunenden Esoteriker, die den Bauch des Seins reden zu hören glauben.

Als die unvermeidliche Altersschwäche Russell überkam, verbreiteten verschiedene Publikationsorgane die Fabel, daß er seine Meinung über die Religion geändert habe. Russell widersprach dieser Legende und schrieb:

> Wie oft muß ich noch dementieren, ich sei ein religiöser Mensch geworden! Diese Gerüchte entbehren absolut jeder Grundlage. Meine Auffassungen über Religion bleiben diejenigen, die ich mir als Sechzehnjähriger zu eigen gemacht habe. Ich betrachte alle Formen von Religion für falsch und auch für schädlich.

Seinen 97. Geburtstag feierte er noch mit großer und unbekümmerter Munterkeit, aber den 98. Geburtstag sollte er nicht mehr erleben. Er war im letzten Jahr kränkelnd und konnte sich nicht mehr erholen. Nun brauchte er einen Rollstuhl, und die Kräfte verließen ihn oft während des Tages, so daß er zu Bett gehen mußte. Seiner Frau vertraute er an: „Es fällt mir wirklich schwer, diese Welt zu verlassen."

Anfang Februar 1970 war es aber doch so weit: Bertrand Russell starb in seinem Haus in Nord-Wales. Nachrufe gab es natürlich viele; aber den geistvollsten hat er 1937 – für das Jahr 1962 vorausdatiert – selbst geschrieben, und zwar im Stil der konservativen *Times*, die ihm nicht sehr gewogen war. Nachdem er dementsprechend seine eigenen Leistungen etwas heruntermacht, fühlt er sich aber doch zum Eigenlob berechtigt (*Unpopuläre Betrachtungen*, S. 188):

> Sein Leben war trotz all seiner Unberechenbarkeit von einer gewissen anachronistischen Folgerichtigkeit, ähnlich jener der aristokratischen Rebellen des frühen 19. Jahrhunderts. Seine Prinzipien waren seltsam; aber wie sie auch waren, er handelte danach. Im Privatleben zeigte er keine Spur der Herbheit, die seine Schriften beeinträchtigt, sondern war ein anregender Gesellschafter, und es mangelte ihm

nicht an menschlicher Sympathie. Er hatte viele Freunde, überlebte sie aber fast alle. Dennoch schien er denen, die ihm verblieben, im Alter voll heiterer Freude, die er zweifellos zum Teil seiner unverwüstlichen Gesundheit verdankt, denn politisch stand er in seinen letzten Jahren so allein wie Milton nach der Restauration. Er war der letzte Überlebende einer versunkenen Epoche.

Epilog. – Russell begann sein Philosophieren mit der Mathematik und Logik, aber von seiner Familienherkunft her hatte er von Anfang an auch ein genuines politisches Interesse. Als sein Forschungsimpuls erwachte, sah er als eines der großen Probleme seines Jahrhunderts die philosophische Grundlegung der Mathematik und den Aufbau einer mathematischen Logik vor sich. Das waren Themenbereiche, die aus den gigantischen Fortschritten der Naturwissenschaften erwuchsen, aber auch aus Logik und Mathematik selbst, die damals nach tastenden Anfängen bei Leibniz und ersten genaueren Formulierungen bei Couturat, Frege und Peano zu einer Synthese tendierten. Russell hatte Genie und Arbeitskraft genug, um diese gewaltige Aufgabe in Angriff nehmen zu können; er ist einer der Begründer der modernen Logistik, die logische Sätze und Zusammenhänge in einer mathematischen Kunstsprache formuliert. Manche Autoren nennen Russell infolge seiner logischen Meisterleistungen den größten Logiker seit Aristoteles.

Aber jenseits der Fachkreise stammt sein Ruhm eher aus seinen allgemein philosophischen, politischen, ethischen und schriftstellerischen Betätigungen. Dabei ging er in den Spuren der englischen oder angelsächsischen Geistestradition einher, und das bedeutete, daß Empirismus, Positivismus, Skeptizismus und Agnostizismus sein Weltbild bestimmten. Denker des englischen Sprachbereiches können sich kaum dem Einfluß entziehen, der von Philosophen wie Bacon, Locke, Hume, J. St. Mill, Spencer und Naturwissenschaftlern wie Newton und Darwin ausstrahlt. Auch Russell ist determiniert durch diese Vorgänger, unter denen vielleicht Locke und Hume ihn besonders nachhaltig bestimmten.

Das war Vorteil und Nachteil zugleich; einerseits gewann er dadurch einen realistischen, lebensnahen und ungemein konkreten Ausgangspunkt für sein Denken, aber andererseits verschlossen sich ihm kühne Spekulationen der Geistesphilosophie, wie sie etwa im deutschen Idealismus entwickelt wurden. Wer von der Entwicklungslinie der mächtigen Systembauten idealistischer Philosophen herkommt, wird leicht den angelsächsischen Realismus etwas oberflächlich finden; diese Philosophie ist zu nahe an der Physik und den übrigen Naturwissenschaften aufgebaut, so daß sie nur teilweise in die Tiefen des sozialen, kulturellen und geschichtlichen Daseins hinein reicht.

Aber dafür wird man bei Russell entschädigt durch eine Ehrlichkeit und Tapferkeit des Denkens, die gerade bei den Systembauern des Spiritualismus und des denkerischen Dogmatismus allzu oft vermißt wird. Russell fußte in der Aufklärung des 18. Jahrhunderts, und er sah es als seine Aufgabe an, im Sinne von Locke, Hume und den mit ihnen gleichzeitigen Franzosen den Kampf gegen Unwissenheit, Vorurteil und Volksverdummung auf philosophischer Ebene zu führen. Und mit welcher Ausdauer, mit welchem Schwung, Witz und strahlender

Heiterkeit hat er sich dieser schwierigen Aufgabe entledigt! Man wird beim Lesen seiner Schriften immer wieder an den ihm geistesverwandten Voltaire erinnert, wenngleich Voltaire kein eigentlicher Philosoph, sondern eher Schriftsteller und bestenfalls Popularphilosoph war. Alan Wood, dessen Buch über Russell liebevoll und kundig die Wesenszüge des Philosophen und seiner Philosophie ans Licht hebt, legt Wert darauf, in ihm einen typisch englischen Denker zu sehen. Er beschließt sein Werk mit den Worten:

> Wir dürfen wohl behaupten, daß Russells Philosophie den angelsächsischen Charakterzug des Denkens nicht verleugnen kann: Der Humesche Geist der Skepsis verbindet sich mit Bacons Hochschätzung der Fakten und der Neigung zum Nominalismus (das ist der Positivismus des Mittelalters, J. R.) Wilhelm von Occams. Ihn quält keine „Tiefensucht", die eine der wesentlichen Motivationen der großen kontinentalen, insbesondere der deutschen Philosophen ist. Ortega y Gasset hat einmal gesagt, Klarheit sei die Höflichkeit des Philosophen. Von den lebenden Philosophen hat Russell diese Tugend am reinsten in seinem Denken verwirklicht (S. 316).

Wir brauchen heute im vermehrten Maße Philosophen von der Art Russells, die uns Zivilcourage, geistige Unabhängigkeit und unbeugsames Freiheitsbewußtsein zu lehren vermögen. Es sieht nicht so aus, als ob es Menschen von seinem Format und der Weite seines Horizontes in ausreichender Anzahl in den kommenden Jahrzehnten geben wird; die Sozialisation ist heute anders als im 19. Jahrhundert, wo die Erziehung zum *Gentleman-Scientist* trotz zahlloser Konservatismen und Konformismen immerhin recht erfolgreich praktiziert wurde. Heute geht der Trend mehr zum Fachmann und Spezialisten mit eingeschränkter Sichtweite. Die Universalgelehrten werden immer seltener, und wenn je einer zustande kommt, hat er im derzeitigen Hochschulbetrieb kaum eine Chance. Um so kostbarer ist uns das Erbe eines Menschen wie Russell, dessen geistige Welt kennenzulernen Privileg und Auszeichnung bedeutet.

Über Bertrand Russell gibt es so viele Bücher und Abhandlungen, daß vermutlich niemand behaupten kann, er habe alles gelesen, was über ihn und seine Lehre publiziert worden ist. Wir verweisen hier nur auf einige wenige Texte, die für unsere Darstellung hilfreich gewesen sind.

A. J. Ayers Buch (*B. Russell*) ist besonders instruktiv, da dieser Oxforder Philosoph mit Russells Philosophie bestens vertraut ist. Ayer gliedert seinen schmalen Band in die Unterabteilungen: Logik, Erkenntnistheorie, Ontologie und Moralphilosophie; das erlaubt ihm, alle Beiträge Russells zum modernen Denken zu würdigen und auch das Leben des großen Mannes zu beschreiben.

Eine populäre Einführung gibt Ernst R. Sandfoss in *B. Russell in Selbstzeugnissen und Bilddokumenten*. Hier steht das Biographische und Zeitgeschichtliche im Vordergrund, aber Russells Theorien werden zumindest andeutungsweise expliziert.

Dasselbe gilt für Alan Woods Buch (*B. Russell – Skeptiker aus Leidenschaft*), das noch unter Russells Mitwirkung entstanden ist. Wood ist ein intimer Kenner von Russells persönlicher und geistiger Gesamtentwicklung, und er hat in dieses Buch all seine Verehrung für diesen philosophischen Mentor, der zugleich auch sein menschliches Vorbild war, hineingelegt.

LITERATUR

Ayer, A. J.: Bertrand Russell, München 1973.
Clark, R. W.: Bertrand Russell – Philosoph, Pazifist, Politiker, München 1984.
Wood, A.: Bertrand Russell – Skeptiker aus Leidenschaft, München o.J.

Von den Werken Russells wurden ins Deutsche übersetzt: ABC der Atome, Stuttgart 1925; ABC der Relativitätstheorie, München 1927; Die Analyse des Geistes, Leipzig 1927; China und das Problem des fernen Ostens, München 1925; Denker des Abendlandes, Stuttgart 1962; Dennoch siegt die Vernunft, Bonn 1956; Die Deutsche Sozialdemokratie, Berlin 1979; Ehe und Moral, München 1930; Einführung in die Mathematische Logik (mit A. N. Whitehead), München 1932; Einführung in die mathematische Philosophie, München 1923; Eroberung des Glücks. Neue Wege zu einer besseren Lebensgestaltung, Darmstadt 1951; Erziehung, vornehmlich in frühester Kindheit, Düsseldorf 1948; Ewige Ziele der Erziehung, unter besonderer Berücksichtigung der ersten Kinderjahre, Heidelberg 1928; Freiheit ohne Furcht, Hamburg 1975; Freiheit und Organisation, Berlin 1948; Die wissenschaftliche Gesellschaft, Essen-Bredeney 1962; Grundlagen für eine soziale Umgestaltung, München 1921; Hat der Mensch noch eine Zukunft?, München 1963; Neue Hoffnung für unsere Welt, Genf und Darmstadt 1952; Ikarus oder die Zukunft der Wissenschaft, München 1925; Der Krieg, ein Kind der Furcht, Zürich 1915; Die Kultur des Industrialismus und ihre Zukunft, München 1928; Lob des Müßiggangs, Wien 1957/58; Macht. Eine sozialkritische Studie, Zürich 1947; Macht und Persönlichkeit, Stuttgart 1949; Mensch und Welt, Grundriß der Philosophie, München 1930; Mystik und Logik. Philosophische Essays, Wien 1952; Das naturwissenschaftliche Zeitalter, Wien 1952; Philosophie des Abendlandes, Frankfurt/Main 1950; Philosophie des logischen Atomismus, München 1976; Philosophie der Materie, Leipzig 1929; Philosophische und politische Aufsätze, Stuttgart 1971; Physik und Erfahrung, Zürich 1952; Politische Ideale, Berlin 1922; Satan in den Vorstädten, Genf 1953; Schlüssel zum Glück, München 1932; Skepsis, Bonn 1964; Unpopuläre Betrachtungen, Zürich 1950; Vernunft und Atomkrieg, Wien 1959; Warum ich kein Christ bin, Dresden 1932; Wege zur Freiheit, Frankfurt 1971; Wissen und Wahn, München 1930; Das menschliche Wissen, Darmstadt 1952; Unser Wissen von der Außenwelt, Leipzig 1926; Wissenschaft wandelt das Leben, München 1953; Das naturwissenschaftliche Zeitalter, Stuttgart und Wien 1953.

James Joyce oder die Gegenwärtigkeit des Mythos

Sage mir, Muse, die Taten des vielgewanderten Mannes,
Welcher so weit geirrt nach der heiligen Troja Zerstörung,
Vieler Menschen Städte gesehn und Sitte gelernt hat
Und auf dem Meere so viel unnennbare Leiden erduldet,
Seine Seele zu retten und seiner Freunde Zurückkunft.

Mit diesen Versen hebt das wohl berühmteste Epos des Abendlandes an, das vor etwa 2700 Jahren von Homer (oder einigen anderen Autoren, die wir nicht kennen) verfaßt wurde und das seither – zusammen mit der *Ilias* – als Anfang unserer Literatur gefeiert wird. Gemeint ist die *Odyssee*, welche die Geschichte der vielen Irrfahrten und der glücklichen Heimkehr des Odysseus zu ihrem Inhalt hat. Ithaka, die Heimat von Odysseus, bevor er nach Troja aufbrach, seine Gattin Penelope und sein Sohn Telemach, die Freier im Hause von Odysseus, die Nymphe Kalypso, von welcher der Held sieben Jahre lang festgehalten wurde, die Königstochter Nausikaa, der Königshof von Alkinoos, das Abenteuer mit den Kyklopen, die Zauberin Kirke, der Gesang der Sirenen, Skylla und Charybdis, schließlich die Landung von Odysseus auf Ithaka, das blutige Hinmetzeln der Freier und das Wiedererkennen des Gatten auf dem ihm selbst gebauten Liebeslager der Penelope – alles das sind seit der griechischen Antike Themen und Motive, die in vielfältiger Form Eingang in unsere Kultur und unsere Geschichte gefunden haben.

Dieses Epos und die damit verbundenen Mythen haben in den Jahrtausenden seit ihrer Entstehung Generationen von Denkern, Dichtern und Künstlern zu Nach- und Umdichtungen, Dramenfassungen und poetisch-lyrischen Versionen, Kompositionen, Interpretationen und philosophischen Reflexionen angeregt, ohne daß damit die *Odyssee* als „erledigt“ gelten darf. Schon die Antike kannte Gegendarstellungen oder künstlerische Korrekturen dieses Stoffes; Aischylos, Euripides, Seneca, Horaz, Cicero, Plutarch, Marc Aurel, Ovid und andere haben sich am gesamten Mythos oder an einzelnen seiner Facetten versucht.

Während das Mittelalter insbesondere das Motiv des Heimkehrers an der *Odyssee* betonte, sah die Renaissance im Helden Odysseus ein exemplarisches Individuum; in Shakespeares *Troilus und Cressida* (1602) etwa erhält Odysseus all jene vielschichtigen und mehrdeutigen Eigenschaften und Qualitäten zurück, die den ursprünglichen Helden Homers ausgezeichnet haben.

In den folgenden Jahrhunderten erfuhr der Odysseus-Stoff noch vielfältige Um- und Ausgestaltungen. Sowohl für die Theater- als auch die Opernbühne wurden im 19. und 20. Jahrhundert diverse Fassungen mit jeweils eigener Schwerpunktsetzung entworfen, ohne daß dabei die Reichhaltigkeit und Differenziertheit des Homerischen Epos evoziert hätten werden können.

Im oft zitierten Buch *Die Dialektik der Aufklärung* (1950) von Theodor W. Adorno und Max Horkheimer etwa wird an der Figur des Odysseus die Thematik und Problematik des aufgeklärten, über seine Affekte frei verfügenden Menschen abgehandelt, der seinen Leidenschaften und Impulsen nicht mehr hilf- und wehrlos ausgeliefert ist und über die Fähigkeit verfügt, sich und seine Emotionen so lange im Zaume zu halten, bis die Situation ein Agieren erlaubt und sinnvoll erscheinen läßt. Damit aber wird Odysseus für Adorno und Horkheimer auch zu einem Typus Mensch, der nach außen einen anderen Eindruck hinterläßt, als sein Innenleben es eigentlich vorschreibt; die Authentizität zwischen Erleben, Fühlen und Handeln ist aufgebrochen und hintangestellt.

Die eigenwilligste und gleichzeitig künstlerisch hochwertigste und gelungenste Umdichtung und Deutung erfuhr der Mythos des Odysseus freilich bei James Joyce. In seinem *Ulysses* (1922) hat der irische Dichter das antike Epos als Matrix und Hintergrund für eine sehr ungewohnte Art von „Erzählung" verwendet, die jedoch für das 20. Jahrhundert durchaus stilbildend wirkte und in vielerlei Hinsicht als modern und zukunftsweisend beurteilt wurde. Zu Recht bezeichnen die meisten Biographen von James Joyce und darüber hinaus viele Literaturwissenschaftler den *Ulysses* daher als das eigentliche Hauptwerk des Dichters.

Doch nicht nur in seinem *Ulysses* kann man viele Parallelen und Analogien zum griechischen Urtext nachweisen. Auch die gelebte Vita von James Joyce weist manche Eigentümlichkeiten auf, die an die Irrfahrten, Abenteuer, Niederlagen und Triumphe von Odysseus erinnern. Wenn auch bisweilen auf eine sehr profane Art und Weise, kehrt im Leben des irischen Schriftstellers ebenfalls der Mythos wieder, um den er sich viele Jahre lang auf einer künstlerischen Ebene gekümmert hatte.

Ulysses – so werden wir sehen – stellt nicht nur die erfundene Geschichte von Leopold und Molly Bloom, von Stephen Dedalus und einiger anderer Gestalten aus dem Dublin anfangs des 20. Jahrhunderts dar; dieser Roman kann auch als autobiographischer Text gelesen und verstanden werden, in den Joyce viele eigene, ihn berührende oder erschütternde existentielle Themen hat einfließen lassen. Auch der Dichter war ein weit gewanderter Mann, der vieler Menschen Städte gesehen und deren Sitten gelernt hatte und dem das Erlebnis von Irrfahrten durchaus nicht fremd war.

Darüber hinaus ist der *Ulysses* auch als „Bibel" für das 20. Jahrhundert bezeichnet worden, in der das Lebensgefühl und die wesentlichen Themen der Menschen unserer Epoche zum Ausdruck kommen. Auf den über tausend Seiten des Romans ist es Joyce meisterlich gelungen, Stimmungen, Atmosphären, Bilder, Dialoge und Phantasien in Worte zu fassen, welche die anglo-amerikanische und europäische Kultur und ihre Gesellschaften in der ersten Hälfte des 20. Jahrhunderts geprägt haben. Soziologie, Politik, Wirtschaft, Geschichte, Psychologie, Religion und vieles andere mehr finden sich in diesem Kaleidoskop der Gedanken, Zitate, Meinungen, Nachrichten, Gedichte und Anspielungen, welche die

Irrfahrten, Hoffnungen und Verzweiflungen des modernen Menschen vorausahnen und in Szene setzen.

Wenn wir uns also auf den folgenden Seiten mit der Biographie und dem Werk von James Joyce beschäftigen, werden wir immer wieder auf sein Hauptwerk *Ulysses*, auf das alte Epos der *Odyssee* und auf die historischen und kulturellen Verhältnisse im Europa des 20. Jahrhunderts zu sprechen kommen. Und bei allen diesen Themen werden wir zeigen können, daß und inwiefern selbst für uns Zeitgenossen der Moderne manche uralten Mythen relevant sind und uns etwas zu sagen haben.

Neben *Ulysses* werden wir aber auch die autobiographisch noch stärker ausgerichteten Schriften von Joyce (z.B. *Ein Porträt des Künstlers als junger Mann*, 1917 oder *Stephen der Held*, 1944) sowie sein zweites Hauptwerk *Finnegans Wake* (1939) berücksichtigen, um der Frage nachzugehen, welche psychologischen und charakterlichen Aspekte von James Joyce seine Dichtung maßgeblich beeinflußten und prägten und wie manche seltsame Art seines künstlerischen Schaffens vor dem Hintergrund seiner Lebensgeschichte eingeordnet werden kann.

Bildnis des Künstlers als junger Mann. – James Joyce wurde am 2. Februar des Jahres 1882 in Rathgar, einem kleinen, zur damaligen Zeit ländlich-idyllischen Ort in der Nähe Dublins geboren. Sein Vater John Stanislaus Joyce hatte die steile Karriere eines Mannes hinter sich, der mit großen Ansprüchen ins Leben gestartet und schließlich in den irischen Pubs seiner Heimatstadt gelandet war. Sein größtes Verdienst bestand angeblich darin, zahlreiche Menschenleben gerettet zu haben, indem er das Medizinstudium aufgegeben hatte.

Statt dessen war John Joyce eine Weile als Steuereinzieher tätig gewesen, was ihm ermöglichte, einen leidlich gehobenen Lebensstandard zu realisieren. Nach seiner frühzeitigen Pensionierung im Alter von erst 42 Jahren allerdings geriet die Familie Joyce finanziell in merkliche Schieflage, wobei sich die Neigung von John Joyce, im Alkohol Trost, Vergessen und narzißtischen Aufschwung zu suchen, noch verstärkte.

Bei aller beruflichen Untüchtigkeit bedeutete John Stanislaus Joyce für seinen ältesten Sohn James dennoch ein wichtiges Vorbild, mit dem dieser sich auch noch als Erwachsener immer wieder identifizierte. Im Gegensatz zu den meisten anderen Familienangehörigen und Zeitgenossen war John Joyce ein überzeugter Verächter der Religion und teilweise auch des Staates und der Politik – eine Haltung, die sein Sohn trotz einer stringenten jesuitischen Erziehung letztlich auch an den Tag legte. So hat James Joyce einmal (1918) seinem Sprachschüler Georges Borach gegenüber bezüglich dieser Themen folgende Meinung vertreten:

> Als Künstler bin ich gegen jeden Staat. Selbstverständlich muß ich ihn anerkennen, da ich ja bei allen meinen Handlungen mit seinen Institutionen in Berührung komme. Der Staat ist konzentrisch, der Mensch exzentrisch. Dadurch entsteht ein ewiger Kampf... Ich anerkenne überhaupt keine Religion. Von beiden Religionen, Protestantismus und Katholizismus, ziehe ich letztere vor. Beide sind falsch. Die

> erstere kalt und farblos. Die zweitgenannte ist immerhin mit der Kunst verbunden, es ist eine „schöne Lüge", wenigstens etwas.[1]

Diese Sätze decken sich mit den Aussagen, die Claire Goll (1890-1977) in ihrem Erinnerungsbuch *Ich verzeihe keinem* (1976) bezüglich der Weltanschauung von James Joyce gemacht hat. Goll hatte den Dichter über ihren Mann 1918 in Zürich kennengelernt und wurde rasch zu einer kritischen Beobachterin des irischen Künstlers, wobei sie vieles an ihm mit Skepsis und innerer Distanz kommentierte. Um so mehr hat es daher zu bedeuten, wenn Claire Goll in ihrer *Chronique scandaleuse* anerkennend über Joyce vermerkt:

> Joyce war gegen den Krieg wie gegen die Steuern, die Pfaffen, die Richter, die Könige, den Papst, den Kaiser, das Proletariat und alles übrige, was seine Ruhe irgendwie störte.[2]

Das rebellische Temperament von Vater Joyce führte bei diesem zu einer ausgeprägten Hochachtung vor dem damals populärsten irischen Freiheitskämpfer Charles Parnell (1846-1891), der in den 80er Jahren des 19. Jahrhunderts die meisten Iren im Kampf um die Unabhängigkeit von England hinter sich zu bringen wußte und der irischen Partei einen entscheidenden Platz im Parlament verschaffte. Immerhin gelang dem „ungekrönten König Irlands" (wie Parnell von vielen genannt wurde) die Entstaatlichung der anglikanischen Kirche für Irland, bevor er – nach einem dubiosen Ehebruchsprozeß, den man gegen ihn angestrengt hatte – im Alter von erst 45 Jahren starb.

Der junge James Joyce war ebenso wie sein Vater entrüstet über die gerichtlichen Schritte, mit denen man Charles Parnell „zu Tode gehetzt" hatte. Im Alter von erst neun Jahren verfaßte er daher ein Gedicht mit dem Titel *Et tu, Healy!* (Und du, Healy!), das den frühen Tod des Freiheitskämpfers und die mangelhafte Solidarität des Bischof Healy zum Inhalt hatte und die für den frühen Tod Parnells Verantwortlichen anklagte. Vater Joyce war von dem Poem seines Sohnes derart begeistert, daß er es auf eigene Kosten drucken ließ; damit konnte er jedoch nicht verhindern, daß kein einziges Exemplar davon erhalten blieb.

In Parnell und seinem Schicksal begegnete Joyce das erste Mal dem Motiv des Verrats. Ein heroisches Individuum, das sich für sein Volk einsetzt und aufopfert, wird von eben diesem verkannt, verjagt, gedemütigt und zuletzt ausgelöscht. Der Einzelne bedeutet der Masse immer nur für kurze Zeit und bezogen auf ganz spezielle Aspekte etwas Wertvolles und Förderungswürdiges. Hat der Mohr seine Schuldigkeit getan, dann kann und muß er gehen, und erfolgt sein Weggang nicht freiwillig, wird mit nicht gerade zimperlichen Mitteln und Methoden nachgeholfen.

Joyce hat das Schicksal Parnells und die Auseinandersetzungen, die sich um seine Person rankten, nicht zufällig im Gedächtnis behalten. Für ihn wurde die-

[1] Borach, G.: Gespräche mit James Joyce (1918), in: Das James Joyce Lesebuch, Zürich 1979, S. 235.

[2] Goll, C.: Ich verzeihe keinem – Eine Chronique scandaleuse (1976), Bern 1994, S. 44.

ser irische Freiheitskämpfer zu einem Muster und Vorbild der eigenen Rolle, die er zukünftig zu spielen gedachte, wenn auch nicht auf politischem, sondern auf kulturellem Gebiet. Wie Parnell wollte Joyce trotz aller Widrigkeiten und Anfeindungen, die er für sich imaginierte, einer selbst gewählten Lebensaufgabe treu bleiben, selbst wenn es ihn sein Glück oder seine Gesundheit kosten sollte. Man darf vermuten, daß der Dichter zumindest einen Teil seiner späteren Krankengeschichte im Sinne dieser frühen Entwürfe seiner Existenz umgedeutet hat.

Einer ähnlichen Stellungnahme wie für Parnell begegnen wir bei Joyce hinsichtlich des englischen Dichters Lord Byron. Nachdem James Joyce im Jahre 1893 die Schule wechselte und am Belvedere College in Dublin – wohin die Familie übergesiedelt war – weiter unterrichtet wurde, kam es zwischen ihm und einigen Mitschülern im Laufe des Jahres 1894 zu unterschiedlichen Einschätzungen bezüglich der Frage, wer denn wohl der bedeutendste englischsprachige Dichter sei.

Mit Verve vertrat Joyce die Ansicht, daß es sich dabei nur um Lord Byron handeln könne – eine Meinung, die durchaus nicht von allen geteilt wurde. Da Joyce sich von seiner Meinung nicht abbringen ließ und auch Hänseleien gegenüber unbeeindruckt blieb, kam es schließlich zu einer handfesten Prügelei, ohne daß Joyce jedoch auch nur die Spur eines Zweifels an seiner Priorität gezeigt hätte. Es steht übrigens zu vermuten, daß Joyce den englischen Dichter nicht nur wegen seiner Poeme, sondern ebenso wegen seines exaltierten und unangepaßten Lebensstils für sich als nachahmenswert beurteilte.

In eine ähnliche Richtung kann man auch die spätere Begeisterung des 18jährigen James Joyce für den norwegischen Dichter Henrik Ibsen interpretieren. In den 90er Jahren des 19. Jahrhunderts hatte Joyce erste Bekanntschaften mit den Dramen Ibsens gemacht und war von dessen gesellschaftskritischen und decouvrierenden Intentionen sehr angetan. Er verfaßte daraufhin einen Essay über das Ibsen-Drama *Wenn wir Toten erwachen*, der im Jahre 1900 unter dem Titel *The New Ibsen Drama* in der *Fortnightly Review* publiziert wurde und die überwiegende Zustimmung Ibsens fand.

Vermittelt durch den Übersetzer William Archer erhielt James Joyce von der wohlwollenden Reaktion des damals schon betagten Henrik Ibsen Kenntnis, was ihn dazu bewog, dem norwegischen Dichter einen langen und außerordentlich anerkennenden Brief zu schicken. In ihm, Ibsen, sah Joyce ebenfalls ein Individuum, das von der Majorität nicht verstanden und meist schlecht behandelt wurde und ob seiner Verdienste für die Kultur in keiner Weise Hochschätzung von den vielen erfuhr.

Mißverstanden, vergessen oder verleumdet – das waren Begriffe, denen Joyce in den Biographien von Charles Parnell, Lord Byron und Henrik Ibsen begegnet war und die auch für seine eigene Vita Relevanz erhalten sollten und durften. Wir werden sehen, inwiefern James Joyce einiges dazu beitrug, diese Entwürfe seiner Jugend im Erwachsenenleben Realität werden zu lassen und dabei die Erlebnisse des Mißverstanden- und Verkannt-Werdens immer wieder als Anlaß für sich nahm, gegen die Normen, Regeln und Konventionen der Majorität teilweise energisch anzugehen.

Neben der skeptischen und rebellischen Haltung verdankte James Joyce auch einen gehörigen Schuß seines Witzes und seiner Vorliebe für Skurriles sowie für Wortspielereien dem Einfluß seines Vaters. John Joyce galt als überaus hintersinniger und kauziger Typ, dem der irische Humor – als Steigerungsform des schwarzen englischen Humors – in keiner Weise fremd war. Richard Ellmann erzählt in seiner Biographie *James Joyce* (1959/82) die Anekdote, daß Vater Joyce eines Morgens beim Frühstück die Todesanzeige einer Freundin der Familie aus der Zeitung laut vorlas, woraufhin seine Gattin erschrocken ausrief: „Oh, du willst mir doch nicht sagen, Frau Cassidy sei gestorben?" – „Na, das kann ich nicht mit Bestimmtheit sagen", versetzte John Joyce und blickte seine Frau ernst durch sein Monokel an, „aber auf alle Fälle hat sich jemand die Freiheit herausgenommen, sie zu begraben."[3]

Bei allen Qualitäten von John Stanislaus Joyce darf jedoch nicht übersehen werden, daß dieser auch ein außerordentlich unbeherrschter und affektgeladener Mann war, der seinen patriarchalischen Vorurteilen und aggressiven Impulsen zeitweise ungezügelt freien Lauf ließ. Einmal soll er sogar seine Ehefrau gewürgt haben, und nur durch das Eingreifen der Kinder konnte Schlimmeres – nämlich ein Mord – verhindert werden. Vor dem Hintergrund solcher und ähnlicher Erfahrungen nimmt es nicht Wunder, daß auch James Joyce in seinem späteren Leben mit manchen Affekten zu kämpfen hatte und diesen Kampf nicht immer als der Souveräne und Gelassene beenden konnte.

Außerdem muß man konstatieren, daß John Joyce selbst angesichts des enormen durchschnittlichen Alkoholkonsums der irischen Bevölkerung übermäßig hohe Dosierungen dieser Droge zu sich nahm und daher schlicht als Alkoholiker galt. Wann immer ihm das Leben Enttäuschungen oder Niederlagen bereitete, reagierte John Stanislaus Joyce monomorph und griff zur Flasche. Im angetrunkenen Zustand soll er dann alle jene Züge von scheinbarer expansiver Männlichkeit an den Tag gelegt haben, die man bei ihm so schmerzlich vermißte, sobald er nüchtern war.

Die Mutter von James Joyce, Mary Jane Murray, genannt May, bot im Vergleich zu ihrem Gatten den geordneteren Lebensstil; dieser war bei insgesamt 13 Kindern und 15 Wohnungswechseln innerhalb weniger Jahre auch bitter nötig. James war der Erstgeborene, gefolgt von zwei Schwestern namens Poppy und Mary und einem Bruder, der nach seinem Vater Stanislaus benannt wurde. Unter den weiteren Geschwistern befanden sich drei, die bereits früh starben – ein Faktum, das bei Vater Joyce immer wieder Skrupel und Schuldgefühle ob seines Lebenswandels ausgelöst haben soll.

Über die frühe Kindheit von James Joyce berichten die Biographen einigermaßen ausführlich. Eventuell hätten wir diesbezüglich noch mehr Stoff zur Verfügung, wenn Joyce sein Projekt einer Autobiographie tatsächlich voll und ganz

[3] Ellmann, R.: James Joyce (1959/82), Frankfurt am Main 1994, S. 80.

in die Realität umgesetzt hätte. Als der Dichter 1904 Dublin verließ, soll er in seinem Koffer eine Reihe von Entwürfen und Konzepten für einen derartigen Text mit sich geführt haben, den er in den Jahren 1904 bis 1906 in Pola, Rom und Triest ausgearbeitet hat.

In einem Anflug von Verzweiflung und Resignation soll Joyce aber das Manuskript 1911 ins Feuer geworfen haben, aus dem seine Schwester Eileen jedoch einen erklecklichen Teil retten konnte. Diese Passagen, die recht unvermittelt einsetzen und die Kapitelnummern XIV folgende tragen, sind posthum unter dem Titel *Stephen Hero* (1944, dt. *Stephen der Held*) publiziert worden. Darin wird die Jugend und Schulzeit sowie das Erwachsenendasein, nicht aber die Kindheit von Stephen Dedalus alias James Joyce dargelegt. Diese Figur taucht übrigens auch im *Portrait of the Artist as a Young Man* (1917) und im *Ulysses* (1922) auf und darf auch hier als zumindest autobiographisch inspiriert verstanden werden.

Inzwischen hat man herausgefunden, daß Stephen Dedalus nur für einige Passagen der Vita von James Joyce steht und es sich bei ihm um reichlich Dichtung und teilweise wenig historisch-biographische Wahrheit handelt. Verläßlichere Angaben über die Kindheit des Dichters enthält die Abhandlung *Meines Bruders Hüter* (Frankfurt 1960) von Stanislaus Joyce – ein Text, der recht unvermittelt und lebendig die Beziehung zwischen den Brüdern James und Stanislaus (aus der Perspektive des letzteren) widerspiegelt und darüber hinaus reichlich anekdotisches Material über den ersteren darbietet. Außerdem haben sich die Biographen – allen voran Richard Ellmann – über die umfangreichen Archive und Sammlungen hergemacht, welche das Leben und Werk von James Joyce schon seit Jahren „beherbergen", und viele ehemalige Zeitgenossen des Dichters nach dessen Charakter und Biographie befragt; auf über zehn Druckseiten sind – etwa in Ellmanns Joyce-Biographie – die Namen derjenigen aufgeführt, die über den Dichter etwas zu sagen hatten.

Den Auskünften dieser Gewährsleute zufolge sollen der Charakter und Lebensstil des kleinen James Joyce bereits als widersprüchlich und gegensätzlich imponiert haben. Einerseits wird er als aggressiver Junge beschrieben, der andere Kinder, wenn sie seiner Meinung nach unartig waren, unter einen Schubkarren zwang, sich selbst eine rote Mütze aufsetzte, gräßliche Laute ausstieß und damit andeutete, daß die Missetäter nun in der Hölle zu braten hätten. In dieselbe Richtung geht die Schilderung, Joyce habe als Kind steif und fest behauptet, seine Mutter halte seine Geschwister, wenn sie sich nicht artig benähmen, mit dem Kopf nach unten in die Toilettenschüssel und ziehe die Spülung.

Andererseits berichteten Spielkameraden von der hohen Musikalität und zarten Einfühlungsgabe des jungen James Joyce. Seine Mutter sang und musizierte gerne, und ihre Kinder – allen voran James und Stanislaus – begleiteten sie dabei oft. Es ist sicherlich kein Zufall, daß das zweite Hauptwerk von James Joyce nach dem Titel des häufig gesungenen Lieblingsliedes von Stanislaus *Finnegans Wake* benannt ist.

In Gesellschaft von Erwachsenen soll sich James Joyce ganz generell gut betragen und durch seine hellwache und aufgeweckte Art viele für sich eingenommen haben. Ein Lehrer meinte einmal über ihn, er zeichne sich durch einen „wahren Blutandrang von Ideen in seinem Kopf" aus, und die allermeisten Klassenkameraden waren von der immensen Schlagfertigkeit des jungen Joyce begeistert. Als er bei der Aufnahme in die Schulklasse nach seinem Alter gefragt wurde, antwortete er mit „halb sieben" – eine Antwort, die bei den meisten Gelächter auslöste und dazu führte, daß James Joyce für einige Zeit seinen Spitznamen weghatte. Auch die Formel vom *sunny Jim*, die für ihn häufig gebraucht wurde, läßt vermuten, daß das Kind James Joyce durchaus in der Lage war, seine Umwelt für sich werbend zu erobern.

Bei der kessen Lippe, die James Joyce als Knabe jederzeit zu riskieren bereit war, darf man jedoch nicht vergessen, daß er schon als kleines Kind ungewöhnlich ängstlich war und diesen Zug seines Charakters bis ins Erwachsenenalter hinein beibehalten hat. Ähnlich wie der „kleine Hans" in der Fallgeschichte von Sigmund Freud hat James Joyce seine Ängstlichkeit einigermaßen zu organisieren vermocht, indem er eine Phobie (gegen Hunde) entwickelte, wobei dazu sicherlich beigetragen hat, daß er als Knabe tatsächlich von einem Hund gebissen worden war.

Mit gut sechs Jahren wurde James Joyce in das College von Clongowes Wood eingeschult. Dieses Internat unterstand den Jesuiten, die damals in dem Ruf standen, in Irland für die solideste Ausbildung der Kinder und Jugendlichen zu sorgen. Soweit bekannt, unterwarf sich James Joyce willig den Regeln der Schule und beteiligte sich auch an den religiösen Exerzitien, ohne von den Glaubensinhalten sonderlich berührt zu werden. Eine Weile tat er sich sogar als Meßdiener hervor und beherrschte die rituellen Handlungen und lateinischen Formeln der Patres ziemlich schnell. Überhaupt konnte James Joyce Gedichte oder andere Texte bereits nach ein- oder zweimaligem Lesen auswendig aufsagen – eine Fähigkeit, die sich bei seiner späteren Schriftstellerei außerordentlich angenehm bemerkbar machte.

Eine traumatische Erfahrung der ersten Schulzeit war ein Erlebnis, das Joyce auch im *Portrait* erwähnt hat. Weil James von Kleinkindbeinen an kurzsichtig war, mußte er eine ziemlich unförmige und dickwandige Brille tragen. Ein Schulkamerad von Stephen Dedalus (alias James) zerbrach nun diese Brille, woraufhin James (und nicht sein Kamerad) von einem Pater verprügelt wurde, weil dieser annahm, der kleine Joyce habe die Brille absichtlich zerstört, um sich vor einer Arbeit zu drücken.

Es war dies wahrscheinlich das erste Mal, daß James Joyce auf eine derart unangenehme Weise mit seiner eingeschränkten Sehkraft konfrontiert wurde, aber es sollte beileibe nicht das letzte Mal sein. Wir werden sehen, daß der Dichter zeit seines Lebens mit diversen Malaisen seiner Augen zu kämpfen hatte und nicht nur einmal ernsthaft befürchten mußte, zu erblinden.

Wer jedoch schon als Kind mit der Thematik der Kurzsichtigkeit und dem Zwang zur Sehhilfe konfrontiert wird, entwickelt bisweilen aufgrund dieser Organminderwertigkeit (Alfred Adler) kompensatorisch eine gewisse Weitsichtigkeit auf anderen Gebieten. Nicht selten waren die künstlerischen, wissenschaftlichen oder philosophischen „Hellseher" und Visionäre in ihrer Kindheit organisch betrachtet kurzsichtig, wobei ihre „kulturelle Weitsichtigkeit" als seelisch-geistige Antwort auf die empfundenen biologischen Defizite und Mängel zu werten ist.

Bei Joyce dürfen wir annehmen, daß neben diesem Mechanismus auch noch eine weitere psychosoziale Konsequenz aus seiner Kurzsichtigkeit erwachsen ist. Wer immer gezwungen ist, Brillen mit einer hohen Dioptrienzahl zu tragen, um den visuellen Kontakt mit seiner Umwelt aufrecht zu erhalten, lernt oft früh und schnell, diesen Kontakt relativ leicht einschränken zu können, indem er einfach die Gläser absetzt. Eine gewisse Introvertiertheit oder Weltabgewandtheit bis hin zu einer versponnenen Lebensart können dann die Folge sein; solche Individuen frönen bisweilen mehr der Innenschau als der Betrachtung von Mitmenschen und Welt.

Nun können wir zwar im späteren Leben von James Joyce einen kräftig expansiven Zug feststellen, der es ihm ermöglichte, einiges „draußen in der Welt" zu erleben und zu erobern und darüber auch in origineller Sprache zu schreiben. Nicht ganz von der Hand zu weisen ist aber die Diagnose mancher Biographen, die bei aller gelungenen und meisterhaften Schriftstellerei des irischen Dichters an ihm bemängeln, daß sich dessen Kunst oftmals um die eigene Person und deren Kalamitäten gedreht hat. Joyce war nicht frei von einem gewissen Narzißmus, der sich im Kontakt mit seiner Familie und seinen Bekannten ebenso bemerkbar machte wie in seiner Dichtung.

Zu einer solchen charakterlichen Haltung und Einstellung paßt, daß auch die syntaktischen, orthographischen und semantischen Kapriolen, die sich Joyce in seinen Texten *en masse* leistet, letztlich ichbezogen wirken, da die allermeisten Leser von *Ulysses* oder *Finnegans Wake* sie nicht dechiffrieren und einordnen können. Wer sich nämlich in der Auswahl und Neuformulierung von Symbolen im Bereich der Kunst (wie auch der Wissenschaften und der Philosophie) allzu weit vom *Common sense* und dessen Sprachgewohnheiten entfernt, muß nicht notwendigerweise nur avantgardistisch und progressiv gestimmt sein; eventuell offenbart er damit auch einen Hang zur narzißtischen oder schizoid-distanzierten Lebensart.

Weiter oben haben wir schon erwähnt, daß James Joyce im Jahre 1893 einen Schulwechsel hinter sich brachte und von nun an im Belvedere College in Dublin unterrichtet wurde. Dabei konnte sich der Schulerfolg des jungen Joyce durchaus sehen lassen: Mehrmals gelang es ihm, aufgrund seiner guten Leistungen Stipendien zu erringen, welche mit Geldzuwendungen verknüpft waren, die im elterlichen Haushalt dringend gebraucht und daher sofort konfisziert wurden.

Das College wurde ebenso wie Clongowes Wood von Jesuiten geleitet, welche die Zöglinge strikt mit katholischen Glaubensinhalten in Kontakt brachten. Trotz – oder besser wegen – dieses Curriculums, das eine puritanische Leibfeindlichkeit beinahe unvermeidlich mit sich brachte, meldete sich bei Joyce früh eine sexuelle Neugier und Aktivität, die bereits in seinem 14. oder 15. Lebensjahr zu konkreten Abenteuern und Erlebnissen führten.

Damals soll der angehende Dichter erste Kontakte zu einer Dirne gehabt haben, was einerseits bei ihm langjährig zu Vorstellungen über die Sexualität als ein schändliches, schmutziges und ekliges Unterfangen und andererseits zu heftigen und lang anhaltenden Schuldgefühlen beitrug. Er kompensierte seine „Sünden“ mit dem festen Vorsatz, zukünftig eine reine Liebe zu einem jungfräulichen Wesen aufbauen zu wollen – eine Idee, die Sigmund Freud in seinem Aufsatz *Über die allgemeinste Erniedrigung des Liebeslebens* (1910) als relativ häufig praktizierten Mechanismus beschrieben hat, durch die Aufspaltung in ein triebhaftes (Hure) und ätherisch reines (Heilige) Liebesleben der in unserer Kultur weit verbreiteten „psychischen Impotenz“ zu begegnen.

Unter psychischer Impotenz verstand Freud die Unmöglichkeit, angesichts der kulturell vermittelten Normen und Gebote wie Zärtlichkeit, Achtung und würdevolles Benehmen ein authentisch-leidenschaftliches Triebleben zu konstellieren. Männer würden deshalb angesichts dieser Schwierigkeiten oftmals ihre triebhafte Sexualität bei Frauen ausleben, welche sie entwerten und deklassieren, wohingegen sie ihre Wertschätzung und Hochachtung nur bei denjenigen Frauen realisieren, mit denen sie keine Sexualität praktizieren.

Wenn man auch nicht alle Details der Freudschen Ausführungen akzeptieren mag, kann man dem Begründer der Psychoanalyse doch zugestehen, daß er mit seiner Beschreibung die großen Schwierigkeiten richtig diagnostizierte, eine die Vitalschicht eines Individuums ebenso wie seine seelischen und geistigen Aspekte integrierende Sexualität zu leben. Ihre Fragmentierung in mehrere Teilaspekte bedeutet zwar ein Minus an Personalität des Gegenüber, damit aber für viele Menschen ein Plus an Überlegenheit und Sicherheit. Eben diese Effekte – so werden wir sehen – erzielte auch Joyce in manchen seiner Liebesbeziehungen und -abenteuern.

Die sexuellen Impulse müssen – bei der katholischen Erziehung kein Wunder – für den pubertierenden Schüler Joyce ziemlich bedrängend gewesen sein; jedenfalls versuchte er durch Selbstkasteiungen, extreme Frömmigkeit und demonstrativ zur Schau gestellte Tugendhaftigkeit, ihnen Paroli zu bieten. Mit solchen Mitteln erreichte Joyce – erwartungsgemäß – exakt das Gegenteil, und einige Zeit später „ergab“ er sich der scheinbar übermächtigen Triebschicht.

Die Periode der Frömmigkeit wurde bei Joyce abgelöst von einer Phase der Literaturbegeisterung. Er verschlang alle Bücher, deren er habhaft werden konnte, und vertiefte sich intensiv in die imaginären Welten von Romanen, Erzählungen, Novellen und Dramen. In gewisser Weise wurde sein katholischer Glaube abgelöst von einem Glauben an die Kraft und Allmacht der Kunst, die eventuell ähnlich erlösend und befreiend zu wirken schien wie Götter und andere transzendente Wesen.

Die von ihm dabei favorisierten Heroen waren Henrik Ibsen, George Bernard Shaw und William Butler Yeats. In Ibsen hatte Joyce den Prototyp des intellektuell und emotional redlichen, auf Wahrhaftigkeit und Ehrlichkeit hin ausgerichteten Dramatikers entdeckt, an dem er seinen Hang nach rigoroser Überprüfung der Lebensverhältnisse bestätigt sah.

In George Bernard Shaw begegnete Joyce einem Landsmann, der ihm in puncto Witz und Humor um Klassen voraus war, und an dem er eben jene Seiten für sich zu erobern und auszubauen hoffte. Shaw war es übrigens auch, der später eine recht witzige Kritik über den *Ulysses* verfaßt hat, die trotz ihrer ablehnenden Haltung James Joyce sehr amüsiert haben soll. In einem Brief an Sylvia Beach, die den *Ulysses* verlegt hat und den Dramatiker zum Kauf animieren wollte, schrieb Shaw:

> Ich habe mehrere Fragmente des *Ulysses* gelesen ... Es ist ein abstoßender Bericht über eine widerliche Phase der Zivilisation; aber es ist auch ein wahrer Bericht ... In Irland versucht man, eine Katze stubenrein zu machen, indem man ihre Nase in den eigenen Dreck steckt. Mr. Joyce hat die gleiche Behandlung am menschlichen Subjekt versucht. Ich hoffe, sie wird sich als erfolgreich erweisen ... Ich muß hinzufügen, da der Prospekt eine Aufforderung zum Kauf des Buches enthält, daß ich ein älterer irischer Gentleman bin, und wenn Sie sich einbilden, daß irgendein Ire, erst recht ein älterer, 150 Francs für ein Buch bezahlen würde, kennen Sie meine Landsleute schlecht.[4]

Trotz dieser Vorbehalte hat Shaw die Dichtung von James Joyce immer als Kunst und ihn selbst als literarisches Genie bezeichnet. Noch überzeugter freilich von den späteren Leistungen Joyces war William Butler Yeats, in dessen Gedichten und Dramen der Schüler James einen außerordentlich eigenwilligen und unabhängigen irischen Dichter kennenlernte. Als er etwa im Jahre 1899 der Uraufführung eines Stückes von Yeats beiwohnte, in dem dieser Irland und die Religion beschimpfte, und die meisten Zuschauer sich darüber mokierten, stellte sich Joyce demonstrativ auf die Seite von Yeats. Wieder wurde er an die Rolle des einsamen Künstlers erinnert, der von der Menge mißverstanden und entwertet wird – ein Erlebnis, das mit dazu beitrug, daß Joyce Yeats in eine Reihe mit Lord Byron und Henrik Ibsen stellte und ihn ebenfalls als Modell für seine eigene zukünftige Position gelten ließ.

Nichtsdestotrotz reagierte Joyce, als er drei Jahre später William Butler Yeats persönlich kennen lernte, nicht sonderlich freundlich auf den damals 37jährigen und stellte recht überheblich fest: „Sie sind zu alt, als daß ich Ihnen helfen könnte!"

In den Jahren um 1897 entstanden die ersten Aufzeichnungen und Gedichte von James Joyce, die zwar nicht veröffentlicht wurden, ihm aber zuerst eine Ahnung und schließlich auch eine relative Gewißheit vermittelten, daß er ein Dichter werden könnte und sollte. Noch bevor er 1898 in das University College eintrat, stand für ihn fest, daß er Künstler sei. An dieser Gewißheit änderten auch die diversen Studien, die Joyce an der Universität betrieb – englische, italienische und französische Literatur – nichts. Er begeisterte sich für Shakespeare,

[4] Shaw, G. B.: Brief an Silvia Beach vom 11.06.1921, zit. n. Ellmann, R.: James Joyce, a.a.O., S. 752f.

Dante und einige andere Künstler der Renaissance, und die literarische Bekanntschaft mit ihnen bestärkte ihn in seinem Entschluß, selber Dichter werden zu wollen.

Am University College lernte Joyce auch Schriften von Flaubert, Hauptmann, d'Annunzio, Maupassant, Verlaine, Mallarmé, Dostojewski, Wilde und Nietzsche kennen. An den meisten dieser Autoren schätzte er deren unangepaßten Lebensstil und autonome Denkungsart, die er für sich und seine eigene zukünftige Arbeit und Existenz als Ideal und Ziel durchaus akzeptieren konnte.

Im Jahre 1900 trat Joyce das erste Mal als Autor einer ernsthaften Abhandlung hervor: Sein Essay über das Ibsen-Drama *Wenn wir Toten erwachen* wurde in der *Fortnightly Review* publiziert, und der junge Verfasser erhielt für den Text zwölf Guineas Honorar. Es ist bezeichnend, daß von dieser Summe genau eine Guinea an die Mutter von Joyce ging; von dem Rest unternahmen der Autor und sein Vater eine Reise nach London. Nach seiner Rückkehr soll Joyce geäußert haben, daß nicht die Poesie, sondern die Music-Hall die wahre Lehrmeisterin und Kritik des Lebens sei.

Zwei Jahre später beendete Joyce seine Studien am University College und beschloß, seine Heimat zu verlassen. Er war kaum 20 Jahre alt, als er seine Odyssee begann, die ihn – von kurzen Unterbrechungen abgesehen – nicht mehr für längere Zeit nach Hause zurückführen sollte. Anders als die griechisch-mythologische Gestalt des Odysseus kehrte Joyce nie mehr nach Ithaka-Irland heim, und auch seine Versuche, Heimat in den Gefilden der Kunst zu finden, erlebte der Dichter eher als Irrfahrten denn als glückliches und zufriedenes Ankommen.

In gewisser Weise war Joyce freilich auch schon als Jugendlicher und junger Erwachsener in Irland ein Fremder gewesen. Die Familie, aus der er stammte, wies reichlich Konfliktstoff auf, die Meinungen und Weltanschauungen der Majorität – Katholizismus, Nationalismus, Militarismus – hatte er zum großen Teil heftig kritisiert und hinter sich gelassen, und die große und weite Kunst und Kultur, von denen er als Ausgleich und Ersatz für seinen Kinderglauben träumte, war auf der britischen Insel oder auf dem Kontinent, in London, Paris oder Rom, nicht aber in Dublin beheimatet. Was also sollte ihn noch halten, wo noch dazu die Auswanderung für junge Iren eine lange gepflegte und häufig in Anspruch genommene Tradition darstellte?

Am 1. Dezember 1902 reiste Joyce nach Paris ab. In seinem Gepäck befanden sich neben wenigen Utensilien auch die ersten Seiten einer „Selberlebensbeschreibung" (Jean Paul) sowie einige Aufsätze über Ästhetik. In der französischen Hauptstadt versuchte der junge Mann recht halbherzig, Medizin zu studieren – eine wohl noch von seinem Vater übernommene Idee, mit der er nicht sonderlich weit kam.

Statt Heilkunde zu lernen erhielt er eher weitere Kunde vom Unheil, das sich ihm vor allem in Form von ganz konkretem Hunger präsentierte. Da sich Joyce keine Möglichkeiten eröffneten, Geld zu verdienen, war er auf finanzielle Zuwendung von Seiten seiner Mutter angewiesen, was zu etlichen Bitt- und Bettelbriefen Anlaß gab. Völlig ausgehungert und von Heimweh geplagt verbrachte der angehende Dichter Weihnachten schließlich wieder bei seiner Familie, um wenige Tage später erneut nach Paris aufzubrechen und dort wie gehabt weiter zu hausen und zu vegetieren.

Diese Pariser Monate waren für Joyce trotz alles Hungers keine vertane Zeit. Da er viel unstrukturierten Freiraum hatte, begann er, seine Gedanken, Eindrücke und Impulse wahllos auf kleine Täfelchen und Zettel zu notieren und diese Momentaufnahmen zu kleinen Studien oder *Epiphanien* zusammenzustellen. Beinahe wie ein Lyriker wollte Joyce die Atmosphären und Ereignisse um sich festhalten, und waren sie scheinbar noch so unbedeutend und ephemer. Diese frühen Pariser Fingerübungen können als erste Manifestation des späteren Joyceschen Stils verstanden werden, als Etüden, die den Dichter seine Methode finden und erfinden ließen, mit der er zukünftig schriftstellerisch arbeiten wollte.

Dubliners. – Am Karfreitag, dem 10. April des Jahres 1903, erhielt Joyce ein Telegramm seines Vaters, worin der Sohn verständigt wurde, daß seine Mutter im Sterben liege. Joyce kehrte daraufhin unverzüglich nach Dublin zurück, wo er May Joyce in einem desolaten Zustand vorfand. Die Ärzte hatten vorerst die Fehldiagnose einer Leberzirrhose gestellt, und erst im Verlauf der letzten Monate ihres Lebens und Leidens wurde es offensichtlich, daß sie an Krebs erkrankt war und man ihr nicht mehr helfen konnte.

In den Wochen zwischen Mitte April und August – May Joyce starb am 13. August 1903 – versuchte die Todgeweihte mehrmals und inständig, bei ihrem Sohn eine Rückwendung zum Katholizismus zu bewerkstelligen. Joyce soll sich jedoch standhaft gegen das Ansinnen seiner Mutter geweigert haben, die Beichte abzulegen oder am Abendmahl teilzunehmen; die einzige Konzession, die er ihr machte, war der Satz: „Ich glaube an ein höchstes Wesen." Wer oder was dieses Wesen sein sollte, darüber schwieg er sich wohlweislich aus.

Obgleich James Joyce immer betonte, wie sehr er sich in seiner Kindheit und Jugend mit dem Vater identifiziert hatte, bedeutete der Tod der Mutter für den 21jährigen jungen Mann eine mächtige Erschütterung. Trotz aller Eigentümlichkeiten und Defizite hatte diese Frau für ihren Sohn wie auch für die gesamte Familie so etwas wie Ordnung und Kontinuität repräsentiert und war damit der ruhende Pol, der die Eskapaden von John Stanislaus Joyce bisweilen kompensieren konnte. Obgleich James Joyce sich dem bewegt-regellosen und teilweise chaotischen Lebensstil des Vaters nahe fühlte, wußte er sehr wohl um und schätzte er die existentielle Sicherheit und Geborgenheit, die seine Mutter ihm bieten konnte – eine Sicherheit und Geborgenheit, die er nach ihrem Tode nie mehr so erlebt und erfahren hat.

Joyce war aus Paris mit der Robe eines Bohemien zurückgekehrt: langes Haar, kleiner Bart, weite Krawatte und ein Quartier-Latin-Hut mit breiter Krempe, der ihn fast wie ein protestantischer Priester aussehen ließ. Mit diesem Outfit machte er sich nun beinahe jeden Abend auf den Weg und suchte „das Leben", vor dem er sich eigenen Angaben zufolge nicht fürchtete, sondern das er rauh und ungefiltert an sich heran branden lassen wollte. Vorhaltungen von Freunden oder auch von seinem Bruder Stanislaus, seinen Lebensstil betreffend, begegnete er zynisch und sarkastisch; lieber wolle er als Clochard oder Alkoholiker enden, als sich den biederen und langweiligen Konventionen zu beugen, die das irische Bürgertum, der Katholizismus und der Chauvinismus im Laufe der Jahrhunderte ausgeheckt hatten.

In den Monaten vor und nach dem Tod von May Joyce wurde der angehende Dichter zum angehenden Alkoholiker. Bisher hatte Joyce diese Droge entweder im Zusammenhang mit seinem Vater oder nur sporadisch an der eigenen Person kennengelernt. Ab seinem 23. Lebensjahr jedoch trank Joyce regelmäßig und zum Teil in irrsinnig hoher Dosierung Alkohol, und seit dieser Zeit mußte man bei ihm eine regelrechte körperliche und seelische Abhängigkeit diagnostizieren.

Der Alkohol als Tröster, Stimulator, „Elektrizität" (wie Joyce einmal die Wirkung von Weißwein bezeichnete), Anxiolytikum und Kompensation für Niederlagen aller Art sollte den Dichter Zeit seines Lebens nicht mehr verlassen. Versuche, den Konsum zu drosseln oder ganz einzustellen, endeten mit Entzugssymptomatik oder sogar mit einem Delir, so daß Joyce irgendwann die Hoffnung aufgab, je wieder alkoholfrei leben zu können.

Letztlich muß auch das Duodenal-Geschwür, das den relativ frühen Tod des Dichters 1941 bedingt hat, als alkoholtoxische Nebenwirkung aufgefaßt werden. Da aufgrund des regelmäßigen Alkoholmißbrauchs der Dichter häufig über abdominelle Beschwerden und Schmerzen klagte, nahmen er und seine Umwelt die heftigen Krankheitssymptome, die sich nach der Perforation des Zwölffingerdarmgeschwürs einstellten, nicht ernst genug; die zu spät erfolgte Notoperation konnte Joyce schließlich nicht mehr retten.

Die Biographen haben verschiedene Aspekte des Alkoholabusus von James Joyce namhaft gemacht und dabei unter anderem die Sucht als zentrale Störung im Aufbau seiner Person und seines Charakters benannt. Suchtkranke Menschen sind meist trotz aller Vorsätze und wider besseres Wissen nicht in der Lage, ihren Drogenkonsum zu drosseln oder ganz einzustellen. Sie, die Droge, bedeutet beinahe so etwas wie Regelmäßigkeit, Rhythmus, Lebensfülle und -inhalt, Befriedigung, schlagartige Beseitigung von Selbstwertkrisen und vieles andere mehr, selbst wenn letztlich das jeweilige Gegenteil davon einzutreten pflegt. Bei Alkoholkranken wissen wir außerdem, daß bei ihnen auch Veränderungen des Gehirnstoffwechsels dazu beitragen, immer wieder ein unerhört imperatives Verlangen nach der Droge zu verspüren, dem kaum Widerstand entgegengesetzt werden kann.

Bei Joyce kamen wahrscheinlich noch weitere Mechanismen hinzu, die seine Alkoholsucht mit bedingt haben. Von vielen Künstlern ist bekannt, daß sie im Alkohol eine Art Entspannung und gleichzeitig Schutz für ihr intellektuell-produktives Dasein suchen; die Droge trägt zur Distanznahme den andrängenden Phantasien und Gedanken ebenso wie der Welt und ihren Themen und Problemen gegenüber bei.

Darüber hinaus dürfte Joyce seinen Alkoholkonsum sowie seine damit verbundenen Exzesse aber auch als Niederlagen und als ganz real vorhandene Abhängigkeit erlebt haben. Nach den Grundsätzen der Individualpsychologie Alfred Adlers inszenieren und konstellieren Menschen derartige Situationen nun niemals aus purem Zufall, sondern aus einer meist nicht bewußten Zielstrebigkeit und Finalität heraus. Bei Joyce könnte diese Teleologie darin bestanden haben, sich in den Phasen der Trunkenheit und damit einher gehenden herabgesetzten Souveränität, Autonomie und Freiheit Schwung und Energie für seine Ausflüge ins Land der Imagination und Schriftstellerei zu holen.

Je mehr und öfter Joyce bei sich die Zeichen der Abhängigkeit und damit der reduzierten Freiheit und Personalität wahrgenommen hatte, um so mehr muß sich in ihm – als eine Form der Kompensationsbewegung – der Wunsch und Vorsatz nach realisierter Freiheit und Autonomie herausgebildet haben – ein Vorsatz, den er in seinen nüchternen Zeiten prompt umsetzte. Nicht nur sein Bruder Stanislaus war überrascht, wie konzise, produktiv und geradezu genial Joyce zu arbeiten verstand, wenn die Wirkung des Alkohol nachgelassen hatte.

Was seine Umwelt häufig nicht verstand war das Faktum, daß der Dichter für seine produktiv-künstlerischen Aufschwünge den Vorlauf des alkoholbedingten Absturzes brauchte; beide – die Aufwärtsbewegung des Schaffens und die Abwärtsbewegung der Sucht – bedingten sich und hatten an der gegenläufigen Dynamik einen wesentlichen Anteil.

Kaum aus Paris zurückgekehrt und mit der Krankheit und dem Tod der Mutter konfrontiert, griff Joyce – wie weiter oben erwähnt – maßlos zur Flasche und schlug den Weg zum Alkoholismus ein. Gleichzeitig kann bei ihm aber auch beobachtet werden, daß er und wie er ernsthafte und weit dimensionierte literarische Projekte anging. So hat der Dichter am 7. Januar 1904 seine autobiographische Skizze *Portrait of the Artist* begonnen, die zum Ausgangsmaterial und Fundament des Romans *Stephen Hero* (Stephen der Held) geriet. Wir haben schon ausgeführt, daß dieser Roman erst posthum und als Fragment publiziert wurde; gleichzeitig diente das Manuskript jedoch als Vorlage für *A Portrait of the Artist as a Young Man*, das Joyce in den Jahren zwischen 1907 und 1914 anfertigte und das er 1916 in einer Buchausgabe veröffentlichen konnte.

Neben diesen autobiographisch inspirierten Schriften, die sich zum Teil ganz dezidiert um die Entwicklung des Künstlers James Joyce drehen und – wie im ersten Kapitel gezeigt – Einblicke in die Kindheit und Jugend des Dichters ermöglichen, begann Joyce in den Jahren 1903/04 noch ein zweites gewichtiges literarisches Projekt, das er bereits 1905 vorläufig abschließen konnte: den Erzählband *Dubliners*.

Obgleich das Manuskript mit insgesamt 15 Erzählungen also relativ rasch angefertigt war, dauerte es noch bis 1914, bis die *Dubliners* als Buch ediert waren. Zuerst lehnten insgesamt 40 Verleger eine Publikation ab, und als sich schließlich Grant Richards in London 1906 grundsätzlich bereit erklärt hatte, das Buch zu publizieren, forderte er immer wieder Ergänzungen und Änderungen von Joyce ein, so daß sich der Herstellungsprozeß und die Veröffentlichung außerordentlich verzögerten.

Man hat die *Dubliners* als erstes Dokument der Haßliebe von James Joyce seiner irischen Heimat und insbesondere Dublin gegenüber bezeichnet, und in der Tat wechseln in den einzelnen Erzählungen die emotionalen Tönungen munter einander ab. Dabei spürt man die Distanz des Dichters dem „schmutzigen, alten Dublin" gegenüber ebenso wie sein fasziniertes Angezogensein von der irischen Hauptstadt. Er selbst hat einmal über *Dubliners* geurteilt:

> Es war meine Absicht, ein Kapitel der Sittengeschichte meines Landes zu schreiben, und ich wählte Dublin als Schauplatz, weil mir diese Stadt das Zentrum der Paralyse zu sein schien. Ich habe versucht, sie der indifferenten Leserschaft unter vier Aspekten darzustellen: Kindheit, Jugend, Reife und öffentliches Leben.[5]

Die Atmosphäre der meisten Erzählungen ist trist und pessimistisch. Häufig fehlen stringente oder spannende Handlungsstränge, und auch das jeweilige Ende der kleinen Skizzen und Genrebilder weist keinen eigentlichen Schluß oder Höhepunkt auf, sondern verliert sich in einer Art frustrierendem Nirgendwo und Nirgendwann.

Dabei klingen die Themen und Motive, die Joyce anschlägt, durchaus verlockend. Da will – in der Erzählung *Eine kleine Wolke* – ein junger Mann aus seinem Leben ausbrechen, weil er es zu langweilig erlebt, findet aber nicht die Kraft dazu und scheitert letztlich. Besonders eindrücklich gelingt Joyce die Darstellung dieses Scheiterns, indem er den jungen Mann Gedichte von Byron lesen und ihn dabei Überlegungen anstellen läßt, inwiefern sein eigenes Leben lyrische Qualitäten aufzuweisen hat. In diesem Moment wird das kleine Kind des Mannes wach und schreit lauthals los. Seine Lektüre von Gedichten – und damit zumindest eine passagere Flucht aus dem Alltag – wird damit verhindert, und der junge Mann gerät in einen Wutausbruch:

> Es war zwecklos. Er konnte nicht lesen. Er konnte überhaupt nichts machen. Das Geplärr des Kindes zerriß ihm das Trommelfell. Es war zwecklos, zwecklos! Er war lebenslänglich gefangen. Seine Arme zitterten vor Zorn, und sich plötzlich zum Gesicht des Kindes hinab beugend, brüllte er: Hör auf![6]

Lebenslänglich gefangen zu sein in den Atmosphären und Situationen des Alltags und der Banalität, ausbrechen zu wollen und dabei nur bis zur eigenen Wohnzimmertüre zu kommen, die anderen Menschen (meistens die Allernächsten) als Grenze, Bedrängnis oder gar „Hölle" (Jean-Paul Sartre) zu erleben – das alles gehört zur Grundmelodie, die sich durch die *Dubliners* zieht und die dem Leser suggeriert, daß ein Entrinnen oder gar Erlöst-Werden aus diesen Verhältnissen nie und nimmer möglich ist.

Zwar sprechen und essen und trinken die Menschen in *Dubliners* miteinander, und manchmal kommt sogar der Verdacht auf, sie könnten versucht sein,

[5] Joyce, J.: Dubliners (1914), Frankfurt a. M. 1987.

[6] Joyce, J.: Dubliners, a.a.O., S. 85.

sich zu mögen, zu achten oder zu lieben. Aber eigentlich immer enden diese Ansätze in *the souls incurable loneliness*, in der unheilbaren Einsamkeit der Seele.

Krankheit, Tod, Brutalität, Ungerechtigkeit, Verrat, Trennung, Alkoholismus, Suizid, Wahnsinn – die Themen der *Dubliners* ähneln dem Inhaltsverzeichnis eines Lehrbuches der Psychopathologie oder der Pathophysiologie. In gewisser Weise hat Joyce mit diesem Buch einiges aus seinem abgebrochenen Medizinstudium in literarische Form gebracht und verwertet, ohne daß es wissenschaftlich-gelehrt oder soziologisch-distanziert klänge. In manchen Erzählungen spürt man merklich die Solidarität des Autors mit seinen Figuren und deren Schicksalen, und auf allen Seiten der *Dubliners* kommt zum Ausdruck, daß da einer über den Mikrokosmos einer Stadt und seiner Bewohner schreibt, der selber lange Zeit unter ihnen lebte, mit ihnen stritt und litt, und dem die Melancholie des Daseins im eigenen Gemüte hing.

Nicht umsonst trägt die letzte, das Buch beschließende Erzählung den Titel *The Dead* (Die Toten). Darin wird die Geschichte von Gabriel, einem Mann in mittlerem Alter, berichtet, der eines Tages von seiner Frau erfährt, daß sie seit Jahren die Erinnerung an einen Jungen aufbewahrt, der sie einstmals liebte und der ihretwegen gestorben ist:

> Der arme Kerl, sagte sie. Er mochte mich sehr gern, und er war so ein sanfter Junge. Wir gingen oft zusammen spazieren, weißt du, Gabriel, wie man das auf dem Land so macht. Er hätte Gesang studiert, wenn er gesund gewesen wäre. Er hatte eine sehr gute Stimme, der arme Michael Furey.[7]

Nachdem seine Frau ihm alle Begebenheiten im Zusammenhang mit Michael Furey und dessen Tod erzählt hat, fällt sie, von Weinkrämpfen geschüttelt, in einen tiefen Schlaf. Gabriel fühlt sich daraufhin unendlich einsam und allein gelassen, wobei er für sich feststellt, daß nicht seine Gattin und deren Erinnerungen dafür die Verantwortung zu tragen hätten, sondern daß das menschliche Leben eben so und nicht anders konstelliert sei. In dieser Stimmung fühlt sich Gabriel beinahe schon im Reich der Toten, deren Beziehungen untereinander er ebenfalls als lang anhaltende Einsamkeit imaginiert:

> Seine Seele hatte sich jener Region genähert, wo die unermeßlichen Heerscharen der Toten ihre Wohnung haben. Er war sich ihrer unsteten und flackernden Existenz bewußt, aber er konnte sie nicht fassen. Seine eigene Identität entschwand in eine graue ungreifbare Welt: die kompakte Welt selbst, die sich diese Toten einstmals erbaut und in der sie gelebt hatten, löste sich auf und verging.[8]

Das letzte Bild dieser Erzählung erinnert übrigens an eine Dramenszene von Henrik Ibsen, mit der dieser sein Stück *Wenn wir Toten erwachen* (1899) beendet hat – jenes Stück, über das Joyce 1900 seine fulminante Rezension verfertigt

[7] Joyce, J.: Dubliners, a.a.O., S. 226.
[8] Joyce, J.: Dubliners, a.a.O., S. 228.

hatte. In Joyces Erzählung wie in Ibsens Drama fällt zum Schluß Schnee auf alle Beteiligten, der sie bedeckt respektive unter sich begräbt:

> Ja, die Zeitungen hatten recht: Schneefall in ganz Irland. Schnee fiel überall auf die dunkle Zentralebene, auf die baumlosen Hügel, fiel sacht auf den Bog of Allen... Langsam schwand seine Seele, während er den Schnee still durch das All fallen hörte, und still fiel er, der Herabkunft ihrer letzten Stunde gleich, auf alle Lebenden und Toten.[9]

Was man an den *Dubliners* bereits beobachten und studieren kann, sind diverse Stilmittel und Erzählperspektiven, die Joyce hier experimentierend anwendet und ausprobiert, um sie später, in seinen großen Romanen *Ulysses* und *Finnegans Wake*, souverän und meisterlich einzusetzen. Die inneren seelischen Vorgänge der geschilderten Gestalten (und nicht ihre Erlebnisse und Geschehnisse) interessieren den Dichter, und um die Darstellung dieser intrapsychischen Prozesse ringt er schon in den Erzählungen von *Dubliners*.

Außerdem versucht Joyce schon in diesem Text, die gesprochene respektive gedachte Sprache ganz den jeweiligen Figuren seiner Geschichten anzupassen. Wenn wir sprechen, wie wir denken, und wenn wir denken, wie wir fühlen, kann man mittels Sprache die emotionale Befindlichkeit und Gestimmtheit eines Menschen ausdrücken und fixieren. Eben dieses Experiment unternimmt Joyce in den *Dubliners*, wobei sich hier – im Vergleich zu den späteren Romanen – Denken, Sprechen, Fühlen und Handeln noch in einem geordneten und zeitlich wie räumlich überschaubaren Rahmen abspielen. Die Sprünge, Versatzstücke, Fragmente und Abbrüche, die den „inneren Monolog" kennzeichnen, begegnen uns erst im *Ulysses* und noch verstärkt in *Finnegans Wake*.

Wie sehr Joyce bei seinem Erzählband schon auf dem Sprung zu einer ganz und gar unkonventionellen Darstellungsweise des menschlichen Seelenlebens war, wird auch daran deutlich, daß der Autor einige Zeit lang beabsichtigte, den Tagesablauf von Mr. Leopold Bloom, einer der Hauptpersonen des *Ulysses*, als sechszehnte Erzählung in die *Dubliners* aufzunehmen. Wir können uns glücklich schätzen, daß Joyce von diesem Plan Abstand genommen hat und statt dessen aus dem Stoff einen eigenständigen Roman hat werden lassen.

Das Jahr 1904 war für Joyce jedoch nicht nur seiner literarischen Aktivitäten wegen von einiger Wichtigkeit. Mindestens ebenso einschneidend für seine Vita wie der Beginn seiner größeren dichterischen Projekte war die Bekanntschaft mit einer jungen Frau, die der Dichter am 10. Juni auf der Straße in Dublin machte. Mit dieser jungen Dame namens Nora Barnacle kam er ins Gespräch und verabredete sich für den 14. Juni, wobei dieses Rendezvous nicht zustande kam. Erst zwei Tage später, am 16. des Monats, trafen sich Joyce und Nora Barnacle nochmals und so ausgiebig, daß daraus zuerst eine Verliebtheit und schließlich eine lebenslange Verbindung wurde.

[9] Joyce, J.: Dubliners, a.a.O., S. 229.

Wie außerordentlich bedeutsam Nora Barnacle für sein Leben geworden ist, kann man auch daran ablesen, daß Joyce seinen *Ulysses* am 16. Juni 1904 spielen läßt. Diese Frau, die auf den ersten Blick so gar nicht zum Lebensstil und zu den Ansprüchen des Dichters zu passen schien – sie war (und blieb) relativ ungebildet, hatte keinerlei Verständnis für Literatur und stand der Joyceschen Art der Selbstbeobachtung und Reflexion völlig unbeholfen und skeptisch gegenüber –, wurde für Joyce zur Rettung aus seinen allertiefsten Abstürzen und Exzessen.

Ähnlich wie May Joyce verfügte auch Nora Barnacle über ein zupackendes und unkompliziertes Wesen, dem ein gewisser Mutterwitz und eine flotte Schlagfertigkeit nicht fremd waren. Sie konnte manches von dem organisieren, was Joyce in seiner chaotisch-sprunghaften Art nicht zu regeln wußte, und verkörperte darüber hinaus eine Frau, mit der Joyce bisweilen die lyrisch-zarteren Töne einer Liebesbeziehung (und nicht nur die grob-obszönen Bemerkungen) einüben konnte.

Daneben entwickelte diese hübsche und kecke junge Frau aus Galway auch Seiten, die für Joyce animalische Prinzipien bedeuteten und in einem für ihn reizvollen und herausfordernden Spannungsverhältnis zu seiner eigenen Intellektualität standen. Nora fand jedenfalls seine volle Zustimmung, auch wenn in seiner allernächsten Umgebung durchaus skeptische Stimmen zu vernehmen waren; sein Bruder Stanislaus etwa schrieb in seinem *Dubliner Tagebuch*: „Miss Barnacle hat eine sehr nette Art; aber der Ausdruck ihres Gesichts will mich ein klein wenig gewöhnlich dünken. Ihr Haar ist prachtvoll."

Über die Beziehung zwischen Joyce und Miss Barnacle wissen wir nicht nur aufgrund von Schilderungen Dritter; glücklicherweise sind etwa 60 Briefe der beiden erhalten, in denen man die Bedeutung und Dynamik ihrer Partnerschaft erahnen kann. Neben sehr zugewandten und liebevollen Episteln finden sich in dieser Korrespondenz auch Passagen, die von gegenseitigem Zweifel, von Verletzungen und Verdächtigungen, von Distanz und Affekt bis hin zur Verzweiflung geprägt sind.

Wie sein gesamtes übriges Leben, so gestaltete Joyce auch seine Liebesbeziehung nicht gerade als ruhig und konstant, sondern durchaus mit Emotion und Leidenschaft, und nicht nur einmal stand diese Beziehung kurz vor ihrem definitiven Ende. Anders als Odysseus in der Antike hat Joyce einen erklecklichen Teil seiner Irrfahrten und Irrtümer innerhalb seiner Partnerschaft erlebt, und nicht immer wartete zum Schluß Penelope auf dem selbst erbauten Liebeslager.

Besonders erschütternd für Joyce war ein Verdacht im Jahre 1909, daß einer seiner Bekannten aus früheren Zeiten mit Nora ein Verhältnis hatte, als sie bereits seine Partnerin war. Eventuell – so mutmaßte er – war er nicht einmal der Vater seines Sohnes Giorgio, von dem Nora am 27. Juli 1905 entbunden worden war. Joyce reagierte damals mit heftigster Eifersucht, und nur nach und nach war er davon zu überzeugen, daß er einem Gerücht aufgesessen war.

An anderen Stellen der Korrespondenz wird deutlich, wie sehr Nora für Joyce eine emotionale Stütze bedeutete, die er dringend brauchte, um einigermaßen arbeits- und lebensfähig zu bleiben. Selbst wenn wir den dichterischen Überschwang subtrahieren, der in manchen Briefen von Joyce an seine Frau vorhanden ist, bleibt ein ernst zu nehmender Rest an Wahrheit, wenn der Dichter schreibt:

> Meine liebe treue gute kleine Nora, schreib nicht wieder, daß Du an mir zweifelst. Du bist meine einzige Liebe. Du hast mich vollkommen in Deiner Macht. Ich *weiß* und ich *fühle* es, daß ich nur dann in Zukunft etwas Gutes oder Edles schreiben kann, wenn ich an den Türen Deines Herzens lausche.[10]

Wenige Monate, nachdem James Joyce Nora Barnacle kennengelernt hatte, entschloß er sich, mit ihr zusammen Irland zu verlassen und wieder auf dem Kontinent zu leben. Schon den ganzen September über hatte er nicht mehr bei seinem Vater gewohnt, sondern sich zusammen mit seinem Freund Gogarty (von dem er später annahm, daß er damals ein Verhältnis mit Nora gehabt hätte) in einem Turm eine vorübergehende Bleibe eingerichtet. Im Oktober nun packten Joyce und seine Partnerin ihre sieben Sachen und schifften sich nach England und weiter nach Frankreich ein.

Über Paris und Zürich gelangte das Paar zuerst nach Pola in Italien, wo Joyce für kurze Zeit an der dortigen Berlitz School Englisch unterrichtete. Doch schon wenige Wochen später zogen der Dichter und seine junge Geliebte, die erst nach vielen Jahren seine angetraute Ehefrau werden sollte, weiter in die sehr viel schönere und größere Stadt Triest, die damals zu Österreich gehörte.

Bis zum Juli des Jahres 1906 blieb Joyce in Triest, wo er ebenfalls mit Sprachunterricht das Allernötigste für seinen Lebensunterhalt verdienen konnte. Am 27. Juli 1905 wurde Giorgio Joyce geboren – ein Ereignis, auf das sich Joyce mit Alkoholexzessen vorbereitete und das er mit eben solchen auch beantwortete. Wenige Monate nach der Geburt trug er sich mit ernsthaften Trennungsabsichten, die er sogar schriftlich in seiner Verwandtschaft ankündigte, letztlich jedoch nicht in Realität umsetzte. Und nebenbei schrieb Joyce, wann immer es sein Zustand zuließ, wie besessen an seinem *Stephen Hero* sowie an den *Dubliners*.

Die äußeren wie die inneren existentiellen Koordinaten des Dichters müssen damals außerordentlichen Schwankungen unterlegen sein, auch wenn er im Anschluß an diese Zeit seinem Bruder Stanislaus in einem Brief stolz mitteilt:

> In diesen neun Monaten habe ich ein Kind gezeugt, fünfhundert Seiten an meinem Roman geschrieben, drei meiner Geschichten verfaßt, ziemlich gut deutsch und dänisch gelernt, die für mich unerträglichen Pflichten meines Berufs erfüllt und zwei Schneider übers Ohr gehauen.[11]

Authentischer wäre es wohl gewesen, wenn Joyce über seine täglichen Geldnöte, seine großen Sorgen mit den Verlegern, seine Streitereien mit Nora, seine Überforderungsgefühle bezüglich seiner Familiengründung und seine überaus prekäre

[10] Joyce, J.: Brief an Nora vom 25.10.1909, in: Briefe an Nora (1966), Frankfurt a. M. 1979, S. 83.
[11] Joyce, J.: Brief an Stanislaus Joyce 1905, zit. n. Paris, J.: Joyce, Hamburg 1960, S. 64.

gesundheitliche Situation berichtet hätte. Neben dem Alkoholismus, der ihn bisweilen für Stunden oder Tage völlig arbeitsunfähig werden ließ, machten sich zu jener Zeit bereits erste Entzündungen an seinem Auge bemerkbar, die ihn in den folgenden Jahren an den Rand der Erblindung brachten.

Außerdem war der unruhige James Joyce schon wieder auf dem Sprung nach einem neuen Domizil und einem anderen Ort, der seinen Lebensmittelpunkt bilden sollte. Am 31. Juli 1906 kam der Dichter in Rom an, wo er sich eine Beschäftigung als Bankangestellter organisierte. Diese Arbeit ebenso wie die Heilige Stadt langweilten und widerten ihn allerdings schon nach kurzer Zeit an, und so nimmt es nicht Wunder, daß Joyce bereits im März des folgenden Jahres wieder nach Triest zurückkehrte.

Ein Gutes hatte Rom jedoch unzweifelhaft für Joyce zu bedeuten: Er faßte dort den Plan, eine Novelle über einen Dubliner Juden zu schreiben, die den Titel *Ulysses* tragen sollte. Als Vorbereitung darauf bat er seine Tante Josephine, ihm Zeitungen, Zeitschriften und einen Stadtplan von Dublin zuzusenden.

Zurück in Triest, war Joyce mit der Tatsache konfrontiert, daß Nora eine zweite Schwangerschaft austrug; am 26. Juli 1907 wurde dem Paar die Tochter Lucia geboren. Die Ängste und Sorgen des Dichters angesichts einer nochmaligen Vergrößerung seiner Familie kamen dieses Mal nicht in Alkoholexzessen, sondern in einer heftigen rheumatischen Erkrankung mit hohen Fieberschüben zum Ausdruck. Des weiteren machten sich seine altbekannten Sehstörungen bemerkbar, so daß Joyce nur bedingt arbeitsfähig war und seine Projekte kaum vorankamen.

Auf der Habenseite dieser Triester Jahre, die noch – natürlich mit Unterbrechungen – bis 1915 währten, steht zum einen der Entschluß, aus der geplanten *Ulysses*-Novelle ein Buch werden zu lassen, dem er einen Großteil seiner Arbeitskraft der zukünftigen Jahre widmen wollte. Außerdem kamen die *Dubliners* nicht nur zum Abschluß, sondern 1914 auch zur Veröffentlichung; zudem war es Joyce schon 1907 gelungen, beim Londoner Verleger Elkin Matthews einen Gedichtband mit dem Titel *Chamber Music* erscheinen zu lassen, von dem sich in den ersten Jahren immerhin knapp 300 Exemplare verkaufen ließen. Zusammen mit der Gedichtsammlung *Pomes Penyeach*, die jedoch erst 1927 publiziert wurde, bildet *Chamber Music* das lyrische Oeuvre des Dichters, das aber – verglichen mit seinen Erzählungen und Romanen – von der Kritik weit weniger hoch geschätzt wird.

Daneben versuchte sich Joyce damals auch als Dramatiker und verfaßte 1914 das Stück *Exiles* (Verbannte), das jedoch erst 1918 veröffentlicht wurde. In vielen Aspekten ähnelt dieses Drama den späten Stücken Ibsens, die Joyce so sehr bewundert hat. Auch in *Exiles* wird eine radikale Abrechnung mit der Vergangenheit der Protagonisten zelebriert, wobei deutlich wird, wie sehr die scheinbare Stabilität ihrer Beziehungen und Verhältnisse mit großen Verdrängungen und Verleugnungen erkauft und aufrechterhalten wurde.

Insbesondere die in Irland weit verbreitete katholische Moral sowie die davon abhängigen Konventionen, Denkweisen und Vorurteile werden in *Exiles* beim Namen genannt und attackiert. Man spürt bei dem Stück, daß sein Autor Ire war und in jeder Faser seines Wesens irische Themen und Probleme mit sich schleppte, selbst wenn er schon jahrelang nicht mehr auf der Insel beheimatet war.

Ebenso wie seine Gedichte wurde auch das Drama *Exiles* – das sein einziges bleiben sollte – von der Literaturkritik nicht sonderlich wohlwollend aufgenommen. Unwillkürlich verglich man das Niveau dieses Stückes mit demjenigen seiner Prosawerke – ein Vergleich, bei dem das Drama schlecht abschnitt. Seit der Publikation von *Dubliners* galt Joyce als Erzähler *par excellence*, und an dieser Definition konnten seine Ausflüge ins Reich der Lyrik oder Dramatik wenig ändern. Joyce hat sich auf seine Art von dieser etwas einengenden Sicht seiner Kritiker emanzipiert, indem er in den beiden großen Romanen, die nun folgen sollten, lyrische und dramatische Elemente zuhauf integrierte.

Ulysses. – Als Österreich im Sommer 1914 Serbien den Krieg erklärte, wurde Triest jählings zu einer Stadt, die nicht weit von den zu erwartenden Kriegshandlungen entfernt lag. Joyce, der sich um die politischen Händel und Alltagsgeschäfte wenig kümmerte und sich auch von Kanonendonner (wenn er denn weit genug entfernt war) nicht aus der Ruhe bringen ließ, arbeitete unermüdlich an seinen literarischen Projekten weiter. Zu einem Bekannten soll er damals lediglich bemerkt haben:

> Meine politische Überzeugung kann man mit einem Wort ausdrücken: Monarchien, ob konstitutionelle oder andere, ekeln mich an. Könige sind Marktschreier. Republiken sind Hausschuhe für jedermanns Füße. Weltliche Macht ist veraltet, und es ist gut, daß wir sie losgeworden sind.[12]

Nachdem allerdings Italien 1915 ebenfalls in den Krieg eingetreten war, wurde die Lage in Triest zunehmend gefährlich. Außerdem gab es beinahe keine Schüler mehr, denen Joyce hätte Sprachunterricht erteilen können. So kam der Dichter zu dem witzig klingenden Ergebnis und Entschluß: „Jetzt, da jedermann in Triest Englisch kann, werde ich wohl weiterziehen."

Die neue Bleibe, die Joyce nun suchte, fand er in Zürich. Der Dichter war bereits als 22jähriger junger Mann im Jahre 1904 das erste Mal in die Stadt an der Limmat gekommen, wo ihn damals eine herbe Enttäuschung erwartete: Eine avisierte Arbeitsstelle als Lehrer bei der Berlitz-School konnte von ihm wider Erwarten nicht angetreten werden, was seine rasche Weiterreise nach Triest nach sich zog.

Von 1915 an lebte Joyce bis 1919 in der größten Schweizer Stadt, die ihn anfangs besonders wegen ihrer Sauberkeit überraschte: „Zürich ist so sauber, daß man auf der Bahnhofstraße ausgeschüttete Minestra ohne Löffel wieder aufessen könnte" – lautete sein diesbezügliches Urteil. Dieser Vergleich stieg im Dichter eventuell auch deshalb hoch, weil er aufgrund seiner permanenten Geldsorgen

[12] Joyce, J.: zit. n. Ellmann, a.a.O., S. 574.

nicht selten zuwenig zu essen hatte. Trotz energischer Interventionen etwa von Yeats oder auch von Ezra Pound bei der Königlichen Literaturstiftung in England, dem irischen Dichter finanziell unter die Arme zu greifen, besserte sich die pekuniäre Lage für ihn während seiner Zürcher Zeit nur unwesentlich; immerhin erhielt er vom *Royal Literary Fonds* eine Dotation von 75 Pfund.

Die Jahre in Zürich waren vorrangig der Arbeit am *Ulysses* gewidmet, wobei man sich das Schreiben bei Joyce als keine geregelte oder gar zwanghafte Angelegenheit vorstellen darf. Zusammen mit seiner Familie ist der Dichter in Zürich mehrfach umgezogen und wohnte zuletzt in der Kreuzstraße und in der Seefeldstraße. Von beiden Wohnungen aus ist es nicht weit in die Cafés und Restaurants der Stadt, in denen sich Joyce gerne und viel aufhielt und bis spät nachts mit anderen Gästen oder Bekannten plauderte und diskutierte. Natürlich wurde dabei auch reichlich Alkohol getrunken, und nicht selten geriet Joyce in Situationen, in denen er jenseits aller intellektuellen Arbeitsfähigkeit war.

Daneben machten sich in Zürich zunehmend die schon bekannten Augenbeschwerden neuerlich und verstärkt bemerkbar, die im Rahmen von Glaukomanfällen noch eine Verschärfung erfuhren. Joyce litt während dieser Anfälle unter heftigsten Kopfschmerzen, die teilweise Tage und Wochen anhielten und ihn völlig arbeitsunfähig machten. Dazu gesellte sich die berechtigte Sorge, aufgrund dieser Augenerkrankung zu erblinden oder doch einen Großteil der Sehkraft zu verlieren.

Um so erstaunlicher ist es, wie ungeheuer reichhaltig, differenziert, originell und letztlich auch voluminös der *Ulysses* gelungen ist. Nachdem Joyce die ersten Vorarbeiten abgeschlossen und einige Kapitel beendet hatte, war ihm rasch klar geworden, daß die Dynamik des Stoffes ihn sehr weit und wahrscheinlich bis zu einem eigenständigen Roman tragen würde. Dementsprechend legte er seinen ursprünglichen Plan, den *Ulysses* lediglich als eine Erzählung der *Dubliners* figurieren zu lassen, wieder beiseite.

Auf den ersten und vordergründigen Blick erzählt *Ulysses* die Geschichte von drei Bewohnern Dublins: dem Annoncenakquisiteur Leopold Bloom, seiner Frau Marion (Molly) Bloom und dem jungen Schriftsteller Stephen Dedalus, der bereits im *Porträt des Künstlers als junger Mann* als Hauptfigur in Erscheinung getreten ist. Vor allem in Stephen Dedalus, in mancherlei Aspekten aber auch in Leopold Bloom spiegeln sich Züge und Motive aus dem Charakter und Leben des Autors selbst wider.

Joyce schildert uns die Handlungen, Begegnungen, Erlebnisse, Gedanken und Phantasien vorrangig dieser drei Personen an einem einzigen Tag, dem 16. Juni 1904, von acht Uhr früh bis zum nächsten Morgen um etwa drei Uhr. Daß der Dichter dieses Datum gewählt hat, ist sicherlich kein Zufall; an diesem Tag lernte er – wie wir weiter oben schon ausgeführt haben – seine spätere Frau Nora in Dublin kennen.

Leopold Bloom arbeitet als Anzeigenagent des *Freeman's Journal* und lebt mit seiner Frau Molly zusammen, die sich unter anderem dadurch auszeichnet, daß sie regelmäßig ihren Mann mit Zweitbeziehungen, Affären und Verhältnissen betrügt. Bloom wird als ein Jedermann gezeichnet, durchaus mit humanen und sympathischen Zügen, aber keineswegs mit charakterlichen Auffälligkeiten versehen, der in seinen unspektakulären Alltag eingewoben ist wie Hinz und Kunz, und von dem man sich anfänglich fragt, warum denn gerade über ihn und sein Leben viele hundert Seiten Literatur verfaßt worden sind.

Ähnlich verhält es sich mit dem zweiten „Heroen" des *Ulysses*, mit Stephen Dedalus, auf dessen Namen wir bereits im *Portrait of the Artist as a Young Man* gestoßen sind. Dedalus verdient sich als Lehrer und Schriftsteller seinen Lebensunterhalt, nachdem er – wie James Joyce selbst – aus dem Pariser Exil zurückgekehrt ist, wo er ein Medizinstudium abgebrochen hat. Auch Dedalus ist ein gutmütiger und unauffälliger Zeitgenosse, den man als Leser zwar einigermaßen akzeptabel findet, ohne sich freilich mit ihm groß zu identifizieren.

Im ersten Kapitel – der Roman ist in 18 Episoden unterteilt und lehnt sich schon im Aufbau und in seiner Struktur an die Tektonik der antiken *Odyssee* an – frühstückt Dedalus zusammen mit einigen Kommilitonen in seiner Wohnung im Martello Tower – dem alten Turm an der Dubliner Bucht, in dem Joyce selbst eine kleine Weile einmal lebte. Bei der Unterhaltung klingen bereits die ersten Themen und Motive an, die im Laufe des Romans ausführlich erörtert werden und eine wesentliche Rolle spielen: Anspielungen auf Homer und Shakespeare; die Suche nach dem Vater (weshalb diese erste Episode auch *Telemachus* genannt wird, nach dem antiken Telemach in der *Odyssee*, der auf seinen Vater Odysseus wartet und ihn sucht); die Fruchtbarkeit in allen ihren Facetten; die Parallelen zwischen Dedalus und Bloom u.a.m.

In der nächsten, der *Nestor*-Episode, erleben wir Dedalus als Lehrer an der Schule von Mr. Deasy, der seinem jungen Kollegen allerlei Ratschläge und Anweisungen das Leben im allgemeinen und speziellen betreffend gibt und damit in die Rolle eines „Nestor" schlüpft. Wie die antike Gestalt des Nestor in Homers *Ilias* berichtet auch Mr. Deasy recht langsam und ausführlich über die alten Zeiten und erteilt Ratschläge, die meist überflüssig oder nutzlos sind.

Auch die dritte Episode – nach der mythologischen Gestalt des *Proteus* benannt – verweist im Handlungsablauf und -inhalt auf das antike Epos der *Odyssee* ebenso wie auf die Biographie des Autors Joyce. Dedalus geht am Strand spazieren und erinnert sich dabei an seine Monate in Paris, an seine Rückkehr nach Dublin und an den Tod seiner Mutter, der er – ebenso wie es Joyce einstmals getan hat – ihre letzte Bitte verweigert, an ihrem Totenbett zu beten.

Proteushaft wird im weiteren Verlauf die Wandlung des Stephen Dedalus geschildert, der am Ende des 16. Juni 1904 ein anderer sein wird als noch am Morgen dieses Tages. Auch hierbei spielen natürlich die biographischen Details aus dem Leben von James Joyce eine wichtige Rolle: Schließlich war auch der Dichter am Abend des 16. Juni 1904 ein anderer geworden, nachdem er Nora Barnacle kennengelernt hatte und sie sein Dasein nachhaltig prägte und veränderte.

Während dieser Passagen des Romans demonstriert Joyce das erste Mal die inzwischen für ihn zum Markenzeichen gewordene Form des Erzählens, den „inneren Monolog". Damit ist die authentische Abbildung des *stream of con-*

sciousness gemeint, jenes Bewußtseins-Stromes, der bei den meisten Menschen irgendwann um ihr drittes Lebensjahr zu fließen beginnt und normalerweise erst mit ihrem Tod endet. Mit großer Redlichkeit und außerordentlicher Präzision hat der Dichter dabei die imaginierten Bewußtseins-Inhalte seiner Romanfiguren (wie etwa derjenigen von Stephen Dedalus) wiedergegeben und auf jegliche Glättung oder Ästhetisierung von Gedanken, Impulsen, Phantasien, Wort- und Satzfetzen, Erinnerungen, Assoziationen sowie emotionalen Regungen aller Art verzichtet:

> Ich war jung. Du hast dir selber vorm Spiegel eine Verbeugung gemacht, bist vorgetreten, um zu applaudieren, in vollem Ernst, ein frappantes Gesicht. Hurra für den gottverdammten Idioten! Hra! Keines sah's: so sag es keinem. Bücher wolltest du schreiben, mit Buchstaben als Titels. Haben Sie schon sein F gelesen? O ja, doch ich gebe Q den Vorzug. Gewiß, aber W ist einfach herrlich ... Wie Pico della Mirandola. Ja, ganz wie ein Walfisch ...[13]

In gewisser Weise ist der von Joyce kunstvoll inszenierte innere Monolog ähnlich den freien Assoziationen, auf die Sigmund Freud mittels seiner Psychoanalyse abzielte. Auch Freud ahnte und wußte, daß unser seelisch-geistiges Innenleben chaotisch-mannigfaltige Facetten aufweist, in denen allerdings das Muster und die Webart unseres Unbewußten nachweisbar sind. Wenn Menschen in der psychoanalytischen Situation sich dem Fluß ihrer Gedankenbruchstücke und jählings aufsteigenden Impulse hingeben und sie dem Analytiker gegenüber unverfälscht äußern, kann dieser daran die unbewußten Lebensmelodien der betreffenden Individuen erkennen und benennen.

In der vierten Episode tritt endlich Leopold Bloom auf, der seiner Frau das Frühstück zubereitet, seine Korrespondenz erledigt, beim Schlachter Nieren kauft und sich ansonsten um so alltägliche Geschäfte wie etwa seinen Stuhlgang kümmert. Spätestens in diesem Kapitel wird deutlich, daß Joyce sich in *Ulysses* um die kleinsten Nebensächlichkeiten der menschlichen Existenz und der Lebenswelt kümmerte und keine Tabus und Schranken der Schicklichkeit in seinem Roman gelten lassen wollte; alles sollte so erzählt und gezeichnet werden, wie die Wirklichkeit es vorschreibt, und seien es auch Themen aus den Gebieten der Analität oder der Uro-Genitalität:

> Auf dem Kackstuhl hockend, entfaltete er seine Zeitung und schlug auf den entblößten Knien die Seiten um. Irgendwas Neues und Leichtes. Keine große Eile. Ruhig noch ein bißchen zurückhalten... In Ruhe las er, seinen Drang noch unterdrückend, die erste Spalte und begann, schon nachgebend, doch mit Widerstreben noch, die zweite. Auf ihrer Mitte angelangt, gab er seinen letzten Widerstand auf und erlaubte seinen Eingeweiden, sich zu erleichtern, ganz so gemächlich, wie er las, und immer noch geduldig lesend, die leichte Verstopfung von gestern ganz verschwunden. Hoffentlich ists nicht zu groß, geht sonst mit den Hämorrhoiden

[13] Joyce, J.: Ulysses (1922), Frankfurt 1979, S. 58.

> wieder los. Nein, grade richtig. So. Ah ... Er las weiter, gelassen über seinem eigenen aufsteigenden Geruch sitzend.[14]

Diese vierte Episode ist nach *Kalypso* benannt, jener Göttin oder Nymphe, die auf der sagenhaften Insel Ogygia lebte, auf die Odysseus bei seiner Heimfahrt von Troja verschlagen wurde. Kalypso liebte Odysseus, hielt ihn sieben Jahre bei sich und bot ihm die Unsterblichkeit an, falls er auf Dauer bei ihr bleiben wollte. Weil sich der Held jedoch nach seiner Gattin Penelope sehnte, hatten die Götter und Kalypso schließlich ein Einsehen; die Geliebte verschaffte Odysseus sogar Werkzeug, trockenes Holz zum Schiffbau und Reiseproviant, so daß er die Heimreise nach Ithaka fortsetzen konnte.

Ähnlich wie Odysseus seine Geliebte Kalypso verließ, um zuletzt glücklich bei Penelope zu landen, so verläßt auch Leopold Bloom nach dem Frühstück seine „Geliebte" Molly Bloom und setzt seine „Irrfahrt" durch Dublin fort; erst Stunden später wird er heimkehren und auf seine „Penelope" treffen, die in Wirklichkeit niemand anderes als die verlassene Molly Bloom von vor wenigen Stunden ist. Doch dazwischen ereignen sich noch außerordentlich bewegende und viele Hundert Seiten des Romans umfassende Zufälle und Schicksalsschläge.

So muß Leopold Bloom eine regelrechte Hadesfahrt unternehmen, die im Irland des 19. Jahrhunderts natürlich nicht in den Räumlichkeiten der antiken Unterwelt, sondern auf einem recht ordinären Friedhof spielt. Am späten Vormittag wird ein ehemaliger Freund Blooms beerdigt, nachdem dieser an einer Kreislaufschwäche verstorben war.

Auch das Mittagessen, das Leopold Bloom in einem Restaurant einnimmt, weist auf den ersten Blick recht banale Züge auf; bei genauerer Untersuchung jedoch sind Parallelen zu den *Lästrygonen* nachzuweisen, jenem Menschen fressenden Riesenvolk, das die Gefährten von Odysseus aufspießt und mit Genuß verzehrt. Lediglich Odysseus, der sein Schiff klug an der Ausfahrt des Hafens festgemacht hatte, gelingt es, diesen Kannibalen zu entkommen. Die Einwohner von Dublin, die zur selben Zeit wie Leopold Bloom ihre Mahlzeit einnehmen, werden nun von Joyce ebenso gierig und gefräßig geschildert wie die Lästrygonen:

> Scharfer Fleischsaft, Gemüsebrühe. Sieh dir das an: Fütterung der Raubtiere. Männer, Männer, Männer. Hoch hockend auf hohen Hockern an der Bar, die Hüte zurückgeschoben, an den Tischen nach Brot rufend, mehr Brot, das es gratis gab, saufend voll Gier, schlagweise den Drecksfraß verschlingend, mit quellenden Augen, benäßte Schnurrbärte wischend... Ein Mann mit einem soßebekleckerten Kinderlätzchen um den Hals schaufelte sich gurgelnde Suppe in den Schlund.[15]

In der Lästrygonen-Episode werden alle Nuancen der Oralität – von animalischer Gier bis zur vollkommenen Etikette – beschrieben und zum Teil beinahe zelebriert. Parallel dazu evoziert Joyce beim Leser diverse Emotionen, die von Ekel und Abscheu bis hin zu den zarten Zuckungen im Gemüt eines Gourmet

[14] Joyce, J.: Ulysses, a.a.O., S. 96f.

[15] Joyce, J.: Ulysses, a.a.O., S. 236f.

reichen, der soeben überraschend mit seiner Lieblingsspeise in Kontakt geraten ist. Joyce konnte meisterlich auf der Klaviatur der Affekte und – etwas weniger ausgeprägt – Gefühle alle nur erdenklichen Melodien anstimmen. Mit großer Suggestivität und Überzeugungskraft führt er denjenigen, der sich in seinen *Ulysses* vertieft, auf weiten Reisen durch das „wahre innere Afrika" (Jean Paul), also durch den unbewußten Kontinent der menschlichen Seele, und entwirft dabei eine Art von „Tiefenpsychologie", die eine eigentümliche Mischung aus Psychoanalyse und Mythologie, Wissenschaft und Dichtkunst darstellt.

Bei aller Auf- und Abgeklärtheit leben wir Menschen der Moderne – so Joyce – aufgrund der unbewußten Muster unseres Daseins immer noch die uralten Mythen und ihre Gesetze, Tabus und Bilder nach, ohne daß wir uns wirklich von ihnen emanzipieren könnten. Selbst in den alltäglichsten Verrichtungen und Empfindungen eines Leopold Bloom oder in den schärfsten, von schneidender Ratio geprägten Gedanken eines Stephen Dedalus schimmern noch die mythologischen Geschichten und Figuren hindurch und dominieren letztlich das Geschehen.

So nimmt es nicht Wunder, daß im *Ulysses* z.B. auch die Sirenen auftreten. Das hinter der Theke des Restaurants Ormond versammelte Personal bekommt von Joyce sirenenhafte Qualitäten verliehen, wobei gleichzeitig die gesamte Sprache dieses Romanabschnitts ausnehmend musikalisch und rhythmisch wird. Überhaupt war es das Anliegen des Dichters, den verschiedenen Episoden auch mit einer ganz eigenen Form der Darstellung gerecht zu werden. So kommt es, daß wir im *Ulysses* beinahe alle Spielarten der Schriftstellerei und Dichtkunst – Anzeige, Reportage, Tagebucheinträge bis hin zu lyrischen und dramatischen Szenen – vorfinden und uns dementsprechend in emotional ganz verschieden getönten Atmosphären bewegen.

Neben der Oralität und Analität spielt im *Ulysses* natürlich auch die Genitalität – oder zumindest Vorstufen und Zerrformen davon – eine gewichtige Rolle. In der *Nausikaa*-Episode etwa, die im Roman von Joyce ähnlich wie in der antiken *Odyssee* am Strand angesiedelt ist, an dem Leopold Bloom gerade spazieren geht, beobachtet Bloom drei Mädchen, darunter auch Gerty McDowell (sprich Nausikaa). Als Gerty den prüfenden Blick Blooms bemerkt, reagiert sie geschmeichelt und überläßt sich ihrem Impuls, ihn zum Voyeur zu machen, indem sie ihre Röcke hebt:

> Und sie sah, daß er sah, und dann stiegs so hoch, daß es einen Augenblick lang ganz außer Sicht geriet, und sie zitterte an allen Gliedern, weil sie so weit zurückgebeugt war, und er hatte freien Blick voll hoch hinauf über ihr Knie, so weit wie noch keiner, nicht einmal in der Schaukel oder beim Waten, und sie schämte sich nicht und er ebenfalls nicht, in so unanständiger Weise so hinzusehen, weil er dem Anblick der wundervollen Enthüllung nicht zu widerstehen vermochte, die sich

> ihm halb bot wie bei diesen Serpentintänzerinnen, die sich so unanständig aufführten vor zuguckenden Herren, und er sah weiter herüber und immer weiter.[16]

Unter anderem wegen der Nausikaa-Episode, die bereits 1918 in einem Vorabdruck veröffentlicht worden war, kam es in den Vereinigten Staaten, vor allem aber auch in Irland zu heftigen und entrüsteten Reaktionen einiger bigotter, prüder und puritanischer Kritiker, die immerhin erreichten, daß der *Ulysses* nach seiner Publikation 1922 geraume Zeit als Pornographie galt und daher nicht vertrieben werden durfte. Am Anfang des 21. Jahrhunderts wären wir froh, wenn wir unter Pornographie immer noch derart harmlose Beschreibungen wie die eben zitierte assoziieren dürften.

Bloom, der ebenso wie Odysseus seine Nausikaa nicht erobern kann, behilft sich mit einer onanistischen Abreaktion. Die Schilderung von Joyce ist insofern „lesenswert", als es ihm außerordentlich überzeugend gelingt, die Einsamkeit des Onanisten und seine letztlich frustranen Versuche, dieselbe mittels Phantasietätigkeit zu kompensieren, in Worte zu fassen. Die Frustration eines Menschen, der sich eine Welt imaginiert und sich wegen und mit seiner Triebhaftigkeit eine reale Situation darin vorgaukelt, dem diese Welt mit einem Mal abhanden kommt und der dann alleine die Tristesse leerer Phantasien zu spüren bekommt – diese Enttäuschung hat Joyce fast lehrbuchartig beschrieben, so daß man vermuten kann, daß er selbst derartige Situationen gut kannte.

Nach einigen weiteren Stationen seiner Odyssee durch Dublin sucht Bloom schließlich – in der Kirke-Episode – das Bordell der Bella Cohen auf, wo er mit Stephen Dedalus zusammentrifft. Neben einigen anderen Kunden werden auch Bloom und Dedalus in „Schweine" verwandelt und kehren als solche ihre perversen und triebhaft-lüsternen Impulse und Phantasien nach außen. In einem dramatischen Dialog zwischen Bloom und der Leiterin des Bordells Bella Cohen, die sich im Verlauf der Handlung zu einem sadistischen „Bello" wandelt, wird Bloom aufgefordert, ohne Umschweife von seinen Sexualphantasien und -praktiken zu berichten:

> Bello (stößt einen lauten Pfiff aus): Sprich! Was war die ekelhafteste Schweinerei, die du in deiner Verbrecherlaufbahn begangen hast? Mach reinen Tisch. Kotz es aus. Sei wenigstens einmal ehrlich![17]

Bloom ebenso wie Dedalus unterwerfen sich demütig und willenlos den Aufforderungen und Befehlen von Kirke/Bella Cohen. Anders als der antike Odysseus haben die beiden kein Gegengift gegen die Zauberkraft dieser Bordelldame, die mit ihnen nach Gutdünken umzuspringen versteht, und der sie scheinbar wehrlos ausgeliefert sind. Den Menschen der Moderne fehlt das Kraut Moly, das dem Helden Odysseus die Kraft gab, den Attraktionen der Kirke letztlich zu widerstehen und sich von ihr wieder frei zu machen. Angesichts ihrer Triebhaftigkeit – so Joyce – werden die allermeisten Individuen zu animalischen Wesen, denen

[16] Joyce, J.: Ulysses, a.a.O., S. 511.
[17] Joyce, J.: Ulysses, a.a.O., S. 700.

Ichstärke, Ethos und Ästhetik beinahe Fremdwörter bedeuten und die sich zuletzt schlimmer als die Schweine benehmen.

Erst nachdem Bloom und Dedalus das Bordell verlassen haben und in der Gosse gelandet sind, kehren bei ihnen die ersten Fähigkeiten ihres Bewußtseins wieder zurück. Wie auf einen Alb oder eine Satansmesse blicken sie auf die soeben überstandene Walpurgisnacht zurück und beschließen, in Blooms Wohnung noch ein Getränk zu sich zu nehmen. Wie Odysseus nach Ithaka, so kehrt Bloom unerkannt nach Hause zurück, wo er durch ein Hinterfenster einsteigen muß. Zusammen mit Dedalus (seinem Sohn Telemach) trinkt Bloom (Odysseus) Kakao, und beide versuchen, die soeben überstandene Geschichte zu analysieren.

Als Dedalus nach langer Diskussion und pseudowissenschaftlicher Analyse endlich Blooms Haus verläßt, ist dieser ganz und gar heimgekehrt und legt sich zu seiner Penelope (sprich Gattin Molly). Den Schlußakkord des Romans bildet ein über 70 Seiten sich erstreckender innerer Monolog von Molly, der mit einem Ja eingeleitet wird und mit einem Ja endet, und in dem sie immens viele Themen ihrer Biographie und ihrer Beziehung zu Leopold Bloom sehr assoziativ und – im wahren Sinne des Wortes – ohne Punkt und Komma (also interpunktionslos) an die Oberfläche ihres Bewußtseins spült.

Wieder wird man bei diesem inneren Monolog an ein Diktum der Psychoanalyse erinnert, die davon ausgeht, daß das Unbewußte wie eine Sprache gebaut ist, allerdings mit Verkehrungen und Verdichtungen versehen, die eine schlichte Interpretation merklich erschweren:

> Ja weil er sowas doch noch nie gemacht hat bis jetzt daß er sein Frühstück ans Bett haben will mit zwei Eiern seit dem *City Arms* Hotel wo er immer so tat wie wenn er wegen seiner kranken Stimme das Bett hüten müßte und den feinen Lackaffen spielte ... ja und wie er mich geküßt hat unter der maurischen Mauer und ich hab gedacht na schön er so gut wie jeder andere und hab ihn mit den Augen gebeten er soll doch nochmal fragen ja und dann hat er mich gefragt ob ich will ja sag ja meine Bergblume und ich hab ihm zuerst die Arme um den Hals gelegt und ihn zu mir niedergezogen daß er meine Brüste fühlen konnte wie sie dufteten ja und das Herz ging ihm wie verrückt und ich hab ja gesagt ja ich will Ja.[18]

Man hat inzwischen die Wirkungen des *Ulysses* auf andere Schriftsteller sowie die Dichtkunst, Sprachtheorie, Tiefenpsychologie und Mythologie des 20. Jahrhunderts untersucht und dabei festgestellt, daß alle diese Bereiche vom Hauptwerk des irischen Dichters enorm beeinflußt worden sind. Die verschiedenen Erzähltechniken – und hier vor allem der innere Monolog – haben z.B. bei Marcel Proust, Robert Musil, Alfred Döblin oder Hermann Broch zu Nachahmungen und originellen Weiterentwicklungen Anlaß gegeben, von denen ihre Dichtung ganz außerordentlich profitierte.

Ebenfalls große Zustimmung und Bewunderung fand die Struktur des Romans, die sich strikt an bestimmte, aus der Mythologie stammende Symbole und

[18] Joyce, J.: Ulysses, a.a.O., S. 940/1015.

Motive hält und deren ganzer Beziehungsreichtum erst demjenigen offenbar wird, der sich tief in die antike wie auch neuzeitliche Kultur- und Geistesgeschichte eingearbeitet hat. Joyce war ein überaus gebildeter Künstler, der sich souverän und sicher in verschiedenen Sprach- und Kulturräumen bewegte und den *Ulysses* dementsprechend reich mit Anspielungen und Querverweisen versehen konnte.

Literaturwissenschaftler haben nachgewiesen, daß den 18 Episoden respektive Kapiteln des Romans jeweils eigene Schauplätze, Symbole, Farben, Wissensdisziplinen, körperliche Organe sowie Erzähl- und Darstellungstechniken zugeordnet werden können. So spielt etwa die Sirenen-Episode im Konzertsaal, die Wissensdisziplin ist die Musik, das Ohr stellt das entscheidende Organ dar und die Technik der Erzählung erinnert hier an die musikalische Form der Fuge. Die Kirke-Episode ist im Bordell angesiedelt, wobei der Bewegungsapparat als körperliches Organ und die Magie als Wissensdisziplin im Vordergrund stehen. Der Erzählstil ist dabei stark an die halluzinatorische Wahrnehmung der Welt angelehnt, wie sie bei psychotisch Kranken imponiert.

Auch die diagnostischen Fähigkeiten, die im *Ulysses* offenkundig werden, verdienen Anerkennung. Man hat Joyce bisweilen vorgeworfen, er habe zuwenig Statements zu den gesellschaftlichen, sozialen, historischen und politischen Fragen und Problemen seiner Epoche abgegeben und sei damit irgendwie apolitisch und zu wenig sozial interessiert gewesen.

Dies trifft jedoch nur partiell zu. Man kann nämlich das Hauptwerk von James Joyce auch als eine Kritik an den geschichtlichen Ereignissen und Verhältnissen zu Beginn des 20. Jahrhunderts bis hin zu den Greueln des Ersten Weltkrieges lesen. Unter diesen Aspekten verwandelt sich z.B. die Rolle von Kirke/Bella Cohen in diejenige von Politikern und Kriegstreibern, die ihre Völker oder zumindest die Soldaten in grunzende Tiere verzauberten, welche zu allen ihnen befohlenen „Schweinereien“ bereit und fähig waren.

Joyce konnte sowohl Individuen als auch ganze Sozietäten von ihrer banalen Alltäglichkeit bis hin zu den tiefsten Abgründen ihrer Amoralität und Inhumanität faszinierend beschreiben, so daß Hermann Broch zu Recht vom *Ulysses* als von einem „Welt-Alltag der Epoche“ sprach.

Was jedoch unseres Erachtens im *Ulysses* zu kurz kommt, sind die „therapeutischen Ansätze“. Wohl kann man den Gedanken vertreten, daß gute Diagnostik bereits Therapie bedeutet oder zumindest eine *conditio sine qua non* für sie darstellt. Aber einem derart universal angelegten Roman wie dem *Ulysses* hätte – bei aller realistischen Darstellungsweise von Defiziten und Mängeln der menschlichen Existenz – das eine oder andere Modell eines halbwegs gelingenden Daseins (als mögliches Therapeutikum) gut zu Gesicht gestanden.

Solidarität, Wohlwollen, Güte, Freiheit, Emanzipation, Veränderung, Wachstum, Entwicklung, Schönheit und Liebe sind jedoch Themen, die in der Biographie ebenso wie im Werk von James Joyce unterrepräsentiert waren und von ihm deshalb als mögliche Gewichte gegen die Absurditäten und Banalitäten des menschlichen Lebens nicht groß in Betracht gezogen wurden.

So werden auch manche Begriffe verständlich, die von Kollegen und Kritikern verwendet wurden, um Joyce und sein Hauptwerk zu charakterisieren. C. G. Jung etwa sprach von den „Zynismen des *Ulysses*", welche das Leiden und Mitleiden an einer Welt, die nicht schön und nicht gut ist, verbergen sollen; Hermann Broch konnte sich bei seinem irischen Kollegen des Eindrucks eines „tiefen Pessimismus'" und eines „Widerwillens gegen die abgestorbenen Formen des Seins" nicht erwehren; Robert Musil sah in Joyce einen Dichter, der dem „aufgelösten Zustand" seiner Epoche nachgegeben hat und dementsprechend Aufgelöstes reproduzierte; und Thornton Wilder merkte zum *Ulysses* an, daß in ihm die „offenkundige Inkohärenz und Trivialität" des menschlichen Bewußtseins wiedergegeben und „die Würde des menschlichen Geistes" durchaus untergraben werde.

In Zürich hatte Joyce zwar einen Großteil seines *Ulysses* schreiben, ihn aber nicht beenden können. Nachdem der Erste Weltkrieg in der zweiten Hälfte des Jahres 1918 an sein Ende gelangt war, beschloß der Dichter, in Triest an seinem Roman weiter zu arbeiten. Das Jahr 1919 sah ihn deshalb wieder in der Stadt an der Adria, die ihn jedoch nicht mehr so zu begeistern vermochte wie ehedem. Nachdem er im Sommer 1920 den Schriftstellerkollegen und späteren Förderer Ezra Pound kennengelernt hatte, der ihm riet, nach Paris überzusiedeln, setzte Joyce diesen Vorschlag in die Tat um und lebte ab dem 8. Juli dieses Jahres in der Seine-Metropole.

In Paris hatte Joyce erwartungsgemäß mit denselben finanziellen Schwierigkeiten zu kämpfen wie in Zürich oder Triest. Trotz dieser pekuniären Kalamitäten gelang es ihm 1921, den *Ulysses*, an dem er über sieben Jahre lang intensiv gearbeitet hatte, abzuschließen. Nun ging er daran, für sein Manuskript einen Verleger zu finden – ein Unterfangen, das Joyce aufgrund seiner Erfahrungen mit den *Dubliners* nicht allzu leichten Herzens in Angriff nahm.

Hinzu kam, daß die Vorabdrucke in der Zeitschrift *The Little Review*, die zwischen 1918 bis 1920 erfolgt waren, zu teilweise katastrophalen Kritiken und Konsequenzen Anlaß boten; *Ulysses* respektive einige Passagen daraus wurden unter anderem als „obszön, unzüchtig, lasziv, schmutzig, anstößig und widerlich" bezeichnet, aus dem Verkehr gezogen und beschlagnahmt. Im Zusammenhang mit der Vorab-Publikation wurden sogar Geldstrafen in Höhe von einigen Hundert Dollars verhängt.

Für Joyce war es deshalb von großer Bedeutung, daß er schon wenige Tage nach seiner Ankunft in Paris die Buchhändlerin und Verlegerin Silvia Beach kennenlernte, die in dem eigenwilligen Menschen rasch den überragenden Dichter und Künstler erkannte und ihm einige Monate später anbot, den *Ulysses* bei sich – d.h. bei Shakespeare & Co – zu verlegen. Trotz heftiger Streitereien mit Silvia Beach über die Auflagenhöhe und die Form der Werbung einigten Joyce und sie sich letztlich, und im Februar 1922 konnte der Dichter die ersten Exemplare des *Ulysses* (noch in einer zensierten Form) in Händen halten.

Finnegans Wake. – Über seinen *Ulysses*, der jedem Leser anfangs reichlich Lektüre-Schwierigkeiten bereitet, hat Joyce einmal etwas hämisch und mit sichtlichem inneren Vergnügen geschrieben:

> Ich habe so viele Rätsel und Geheimnisse hineingesteckt, daß es die Professoren jahrhundertelang in Streit darüber halten wird, was ich wohl gemeint habe, und nur so sichert man sich seine Unsterblichkeit.[19]

Nun haben sich in den acht Jahrzehnten seit dem Erscheinen des *Ulysses* genügend Professoren und Joyceaner gefunden, welche die Rätsel des Mammutwerkes inzwischen einigermaßen durchschaut haben und damit auch den Nicht-Fachleuten in Sachen Joyce einen Zugang zum *Ulysses* eröffnet. Bei einiger Anstrengung ist es durchaus möglich, die Irrfahrten von Leopold Bloom und den anderen Figuren nachzuvollziehen und verstehend einzuordnen.

Bedeutend schwieriger gestaltet sich ein derartiges Unterfangen beim zweiten Hauptwerk von James Joyce, das er nur wenige Monate nach dem Abschluß von *Ulysses* in Angriff nahm und das den sinnigen Arbeitstitel *Work in Progress* erhielt. Schon im Jahre 1924 erschienen die allerersten Fragmente dieses Textes in der *Transatlantic Review*, und in den kommenden Jahren sollte sich dies beinahe jährlich wiederholen. Doch der Abschluß des Manuskripts ließ bis in den November des Jahres 1938 hinein auf sich warten, und erst am 4. Mai 1939 erschien der Text als Buch beim Verlag Faber in London und New York, nun aber mit dem Titel *Finnegans Wake*.

Verglichen mit dem *Ulysses* ist der Text von *Finnegans Wake* um Quantensprünge komplexer und deshalb für den mittleren Leser beinahe unverständlich geschrieben. Es soll – so Joyce – „der seltsamste Traum (sein), der je halb geträumt wurde", ein „Krieg in Worten", vor dem nicht wenige Literaturwissenschaftler kapitulierten, und der außerordentlich widersprüchliche Interpretationen und Formen der Herangehensweise ausgelöst hat.

In Ergänzung zum *Ulysses* gilt *Finnegans Wake* den meisten Interpreten als ein Nacht-Roman. Schilderte der *Ulysses* den Ablauf eines Tages in der Großstadt Dublin, so befaßt sich *Finnegans Wake* mit der Darstellung und Wiedergabe eines ausgedehnten Traumes einer einzigen Nacht und eines einzigen Menschen.

Der Dubliner Humphrey Chimpden Earwicker (HCE) repräsentiert in diesem Buch einerseits ein konkretes träumendes Individuum, andererseits aber auch ganz allgemein „die Menschheit". Dieser Jedermann hat Schuld in Form eines Sittlichkeitsdelikts auf sich geladen, und ein wesentlicher Teil der „Handlung" besteht nun in der Frage, wie Earwicker mit seiner Schuld umgehen lernt respektive wie er entschuldet werden kann.

Earwicker ist verheiratet mit Anna Livia Plurabelle, die im Roman als überaus versöhnliche und verständige Frau imponiert und der manche Interpreten die Qualitäten einer Allmutter oder des mütterlichen Prinzips schlechthin zugestehen. Zur Familie gehören noch die Tochter Issy sowie die Söhne Shen und

[19] Joyce, J.: zit. n. James Joyce Bilder, hrsg. v. Greg Vitiello, Frankfurt a. M. 1994, S. 47.

Shaun, die untereinander verfeindet sind. Phasenweise steht Earwicker auch für die keltische Sagengestalt Finn, von der sich letztlich auch der Titel des Buches ableitet: *„Hohoho, Mister Finn, you're going to be Mister Finnagain.“*

Nun kümmert sich der Roman durchaus nicht nur um das „Erwachen“ (*wake*) von Earwicker (*finnagain = finnegan*), sondern darüber hinaus um das Erwachen der Menschheit schlechthin. Es war die Absicht von Joyce, ähnlich wie in den *Ulysses* auch in *Finnegans Wake* kollektive Themen und Motive einfließen zu lassen; in *Finnegans Wake* sind es geschichtsphilosophische Überlegungen und Modelle, die natürlich nicht als solche benannt und markiert sind, dem ganzen „Geschehen“ jedoch einen bedeutungsschweren Hintergrund verleihen.

Wie man bereits am *Ulysses* ablesen kann, der den Menschen der Moderne als eingebunden in uralte mythologische Abläufe definiert, vertrat Joyce eine Geschichtstheorie, die einen zirkulären und keinen linearen Verlauf favorisiert. So sehr einzelne Individuen oder ganze Völker sich auch bemühen, der Historie ihren Stempel aufzudrücken und ihren Ablauf gestaltend zu bestimmen, so sehr muß man – nach Joyce – zugestehen, daß alle Entwicklungen zuletzt wieder an den Anfangspunkt der Bewegung zurückkehren. Geschichte verläuft kreisförmig, und alle Versuche des Entrinnens sind letztlich zum Scheitern verurteilt.

Joyce hat sich mit dieser Theorie an den italienischen Philosophen Giovanni Batista Vico (1668-1744) und dessen Interpretation der menschlichen Geschichte angelehnt. Zwar kommt es zu phasenhaften Entwicklungen und auch zum „Erwachen“ der Menschheit; schlußendlich versinkt die Historie aber wieder – nachdem sie ein göttliches, ein heroisches und ein menschliches Stadium durchlaufen hat – im Chaos.

Im Traum erlebt Earwicker (als Repräsentant der Menschheit) nun diverse Metamorphosen und Verwandlungen, die für den sich ändernden Geschichtsprozeß stehen: Er wird unter anderem Adam, Buddha, Falstaff, Caesar, Napoleon und auch Finn und träumt als diese Personen jeweils in unterschiedlichen Stilen, Sprachen und Dialekten. Auch Anna Livia Plurabelle verwandelt sich beinahe ebenso entschieden und permanent wie manche Figuren aus den *Metamorphosen* des Ovid; am Ende aber verweisen alle Handlungs- und Gedankenstränge wieder zum Anfang zurück.

Wir wollen hier nicht den Eindruck erwecken, als ob all das in geordneter Sprache, in verständlicher und nachvollziehbarer Syntax und Semantik in *Finnegans Wake* zu lesen steht; ganz im Gegenteil. Schlägt man eine beliebige Seite dieses Buches auf, so wird man mit einem Gewimmel an Vokalen und Konsonanten konfrontiert, das bisweilen an vertraute Worte, bisweilen aber auch an Kauderwelsch, Kalauer, Jux und Schabernack erinnert. Oder wie soll man eine Textstelle wie die folgende einordnen und verstehen:

> Das ist mein Glück! Blassfümisierte der nunwegische Skeptain, und Furien bließen durch seine GammelHaut aus, das BlitzLicht seines Öhre wickerischen aus dem AugenWinkern auf seine MastSpitze. Und ei fern er fährt von Afferika Arena und ja nahe er nächte bis Blaulands Bering, Schinkan sei die bronzen Sonne, Buttern sei

> der Schnee. Und die See verflachte und die Sage schrie. Und, saugender Speigatt, hat er nicht dariniert.[20]

Auf diese Art geht es Seite um Seite weiter, wobei Joyce sich auch die Freiheit nimmt, zwischendurch Französisch, Italienisch, Englisch oder gar Schweizerdeutsch als Schriftsprache zu verwenden. Außerdem kommen eine Unmenge von Zitaten, Limericks, Gedichtstrophen, mehrdeutigen Begriffen und witzigen Wortspielen zum Einsatz, welche die Lektüre nicht gerade vereinfachen und die Reaktion von Stanislaus Joyce verständlich werden lassen, der *Finnegans Wake* einmal abfällig als „die Bibel des Kreuzworträtselsüchtigen“ bezeichnet hat.

Daß man jedoch aus dem zweiten Hauptwerk von James Joyce bei intensivem und geduldigem Studium sowie virtuoser Sprachbeherrschung viele Anspielungen und bewußt herbei geführte Doppeldeutigkeiten entdecken und verstehen kann, hat in den letzten Jahren immer wieder der Joyce-Kenner und -Exeget Fritz Senn in Zürich demonstriert. Wer je den knorrigen und etwas verschroben imponierenden, aber ungemein zuvorkommenden Mann aus *Finnegans Wake* vorlesen und interpretieren gehört hat, wird zugeben müssen, daß zumindest Fritz Senn in Joycens zweitem Hauptwerk eine ungeahnte Bedeutungsfülle erkennen kann.

Neben den eben erwähnten Versuchen, *Finnegans Wake* zu erfassen und ihm einen Sinn zuzuschreiben, kann man diesen Text wohl auch als ein großes Bekenntnis zur Sprache in allen ihren Nuancen und Potentialitäten lesen. Joyce hat in seinem Manuskript eine Art Ursprache oder Universalsprache abgebildet, die sich – im Traum oder auch als Strom des Unbewußten – bei allen Menschen wiederfindet und daher von allen auch verstanden werden müßte.

Da Joyce mit einigen Schriften von Sigmund Freud vertraut war, verwundert es nicht, wenn er seine unbewußte Universalsprache in ihren Ausgestaltungen der psychoanalytischen Theorie der Verdrängung und der Fehlleistungen in manchen Aspekten annähert. An einer Stelle in *Finnegans Wake* spricht Joyce sogar von einem *freudful mistake*, der sich in sein Manuskript eingeschlichen habe.

Die Arbeit an seinem zweiten Hauptwerk erfolgte in Paris vor dem Hintergrund teilweise erschütternder Ereignisse und Schicksalsschläge. Wie wir schon weiter oben ausgeführt haben, litt Joyce unter anderem an Glaukomanfällen und einer Beeinträchtigung seiner Sehkraft. In den 20er Jahren kam es diesbezüglich zu mehreren Operationen, die manchmal monatelange Schonung des Auges erforderlich machten. Bei einigen dieser Eingriffe war Joyce ziemlich besorgt, völlig zu erblinden. Daneben machte sich bei ihm auch die Alkoholabhängigkeit immer wieder sehr störend bemerkbar.

Zu den eigenen Erkrankungen gesellten sich Ende der 20er Jahre die ersten Anzeichen einer psychiatrischen Krankheit bei Joyces Tochter Lucia, welche schließlich als Schizophrenie diagnostiziert wurde. In den folgenden Jahren verschlechterte sich der Gesundheitszustand von Lucia derart, daß sie immer wieder

[20] Joyce, J.: Finnegans Wake (1939), Frankfurt a. M. 1993, S. 320.

in psychiatrischen Kliniken untergebracht werden mußte. 1932 etwa, zum 50. Geburtstag von James Joyce, wurde seine Tochter als völlig tobsüchtig in die Anstalt eingewiesen.

Joyce war über die Entwicklung seiner Tochter zeitweise ziemlich verzweifelt. Er wollte nicht, daß sie in psychiatrischen Kliniken behandelt wurde, mußte sich jedoch immer wieder mit einer derartigen Therapie abfinden, was seinen Alkoholkonsum nochmals beträchtlich steigerte. Bisweilen befanden sich Vater und Tochter gleichzeitig in ärztlicher Obhut – er wegen seiner Augenerkrankungen und seines Alkoholismus und sie wegen ihrer psychotischen Erkrankung. 1933 verbrachten beide deshalb eine Weile in Zürich in Spitälern.

Eine einzige und alleinige Ursache für die schizophrene Erkrankung von Lucia Joyce anzugeben, wäre sicherlich verfehlt. Wir wissen heute, daß wohl meist eine biologische Disposition vorhanden sein muß, damit diese Krankheit überhaupt entstehen kann, daß zu dieser Disposition jedoch diverse biographische Einflüsse hinzukommen müssen, damit aus einer Disposition eine manifeste Schizophrenie wird.

Ob – wie manche Autoren dies mutmaßen – eine inzestuöse Beziehung zwischen James Joyce und seiner Tochter bestanden hat, welche einen destabilisierenden Einfluß auf Lucia ausübte, kann nicht mit Sicherheit nachgewiesen werden. Udo Loll hat in seinem Buch über *James Joyce – Genie im Patriarchat* (1992) viele mehr oder minder vage Hinweise gesammelt, die eine sexuell getönte Beziehung zwischen Vater und Tochter wahrscheinlich werden lassen, ohne dies allerdings beweisen zu können. Der Hinweis auf den Lebensstil von James Joyce, der alle möglichen und unmöglichen existentiellen Situationen aufsuchte oder konstellierte, damit er hinterher ausführlich und anschaulich darüber schreiben konnte, stimmt zwar prinzipiell, reicht aber nicht wirklich aus, den Dichter einer inzestuösen Praxis mit Lucia zu überführen.

Eher schon darf als gesichert angenommen werden, daß der permanente Affekt- und Alkoholabusus sowie die daraus abzuleitenden Atmosphären der Unruhe und des teilweise chaotischen Auf und Ab dazu beigetragen haben, für Lucia ungünstige und destabilisierende Verhältnisse der Erziehung und Entwicklung zu schaffen. Man kann sich kaum vorstellen, daß ein kleines Kind Sicherheit und Geborgenheit erlebt, wenn der eigene Vater immer wieder zu Affekten aller Art neigt und außerdem häufig bis zur Besinnungslosigkeit betrunken ist.

Das „sittliche Delikt“, von dem in *Finnegans Wake* gesprochen wird, dessen sich Earwicker schuldig gemacht haben soll und von dem manche Interpreten und Biographen meinen, Joyce könne damit eventuell auf seine eigenen „sittlichen Delikte“ im Hinblick auf Lucia angespielt haben, bestünde dann nicht im real vollzogenen Inzest, sondern eher in einer Art „inzestuöser Familienatmosphäre“, die es aufgrund von Streit, Hader, Affekten und Schuldgefühlen allen Beteiligten schwer gemacht haben dürfte, sich emotional daraus zu lösen und eigene, selbstbestimmte und autonome Wege zu gehen.

Insofern hätte Joyce mit seiner Grundannahme, die er im *Ulysses* ausgeführt hat, zumindest für seine eigene Existenz und für diejenige seiner nächsten Angehörigen Recht behalten. Im *Ulysses* agieren und interagieren Individuen, welche sich vorgegebenen Lebensatmosphären gegenüber nicht emanzipieren können und gezwungen sind, die Gesetze und das Programm von (uralten) Mythen zu leben und zu erfüllen. Freiheit und Selbstbestimmung sind dabei Fremdworte bzw. werden zwar erstrebt und als Ideale benannt, aber nicht realisiert.

Und auch *Finnegans Wake* kann in dieser Optik als Bestätigung oder Verdoppelung einer existentiellen Urerfahrung von Joyce gelten. Earwicker, Anna Livia Plurabelle und alle weiteren Figuren unterliegen zwar dem Fluß der Metamorphose, gelangen aber nicht an neue Ufer, sondern landen immer wieder an den alten Gestaden ihres Daseins. Ihr langer Traum evoziert zwar Abenteuer und Ereignisse, ändert jedoch an ihrem individuellen (oder auch am kollektiven) Geschichtsverlauf nichts Wesentliches.

Wie Leopold Bloom sich nachts zu Molly legt, ohne daß er nach all den Erlebnissen seines Tages wirklich ein anderer geworden wäre, so kehren nach Joyce alle Menschen irgendwann heim und zurück an ihren Ausgangspunkt, ohne daß sie sich oder die Welt nachhaltig hätten verändern können. Und letztlich empfinden sich dabei die meisten noch als *Exiles*, als Verbannte, für die es keine effektive Heimat gibt und die sie deshalb auch nicht finden können.

Weiter oben haben wir schon erwähnt, daß in den Werken von James Joyce nur selten Gefühlsqualitäten wie Liebe, Sorge, Wohlwollen, Freude, Mitleid, Zuversicht, Hoffnung oder Solidarität geschildert werden. Eher schon dominieren die tristen oder hoffnungslosen Atmosphären, die Affekte und Verstimmungen, das Absurde oder Nihilistische, manchmal auch das Zynische, Sarkastische oder Groteske. Wohl trifft man auf Witz und Komik, kaum aber auf Milde, Güte, Weisheit oder Humor.

Nun spiegeln diese emotionalen Qualitäten sowohl den Charakter und Lebensstil von James Joyce als auch etwas vom Zeitgeist des 20. Jahrhunderts wider und stellen damit einen authentischen Ausdruck individueller wie kollektiver Befindlichkeiten dar. Darüber hinaus wird in ihnen aber auch deutlich, warum es für Joyce und seine von ihm geschaffenen Figuren keine wirkliche und tragfähige Heimat und keine merkliche Entwicklung geben kann. Beides, Heimat wie Entwicklung, konstituiert sich nur vor dem Hintergrund eines reichhaltigen und soliden Gefühlslebens, an dessen Mangel Joyce ebenso wie viele seiner Zeitgenossen gelitten hat.

Dubliners, *Exiles*, *Ulysses* und *Finnegans Wake* haben wahrscheinlich auch deshalb große Resonanz beim Publikum gefunden, weil in ihnen dieser Mangel und seine Konsequenzen dargestellt und verhandelt werden, die beinahe pathognomonisch für das 20. Jahrhundert waren. Man hat diese Epoche auch das „Jahrhundert der Extreme“ (Eric Hobsbawm) genannt; angesichts von zwei Weltkriegen, Faschismus und Bolschewismus, Holocaust und anderen unzähligen Greueltaten kann man sich des Eindrucks nicht erwehren, daß es sich dabei vor allem um „extreme Gefühlskälte“ gehandelt haben muß.

Aufgrund seiner Biographie, seines Charakters, seiner Rolle als Außenseiter und „Verbannter“, seiner außerordentlichen Sprachbegabung und Lust am Konfabulieren, seiner Lebensgestaltung, seiner Zähigkeit und Tapferkeit (auch angesichts von relativer Armut und heftiger Erkrankung), seiner familiären und nationalen Abstammung und seiner Arbeitsfähigkeit (trotz gelegentlicher Zeiten der alkoholbedingten Bewußtlosigkeit) war James Joyce geradezu prädestiniert, dieser Abwesenheit von Gefühl und der daraus resultierenden Heimatlosigkeit beredt Ausdruck zu verleihen. Daß und wie er es getan hat, verdient Respekt und Anerkennung, selbst wenn es sich dabei oft genug um eine „Ästhetik des Häßlichen oder Banalen" handelt.

Es bleibt noch nachzutragen, daß Joyce nach der Beendigung von *Finnegans Wake* bis Ende des Jahres 1939 in Paris verblieb, nach dem Kriegsausbruch aber aus der Metropole in die französische Provinz übersiedelte und bei Bekannten Zuflucht suchte, wo er auf eine Einreisegenehmigung in die Schweiz wartete. Da die Klärung der Formalitäten lange dauerte, kamen der Dichter und seine Familie erst am 17. Dezember 1940 in Zürich an.

Wenige Tage später wurde Joyce wegen heftiger Oberbauchbeschwerden in eine Klinik eingeliefert, wo er kurze Zeit darauf operiert wurde. Man stellte ein perforiertes (durchgebrochenes) Geschwür des Zwölffingerdarms fest – eine lebensbedrohliche Erkrankung, die im Rahmen von Alkoholmißbrauch gar nicht so selten auftritt. Trotz dieses chirurgischen Eingriffs konnte Joyce nicht gerettet werden; er starb am 13. Januar 1941. James Joyce wurde in Zürich auf dem Friedhof Fluntern begraben. Diese „letzte Ruhestätte" versinnbildlicht in gewisser Weise die Überzeugung des Dichters, daß es Heimat gar nicht oder – sehr rudimentär – nur in der Fremde gibt.

Vor einigen Jahren hat man an der Grabstelle eine lebensgroße Plastik des Künstlers aufgestellt, die Joyce rauchend, mit übereinander geschlagenen Beinen sitzend und scheinbar plaudernd darstellt. Seine Gesichtszüge haben einen witzig-ironischen Ausdruck, als denke er gerade über das Leben nach und mache dabei wieder einen seiner Jokes, über den man zwar durchaus lachen, aber nur schwer lächeln kann.

LITERATUR

Burgess, A.: Joyce für Jedermann (1965), Frankfurt a. M. 1994.

Davies, S. G.: James Joyce – Das bewegte Leben des großen irischen Schriftstellers (1987), München 1987.

Ellmann, R.: James Joyce (1959), Frankfurt a. M. 1994.

Ellmann, R.: Vier Dubliner – Wilde, Yeats, Joyce und Beckett (1987), Frankfurt a. M. 1990.

Joyce, J.: Dubliners (1914), Frankfurt a. M. 1987.

Ders.: Ein Porträt des Künstlers als junger Mann (1917), Frankfurt a. M. 1988.

Ders.: Verbannte (1918), Frankfurt a. M. 1991.

Ders.: Ulysses (1922), Frankfurt a. M. 1979.

Ders.: Finnegans Wake (1939), Frankfurt a. M. 1993.

Ders.: Stephen der Held (1944), Frankfurt a. M. 1983.

Ders.: Kleine Schriften, hrsg. v. K. Reichert, Frankfurt a. M. 1987.

Ders.: Briefe an Nora (1966), Frankfurt a. M. 1979.

Ders.: Briefe an Sylvia Beach (1987), Frankfurt a. M. 1991.

Loll, U.: James Joyce – Genie im Patriarchat, Stuttgart 1992.

Mayoux, J.-J.: Joyce (1965), Frankfurt a. M. 1967.

Paris, J.: Joyce (1960), Reinbek bei Hamburg 1990.

Senn, F.: Nichts gegen Joyce, Zürich 1983.

Senn, F.: Das James Joyce Lesebuch, Zürich 1979.

Goll, C.: Ich verzeihe keinem (1976), Bern 1994.

Vitiello, G.: James Joyce Bilder, Frankfurt a. M. 1994.

George Orwell, die „Farm der Tiere" und „1984"

George Orwell, dessen bürgerlicher Name eigentlich Eric Blair war, gehört zu den berühmtesten englischen Schriftstellern der ersten Hälfte des 20. Jahrhunderts. Weltruhm hat er in erster Linie durch die im Titel genannten Bücher erlangt, die in fast 30 Sprachen übersetzt wurden und eine Gesamtauflage von vielen Millionen erreichten. Aber neben diesen durchschlagenden Texten hat Orwell noch eine ganze Reihe von Romanen, Erzählungen und kritischen Essays verfaßt. Er gilt als einer der unabhängigsten und fortschrittlichsten Autoren seiner Epoche, der in allen Schwankungen des politischen Lebens stets an den Idealen der Gerechtigkeit, der Humanität und des sozialen Fortschritts festhielt.

Zu seinen geistigen und moralischen Positionen gelangte Orwell auf einigen Umwegen, die das Drama seiner Existenz ausmachen. Von seiner Familie her entstammte er der bürgerlichen Mittelschicht, deren Leben sich normalerweise in den Bereichen des Konformismus abspielte. Daß Orwell aus diesen vorgezeichneten Bahnen ausbrach und seinen eigenen Weg der Rebellion einschlug, hat Ursachen in seiner Sozialisation und seiner späteren Lebensgeschichte. Irgendwann in seiner Frühzeit scheint er jenen Vorsatz gefaßt zu haben, den Bertolt Brecht in einem Gedicht prägnant ausdrückt:

> Ich bin aufgewachsen als Sohn
> Wohlhabender Leute. Meine Eltern haben mir
> Einen Kragen umgebunden und mich erzogen
> In den Gewohnheiten des Bedientwerdens
> Und unterrichtet in der Kunst des Befehlens, aber
> Als ich erwachsen war und um mich sah,
> Gefielen mir die Leute meiner Klasse nicht,
> Nicht das Befehlen und nicht das Bedientwerden.
> Und ich verließ meine Klasse und gesellte mich
> Zu den geringen Leuten.

Orwell wurde am 25. Juni 1903 als Sohn eines britischen Kolonial-Offiziers in Motihari (Bengalen, Indien) geboren. Sein Vater war ein Angestellter in der Kolonialverwaltung in einem eher bescheidenen Rang. Er heiratete im fernen Osten Ida Mabel Limouzin, die aus einer französischen Holzhändler-Familie stammte. Nach der Geburt des Sohnes Eric ging Frau Blair nach England, wo sie den Knaben und die beiden Töchter Marjorie und Avril besser aufziehen konnte als in Bengalen. Der Gatte besuchte nur in den spärlichen Urlauben seine Familie und wurde erst im Jahre 1912 pensioniert. So kam es, daß Eric in einem rein weiblichen Haushalt aufwuchs, und daß sich die väterliche Einwirkung auf ihn sehr in Grenzen hielt.

Die Mutter war lebhaft und energisch und zeigte ihren Kindern gegenüber viel Zuneigung und Betreuung. Aber im Jahre 1911 ergab sich eine jähe Vertreibung aus dem Kindheitsparadies. Eric Blair wechselte von der örtlichen Vorbereitungsschule auf das Internat St. Cyprians, nahe Eastbourne in Sussex. Da seine Eltern wenig Geld hatten, war er ein halber Stipendiat in dieser Schule, die von einem Lehrerehepaar in einem sehr altmodischen Erziehungsstil geführt wurde. Diese beiden Schultyrannen huldigten einer Didaktik des sterilen Auswendiglernens, wobei sie die Disziplin durch drakonische Strenge aufrecht erhielten. Die dabei reichlich verteilten Prügel trafen vor allem die ärmeren Schulkinder, indes die reichen Zöglinge offensichtlich verschont blieben.

Gleich nach dem Eintritt in die Schule wurde Eric fürchterlich verprügelt, weil er das Bett genäßt hatte. Und da er dabei nicht genügend Schmerzreaktionen äußerte, sondern schweigende Tapferkeit an den Tag legte, wurde er sofort nochmals geschlagen. So entwickelte er von Anfang an eine innerlich ablehnende Haltung zu diesem Terror-Institut, wobei er noch in späteren Jahren sich mit einigem Groll an diese Leidenszeit erinnerte. In seinem Essay *Such, Such Were the Joys* (geschrieben 1947, publiziert 1952) hat er seine Internatserfahrungen aufzuarbeiten versucht, aber man spürt noch in seinem Bericht den Unmut, der ihn in jenen Jugendjahren erfüllt haben muß. Das reichte bis zu intensiven Ekelerfahrungen, da das Essen in dieser für die Schulleiter sehr gewinnbringenden Schule mitunter nicht in unbedingt reinlicher Art und Weise dargeboten wurde.

Immerhin schaffte er es unter dem Schuldrill, sich für die Aufnahmeprüfung in Eton zu qualifizieren. Mit 16 Jahren konnte er St. Cyprians den Rücken kehren und in die Eliteschule einziehen. Dort ging es ihm wesentlich besser, aber schulbegeistert war er eigentlich nie. Er war ein hoch aufgeschossener Jüngling, der bald die Größe von 1,90 Meter erreichte. Photos aus dieser Zeit zeigen einen freundlichen jungen Mann, dem man jedoch viel Zurückhaltung anmerkt. Es scheint, daß die Internatsjahre eine bereits disponierte Neigung zur Introversion mächtig verstärkt hatten. Vielleicht auch wirkten sie in dem Sinne charakterprägend, daß der junge Blair irgendwie den Lebensplan faßte (Charakter ist nach dem französischen Philosophen Alain ein Eid, den man sich selber schwört), schwerste Lebensbedingungen aufzusuchen und in ihnen heroisch durchzuhalten. Das mag ein Schlüssel für seine spätere Daseinsgestaltung sein.

Von Eton aus wäre normal gewesen, ein Hochschulstudium zu absolvieren. Aber Eric trat in die Fußstapfen seines Vaters und bestand 1922 die Examina des *Indian Office*, womit er in den burmesischen Polizeidienst eintreten konnte. Ende 1922 absolvierte er in Mandalay die Ausbildung zum Polizeioffizier und war Anfang 1924 bereits als ein Distriktleiter im Irawadi-Delta tätig. Bis 1927 übernahm er verschiedene Funktionen in der Kolonialhierarchie, wobei er offenbar sein Amt korrekt und effizient versah. Aber in jenen Jahren wuchs in ihm eine gewaltige Opposition gegen den britischen Kolonialismus, den er immer mehr zu verurteilen geneigt war.

Offenbar solidarisierte er sich mit der farbigen Bevölkerung des Landes, die von den Engländern als „halbe Untermenschen“ eingestuft wurden. Die Kolonialoffiziere im Club waren durchweg der Meinung, daß die Eingeborenen in keiner Weise fähig wären, sich selbst zu regieren. So müsse denn der weiße Mann die Bürde auf sich nehmen, diese kindlichen und primitiven Menschen nach und nach zur Kultur hinzuführen; so jedenfalls formulierte es der berühmte Dichter Rudyard Kipling (1865-1936), der ein entschiedener Verfechter der Idee des britischen Kolonialreiches war.

Was sich in Orwell in jener Dienstzeit innerlich abgespielt haben mag, können wir nur indirekt aus dem literarischen Niederschlag dieser Lebensphase entnehmen. In dem Roman *Burmese Days* (Tage in Burma, 1931) spürt man die tiefen Depressionen, die ihn damals heimgesucht haben müssen. Wie er dachte und fühlte, ist auch zu erahnen in den beiden Essays *Einen Elefanten erschießen* sowie *Einen Mann hängen*. In beiden Darstellungen kommt es zu einer Revolte des Mitgefühls für die Opfer der Kolonialherrschaft, die ohnmächtig Terror und Unterdrückung über sich ergehen lassen müssen.

Die genannten Essays schildern Vorgänge, die Orwell selbst erlebt hat. Ein Arbeitselefant hatte sich losgerissen und in seiner Erregung einen Eingeborenen zu Tode getrampelt. Nun wurde der Erzähler von der Volksmenge alarmiert und zog mit ihr, bewaffnet mit seinem Gewehr, zum Standort des Tieres, das friedlich am Waldrand weidete. An sich hätte man den Elefanten verschonen können. Aber der britische Offizier fühlte den Druck der hinter ihm stehenden Menge, die von ihm erwartete, daß er den Ausbrecher erschießen würde. Das tat er denn auch mit drei wohlgezielten Schüssen, unter denen der Elefant zusammenbrach. Der Nimbus des weißen Sahib war damit bestätigt.

Noch eindrücklicher ist die Geschichte vom Erhängen eines Delinquenten, den der Erzähler mit Hilfspolizisten zur Exekution führen mußte. Das Opfer (dessen Untat nicht benannt wird) ging fatalistisch seiner Hinrichtung entgegen, monoton immer wieder seinen Gott anrufend. Und kurz vor dem Galgen wich er einer Wasserpfütze aus, um sich nicht naß zu machen. Das wurde für Orwell zu einer erschütternden Erfahrung. Da war ein Mensch, der wie er selbst die Welt erlebte, noch auf Reinlichkeit achtete und sogar von einem herumstreunenden Hund zärtlich begrüßt wurde. Und dieses Leben sollte jählings durch einen Willkürakt beendigt werden! Das geschah denn auch, und der weiße Offizier mußte wider die sonstige Regel seine farbigen Hilfskräfte zu einem Drink einladen, um das grausige Geschehnis zu neutralisieren.

Ein tropisches Fieber, das sich Orwell 1926 zuzog, berechtigte ihn zu einem längeren Heimaturlaub. Er kam nach England und eröffnete bald darauf seiner etwas erschrockenen Familie, daß er nicht mehr in den Kolonialdienst zurückkehren wolle. Er habe die Absicht, Schriftsteller zu werden. Seine materiellen Hilfsmittel waren kläglich, aber das focht ihn nicht an. Auch versicherte er seinen Angehörigen, daß er ihnen nicht zur Last fallen werde.

1928-29 hielt er sich in Paris auf, dem Mekka der Literatur- und Kunstbeflissenen aus der angelsächsischen Welt. Orwell wollte dort das Leben der Armen und Unterdrückten aus nächster Nähe kennenlernen. Er mietete sich in einem kleinen Hotel ein, in dessen Umfeld er die proletarische Bevölkerung und ihre

Randgruppen leicht beobachten konnte. Das wenige Geld, das er als Abfindung nach seiner Dienstzeit erhalten hatte, schmolz schnell dahin. Nun wurde Orwell selbst mit Hunger und absoluter Verarmung konfrontiert.

Seit seiner Jugendzeit hatte er an Bronchitiden gelitten, und seine Lunge war auch in Indien manchen Belastungen ausgesetzt. Die Pariser Hungerzeit fügte ein weiteres hinzu, um seine Gesundheit zu untergraben. Anläßlich einer Lungenentzündung mußte er einen Aufenthalt im Pariser Armenhospital absolvieren, was ihm zeigte, wie die Ärmsten der Armen von der bürgerlichen Gesellschaft behandelt und kuriert werden. Es waren arge hygienische Verhältnisse, die im Hospital vorherrschten. Auch ging man rücksichtslos mit den Patienten um, die nichts für die Therapie bezahlen konnten. Orwell hat seine diesbezüglichen Eindrücke später in der Geschichte *How the poor die* (Wie die Armen sterben) zum Ausdruck gebracht.

Er selbst entging mit knapper Not dem Tode und kehrte in seinen unsäglichen materiellen Notstand zurück. Wiewohl eine seiner Tanten in Paris lebte, die ihm wohl gesonnen war, verschmähte er es, sie um Hilfe anzugehen. Er versetzte seine Kleider und Wertgegenstände, wurde im Hotel bestohlen und stand schließlich vor dem Nichts.

Nun nahm er eine Arbeit als Tellerwäscher in einem Pariser Hotel auf. Auch hier gewann er Erfahrungen, die in seine Weltanschauung eingingen. Die *plongeurs* (Tellerwäscher) befanden sich auf der untersten Stufe der Hotelhierarchie. Ihnen wurde ein Arbeitstag von 18 Stunden zugemutet, wobei sie dauernd hin und her gehetzt wurden, mit Anforderungen, die den letzten Rest von Energie aus ihnen preßten. Anweisungen wurden prinzipiell in Form von Flüchen gegeben. Die Entlohnung hielt sich knapp über dem Existenzminimum. Wenn Orwell in Paris soziale und ökonomische Unterdrückung am eigenen Leib studieren wollte, so gelang ihm dies vollumfänglich.

Er sah aber auch hinter die Fassaden der Welt des Reichtums und Luxus. Die Gäste im Nobelrestaurant zahlten teuer für die Speisen, die nur mit einem Minimum an Hygiene zubereitet wurden. Während im Speisesaal mit Porzellan und Silber getafelt wurde, holten sich die Köche die Nahrungsmittel aus schmutzigen Ablagen und überprüften ihre Kochkünste mit ungewaschenen Händen. Orwell, der für Ekelempfindungen ein sehr sensibles Organ hatte, ordnete von nun an der kapitalistischen Gesellschaft nicht nur eine gewisse Doppelbödigkeit und Verlogenheit, sondern auch Abwesenheit von Reinlichkeitssinn zu.

In der äußersten Not schrieb ihm ein Freund aus London, daß er für ihn eine Stelle als Betreuer eines invaliden Jugendlichen gefunden habe, und sandte ihm auch die notwendigen fünf Pfund zur Heimreise. Als Orwell in London eintraf, hatte der Patient mit seinen Eltern eine längere Reise angetreten, so daß der hilfreiche Job erst zwei bis drei Monate später aktuell wurde. Wiederum stand Orwell vor der totalen Verelendung. Anstatt seine Familie und den Freund anzupumpen, erkundete er nun das Leben und Treiben in den Londoner Elendsquartieren. Er vertauschte seine ohnehin nicht mehr ansehnliche Kleidung mit Lumpen und vereinigte sich mit den Stadtstreichern um *Trafalgar Square*, die in schrecklichen Notunterkünften für wenige Pennies übernachten und einen Tee trinken durften.

Ein wenig Geld verdiente sich der Pseudo-Proletarier mit Hopfen-Pflücken, eine Tätigkeit, welche die Arbeitslosen saisonal ausübten, wobei sie von den entsprechenden Farmen weidlich ausgenutzt wurden. Sie bekamen für einen sehr langen und harten Arbeitstag winzige Entschädigungen, mit denen man immerhin überleben konnte. All das nahm Orwell auf sich, um den „Bodensatz des Kapitalismus“ in Erfahrung zu bringen.

Er hatte schon als Kind ein Schriftsteller werden wollen, aber diese Idee blieb zunächst diffus und ohne besondere Zielsetzung. In Burma wußte er jedoch bereits, daß er ein Anwalt der Unterdrückten und Verelendeten werden wollte. Die Kolonialzeit hatte ihm diesbezüglich einen Erfahrungsschatz vermittelt, den er gebrauchen konnte. Dann kam die Pariser und Londoner Stadtstreicher-Episode dazu, und Orwell hatte literarischen Sprengstoff genug, um seine Anklage in eine seines Erachtens gewissen- und gefühllose Welt zu schleudern. Das tat er in seinem Buch *Erledigt in Paris und London*, das 1933 erschien.

Der Weg zu diesem literarischen Erstling war hart und mühsam. Orwell mußte sich die Technik des künstlerischen Schreibens von Grund auf zulegen. Er formulierte seinen Text mehrere Male und begab sich dann auf die Suche nach einem Verleger. Aber die angeschriebenen Verlage waren nicht gewillt, ein finanzielles Experiment mit einem Literaturanfänger zu wagen. Mehrere Absagen mußten eingesteckt werden, und der junge Autor begann an sich zu zweifeln. Er übergab das Manuskript einer Freundin mit der Bitte, es zu vernichten. Zum Glück befolgte diese nicht die Anweisung, sondern konsultierte einen Literaturagenten, der in seiner Weise die Verlagssuche unternahm. Er konnte den bedeutenden Verleger Viktor Gollancz (1893-1967), den Besitzer eines sozialistischen Verlags, für Orwell gewinnen. Das Buch wurde einigermaßen gut verkauft.

Die Beziehung zu Gollancz erwies sich für Orwell als äußerst nützlich. Schon 1935 und 1936 schrieb der junge Schriftsteller die beiden Romane *Eine Pfarrerstochter* und *Die Wonnen der Aspidistra*. Bereits 1934 hatte er *Tage in Burma* publizieren können.

1936 heiratete Orwell Eileen O'Shaughnessy, eine attraktive Psychologin, die ihm hinsichtlich Gesinnung und Weltanschauung voll und ganz zur Seite stand. Das stabilisierte seine Lebensverhältnisse, und er konnte seine Schriftstellerei energischer voran bringen.

Eine wichtige Phase auf diesem Weg war der Auftrag, den ihm Gollancz 1937 erteilte: Orwell sollte die Verhältnisse der Bergarbeiter in Nordengland erforschen und sich zu diesem Zwecke nach Wigan Pier begeben. Das war eine Aufgabe, die durchaus Orwells Auffassung über den Sinn des literarischen Schreibens entgegenkam.

Der Ort Wigan liegt in der Nähe von Liverpool und bezeichnet eine Bergwerksgegend, wo Kohle gewonnen wird. Die Grubenarbeiter von Lancashire und Yorkshire stellten eines der großen sozialen Probleme jener Zeit dar. Es waren die Jahre der Massenarbeitslosigkeit, die sich nicht nur in den Großstädten bemerkbar machte, sondern eben auch in den Grubenbezirken, wo eine außerordentliche Verelendung an der Tagesordnung war.

Orwell kam in Wigan an und quartierte sich in Proletarierhäusern ein, wo er die Lebensbedingungen der Proleten hautnah in Erfahrung bringen konnte. Er wusch sich mit ihnen am Spülstein ihrer Küchen und aß mit ihnen. Auch fuhr er mit den Arbeitern in die Stollen ein, wo die Kohle geschlagen wurde. Er mußte hunderte Meter halb kniend zurücklegen, um an die Förderstellen zu gelangen. Und dort sah er, welche ungeheuerliche Mühen ein Arbeitstag als Kohlenhauer unter Tag mit sich brachte. Diese Schwerstarbeit wurde so knapp entlohnt, daß auch die fleißigsten Proletarier mit ihren Familien kaum über die Runden kamen. Bei Unfällen zahlten die Versicherungen nur winzige Beträge. Das ganze Ausmaß der kapitalistischen Ausbeutung des Arbeiters wurde für Orwell wieder einmal transparent. Er faßte das Elend der Bewohner von Wigan Pier in einem Passus seines Textes zusammen, der seine niederschmetternden Eindrücke bei der Abfahrt aus der Bergwerkstadt resümiert:

> Hinter einem der Häuser kniete eine junge Frau auf den Steinen und stieß mit einem Stock in das bleifarbene Abflußrohr, das vom Ausguß drinnen kam und vermutlich verstopft war. Ich hatte Zeit, sie mir genau anzusehen – ihre sackleinene Schürze, ihre klobigen Holzschuhe, ihre von der Kälte geröteten Arme. Sie sah auf, als der Zug vorbei fuhr, und ich war beinahe nahe genug, um ihrem Blick zu begegnen. Sie hatte ein rundes bleiches Gesicht, das gewöhnliche, erschöpfte Gesicht eines 25-jährigen Slum-Mädchens, das durch Fehlgeburten und Plackerei aussieht wie vierzig, und es hatte, in der Sekunde, da ich es sah, den verlassensten und hoffnungslosesten Ausdruck, den ich je gesehen habe. Ich merkte mit einem Schlag, daß wir im Irrtum sind, wenn wir sagen, daß es „für sie nicht das gleiche ist, wie es für uns sein würde“, und daß Leute, die in den Slums groß geworden sind, sich nichts anderes vorstellen können als die Slums. Denn was ich in ihrem Gesicht sah, war nicht das unwissende Leiden eines Tieres. Sie wußte genau so wie ich, was für ein schreckliches Los es war, in der bitteren Kälte auf den schmierigen Steinen eines Slum-Hinterhofes zu knien und einen Stock in ein verdrecktes Abflußrohr zu stoßen.

Er ging nach London zurück, um sich seine Empörung und Entrüstung von der Seele zu schreiben. In seinen Tagebüchern hat er festgehalten, daß Wigan einer der scheußlichsten Orte sei, den er je gesehen habe. Der eigentliche Pier (Anlegeplatz) von Wigan befand sich an einem trüben Kanal in einer häßlichen Landschaft voll Abraumhalden, wo „Ratten langsam durch den Schnee krochen, wahrscheinlich von Hunger geschwächt“. Es gab damals die Redewendung im Englischen, man mache „Ferien am Pier von Wigan“, was darauf hinwies, daß der Urlauber völlig verarmt sei.

Um jene Zeit hatte es Orwell geschafft, seine ursprüngliche Klassenzugehörigkeit mehr oder minder vollständig zu überwinden. Er wußte nun, daß er auf der Seite der Arbeiter stand und immer für sie Partei ergreifen würde. Irgendwie empfand er auch Bewunderung für die Proletarier, die sich von ihrem tristen Dasein nicht unterkriegen ließen. Sie kämpften täglich ums Überleben, gründeten ihre Familien und zogen Kinder auf, die allerdings von Anfang an die unmenschliche Schulung des Pauperismus kennenlernten.

Der Bericht über den *Weg nach Wigan Pier* erschien 1937 bei Gollancz. Dieser hatte einen linken Buchclub gegründet, wo aktuelle und sozialkritische Texte in wirksamer Aufmachung und mit günstigstem Preis publiziert wurden. Im Rahmen dieser Serie kam die Orwellsche Reportage bestens an. In kurzer Zeit wurden mehr als 40.000 Exemplare abgesetzt, so daß Orwell zu diesem Zeitpunkt bereits ein bekannter Autor wurde.

Gollancz und sein Kreis gehörten dem linken Labour-Flügel an und hatten einige Sympathien für den sowjetischen Kommunismus. Orwell selbst befaßte sich sowohl mit den ideologischen Labour-Schriften als auch mit der russischen Spielart des Marxismus, hatte aber bezüglich beider Tendenzen mächtige Vorbehalte. Bei Labour vermißte er echten Radikalismus, und der Leninismus-Stalinismus war ihm höchst verdächtig wegen der absoluten Diktatur, von der er sich keinerlei Entwicklung zu einem humanistischen Sozialismus versprach.

Daß er richtig lag, konnte er bald darauf in Spanien realisieren. 1936 begann der reaktionäre Oberst Francisco Franco seinen Aufstand gegen die spanische Republik, indem er von den Kanarischen Inseln aus nach Spanisch-Marokko übergriff und von dort mit Hilfe von anderen Regional-Kommandanten das Mutterland zu erobern begann. Die ganze Welt war durch diese Militärrevolte alarmiert, denn sie spielte sich auf dem Hintergrund des siegreichen Faschismus in Teilen von Europa ab. Italien stand seit 1921 unter der Herrschaft Mussolinis, und Deutschland war seit Anfang 1933 ein nationalsozialistischer Staat, der sich anschickte, einen rücksichtslosen Imperialismus vorzubereiten.

Natürlich wurde Franco von seinen faschistischen Diktatoren-Kollegen sofort und nachhaltig unterstützt. Beide Regime sandten ihm Geld und Waffen. Mussolini schickte sogar ein Expeditionscorps von etwa 50.000 Mann zur Förderung der Franquistischen Rebellion. Und Hitler wies die Legion Condor an, mit ihren Sturzkampfbombern dem republikanischen Spanien den Garaus zu machen. Da die meisten Militärgouverneure sich auf die Seite Francos stellten, war die Lage der Republik ziemlich prekär. Sie entschloß sich zum Widerstand gegen die faschistischen Aufständischen, die aber bald an Bewaffnung und Truppenzahl der Republik-treuen Armee überlegen waren. Die Demokratien unterließen es, der legitimen Staatsführung Spaniens Unterstützung zuteil werden zu lassen.

Angesichts dieser Lage empfanden es alle fortschrittlichen Kräfte in Europa als notwendig, gegen den spanischen Faschismus Front zu machen. Aus vielen Ländern gingen Freiwillige über die spanische Grenze und gliederten sich in die Heere der Republik ein. Darunter waren die berühmte Internationale Brigade und auch sonstige Kämpfer, die den Sozialismus und die Demokratie verteidigen wollten.

Orwell hatte seine sozialistische Weltanschauung nie als ein bloßes Lippenbekenntnis verstanden. Daher machte er sich schon Ende 1936 auf und ging nach Barcelona, wo er sich als freiwilliger Soldat meldete. Da er mit einer Empfehlung einer linken Splittergruppe von Labour nach Spanien kam, wurde er unwillkürlich Mitkämpfer der halb-anarchistischen POUM (Partido Obrero de Univicación Marxista), einer Partei unabhängiger Arbeiter, die am Rande des Marxismus stand. Innerhalb des spanischen Sozialismus war seit langem die Tradition des libertären Gedankens lebendig, der an Michael Bakunin (1814-1876) anknüpfte. Diese Anarchisten waren nicht staatsgläubig wie die Sozialdemokraten und die Kommunisten. Sie wollten den sozialistischen Gesellschaftszustand durch die direkte Aktion und durch den Abbau aller Herrschaftsstrukturen einführen.

In Barcelona sah Orwell Anfänge der Verwirklichung eines solchen unbedingt freiheitlichen Sozialismus. Die Klassenschranken waren abgeschafft; aller Luxus war verschwunden, und die Bevölkerung praktizierte überall eine Solidarität, die erstaunlich und überwältigend war. Auch gab es einen Kampfgeist unter diesen unabhängigen Spaniern, den Orwell bewunderte. Wenn er auch schon früher einem gewissen Anarchismus zugetan war, so drängten ihn seine nunmehrigen Erfahrungen vollends an die Seite der Libertären.

Seine Gattin war ihm nachgereist und hielt sich mit ihm in Barcelona auf. Aber Orwell wollte nicht bloß als Journalist der Verteidigung der Republik dienen. Richtiger erschien es ihm, mit der Waffe in der Hand den Faschismus zurückzuschlagen. So kam er bald an die Front nach Aragon, wo er an den Kampfhandlungen teilnahm. Bei dieser Gelegenheit erhielt er einen Halsdurchschuß, der ihn beinahe das Leben kostete. Die Kugel verfehlte um ein Geringes die Halsschlagader, lähmte aber die Stimmbänder, so daß Orwell für einige Monate sprachlos war. Die Lähmung ging zurück, aber seine Stimme blieb später schwach und dünn.

Als er zur Rekonvaleszenz nach Barcelona zurückkehrte, hatte sich dort die politische Situation grundlegend verändert. Das einzige Land, das bereit war, der spanischen Republik die so dringend benötigten Waffen zu liefern, war Sowjetrußland. Stalin schickte Gewehre und Kanonen nach Spanien, die er sich durch den Goldschatz des Landes gut bezahlen ließ. Da ihm offenbar am Sieg der republikanischen Kräfte nicht allzu viel lag, sandte er in der Regel veraltete und ausgemusterte Schußwaffen, die teilweise gar nicht funktionierten. Wichtiger aber war ihm, daß die Kommunisten in der Anti-Franco-Front die Oberhand erlangten. Daher wurden die russischen Lieferungen durch Politkommissare begleitet, die bald darauf im sowjetischen Stil mit „Säuberungen“ anfingen.

Da die Republik im Schlepptau Rußlands war, mußte sie wohl oder übel den sowjetischen Weisungen folgen. Es wurde die Jagd auf Anarchisten und Syndikalisten eröffnet, wozu man auch die POUM zählte, in deren Reihen Orwell geraten war. Im Stil der sowjetischen Tscheka wurde liquidiert, wer immer nicht linientreu war. Das schlagende Argument war stets der Trotzkisten-Verdacht, auch bei Leuten, die sich niemals zu Trotzki bekannt hatten. Aber dieser, bereits im Exil lebend und ständig auf der Flucht vor Stalins Verfolgungen, war einer der großen Buh-Männer des Stalinismus, bis er 1940 in Mexiko von einem gedungenen Mörder getötet wurde.

Orwell konnte in Barcelona 1937 die politische Technik der Kommunisten eingehend studieren. Er war selbst in Lebensgefahr und mußte sich immer wieder verstecken, um dem Zugriff der Polizei zu entgehen. Zusammen mit seiner Frau konnte er schließlich als Engländer doch noch ausreisen, ohne beim Grenzübergang behelligt zu werden.

Er kehrte nach England zurück, und seine frühere Abneigung gegen den Bolschewismus hatte sich in einen leidenschaftlichen Haß verwandelt. Er mußte aber konstatieren, daß die englische Linke auf die sowjetische Propaganda hereingefallen war und alle die Lügen glaubte, die man über die Anarchisten und Syndikalisten Spaniens verbreitet hatte. Moskaus Publizisten verkündeten das Märchen, daß diese politischen Abweichler im Solde Francos standen und die militärischen Anstrengungen der Republik durchkreuzten, wo immer sie konnten. Orwell jedoch hatte erlebt, daß die nicht-kommunistischen Truppen hervorragende Kämpfer waren, die mit ganzer Seele die Freiheit gegen den Faschismus verteidigten.

Es war nun sein Anliegen, die kommunistische Verlogenheit zu entlarven, und zu diesem Zweck schrieb er sein Buch *Mein Katalonien*, das er 1938 seinem Verleger Victor Gollancz anbot. Aber Gollancz war damals wie so viele englische Linkssozialisten prorussisch und lehnte den Text ab, bevor er ihn gelesen hatte. Ähnliche Erfahrungen machte Orwell mit einem Großteil der Labour-Presse. Es gab regelrecht eine „pro-kommunistische Zensur“ in England, die alle Kritik an der Sowjetunion zu unterdrücken versuchte. Man sagte sich auch, daß angesichts der faschistischen Herausforderung Rußland ein wichtiges Bollwerk für die westlichen Demokratien sei.

Auf ein derartiges Kompromißlertum konnte und wollte sich Orwell nicht einlassen. Zum Glück fand er in Fredric Warburg einen wagemutigen Verleger, der seine *Homage to Catalonia* herauszugeben bereit war. Warburg war überzeugt davon, daß dieser Text relevant und politisch hoch bedeutsam war. Das Buch wurde jedoch kein Erfolg; es wurden nur einige hundert Exemplare abgesetzt, und die Kritik verhielt sich distanziert oder blieb stumm.

Orwell ließ sich dadurch nicht entmutigen, sondern hielt dieses Werk mit Recht für eines seiner besten Bücher. Darin war es ihm gelungen, die ganze Wahrheit zu sagen, ohne gegen seine literarischen Neigungen zu verstoßen. Es war einer seiner ersten Versuche, den Kampf gegen den Bolschewismus aufzunehmen, den er für eine der größten und schlimmsten Gefahren für die Zukunft des Sozialismus hielt. Später gelangen ihm brisantere und explosivere Polemiken gegen das Sowjetsystem, zu dessen Untergang er in eindrücklicher Weise beizutragen vermochte.

Nach England zurückgekehrt, fühlte sich Orwell bald wieder krank und ließ sich in einem Sanatorium medizinisch untersuchen. Dabei wurde erstmals seine Tuberkulose festgestellt, die aber mutmaßlich schon einige Jahre lang seine Gesundheit untergrub. Nun mußte er sechs Monate lang still liegen und durfte auch nicht schreiben. Danach war er immer noch Patient, so daß ihm die Ärzte rieten, den Winter 1938/39 in einem warmen Land zu verbringen. Ein Schriftsteller namens L. H. Myers ließ ihm anonym 300 Pfund zukommen, damit er eine Reise nach Marokko finanzieren konnte. Orwell und seine Gattin begaben sich nach

Marrakesch, wo sie sich ein halbes Jahr aufhielten. Dort entstand der Roman *Auftauchen, um Luft zu holen*.

Die politischen Probleme der Epoche lagen Orwell in erster Linie am Herzen; aber er war sich wohl bewußt, daß er literarische Erfolge nur dann haben würde, wenn er sich dem Publikum mit fiktionalen Texten präsentierte. So entstand ein Roman im herkömmlichen Sinn, mit einem Helden, dem allerdings der Verfasser einen Teil seiner Lebenserfahrungen und Lebensansichten einverleiben konnte.

Er beschreibt den etwa 45-jährigen Versicherungsvertreter Bowling, der in einer schwierigen Ehe lebt und sich von seinem Beruf und seinem Privatleben nicht ganz ausgefüllt empfindet. Die Tatsache, daß er ein künstliches Gebiß erhält, erweckt in ihm die vorübergehende Neigung, aus seiner Lage auszubrechen; eben: Auftauchen, um Luft zu holen. Er begibt sich an jenen Ort, wo er seine Jugend verbracht hat. Dort findet er die Langeweile einer englischen Kleinstadt, die sich allerdings seit seinen Kindheitsjahren stark verändert hat. Als Kind liebte er das Angeln, und es ist auch die Nostalgie dieses Sports, der ihn nach „Lower Binfield“ zurücktreibt, wo er Fische fangen will, die er als junger Angler leidenschaftlich begehrte. Aber die Ortschaft hat sich verändert:

> Wo sind all die Fische in England geblieben? Ich erinnere mich noch, früher gab es Fische in jedem Teich und Fluß. Heute sind alle Teiche trockengelegt, und wenn die Flüsse nicht durch Chemikalien vergiftet sind, dann sind sie voll von rostigen Konservendosen und Motorradreifen.

Der Teich, in dem Bowling gerne als Kind geangelt hätte, ist inzwischen zu einer Müllkippe geworden. In der idyllischen Kleinstadt von früher werden jetzt Bomben produziert, die auch auf Übungsplätzen abgeworfen werden. Das Geschäft, in welchem sein Vater Haushaltwaren verkauft hatte, wurde in eine pseudomoderne Teestube verwandelt. Orwell läßt seinen enttäuschten Rückkehrer in das untergegangene Land seiner Kindheit apokalyptische Visionen empfinden, worin der 1939 ausbrechende Zweite Weltkrieg ahnungsvoll vorweggenommen wird.

Solch düstere Gedanken und Gefühle bewegten den Autor, der zutiefst erschüttert war durch die russischen Schauprozesse, durch die wachsende Macht des Faschismus und zuletzt noch durch den Hitler-Stalin-Pakt, wodurch sich die braune und die rote Diktatur verbanden, um den Kampf gegen die Demokratien erfolgreicher führen zu können.

Als der Krieg im September 1939 Realität wurde, wollte Orwell wiederum in den Kampf ziehen und meldete sich bei der britischen Armee. Aber mehrfache Versuche schlugen fehl, weil er wegen seiner Krankheit für den Militärdienst nicht verwendungsfähig war. Die Engländer schufen nach der französischen Niederlage eine *Home Guard*, da man immerhin eine deutsche Invasion befürchten mußte. Orwell ließ sich in diese Hilfstruppe integrieren und wurde aufgrund seiner militärischen Erfahrungen ein Unteroffizier. Sein Verleger Warburg war mit von der Partie und ließ sich durch seinen Autor in soldatische Techniken und Tugenden einführen.

Von 1939 bis 1941 war Orwell eifrig publizistisch tätig und schrieb z.B. viele *London Letters*, die er in der *Partisan Review* erscheinen ließ. Teilweise polemisierte er gegen manche Linke, die in Verkennung der Zeitverhältnisse sich auf einen absoluten Pazifismus festlegten, der angesichts der faschistischen Weltgefahr nach Orwell nicht sinnvoll erschien. Wiewohl er internationalistisch dachte, war er damals bereit, England und die englischen Lebenswerte zu verteidigen, die er trotz seiner Kritik an Kapitalismus und Imperialismus für viel besser als alles hielt, was die braunen und roten Diktaturen anzubieten hatten. In jener Zeit formulierte er den scheinbar so patriotisch tönenden Satz: „Und was habe ich für Dich getan, England, mein England!“

Schon Mitte 1941 begann er seine Tätigkeit beim *Eastern Service* der BBC. Es handelte sich um Propagandasendungen für den südostasiatischen Raum. Diese mit Kurzwellen ausgestrahlten Texte sollten indische Intellektuelle dafür gewinnen, England in seinem Überlebenskampf zu unterstützen, wobei die spätere Unabhängigkeit Indiens bereits thematisiert wurde.

Viele Beiträge für Zeitungen und Zeitschriften entstanden in jener Lebensperiode, in der Orwell bewies, daß er sich im Laufe der Jahre einen weiten geistigen Horizont zugelegt hatte. 1943 trat er aus der BBC aus und wurde Redakteur an der Wochenzeitschrift *Tribune*, die von Aneurin Bevan (1897-1960), dem späteren Gesundheitsminister der Labour-Regierung, geleitet wurde. Bevan war aus der Gewerkschaftsbewegung hervorgegangen und gehörte dem linken Labour-Flügel an. Er räumte Orwell die Leitung des literarischen Teils der Zeitung ein, so daß er jede Woche eine eigene Spalte zur Verfügung hatte, wo er unter dem Titel *As I Please* (Wie es mir gefällt) Themen aller Art behandeln konnte. Da er hierbei auch über die Liebe zur Natur, den Umgang mit Büchern usw. schrieb, waren gelegentlich politische *Hardliner* aufgebracht und sandten Protestbriefe an den Herausgeber von *Tribune*. Bevan unterstützte jedoch hartnäckig seinen Feuilletonisten und ließ ihn nicht fallen.

Nachdem Orwell 1944 sein Buch *Farm der Tiere* beendet hatte, drängte er Eileen dazu, ein Kind zu adoptieren. Wiewohl sie unter sehr ärmlichen Verhältnissen lebten und ausgebombt wurden, holten sie sich ein elternloses Kind, und Orwell entpuppte sich als ein sehr liebevoller und einfühlsamer Vater. Der Knabe wurde Richard Horatio Blair genannt und war in den letzten Lebensjahren für Orwell eine stete Freude.

1945 quittierte Orwell seine Arbeit bei *Tribune* und ging als Kriegskorrespondent für die Zeitung *Observer* nach Frankreich und Deutschland. Er wollte die durch den Krieg zerstörten Länder authentisch erleben und über sie schreiben. Als er in Köln war, erreichte ihn die schlimme Nachricht, daß seine Frau bei einer relativ leichten Unterleibsoperation an der Narkose gestorben sei. Er kehrte nach London zurück, übergab nach der Beerdigung sein Adoptiv-Söhnchen einer befreundeten Frau zur Betreuung und reiste nochmals nach Frankreich, Deutschland und Österreich.

Er sprach nachher mit seinen Freunden kaum je über den herben Verlust, welchen der Tod seiner Gattin für ihn bedeutet hatte. Damals flackerte seine

Lungenkrankheit wiederum auf, aber er ließ sich nicht davon abhalten, sein gewohntes Leben weiter zu führen. Im Herbst 1945 besuchte er zum ersten Mal die Hebriden-Insel Jura, westlich von Schottland im Atlantik gelegen. Es entstand in ihm der Plan, dort eine ländliche Zuflucht für den Rest seines Lebens zu finden, wo er zusammen mit Richard und einer Haushälterin oder einer zweiten Gattin wohnen könnte.

Schon in den 30er Jahren hatte Orwell ein ländliches Refugium bezogen, wo er Gemüse anbaute, Hühner und Ziegen hielt und sogar einen kleinen Dorfladen betrieb, der ihm günstigenfalls ein Pfund Sterling pro Woche einbrachte. Er war von jeher für das einfache Leben eingenommen, und nun hatte er auf seiner Hebriden-Insel wiederum eine solche Heimstätte gefunden. Aber da er schon sehr krank war, bedeutete dieses doch ziemlich nördlich gelegene Eiland einen weiteren Streß für seine angeschlagene Gesundheit. Sein Sohn Richard hat nach dem Tode des Vaters erzählt, daß mindestens zwei von drei Tagen auf Jura regnerisch und kalt waren. Auch war das Haus teilweise baufällig und schwer zu beheizen. Der Torf, der zur Verfügung stand, konnte die Zimmer nicht erwärmen. So war es kein Wunder, daß Orwell 1947 in ein Krankenhaus bei Glasgow eingeliefert wurde, wobei die Diagnostik eine erhebliche Zerstörung des linken Lungenflügels ergab.

Er mußte nun monatelang still liegen und erhielt eine Streptomycin-Behandlung, die eine Besserung zu bringen schien. Aber bald nach seiner Rückkehr in das Haus auf Jura wurde es wieder schlimm, da er unermüdlich mit der Fertigstellung von *1984* beschäftigt war und von Schonung nichts wissen wollte. Im Dezember 1948 konnte Orwell das Manuskript, das er selbst abgetippt hatte, an den Verlag schicken.

1949 war wiederum ein Jahr der Krankheit. Diesmal wurde Orwell in einem südenglischen Krankenhaus therapiert. Bei stark verminderten Kräften korrigierte er die Fahnen des großen Werkes, über das er jenes Motto hätte setzen können, das ein Renaissance-Maler auf seinem Bild angebracht hatte: „Mit Schmerzen gemalt.“

Noch schrieb er eine Reihe von Essays, die seine unverminderte intellektuelle Vitalität bezeugen. 1949 erschien der utopische Roman, der sofort eine mächtige Resonanz in der Weltöffentlichkeit erfuhr. Der globale Ruhm, der sich schon bei *Farm der Tiere* abzuzeichnen begann, war nicht mehr aufzuhalten. Das Buch ist in den folgenden Jahrzehnten in dreißig Sprachen übersetzt worden und erzielte Auflagen von vielen Millionen.

Wiewohl Orwell nur noch ein physisches Wrack war, glaubte und hoffte er auf eine Genesung. Man hatte ihm empfohlen, in die Schweiz zu gehen, deren Hochgebirgsklima für Lungenkranke Wunderheilungen ermöglichen könne. Trotz des tiefen Pessimismus seiner Werke war Orwell in seiner Lebenseinstellung optimistisch und hing mit allen Fasern seines Wesens am Leben.

Das zeigte sich auch daran, daß er damals eine zweite Ehe einging. Er hatte Sonia Brownell, die als Verlagsassistentin in der Zeitschrift *Horizon* seines Freundes Cyril Conolly arbeitete, kennen und lieben gelernt. Sonia war eine sehr attraktive und lebenslustige Frau, die auch fast 15 Jahre jünger als Orwell war. Gleichwohl nahm sie seinen Heiratsantrag an, wobei Orwell in seiner Werbung selbst den Akzent darauf gelegt hatte, daß er als Schwerkranker nicht gerade begehrenswert sei. Falls er bald sterben sollte, wünsche er sich eine Mutter für Richard und eine Betreuerin seines Werkes und Nachlasses.

Tatsächlich hielt er nur noch wenige Monate durch. Zwar schien er kräftiger zu werden, aber einige Tage vor der geplanten Abreise in die Schweiz erlitt er eine Lungenblutung, an der er starb. Das war in der Nacht des 21. Januar 1950. Am Morgen desselben Tages kam in den BBC-Nachrichten der folgende Nachruf:

> Im Alter von 46 Jahren ist heute in London der Schriftsteller Mr. George Orwell verstorben. Er war seit langem krank gewesen. Orwell wurde in Eton erzogen und diente später in der Burmesischen Polizei. Er kämpfte im Spanischen Bürgerkrieg auf der republikanischen Seite und wurde verwundet. Man wird sich seiner wahrscheinlich am besten durch *Animal Farm*, eine Satire auf das Leben in der Sowjetunion, erinnern und wegen seines kürzlich veröffentlichten *1984*, dem bitteren Phantasiebild eines totalitären Großbritannien ungefähr dreißig Jahre in der Zukunft, das von den Kritikern auf beiden Seiten des Atlantik hoch gelobt wurde.

Orwells Persönlichkeit. – Orwells Wesensart ist nicht leicht zu fassen, da er stets sehr zurückhaltend war und von sich selbst wenig mitteilte. Er war auch dagegen, daß man nach seinem Tode über ihn eine Biographie verfassen solle, da er die Ansicht vertrat, daß in den meisten Lebensbeschreibungen kaum je die Wahrheit zum Vorschein komme. Jedes Menschenleben sei, von innen her betrachtet, eine Abfolge von Niederlagen, die das betreffende Individuum meistens verschweige. So könne auch die Nachwelt nur selten die wirklichen Existenzverhältnisse eines Menschen in Erfahrung bringen.

Und doch gibt es sehr viele Zeugnisse über den Charakter und die Lebenseinstellung Orwells, da er zahlreiche kluge und geistig wache Freunde hatte, die genau zu beobachten wußten. Des weiteren hat er in seinen Werken so manches über seine Lebensgeschichte verraten. Irgend jemand hat mit Recht gesagt, daß man kaum einen guten Roman schreiben könne, ohne in ihm die eigene Biographie unterzubringen. Das bestätigt sich auch an den meisten Orwellschen Romanen.

Über sein physisches Erscheinungsbild haben wir bereits weiter oben Andeutungen gegeben. Als junger Mensch war er pausbäckig und unauffällig; je älter er jedoch wurde, um so dünner und abgezehrter erschien er. In sein Gesicht zeichneten sich tief liegende Falten ein, und der Mund wurde schmal wie ein Strich, überhöht durch einen kleinen Schnurbart. Das ergab einen eher schwermütigen Eindruck, der nur verschwand, wenn Orwell lächelte. Dann konnten seine Augen strahlen, und seine versteckte Warmherzigkeit kam zum Vorschein.

Seine Witwe Sonia behauptete, er sei privat viel heiterer gewesen, als ihn die Welt zu kennen pflegte. Auch sein Freund Arthur Koestler beteuerte: „Er war

Pessimist, genau wie ich. Ich fand seine Gegenwart daher nicht bedrückend, sondern anregend.“

Wiewohl er auf gute Kleidung gar keinen Wert legte, wirkte er immer noch als Gentleman. Aber linkisch war er allemal, so daß er bei seiner physischen Größe und Schlankheit auf manche Leute wie ein Don Quijote wirkte. Er selbst hat einmal deklariert, daß jeder Mensch aus zwei Persönlichkeiten bestehe, aus einem Don Quijote und einem Sancho Pansa. Der erstere sei möglicherweise ein Idealist mit hochfliegenden Plänen, indes der letztere durchaus an den Realitäten des Daseins hänge und sich mit ihnen einzurichten wisse.

Das hätte Orwell wohl auch gekonnt, wenn nicht in seinem Charakter ein grundlegender Zug zum Aufsuchen und Ertragen härtester Lebensbedingungen gewesen wäre. Er schonte sich nie und nimmer und hat vermutlich damit seine Lebensdauer beträchtlich verkürzt. Manche Autoren betonen ein irrationales Schuldgefühl, das man als Motor seines Lebens und Schaffens ansprechen kann. Selbst wenn er ein schwieriges Werk mühsam beendet hatte, war er schon am Tag darauf mit Plänen für eine andere Arbeit befaßt. An Ruhe und Erholung dachte er kaum.

Bei aller Härte gegen sich selbst war er gegen andere eher mild und tolerant. Das galt vor allem für jene Menschen, mit denen er ins Gespräch kam. Um seine Objektivität als Kritiker zu bewahren, mied er daher teilweise Kontakte, denn er hatte an sich beobachtet, daß er Bekannte nicht mehr streng kritisieren konnte. Nur bei Koestler machte er einmal eine Ausnahme, indem er ein Theaterstück streng beurteilte. Als ihn dieser daraufhin ansprach, sagte er nur freundlich: „Aber es ist doch ein mieses Stück, nicht wahr?“ Das mußte der Autor zugeben.

Ein fundamentaler Wesenszug Orwells war sein Mitleid mit jenen, die durch die Gesellschaft entrechtet, ausgebeutet und unterdrückt wurden. Die Werte, auf die er früh sein Leben ausrichtete, waren Solidarität, Gerechtigkeit und Wahrheit. Für diese Wertmaßstäbe wollte er nicht nur literarisch plädieren, sondern sie auch mit dem Einsatz seines Lebens verteidigen. Das zeigte sich 1936, als er nach Spanien ging, was mit hoher Wahrscheinlichkeit das Leben kosten konnte. Von den einigen Tausend englischen freiwilligen Kämpfern starb etwa ein Drittel im Kampf gegen den Faschismus.

Bei Orwells Gesinnung war es fast selbstverständlich, daß er weltanschaulich zum Sozialismus tendierte. Aber er suchte keinen Parteianschluß, sondern wollte ein autonomes Individuum sein. Daher kritisierte er seine Freunde von der Linken mindestens so radikal, wie er den Kapitalismus und den Imperialismus angriff. Sein Todfeind jedoch war der sowjetische Kommunismus, den er im wachsenden Maße als absolute Pervertierung der sozialistischen Idee begriff. Die Art, wie er als Einzelner den bolschewistischen „Drachen“ attackierte, erinnert an Sankt Georg, den Drachentöter. Die Bolschewiken erkannten früh in ihm eine Gefahr für ihr potemkinsches Reich, dessen Pseudoerrungenschaften sie vor aller Welt verkündeten (und womit sie so viele gläubige Bewunderer fanden).

Überblickt man das gesamte Lebensbild Orwells, dann muß man ihn unter den Typus des Außenseiters und lebenslänglichen Rebellen einreihen, der für seine Ideale jegliches Martyrium aufzunehmen bereit ist. Er war ganz gewiß ein *homme révolté* im Sinne von Albert Camus. Dazu kam auch eine durch Vernunft und maßvolle Traditionsliebe gemilderte Revolutionshaltung, die das Alte nicht unbedingt über Bord werfen wollte, um das Neue zu schaffen. Auch in seinem Bekenntnis zu England gab es bürgerliche Relikte, die der Gesellschaftskritiker Orwell weiter kultivierte. So kann man ihn auch als Muster jenes innengeleiteten Menschen (David Riesman) beschreiben, der das beste Produkt der Sozialisation im Zeitalter der Bourgeoisie darstellt.

Ein großer Teil der Fortschritte in den letzten drei bis vier Jahrhunderten haben wir diesem Charaktertyp zu verdanken, der gegen alle Widerstände einer stumpfen Welt seine moralischen und ethischen Standards aufrechterhielt. Die sorgfältige Erziehung und die Ethik-Indoktrination haben im Bürgertum Charaktere hervorgebracht, die bewahrend und fortschreitend zugleich waren. Inzwischen hat man den bürgerlichen Menschen vor allem von linker Seite her sehr verunglimpft und grandiose Hoffnungen auf den ihn vielleicht ablösenden proletarischen Kulturträger der Zukunft geknüpft. Aber alle diese Verheißungen sind unerfüllt geblieben. Bis jetzt gilt immer noch der Goethesche Vers: „Wo käme denn die Bildung her, und wenn sie nicht vom Bürger wär!“

Orwells Größe als Autor ist nicht zu trennen vom Wertgehalt seiner Persönlichkeit, die in allen Büchern über ihn zum Vorschein kommt. Da er inzwischen ein „Klassiker“ geworden ist, sind in den letzten Jahrzehnten zahllose Texte über ihn erschienen. Darunter gab es auch Biographien, die seine Witwe nach und nach doch noch unterstützte, trotz Orwells eigenem Verdikt. Besonders empfehlenswert erscheinen uns die Publikationen von Peter Lewis, Lutz Büthe, Michael Shelden und Hans-Christoph Schröder. Herausragend empfanden wir Georg Woodcocks Buch *Der Hellseher*, wo Werk und Wirken Orwells souverän dargestellt werden. Woodcock war ein Freund Orwells, und sein Text wurde mit Recht mit dem kanadischen Staatspreis für Literatur ausgezeichnet. Auch Hans-Christoph Schröders „intellektuelle Biographie“ Orwells ist ein großer Wurf, der nicht nur eine Persönlichkeit und ihr Werk darstellt, sondern sich geradezu zu einer Geschichte unserer Epoche und politischen Philosophie ausweitet.

Aber das ist nur ein winziger Ausschnitt aus der Orwell-Literatur, die vermutlich derzeit ganze Bibliotheksabteilungen füllt. Orwell selbst wäre trotz eines soliden Bewußtseins seiner Leistung hierüber nicht wenig überrascht gewesen. War er doch ein selbstkritischer Mensch, der über Eitelkeit und Narzißmus hoch hinaus wuchs. Aber am Ende seines Lebens konnte er sich doch sagen, daß er seinen kindlichen Wunschtraum, ein Autor von Rang zu werden, durchaus verwirklicht hatte. Der Weg hierzu führte über einen „heroischen Lebenslauf“, was nach Schopenhauer jedem Kulturbringer der Menschheit auferlegt ist, weil jene, die echte Kultur schaffen, von der Mitwelt hauptsächlich Widerstände und Unverständnis ernten.

Werkbeschreibung. – Wir haben bereits weiter oben auf die frühen Romane Orwells Bezug genommen, in denen er das Handwerk des Schreibens zu erlernen versuchte. Er selbst äußerte sich später eher kritisch über diese Anfänge, aber man erkennt auch in diesen teilweise noch unbeholfenen Texten den zukünftigen Romancier, der Menschen und Lebensverhältnisse souverän zu gestalten wußte.

Bevor er 1936 nach Spanien ging, schrieb Orwell zwei Romane, mit denen er bereits einigen Anklang fand. Es handelt sich um *Eine Pfarrerstocher* und *Die Wonnen der Aspidistra*. In beide Bücher hat der Autor so manches Stück Autobiographie eingebracht, wobei es jedoch verfehlt wäre, allzu enge Parallelen zwischen den beschriebenen Persönlichkeiten und dem Verfasser zu ziehen.

Eine Pfarrerstochter wurde im März 1935 bei Victor Gollancz publiziert und bald darauf in den USA. Orwell war recht skeptisch über den Wert dieses Romans; er fand, dieser enthalte eine gute Idee, die aber von ihm verpfuscht worden sei. Das ist die Hyperkritik eines mit sich selbst kaum je zufriedenen Autors. Das Buch ist interessant und enthält Schilderungen und Auseinandersetzungen, die den Leser sehr wohl emotional und intellektuell ansprechen.

Die Heldin ist eine Pfarrerstochter namens Dorothy Hare. Sie lebt mit ihrem Vater in einer ländlichen Pfarrei, und da der Geistliche verwitwet ist, fallen alle Pflichten einer Pfarrfrau auf sie. Sie muß ihren schwierigen, geizigen und autoritären Vater betreuen, in der Gemeinde Sozialarbeit leisten und Pflegerinnenaufgaben übernehmen, die Jugend beaufsichtigen und gelegentliche Theateraufführungen inszenieren. Sie ist fromm und masochistisch und hat durch die Religion gelernt, jede Form von Lebensgenuß abzulehnen. Wenn sie sich einmal über irgend etwas spontan freut, sticht sie sich strafend eine Nadel in den Arm, um sich ans Beten und an das Denken uneigennütziger Gedanken zu erinnern.

Im Städtchen lebt ein Pseudokünstler namens Warburton, der sich als Landschaftsmaler und Bohemien ausgibt und den großen Frauenverführer spielt. Da ihn seine derzeitige Geliebte verlassen hat, will er Dorothy für sich gewinnen. Sie erlebt spät abends eine sexuelle Attacke durch ihn, die sie erfolgreich abwehrt. Aber diese Umarmung und der Beinah-Kuß wurde von der städtischen Klatschbase gesehen, was Unheil für Dorothy bedeutet.

Nach diesem Abenteuer unternimmt der Autor mit seiner Titelheldin ein merkwürdiges Experiment. Er versetzt sie nach London, ohne Geld und sinnvolle Kleidung, wobei sie ihr Gedächtnis und ihre Identität verloren hat. Sie schließt sich Landstreichern an, die sie zum Hopfenpflücken in der Provinz mitnehmen. Dorothy macht hierbei jene schwerwiegenden Erfahrungen von Armut und Verelendung mit, denen sich Orwell bewußt und willentlich ausgesetzt hat, um die Randzonen der menschlichen Gesellschaft kennenzulernen.

Als Hopfenpflückerin leistet die ehemalige Pfarrerstochter ein furchtbares Maß von Arbeit, die auf kärglichste Art und Weise entlohnt wird. Immerhin kann sie so viel Geld ersparen, um nach London zurückzukehren und sich dort eine Stelle zu suchen. Ihr Vater, an den sie sich nach und nach erinnert, hat auf verschiedene Bittbriefe keine Antwort gegeben. Im Städtchen hat sich nämlich durch die erwähnte Klatschdame die Nachricht verbreitet, daß Dorothy mit Warburton eine wilde Liebesnacht absolviert hat und hernach mit ihm nach London oder anderswohin durchgegangen ist.

Die Stellensuche erweist sich als zermürbend. Dorothy ist der Verzweiflung und dem Untergang nahe. Da erhält sie doch noch Post vom Vater, der einen in London wohnenden Verwandten beauftragt, sich der angeblich verwahrlosten Tochter anzunehmen. Sie darf nach Hause zurückgehen. Da stellt sich auch Warburton ein, der sie auf dieser Reise begleitet und ihr dabei einen Heiratsantrag macht. Wiederum weist sie ihn ab und kehrt in ihre alte Lebenssituation zurück, was möglich wird, weil das Städtchen inzwischen von der Fabel bezüglich Dorothys Liebesabenteuern kuriert ist und die These von ihrem rätselhaften Gedächtnisverlust und ihrer unbegreiflichen Versetzung nach London akzeptiert.

So ist sie wiederum im Gefängnis ihrer Alltagsroutine und den zweifelhaften Annehmlichkeiten eines sowohl frommen als auch lieblosen Pfarrhauses ausgesetzt. Durch ihre Schicksale in den Tiefen der Verelendung hat sie ihren Gottesglauben vollständig verloren. Sie kann nicht mehr an einen Gottvater im Himmel und an den Erlöser Christus glauben, denn sie hat allzu viele schutzlose Menschen und unerlöste Verzweifelte gesehen. Der Autor sagt von ihr:

> Die Fähigkeit zur Andacht kehrte ihr nicht zurück, keinen einzigen Moment lang, ja das ganz Konzept des Gottesdienstes hatte für sie jeden Sinn verloren; ihr Glaube war verschwunden, vollkommen und unwiderruflich. Es ist eine geheimnisvolle Sache, dieser Verlust des Glaubens – so geheimnisvoll wie der Glaube selbst. Und wie der Glaube selbst, so ist auch sein Verlust letztlich nicht in der Logik verwurzelt; es ist eine Veränderung im geistigen Klima.

Somit wird der Roman zu einer Auseinandersetzung über die Probleme der Religion und deren Überwindung. Orwell war Agnostiker und Atheist, und die kühne und vorbildliche Religionskritik Bertrand Russells wird an entscheidender Stelle ausdrücklich erwähnt. Es scheint, daß der Autor in diesem Roman die These verifizieren wollte, daß die Kritik der Religion der Ausgangspunkt für die Kritik der sozialen Verhältnisse sein müsse (so jedenfalls hat es Karl Marx formuliert). Dorothy Hare wird zu keiner Rebellin, aber in der Fortsetzung ihres früheren Lebens ist eine hoch bedeutsame Änderung eingetreten. Sie wird nun weiterhin als sozialer und fürsorglicher Mensch leben, aber ihr Einsatz für andere hat nur noch eine rein innerweltliche Bedeutung.

Auch der Roman *Die Wonnen der Aspidistra* (1936) handelt von Armut und der daraus resultierenden Verzweiflung. Gordon Comstock, der Held des Romans, ist – wie Orwell selbst – der Nachkömmling einer Mittelklassenfamilie. Geld ist zwar in dieser Familie kaum vorhanden, aber man achtet darauf, nicht zum Proletariat zu gehören. Hinter der bürgerlichen Fassade muß jeder Shilling gespart werden; Gordon darf jedoch auf eine Privatschule gehen, um sich Bildung zu erwerben. Als Pubertierender spielt er einen Revoluzzer, aber er sieht bald, daß er sich irgendwie in die bestehende Gesellschaft integrieren muß.

Gleichwohl will er sich nicht der allgemeinen Jagd nach Geld und Geltung anschließen. Die damals beliebte Pflanze Aspidistra wird für ihn zum Symbol der Bourgeoisie, die er im Grunde seines Herzens verneint. Er will Schriftsteller werden, aber seine Geldnot zwingt ihn, einen öden Job bei einer Werbeagentur anzunehmen. Dort soll er auf zynische Weise den Publikumsgeschmack manipulieren.

Nach einiger Zeit des Ekels an dieser Tätigkeit nimmt er eine Stelle in einem Buchladen an, wo er gerade so viel verdient, daß er sich knapp ernähren kann. Wiewohl er mitunter hungern muß, nimmt er nichts von Freunden an. Er hat eine Freundin, die er aus Geldmangel nur auf der Straße treffen kann. Gerne möchte er mit ihr schlafen, aber er sagt zu sich selbst: „Wie kann man Liebe machen, wenn man nur noch acht Pennies in der Tasche hat und die ganze Zeit daran denkt?“

Der Buchladen-Job geht verloren und muß mit einer noch kläglicheren Arbeit vertauscht werden. Comstock steigt zur sozialen Unterwelt ab und befindet sich mitunter in der Gesellschaft von Landstreichern, Bettlern, Kriminellen und Prostituierten. Er fühlt sich selbst als einer, der untergetaucht ist und in den Abgründen des sozialen Lebens existiert.

Wahrscheinlich würde er in diese Armutswelt total versinken, wenn ihn nicht seine Freundin Rosemary daraus erretten würde. Sie hat sich doch einmal ihm hingegeben und erwartet ein Kind von ihm. Daher muß Comstock wieder eine halbwegs erträgliche Stelle annehmen, und so kehrt er in die frühere Werbeagentur zurück. Sein Traum vom Schriftstellerdasein verflüchtigt sich. Er richtet sich halbwegs wohnlich ein und kauft sich sogar eine Aspidistra, um auch so seine Kapitulation vor den bürgerlichen Werten zu dokumentieren. Der Geldgott hat über den Abtrünnigen, der sich gegen die Gesetze des Erwerbslebens auflehnte, gesiegt.

Man sieht: Auch hier verwendet Orwell autobiographische Versatzstücke, um die Romanstory zu konstellieren. Des weiteren übt er eine schneidende Kritik an der Mammonswelt, die keine schöpferischen Individualitäten aufkommen läßt oder sie – wenn sie bereits Versuche einer inspirativen Lebensführung machen – korrumpiert. An einer Stelle des Textes gibt der Verfasser ein komprimiertes Bild seiner Sicht der verkommenen kapitalistischen Gesellschaft:

> Er hatte eine Vision von London, von der westlichen Welt; er sah tausend Millionen Sklaven, die sich um den Thron des Geldes herum abplackten und auf dem Bauch krochen. Die Erde wird bestellt, Schiffe fahren, Bergarbeiter schwitzen in feuchtigkeitstriefenden, unterirdischen Schächten, Angestellte hasten auf den Acht-Uhr-Fünfzehn, und die Angst vor dem Boß nagt ihnen an den Eingeweiden. Und noch bei ihren Frauen im Bett zittern und gehorchen sie. Und wem gehorchen sie? Der Priesterschaft des Geldes, den rosiggesichteten Herren der Welt. Der Oberkaste. Einem Gewusel von gepflegten jungen Hasen in Tausend-Guineen-Autos, golfspielenden Börsenmaklern und kosmopolitischen Finanziers, Anwälten am Kanzleigericht und vornehmen Tunten, Bankiers und Zeitungsbaronen, Schriftstellern vielerlei Geschlechts, amerikanischen Berufsboxern, weiblichen Fliegern, Filmstars, Bischöfen, Dichtern mit einem Titel und Gorillas aus Chicago.

Der Wert der beiden hier beschriebenen Romane wird von den Kritikern unterschiedlich eingeschätzt. Episches Können wird man dem Autor nicht abstreiten; vermutlich aber waren diese Texte einerseits als Einkommensquelle gedacht, andererseits aber bedeuteten sie auch „Fingerübungen“ für die beiden Meisterwerke, die Orwell in den vierziger Jahren schrieb.

Farm der Tiere. – Schon nach seiner Rückkehr aus Spanien hatte Orwell den Plan gefaßt, in irgendeiner Form den Stalinismus zu entlarven und den „Mythos von Sowjetrußland“ einer scharfen Kritik zu unterziehen. Nur war es ihm nicht klar, in welcher Form dies geschehen sollte. Da kam ihm die Idee zu einer Fabel, in welcher er seine politischen Einsichten und Gesinnungen in ästhetisch ansprechender Weise unterbringen konnte. Er erzählte bei Gelegenheit, bei welchem besonderen Anlaß ihm das Fabel-Motiv deutlich wurde:

> Die eigentlichen Details der Geschichte wollten mir ziemlich lange nicht in den Sinn kommen, bis ich eines Tages (damals lebte ich in einem kleinen Dorf) einen Jungen sah, vielleicht zehn Jahre alt, der ein riesiges Zugpferd einen schmalen Gang entlang lenkte und es, jedesmal wenn es sich abzuwenden versuchte, peitschte. Es kam mir zum Bewußtsein, daß, wenn solche Tiere sich ihrer Kraft nur bewußt würden, wir keine Macht über sie hätten, und daß die Menschen die Tiere in derselben Weise ausbeuten wie die Reichen das Proletariat.

1944 war die *Farm der Tiere* beendet, eine nicht sehr umfängliche Erzählung, die sich jedoch als eine höchst brisante Waffe gegen den Kommunismus erweisen sollte. Es war zunächst schwierig, einen Verleger hierfür zu finden, aber Fredric Warburg begeisterte sich sofort für diesen Text, der insofern nicht zeitgemäß war, weil die Russen damals in der westlichen Welt als die fast erfolgreichsten Kämpfer gegen Nazi-Deutschland ziemlich beliebt waren. Stalin wurde liebevoll in der angelsächsischen Welt als „Onkel Joe“ bezeichnet, und niemand konnte ahnen, daß schon einige Jahre später der Kalte Krieg seinen Anfang nehmen würde. Auch die englische Linke ließ kaum Kritik am Stalinismus aufkommen, und Warburgs Gattin, die dem Kommunismus nahe stand, drohte ihm mit Scheidung, wenn er die *Farm der Tiere* publizieren würde.

Orwell erzählt in seiner Fabel die traurige Geschichte von der russischen Oktober-Revolution von 1917, vom Sieg der Bolschewiken und von der schnellen Pervertierung der Revolutionsidee unter Stalin und seinem Regime. Das Konzept, den ganzen Geschichtsverlauf in die Tierwelt hinunter zu projizieren, erwies sich als genial; der Autor schrieb sich seine ganze Empörung gegen die Verlogenheit des Sowjetregimes von der Seele und fand damit bald nach Kriegsende weltweite Resonanz. Im Laufe der letzten Jahrzehnte wurde der Text in 30 Sprachen übersetzt und in Auflagen von vielen Millionen überall verbreitet. Die Amerikaner benützten sogar die *Farm der Tiere* zu ihren unbeholfenen Versuchen, die Deutschen nach dem Zusammenbruch zur Demokratie zu erziehen. Später wurde das Büchlein als Schutzimpfung gegen kommunistische Anwandlungen in Schulen als Lehrbuch eingeführt.

Orwell liebte die Tiere sehr (mit Ausnahme der Schweine), und so gelang es ihm, die Tierrevolte gegen die Menschen liebevoll und anschaulich zu schildern. Auf einer Farm werden die Tiere vom Farmer Mister Jones (Zar Nikolaus II.)

furchtbar drangsaliert. Ein alter Eber namens Old Major (Karl Marx) beruft seine Leidensgenossen nachts zu einer Sitzung zusammen, wo der Aufstand beschlossen wird. Die beiden Pferde Boxer und Kleeblatt (das Proletariat) sind entzückt von den Perspektiven, die Old Major ihnen und den anderen Tieren eröffnet. Zwei charakterlich sehr gegensätzliche Schweine namens Schneeball (Trotzki) und Napoleon (Stalin) stellen sich rasch als Führer zur Verfügung. Sie werden unterstützt durch ein lebhaftes und wendiges Schwein namens Schwatzwutz (die „Prawda"), die es übernimmt, die Tiere bei der Revolution und nachher sorgsam zu informieren.

Es gibt noch andere Tier-Revolutionäre, die aber hier nicht erwähnt werden müssen. Die Begeisterung ist allgemein, und bis zu den Hühnern und Enten hinunter will man sich für das edle Ziel einsetzen.

Es gelingt tatsächlich, Mister Jones von der Farm zu vertreiben. Die Rebellen sind beglückt über ihre Freiheit und die goldene Zukunft, die nun vor ihnen steht. Mit Leidenschaft singen sie das Lied, das ihnen von den Revolutionsführern beigebracht wird, und dessen Anfang lautet:

Tiere Englands, Tiere Irlands,
Tiere, ihr, von fern und weit,
Höret meine frohe Botschaft
Von der goldnen Zukunftszeit.

Mit dieser „Internationale" ist der Sieg errungen worden, und Mister Jones flüchtet zu den Menschen im Nachbardorf, wo er sich durch Alkohol zu trösten versucht. Die Tiere jedoch vernichten alle Zwangsmittel, mit denen sie zur täglichen Fron gepeitscht und gezwungen wurden. Sie fühlen sich als Besitzer der Farm und wissen, daß sie nun für sich selbst und nicht für fremden Profit arbeiten werden.

Old Major alias Marx stirbt bald danach, und nun geht die Führung an Schneeball und Napoleon, die ständig um die Macht rivalisieren. Der erstere ist beredter und intelligenter, der letztere jedoch schlauer und brutaler. So steht von Anfang an fest, wer die Oberhand erlangen wird.

Die Tiere lassen sich von Schwatzwutz alias „Prawda" lenken und dressieren. Die meisten von ihnen sind Analphabeten und können ohnehin nicht die Informationsflut bewältigen, die ständig auf sie einströmt. Die Schafe blöken dauernd den neuen Slogan: „Alle Vierbeiner gut, alle Zweibeiner schlecht!" Benjamin, der Esel, ist der einzige Skeptiker, auf den man aber nicht hört. Er ist der Meinung, daß immer schon alle Zustände schlecht waren, und daß auch die Zukunft nicht besser wird. Mitunter hört man auf den Raben Moses, der den Tieren verkündet, daß es jenseits der Wolken ein wunderbares Land gibt, wo Kandiszucker in rauhen Mengen herumliegt. Er wird zunächst von Schwatzwutz zurechtgewiesen, aber später läßt man ihn doch auch gelten, weil seine Botschaft sich als Trostmittel nützlich erweist.

An die Mauer der Scheune, in welcher die Revolte ausgebrütet wurde, werden die sieben Gebote der neuen Tier-Herrschaft angeschrieben. Sie lauten:

1. Alles, was auf zwei Beinen geht, ist ein Feind.
2. Alles, was auf vier Beinen geht oder Flügel hat, ist ein Freund.
3. Kein Tier soll Kleider tragen.
4. Kein Tier soll in einem Bett schlafen.
5. Kein Tier soll Alkohol trinken.
6. Kein Tier soll ein anderes Tier töten.
7. Alle Tiere sind gleich.

Im neuen Staatsgebilde werden die Schweine schnell zur Elite. Sie lernen lesen und schreiben und scharen sich um Schneeball und Napoleon, deren Antagonismus nur mühsam überbrückt wird. Nur in manchen Punkten sind sich die beiden Führer einig. Als sich nämlich zeigt, daß die Tiere ziemlich viel Milch und Äpfel produzieren, verschwinden diese Nahrungsmittel und werden für die Schweine vorbehalten. Schwatzwutz erklärt den erstaunten Tieren, daß die letzteren mehr und hochwertige Nahrung benötigen, weil sie ja überall an der Spitze sind.

Napoleon eignet sich die Welpen des großen Hundepaares an, das schon in Mister Jones Zeiten für Ordnung auf der Farm gesorgt hatte. Umgeben von dieser Schutzpolizei schüchtert er alle Tiere ein. Denn die Welpen wurden von ihm erzogen und dressiert, so daß sie scharf sind auf jeden Oppositionsgeist. Wer meckert und eigenständig denken will, riskiert sein Leben.

Ein Angriff von Mister Jones und Bundesgenossen wird erfolgreich abgeschlagen. Schneeball zeichnet sich hierbei besonders aus, indes man von Napoleon im Kampfe kaum etwas gesehen hat. Aber da Schneeball bald darauf von seinem Widersacher ins Exil gejagt wird, darf niemand über seine Heldentaten reden. Im Gegenteil: Schwatzwutz revidiert das Gedächtnis der Tiere, und von da an heißt es immer, daß der „große Führer Napoleon" die Niederschlagung der Jones-Truppen zustande gebracht hat.

Schneeball wollte eine Mühle aufbauen, die der Stromgewinnung dienen und den Tieren die schwere Arbeit beim Dreschen und Mahlen des Getreides ersparen sollte. Napoleon war stets dagegen, aber nach der Vertreibung seines Konkurrenten brilliert er mit dem alten Plan, an dessen Ausführung sich die Tiere machen. Vor allem die beiden Arbeitspferde Boxer und Kleeblatt huldigen der Parole, daß man immer mehr arbeiten müsse, um die Früchte der Revolte zu genießen. Die starken Tiere schuften Tag und Nacht, und schließlich steht die Mühle auf dem Hügel.

Aber sie wurde schlecht gebaut, und beim ersten Sturm bricht sie in sich zusammen. Napoleon findet schnell heraus, wo die Ursache des Unglücks liegt. Schneeball haust nämlich in der Nachbarschaft bei den feindlich gesinnten Menschen und unternimmt nachts allerlei Expeditionen, um die Farm der Tiere zu behelligen. Er verschmutzt Brunnen, streut Unkraut aus, ja er gefährdet sogar das Leben des über alles geliebten Führers Napoleon. Er wird zur Generalursache von allem erklärt, was im Tierreich schiefgeht.

Und es geht so manches nicht nach Plan. Inmitten des Elends muß sich Schwatzwutz sehr anstrengen, die Weisheit des „großen Führers" immer wieder den Schafen einzuhämmern. Das gelingt einigermaßen, und manche Hühner rühmen sich, auf Anweisung von Napoleon mehr Eier legen zu können, und manche Kühe sind beglückt über das reine und hygienische Wasser, das sie infolge der Vorsehung Napoleons täglich genießen können.

Anfangs hieß es, daß alle Tiere gleich sind; aber Schwatzwutz bringt die Neuerung in Umlauf, daß einige Tiere doch „gleicher sind als die anderen". Diese – und damit sind die Schweine gemeint – dürfen Alkohol trinken, Sonderrationen für sich in Anspruch nehmen und bilden eine neue Herrenschicht, die hoch über dem niederen Plebs thront. Niemand wagt aufzumucken, weil die wachhabenden Hunde ständig unterwegs sind und auf alles hören, was auch nur von ferne rebellisch klingt.

Sogar der zunächst verpönte Handel mit dem Menschenpack wird wieder aufgenommen. Es zeigt sich nämlich, daß die Tierfarm nicht autark sein kann. Die Frage ist nun: Will man mit dem Händler Pilkington (die angelsächsische Kapitalistenwelt) oder dem Händler Frederick (Nazi-Deutschland) Geschäfte machen? Schwatzwutz plädiert vorerst leidenschaftlich für Pilkington, aber eines Tages wird eine Wendung um 180 Grad vollzogen, und Frederick ist der bevorzugte Handelspartner (Hitler-Stalinpakt von 1939). Man liefert Holz an den dubiosen Geschäftsfreund, der dann als Gegengabe kaputte Maschinen sendet. Die Sache endet mit Verlusten, die aber von Schwatzwutz als Vorteile interpretiert werden.

Lüge und Terror herrschen nun mehr oder minder unverstellt auf der Tierfarm. Boxer und Schneeball arbeiten sich zu Tode. Hunger und Mangel sind allgegenwärtig, werden aber durch zuversichtliche und suggestive Parolen übertönt. Eines Tages erfahren die überraschten Tiere, daß die führenden Schweine in das Farmhaus eingezogen sind und dort in den Betten übernachten. Sie konsumieren große Mengen von Alkohol, und bei manchem Besäufnis sind auch die Menschen aus der Nachbarschaft zu Gast, wobei es zu allerlei Verbrüderungen zwischen den Säufern kommt. Das wird erleichtert durch den Umstand, daß die Führungsschweine inzwischen gelernt haben, aufrecht zu gehen. Sie imitieren die Menschen, die früher an der Macht waren, und für die unterdrückten und ausgebeuteten Tiere hat sich im Grunde gar nichts geändert.

Ähnlich wie Äsop in der Antike hat Orwell in seine Fabel schmerzlich erworbene Lebensweisheit eingekleidet, indem er Tiere wie Menschen reden und handeln läßt. Auch Jonathan Swift (1667-1745) hat in *Gullivers Reisen* (1726) dieses Verfahren angewendet, um seinen Zeitgenossen bittere Wahrheiten zu vermitteln. Orwell schätzte Swift sehr und trat in seine Fußstapfen, wobei man sagen kann, daß er dem großen Iren in seiner Meisterschaft als Erzähler beinahe gleichkommt.

Die *Farm der Tiere* ist tatsächlich ein literarisches Meisterwerk ersten Ranges. Die Sprache ist klar und transparent, und die Botschaft, die vermittelt werden soll, wird dem Leser in eindringlichsten Bildern und Wendungen nahegebracht.

Der Zorn Orwells über die Amoralität des Stalinismus ist in dieses Literatur-Kunstwerk voll und ganz eingegangen, entartet aber nirgendwo zur direkten

Haßtirade, sondern wird stets formal und inhaltlich elegant präsentiert. Orwell war davon überzeugt, daß der Kommunismus nicht – wie die kapitalistischen Kritiker behaupteten – an der Korrumpiertheit der menschlichen Natur gescheitert sei. Die Natur des Menschen stehe einer solidarischen und kooperativen Gesellschaftsverfassung nicht im Wege. Es war seiner Ansicht nach nur der Machtwahnsinn der Führungsclique, die das große Experiment Rußland verkommen ließ.

Seine eigenen Gefühle läßt Orwell das Pferd Kleeblatt empfinden, nachdem jene Tiere, die vor Napoleon nicht in den Staub fielen, von seinen Hunden exekutiert wurden. Der Autor schreibt:

> Als Kleeblatt die Hügelflanke hinunterblickte, traten ihr Tränen in die Augen. Hätte sie ihre Gedanken aussprechen können, würde sie gesagt haben, daß es dies nicht war, was sie erstrebt hatten, als sie vor Jahren daran gegangen waren, den Sturz der menschlichen Rasse zu betreiben ... Wenn sie selbst je ein eigenes Bild von der Zukunft gehabt hatte, so war es das einer von Hunger und Peitsche befreiten Gemeinschaft von Tieren gewesen, wo alle gleich waren, jeder nach seinem Vermögen arbeitete, und wo der Starke den Schwachen beschützte ... Statt dessen – warum, wußte sie nicht – hatten sie es zu einer Zeit gebracht, wo niemand es wagte, seine Meinung zu sagen, wo überall wilde, knurrende Hunde herumstöberten, und wo man mit ansehen mußte, wie die eigenen Genossen in Stücke gerissen wurden, nachdem sie empörende Verbrechen gebeichtet hatten.

Das Buch *Farm der Tiere* setzte sich durch, wiewohl die kommunistische Presse in England und anderswo ein Wutgeheul dagegen erhob, das beachtlich war. Wer aber immer noch einen Rest von Vernunft bewahrte, mußte zugeben, daß Orwell ein integrer Mann war, dem es in allen seinen Schriften um Freiheit und Humanität ging. Orwell starb 1950 und hat somit den famosen Auftritt Chruschtschows vor dem XX. Parteitag der KPdSU im Jahre 1956 nicht mehr erlebt, wo die Verbrechen Stalins einer erschütterten Kommunistenpartei in großen Zügen mitgeteilt wurden. Im Lichte dieser Eröffnungen war die Orwell-Fabel in jeder Hinsicht gerechtfertigt. Es erwies sich hier, daß man ein Regime auf Lüge, Niedertracht, Gewalt und systematisierte Gemeinheit wohl gründen, aber nicht auf Dauer aufrecht erhalten kann. Nach 1989 brach der tönerne Bau in sich zusammen, und man wird ihm keine Träne nachweinen.

Neunzehnhundertvierundachtzig. – Mit *Farm der Tiere* hatte Orwell in wuchtiger Weise mit dem sowjetischen Kommunismus abgerechnet. Aber das Problem des Totalitarismus kommunistischer und faschistischer Prägung ließ ihn nicht los. Daher verwendete er seine letzten Lebensjahre zu einem nochmaligen Angriff auf den Diktaturgedanken, den er als einen Todfeind der Menschheit begriff. Mit schier unendlicher Mühsal rang er seiner immer schwerer werdenden Lungenkrankheit den Text von *1984* ab, das unmittelbar nach seinem Erscheinen als eines der wichtigsten fiktional-politischen Werke der Epoche begriffen wurde. Ähnlich wie Aldous Huxleys (1894-1963) *Schöne Neue Welt*, das schon anfangs der 30er Jahre publiziert wurde, haben wir es hier mit einer negativen Utopie zu tun, die alle Gefahren heraufbeschwört, die den Menschen in einer absolutistischen Gesellschaftsform bedrohen können.

Wir befinden uns bei Orwell nicht im Jahre 2500 (wie bei Aldous Huxley), sondern eben in einem Datum, das demnächst Wirklichkeit sein wird (das Jahr 1984 wurde gewählt, indem die beiden letzten Zahlen von 1948, als das Buch entstand, umgekehrt wurden). Daher sind Orwells Schilderungen viel zeitnäher und auch realistischer als diejenigen von Huxley, ein Realismus allerdings, der noch viel niederdrückender und quälender ist als die „schöne neue Welt“. Mit Recht sagt der Verlag selbst in seinem Klappentext über dieses Buch:

> Dieses Buch entstand unter dem Eindruck unkontrollierter Willkürherrschaft, des Nazismus, des Faschismus, des Stalinismus, aber auch der wirtschaftsimperialistischen Tendenzen bei den Industriemächten während des Zweiten Weltkrieges. Pessimistischer und grimmiger noch als in seinen anderen Büchern bringt Orwell hier seine Überzeugung zum Ausdruck, daß die Machtstruktur einer Gesellschaft auch durch Revolution nicht grundlegend verändert werden kann, und daß die Zerstörung des Menschen durch eine perfektionierte Staatsmaschinerie unaufhaltsam ist.

So zeigt *1984* eine bis ins letzte Detail durchorganisierte Tyrannei einer absolut autoritären Staatsmacht. Der Held dieses Romans heißt Winston Smith, und wir befinden uns in London einige Jahrzehnte nach der Großen Revolution. Diese Revolte hat den „Großen Bruder“ an die Macht gebracht und mit ihm ein totalitäres Regime, das dauernd Kriege auf dem Erdball führt und die Bevölkerung des Inselreiches nach Kräften ausbeutet und verdummt. Auch hier hat sich die Technik vervollkommnet, so daß jedermann durch überall lokalisierte Televisoren sowohl propagandistisch berieselt als auch beobachtet werden kann; es gibt keine Privatsphäre mehr, und jedermann gehört dem Kollektiv, das es übernommen hat, die Menschen zur angeblichen Freiheit zu führen. Aber diese Befreiung liegt in einer fernen Zukunft, und vorerst muß die Gesamtheit der Untertanen unter dem Joch einer ausgeklügelten Knechtschaft leben.

Die Handlung des Romans sieht drei Supermächte vor, nämlich Oceania, Eurasia und Eastasia. Diese drei Machtkomplexe haben sich die Welt aufgeteilt und führen ständig Krieg miteinander. Dabei wechseln die Bündnispartner, und je nach diesem Wechsel wird die Bevölkerung dazu animiert, den jeweiligen Todfeind zu hassen und ihm den Untergang zu wünschen. Da die Propaganda perfekt ist, kann ein solcher Gesinnungswechsel mühelos praktiziert werden.

Die Gesellschaft in Oceania ist in drei Klassen aufgeteilt. Es gibt eine „innere Partei“, die als politisch-intellektuelle Elite an der Herrschaft ist. Sie umfaßt nur zwei Prozent des Volkes, und an ihrer Spitze steht der „Große Bruder“, dem man Allwissenheit, Allmacht und Allgüte (die bekannten Prädikate Gottes) zuschreibt. Der Große Bruder begibt sich nie an die Öffentlichkeit, aber sein Bild ist überall zu sehen und genießt eine Art religiöse Verehrung. Wo es einen Gott gibt, muß es auch einen Teufel geben. Das ist der angebliche Kollektivfeind Emmanuel Goldstein (der offenbar an Trotzki und Emma Goldstein, die amerikanische Anarchistin, erinnern soll). Ähnlich wie Trotzki für den paranoiden Stalin zur Erklärung aller Mißstände in der UdSSR herhalten mußte, wird auch Goldstein zu einem dämonischen Widersacher aufgebaut, den alle Menschen Oceanias hassen müssen.

Wir sprachen von drei Klassen im Lande von Engsoc, das als Flugbasis für Oceania agiert. Engsoc ist wohl eine Abkürzung für „englischen Sozialismus", womit Orwell seine Mitbürger darauf aufmerksam machen will, daß auch Großbritannien für ein Abgleiten in den politischen Absolutismus nicht immun sein wird. Der kleinen Führungskaste ist angegliedert eine „äußere Partei", die aus etwa dreizehn Prozent des Volkes besteht. Diese Hilfskräfte dienen der herrschenden Gruppe, um die übrige Bevölkerung (*Proles* genannt) zu indoktrinieren und irrezuführen. Zu diesem Zwecke ist ein riesiger Verwaltungs- und Polizeiapparat aufgebaut worden, der das soziale Leben in jeder Hinsicht kontrolliert.

Die Gangster an der Macht, die großenteils unsichtbar bleiben, haben Sprache und Denken der Menschen vollkommen durcheinander gewirbelt. Es gibt ein Gebäude des „Wahrheitsministeriums", an dem man in gewaltigen Lettern die grandiosen Weisheiten lesen: Krieg bedeutet Frieden; Freiheit ist Sklaverei; Unwissenheit ist Stärke!

Nach diesen und ähnlichen Parolen werden die Bürger erzogen, gedrillt und programmiert. Jedermann gehört der Partei, und zwar von Kindesbeinen an. Kinder werden bereits daraufhin geschult, ihre Umgebung (auch die Familie) auszuspionieren und bei der Partei anzuzeigen; besonders geschätzt sind jene jugendlichen Pioniere, die sogar die eigenen Eltern des mangelhaften Konformismus bezichtigen und deren Verurteilung zu Gefängnis oder Todesstrafe herbeiführen.

Die ökonomische Armut ist trotz technischer Perfektion allumfassend, aber das Propagandaministerium predigt unermüdlich, daß man sich im Fortschritt befinde und demnächst auch zu Wohlstand und Reichtum gelangen werde. Das Regime hat die Liebe abgeschafft; echte Parteimitglieder zeugen wohl Kinder, aber sie verlieben sich nicht mehr, da ihre ganze Sympathie und Leidenschaft der Partei gehört.

Zwar verfällt der Staat im Ganzen, dafür aber siegt er an allen Fronten, wie ausführliche Radio- und Televisionsprogramme beweisen. Da an den fernen Fronten gekämpft wird, darf niemand in der Heimat Skepsis oder Ungeduld verbreiten oder gar Forderungen stellen; jeder muß zufrieden sein, sonst wird er vaporisiert, was ein anderes Wort für Todesstrafe oder Vernichtung bedeutet.

Winston Smith (welcher der äußeren Partei angehört) ist ein harmloser Mitarbeiter des Wahrheitsministeriums, der die Aufgabe bewältigt, die Geschichte dauernd umzuschreiben, damit der Große Bruder recht hatte, recht hat und auch in Zukunft recht haben wird. So müssen demnach alte Meldungen aus Zeitungen eliminiert werden; Zeitungen und Bücher werden immer neu gedruckt, damit sie dem labyrinthischen Lauf der Politik des Staates und seiner Führer gerecht werden. Denn Wahrheit gibt es nicht mehr und soll es nicht mehr geben; rein pragmatisch wird täglich neu bestimmt, was als wahr gelten soll, und diese Neubestimmung erstreckt sich eben auch auf die Vergangenheit, die man für angeblich gute Zwecke stets umdefiniert.

Winston funktioniert reibungslos, bis er eines Tages auf die dumme Idee kommt, ein Tagebuch zu schreiben. Er hat bei einem Antiquar im Proles-Quartier altmodische Schreibutensilien erstanden, die in ihm nostalgische Erinnerungen an sein frühes Leben erwecken. Auch gibt es dabei Reminiszenzen an seine Mutterbeziehung, wo er offenbar Warmherzigkeit und Solidarität erlebt hat. Auf diesem Wege entstehen in ihm Auflehnungsgefühle gegen die Diktatur, und er verspürt in sich ein Gefühl für die veralteten Werte von Individualität, Aufrichtigkeit und Gerechtigkeit.

So gerät er in die Selbstbesinnung hinein, was allemal der Anfang des Übels ist. Er denkt nach und kommt dabei zum Schluß, daß die Gesellschaftsordnung, in der er lebt, fragwürdig und unmenschlich ist. Er ist auch so naiv, alle seine Erkenntnisse dem Tagebuch anzuvertrauen, wiewohl wechselseitiges Auskundschaften bis in die Wohnungen hinein die Pflicht aller Bewohner des neuen Staates ist.

So zweifelt Winston (der Vorname ist möglicherweise eine Anspielung an Churchill, der damals noch auf der Höhe seiner Macht stand; Smith wurde als Nachname gewählt, um einen durchschnittlichen Engländer zu bezeichnen) mit der Zeit an vielem; er kann nicht glauben, daß der böse Goldstein schuld ist an allem Unglück, das die ansonsten so fortschrittliche Gemeinschaft von *1984* betraf und betrifft. Er wird skeptisch gegen die ihm aufgetragenen berufsmäßigen Wahrheitsfälschungen, beteiligt sich nur noch halbherzig an den verordneten Haß-Wochen und sieht mit Ekel die realistischen Kriegsberichterstattungen, in denen in herrlicher Bildhaftigkeit immer der Tod unzähliger Feinde gezeigt wird.

Eine unerlaubte Liebschaft mit einer Parteigenossin namens Julia und der Versuch einer Konspiration gegen die Staatsgewalt bringt Winston schließlich zu Fall; nachdem er bei einer Liebesnacht *in flagranti* ertappt wird, transportiert man ihn in die Geheimkeller des Regimes, wo untersucht, gefoltert und umerzogen wird.

Das nun folgende Martyrium der beiden Liebenden wird glücklicherweise mit nur sparsamen Strichen gezeichnet; man ahnt alle Furchtbarkeiten der Gestapo- und Tscheka-Methoden, die an diesen Opfern ausprobiert werden. Winston unterliegt einer Gehirnwäsche, die mit elektrischer Folter und Persuasion verbunden ist. Nach einer gewissen Zeit ist er endlich in der Lage, den Großen Bruder neuerlich von Herzen zu lieben; er hat alle Einwände und Kritiken vergessen (wozu eine gewisse Zahl von Elektroschocks leider unentbehrlich war) und hat von nun an weder die Kraft noch die Einsicht, um irgendwelche Opposition zu empfinden oder gar zu praktizieren. Man kann ihn als geheilt entlassen, wiewohl es Usus ist, auch geheilte Genossen umzubringen, da man nie wissen kann, ob sie nicht doch einmal rückfällig werden.

Auf dem Höhepunkt der „Behandlung“ Winstons durch seine Umerzieher stellt er dem Vollzugsbeamten die Frage, ob denn der Große Bruder (den man nur in Abbildungen zu sehen pflegt) wirklich existiere. Da der Beamte ihn nicht zu verstehen scheint, präzisiert er: „Existiert er so, wie ich existiere?“ Der Beamte gibt darauf die schlagende Antwort: „Sie existieren nicht!“

Niemand existiert mehr in *1984*, und selbst die Partei scheint eine Organisation von Nicht- oder Pseudo-Existenzen zu sein. Winston ist schließlich bereit zu glauben, daß zwei und zwei gleich fünf ist; es kostet ihn keine Anstrengung mehr, die Vernunft aufzugeben. Er trifft die ehemalige Geliebte wieder, aber er ist nicht imstande, etwas zu fühlen; Julia, deren Gesicht eine einzige Wüste geworden ist, geht es ebenso. Dafür aber können beide hassen und sich für Destruktion begeistern; Siege an der eurasischen oder ostasiatischen Front beglücken die zerbrochenen Menschen und binden sie fester an den Großen Bruder, dem sie – wie sie wissen – alles zu verdanken haben.

Mit diesem grauenhaften Ausblick entläßt Orwell seine Leser, die mit ihm die Enttäuschung seines Lebens teilen sollen, welche er in seinen Hoffnungen auf den Sozialismus oder Kommunismus in seiner Epoche erlitt. Utopia wurde im 16. Jahrhundert (mit Thomas Morus' *Utopia*) geboren und schien im 20. Jahrhundert in den letzten Zügen zu liegen. Aber es war nicht Orwells These, daß die Zukunft der Menschheit schwarz in schwarz zu malen sei. Bei Gelegenheit stellte er fest, daß er an die Möglichkeit eines humanistischen Sozialismus durchaus glaube. Und er sagte mit einem quasi beschwörenden Ton: „Alle bisherigen Revolutionen sind letzten Endes gescheitert, aber nicht im gleichen Maße.“ In der menschlichen Natur sind keine primären antagonistischen Kräfte, die eine solidarische Gesellschaft *per se* verunmöglichen; um sie aber zum Zuge kommen zu lassen, müssen Wirtschaft und Sozietät, Erziehung und Zusammenleben, Gesinnung und Weltanschauung grundlegend verändert werden.

Orwell als Essayist. – Die Weltöffentlichkeit kennt Orwell in erster Linie als Verfasser von *Farm der Tiere* und *1984*; allenfalls weiß der Durchschnitts-Leser, daß Orwell eine Reihe von weiteren Romanen und politischen Texten verfaßt hat. Wenig bekannt ist, daß er ein Essayist von beachtlichem Rang war. Dabei interessierte er sich nicht nur für Themen der Politik und Literatur, sondern auch für Kulturfragen überhaupt. Das muß besonders hoch eingeschätzt werden, da er im Großen und Ganzen ein Autodidakt war. Nach den Vorbereitungsjahren in Eton war er nicht an die Universität gegangen; schon als 19-Jähriger trat er in die Polizeischule ein. Durch eigene Anstrengung erwarb er sich eine ziemlich umfassenden Überblick über eine Vielfalt von Ideen, Gesinnungen und Weltanschauungen. In seinen Essays kommt dies überall zum Ausdruck, wobei neben der Klarheit seiner Kritiken auch die überzeugende sprachliche Diktion auffällt.

Nach seinem Tode sind vier Bände seiner *Collected Essays, Journalism and Letters of George Orwell* (1970) erschienen. Diese sind erst zum Teil ins Deutsche übersetzt worden. Wir geben in der Folge einen partiellen Einblick in diese Untersuchungen.

Um 1940 publizierte Orwell die Essay-Sammlung *Im Innern des Wals*, worin man bereits einige wichtige Arbeiten vereinigt findet. Interessant darin ist ein kurzes Bekenntnis unter dem Titel „Warum ich schreibe?“ Er bekennt, daß er schon mit fünf oder sechs Jahren wußte, er wolle ein Autor werden, wenn er einmal groß sein würde. Der Weg zur Autorschaft war lang und hart. Als Motive gibt Orwell an, daß man beim Schreiben Überlegenheitsgefühle, Sinn für die Schönheit, Sinn für die Geschichte und politisches Engagement verwirklichen könne. Von sich selbst sagt er aus, daß er seit dem Spanischen Bürgerkrieg vorwiegend zu einem *homo politicus* geworden sei. Von da an habe seine Schriftstellerei dem Kampf gegen den Totalitarismus in allen seinen Formen gedient. Das sei ihm so relevant gewesen, daß er jegliche Plackerei und auch die Gefährdung seiner Gesundheit auf sich genommen habe. Im übrigen lägen die letzten Motive des Schreibens tief im Dunkeln:

> Ein Buch zu schreiben ist ein grausamer, aufreibender Kampf, wie eine lange, schmerzhafte Krankheit. Man würde es auch niemals tun, wenn man nicht von einem Dämon getrieben würde, der stärker ist als man selbst und einem unverständlich bleibt.

Der merkwürdige Titel *Im Innern des Wals* spielt natürlich auf die Geschichte von Jona in der Bibel an. Aber wie kam Orwell auf diesen Vergleich? Er bezieht sich auf Henry Miller, dessen Romane ihn damals einigermaßen faszinierten. Er bewunderte am amerikanischen Autor, daß er die eigentlichen Triebkräfte des menschlichen Denkens und Handelns unbeschönigt darstellte. Bei Miller sei der Mensch ein Hedonist, der nach sexuellen und anderen Genüssen strebe, ohne sich um die Verbesserung der Welt zu kümmern. Das bedeute im Grunde eine Haltung des Rückzugs in den Walfischbauch, indes in der Welt Kriege, Diktaturen, Armut und Verelendung dominieren.

Für Orwell kam diese Einstellung in keiner Weise in Betracht. Er mußte aber zugeben, daß Miller mit einer lebendigen und glanzvollen Prosa eine authentische Lebensart dokumentierte. Später jedoch hatte er einige Einwände gegen die Pornographie oder Sex-Besessenheit Millers, die denn doch allzu aufdringlich wirken.

Drei noch kritischere Essays befassen sich mit Mark Twain, Rudyard Kipling und Herbert George Wells. In allen drei Fällen bemerkt Orwell, daß diese Autoren der Aufgabe, gegen Unrecht und Unvernunft anzukämpfen, nicht gerecht geworden sind. Bei Twain wird sogar der Untertitel „Der amtliche Hofnarr“ gewählt, um anzuzeigen, daß sich sein viel gerühmter Humor in allerlei Harmlosigkeiten ergeht, welche die kapitalistische Gesellschaft durchaus akzeptieren und belachen konnte.

Kipling war ein Exponent des britischen Imperialismus, aber immerhin ein echter Dichter, der stellenweise großartig anmutet. Und auch Wells war ein Autor von sehr hohem Rang. Er glaubte jedoch nach Orwell allzu sehr an eine Erlösung der Menschheit durch den wissenschaftlichen Fortschritt, was sich als Trugschluß erwiesen hat. Die Wissenschaft kann sich durchaus in den Dienst von totalitären Regimen stellen, wie man beim Faschismus und Kommunismus registrieren mußte. Die Rationalisten verkennen nach Orwell, daß die Hauptkräfte des menschlichen Seelenlebens im Gemüt liegen. Wer letzteres nicht anspricht, wird von den totalitären Ideologen überspielt und an die Wand gedrückt.

Zwei andere Essays handeln von *Raffles und Miß Blandish* und *Der Verfall des englischen Mörders*. Beim ersten Text untersucht Orwell Veränderungen des Kriminalromans im angelsächsischen Sprachraum von 1900-1950. Er wählt zwei Beispiele, woran er zeigt, daß es früher den „Gentleman-Kriminellen“ gab, der Mitglied der Society war und nebenbei seine mehr oder minder schlauen Delikte durchführte. Dabei fehlten oft die Elemente des Sadismus und der pervertierten Sexualität. Anders bei vielen Kriminalromanen in der Mitte des 20. Jahrhunderts. Da wird ausgiebig *Sex and Crime* amalgamiert, wobei die Autoren zu immer krasseren Ausgestaltungen der Unmenschlichkeit übergeben. – Ähnlich wird auch in *Verfall des englischen Mörders* argumentiert.

Zwei besonders eindrückliche Arbeiten sind Jonathan Swift und Charles Dickens gewidmet. Beide Autoren waren für Orwell in gewisser Weise vorbildlich. Er erzählt, daß er *Gullivers Reisen* schon als Kind zum ersten Mal gelesen habe; dann sei er im späteren Leben immer wieder zu dieser wunderbaren Fabel zurückgekehrt. Wir haben bereits weiter oben mitgeteilt, daß das großartige Buch des irischen Satirikers aus dem 18. Jahrhundert in gewisser Weise für *Farm der Tiere* vorbildlich war. Aber Orwell ist nicht nur ein Bewunderer Swifts, sondern auch ein psychologisch einfühlsamer Interpret von dessen Leben und Werk. Kein Zweifel, daß in letzterem die Seelenpathologie des Theologen-Autors eingegangen ist, der im Alter in Wahnsinn verfiel.

Der Essay über Dickens ist der umfänglichste. Orwell hielt den großen Romancier für einen Rebellen, der von Mitleid für die Menschen inspiriert wurde. Dickens hatte kein revolutionäres Programm und glaubte nicht daran, daß man durch soziale Umwälzung viel Besserung der menschlichen Zustände erreichen würde. Aber das war in Orwells Augen nicht unbedingt ein Nachteil. Denn die Revolutionäre, die vollmundig die Ungerechtigkeiten der Welt anprangern, werden meistens selbst zu Diktatoren, wenn sie an die Macht kommen.

Angesichts dieses Umstandes gewinnt der Moralismus Dickens', der lediglich die Mißstände beschreiben und aufzeigen wollte, ethisches Gewicht. Wenn einer die Dynamik der Gesellschaft und des Menschenlebens begreift und begreiflich macht, hat er nach Orwell schon sehr viel getan. Dickens war ein Liberaler, und wir haben heute berechtigte Zweifel, ob der Liberalismus das *Nonplusultra* der gesellschaftlichen Zukunft sein wird. Aber wie immer die Entwicklung verlaufen wird: Menschen wie Dickens und Romane, wie er sie schrieb, werden für die Kultur unentbehrlich sein. Orwell bemüht sich darum, das Gesicht von Dickens vor sein inneres Auge zu bringen. Und er sagt hierzu:

> Es ist das Gesicht eines Mannes, der auf eine noble Art zornig ist – mit anderen Worten, das Gesicht eines Liberalen aus dem 19. Jahrhundert, einer freien Intelligenz, eines Typus, der gleichermaßen gehaßt wird von all den muffigen kleinen Orthodoxien, die jetzt um unsere Seele kämpfen.

Die wissenschaftliche Auslegekunst der Hermeneutik deklariert, daß wir im Akt des Verstehens unwillkürlich eigene seelische Qualitäten in die Deutung des ausgelegten Objekts einbringen. Uns will scheinen, daß Orwells Feststellung über

„die noble zornige Art von Dickens“ aus seinem eigenen Gemüt und Selbstverständnis stammt. In seiner Revolte gegen jegliche Tyrannis, gegen die Vereinnahmung des Menschen durch Ideologien, gegen Unmenschlichkeit aller Art kommt etwas sehr Edles und Humanes zum Tragen, das in der Literatur der Epoche eine überragende Qualität aufweist.

LITERATUR

Büthe, Lutz: Auf den Spuren George Orwells – Eine soziale Biographie. Hamburg 1984.
Johansen, Anatol: Orwell im Verhör – Die Befragung des Großen Bruders. München 1984.
Lang, Hans-Joachim: George Orwell. München 1983.
Lewis, Peter: George Orwell – Biographie. Berlin 1982.
Orwell, George: Erledigt in Paris und London (1933). Zürich 1978.
Ders.: Tage in Burma (1934). Zürich o.J.
Ders.: Eine Pfarrerstochter (1935). Zürich 1983.
Ders.: Die Wonnen der Aspidistra (1936). Zürich o.J.
Ders.: Der Weg nach Wigan Pier (1937). Zürich 1982.
Ders.: Mein Katalonien (1938). Zürich 1975.
Ders.: Auftauchen, um Luft zu holen (1939). Zürich 1981.
Ders.: Im Innern des Wals. Erzählungen und Essays (1939). Zürich 1975.
Ders.: Farm der Tiere (1945). Zürich 1982.
Ders.: Neunzehnhundertvierundachtzig – Roman (1949). Zürich 1980.
Ders.: Rache ist sauer. Essays. Zürich 1975.
Papst, Manfred (Hrsg.): Über George Orwell. Zürich 1984.
Schröder, Hans-Christoph: George Orwell – Eine intellektuelle Biographie. München 1988.
Senn, Fritz (Hrsg.): Denken mit Orwell. Zürich 1982.
Shelden, Michael: George Orwell – Eine Biographie. Zürich 1993.
Strich, Christian (Hrsg.): Die besten Geschichten von George Orwell. Zürich 1984.
Woodcock, George: Der Hellseher – George Orwells Werk und Wirken. Zürich 1985.

Arnold Toynbee – Universalgeschichte nach O. Spengler

Was der Mensch ist – so war Wilhelm Diltheys Überzeugung – erfährt er nur aus der Geschichte. Nicht die Medizin oder die Psychologie (letztere gab es zu den Zeiten Wilhelm Diltheys erst in Ansätzen), nicht die Literatur oder die anderen Künste und schon gar nicht die Naturwissenschaften seien – so der ehemalige Berliner Philosoph – prädestiniert, uns die Frage nach dem Wesen des *Homo sapiens* zu beantworten. Vorrangig das Studium der individuellen und kollektiven Geschichte von Personen, Sozietäten und Epochen könne uns Aufschluß geben über die Eigentümlichkeiten, Qualitäten, Fähigkeiten und Potentialitäten der Gattung Mensch.

Nun hat es in den letzten Jahrtausenden nicht an Historikern und mehr oder minder wissenschaftlich orientierten Geschichtsschreibungen gefehlt, die zum Teil auf sehr divergente Art und Weise versuchten, den Lauf der politischen, kulturellen oder gesellschaftlichen Geschichte zu erfassen und zu beschreiben; Natur-, Technik-, Wissenschafts-, Kunst-, Philosophie- und Mentalitätsgeschichte sowie zuletzt auch die Geschichte der Historiographie selbst sind Resultate dieser Bemühungen. Doch trotz aller historiographischer Anläufe ist die Frage, wer oder was denn der Mensch sei, nicht abschließend und befriedigend geklärt.

Inzwischen haben sich deshalb auch viele andere Wissenschaften, die Künste sowie die Philosophie und Anthropologie in die Debatte um das Wesen des *Homo sapiens* eingeschaltet und Lösungsvorschläge dafür unterbreitet. Daneben kann man auch beobachten, daß und wie die Geschichtswissenschaften sich Unterstützung etwa bei Soziologen, Psychologen, Politologen, Ökonomen und Philosophen organisieren, um ihre eigenen Forschungsansätze zu intensivieren und auf ein noch höheres Niveau der Erkenntnis zu heben.

Bei aller Interdisziplinarität, die inzwischen auch im Bereich der Historiographie Einzug gehalten hat, kommen jedoch bestimmte Aspekte der gegenseitigen wissenschaftlichen Befruchtung immer noch zu kurz. So könnte man sich vorstellen, daß z.B. eine tiefenpsychologische und die weltanschaulichen Ausrichtungen berücksichtigende Untersuchung des Historikers selbst außerordentlich wertvolle Aufschlüsse über seine Art der Geschichtsschreibung und deren Ergebnisse liefern könnte. Anhand der Biographie und des Werks des englischen Historikers Arnold Toynbee soll diese These weiter verfolgt und untermauert werden.

Modelle der Historiographie und Geschichtsphilosophie. – Bevor wir jedoch auf die Person Arnold Toynbees und dessen historiographische Leistungen näher eingehen, wollen wir einen kurzen Überblick über die in den letzten Jahrtausenden entwickelten wichtigsten Formen der Geschichtsschreibung geben. Schon anhand dieser Skizze wird deutlich werden, wie sehr die konkreten „erzählten Geschichten" oder historischen Fakten von den ideologischen und charakterlichen Rahmenbedingungen sowie dem epochalen und lokalen Koordinatensystem abhängig sind, in welchen die einzelnen Historiker leben und forschen. Das „lebensweltliche Apriori" (Edmund Husserl), also die Stimmungen, biographischen Erlebnisse und persönlichen Verhältnisse des Geschichtswissenschaftlers, und die Ergebnisse seiner Forschungen hängen mehr voneinander ab, als den meisten Vertretern dieser Zunft bewußt ist.

Als Vater der Geschichtsschreibung gilt Herodot (484-424 v. Chr.), der zu den ethisch-narrativen Historiographen zählt; das bedeutet, daß er seine Geschichtsdarstellung unter einer moralischen und pädagogischen Zielsetzung begriff und dafür bestimmte Geschichten, Vorfälle und Ereignisse auswählte, um seine ethischen Anliegen zu demonstrieren. Herodot vertrat eine Weltanschauung und ein Lebensgefühl, wie es der griechischen Antike angemessen war. Für ihn existierten Gottheiten, deren Ratschlüssen gegenüber sich Menschen, Städte, Völker und Staaten gehorsam, frevelhaft, korrekt oder widerborstig verhalten konnten; Schuld und Sühne, unabänderliches und unbegreifliches Schicksal sowie das Dämonische sind deshalb Kategorien, die in Herodots Historiographie eine zentrale Rolle spielen.

Die Geschichtsschreibung Herodots mit ihren narrativen, mythologisch-religiösen und ethisch-wertenden Elementen kannte in Thukydides (ca. 455-400 v. Chr.) und dessen Auffassung von Geschichte ein ernst zu nehmendes Konkurrenz-Modell. Das Ziel seiner Geschichtsschreibung lag in der Mitteilung gesicherter Kenntnisse des Geschehenen, die es dem Leser ermöglichen sollen, das Zukünftige, das dem Vergangenen hinsichtlich seiner Struktur ähnelt, besser einschätzen und daher treffsicherere politische Prognosen abgeben zu können. Vor allem wollte Thukydides die historisch wirksamen Kräfte namhaft machen; aus diesem Grunde bezeichnet man seine Geschichtsschreibung auch als rationalistisch und religionsfern.

Einige Jahrhunderte später machte sich Augustinus (354-430) als Historiker mit seinem voluminösen weltgeschichtlichen Werk *De civitate Dei* (Über den Gottesstaat) einen Namen, in dem er sowohl die Kräfte und Wirkfaktoren als auch die Ziele der menschlichen Geschichte ins Göttliche und Transzendente verlagerte. Die Menschheitsgeschichte besteht ihm zufolge aus der Auseinandersetzung zweier Reiche, des Weltreiches – vom Kirchenvater auch als *civitas terrena* oder *diaboli* (also als irdischer oder teuflischer Staat) bezeichnet – und des Gottesreiches, der *civitas Dei*. Alle politischen und säkularen Ereignisse werden demnach als Resultat des Kampfes zwischen dem Prinzip des Glaubens und demjenigen des Unglaubens interpretiert, und die Weltgeschichte ist für Augustinus in das christliche Heilsgeschehen eingebettet.

Es dauerte beinahe 1500 Jahre, bis nach Augustinus unter dem Titel *Grundzüge einer neuen Wissenschaft über die Natur der Völker* Giovanni Battista Vico (1668-1744) im Jahre 1725 einen großartigen Entwurf einer andersartigen Universalgeschichte publizierte, der aufgrund seiner späteren Wirkung auch ganz lapidar als *Szienza Nuova* (Neue Wissenschaft) bezeichnet wird. Neu an dieser Wissenschaft war vor allem, daß nicht die Mathematik oder die Naturwissenschaften, sondern die Geschichtsschreibung als Methode von Vico gewählt wurde, um die Fragen nach dem Wesen des Menschen, seiner Herkunft und seinem Ziel zu beantworten.

Im 18. Jahrhundert begegnet uns in Voltaire ein Historiker, der die Weltgeschichte von der Vorstellung eines christlichen Heilsgeschehens mutig ganz und gar loskoppelte und sie damit als zutiefst weltimmanente Angelegenheit begriff. In seinem *Versuch über die Weltgeschichte, über die Sitten und den Geist der Völker von Karl dem Großen bis auf unsere Zeit* (1756), den Voltaire seiner Freundin Madame du Châtelet gewidmet hat, verglich der Philosoph die abendländisch-europäische Kultur und Geschichte mit derjenigen Chinas und anderer außereuropäischer Völker. Damit gelang ihm eine Relativierung der abendländischen Geschichte und parallel dazu auch der christlichen Heilslehre.

Voltaire war kritisch genug, auch weltliche Heilslehren in ihrer Ersatzfunktion für Religionen und sinnstiftende Institutionen überhaupt zu demaskieren. Mit dieser Haltung widerstand Voltaire der Versuchung, die „Gottheit Fortschritt" als eine die menschliche Historie universell ordnende und zentrierende Kraft zu akzeptieren. Er hatte den Mut, die *per se* sinnlose Zufälligkeit des Geschichtsverlaufs ebenso gelten zu lassen wie die desillusionierende Vorstellung, daß es kein besseres Morgen geben muß, auf das hin Historie und Entwicklung ausgerichtet sind.

Einen für die deutsche Aufklärung charakteristischen Geschichtsoptimismus legte Herder in seinen *Ideen zur Philosophie der Geschichte der Menschheit* (1784-91) an den Tag. Diese Schrift stellt eine Universalgeschichte dar, welche die gesamte Naturordnung mit einbezieht. Naturlehre, Anthropologie, Völker- und Länderkunde ergänzen sich in ihr und bilden einen universellen Entwicklungsprozeß, der – angefangen bei der anorganischen Materie über die Pflanzen und Tiere bis hin zum Menschen und seinen geistigen Schöpfungen – von einer gigantischen und allumfassenden Aufwärtsentwicklung Kunde gibt. Herder erkennt in der Menschheitsgeschichte einen Zuwachs an Humanität, wobei er besonders die seelische Harmonie und Glückseligkeit des einzelnen sowie dessen Persönlichkeitsentfaltung im Auge hat.

In einem analogen Sinne wie Herder argumentierte auch Friedrich Schiller, der sowohl als Dramatiker wie auch in seiner Funktion als Geschichtsprofessor in Jena das Wesen und den Gang der Geschichte mehrmals intensiv bedacht und dargestellt hat. In *Was heißt und zu welchem Ende studiert man Universalgeschichte?* reflektiert Schiller das Wirken, Denken und Urteilen der Historiker ebenso wie das Wesen der Geschichte selbst, wobei er zugibt, daß die Teleologie sowie die Sinn- und Zweckhaftigkeit der Geschichte zuallererst Konstrukte sind, die von den Forschern ihren Forschungsobjekten untergelegt werden; ob die Geschichte sich tatsächlich an diese Ziele und Zwecke hält und die Teleologie damit zu ihrem Wesen gehört, läßt Schiller offen.

Mit einem linearen und selbstverständlichen, auf die Weltgeschichte abzielenden Optimismus, wie er den Denkern der deutschen Aufklärung noch eigen war, räumte auf seine Weise der wichtigste Geschichts-Philosoph des beginnenden 19. Jahrhunderts, Georg Wilhelm Friedrich Hegel, gründlich auf. In seinen *Vorlesungen über die Philosophie der Geschichte*, die 1837 posthum veröffentlicht wurden, setzte er gegen den Fortschrittsglauben der Aufklärung den Gedanken der Dialektik, der zwar eine geschichtliche Entwicklung nicht ausschließt, diese aber als Resultat von sowohl Fort- als auch Untergang interpretiert.

Mit imposanter spekulativer Kraft gelang es Hegel, aus dem überreichen historischen Material, das er zitiert, seine Theorie und Dynamik der Geschichte abzuleiten. Er will erkannt haben, daß eine jede Historie im Grunde als „Fortschritt im Bewußtsein der Freiheit" verstanden werden kann. Da die Freiheit ein Wesenszug des Geistes sei, der letztlich über die Aktivitäten der Menschheit, über den objektiven Geist und den Weltgeist wieder zu sich selber (in Form des absoluten Geistes) kommen will, stelle die Weltgeschichte nichts anderes dar als den aufsteigenden Verlauf der Freiheits- und der Geistverwirklichung. Die geschichtlich Entscheidenden und Handelnden – Herrscher, Politiker oder Gruppen von Menschen – überblicken normalerweise nicht den Geschichtsprozeß, in den sie eingewoben sind. Sie wirken als Werkzeuge einer „List der Vernunft", die auf Steigerung und Verwirklichung ausgerichtet ist und die historischen Ereignisse dafür benutzt; der Zweck der Geschichte ist die Rückkehr des Geistes zu sich selbst. Damit freilich hat Hegel den Gedanken der Theodizee und der christlichen Eschatologie erneut ins Spiel gebracht, den sein französischer Vorläufer Voltaire bereits so beredt und überzeugend *ad absurdum* geführt hatte.

Die wichtigsten und folgenschwersten geschichtsphilosophischen Texte des Hegel-Schülers Karl Marx (1818-1883) waren das *Manifest der Kommunistischen Partei* (1848) und *Das Kapital* (1867f.). Ihm bedeutete der historische Prozeß eine Verknüpfung des Hegelschen Systems der Dialektik mit den sozialen und vor allem ökonomischen Strukturen einer Gesellschaft. Marx hatte erkannt, daß die ökonomischen Verhältnisse von Individuen oder Gruppen ganz wesentlich deren Freiheits- und Entfaltungsspielraum sowie deren seelische und geistige Befindlichkeit determinieren und beeinflussen. Wenn die ökonomischen Bedingungen über das Bewußtsein sowie die seelische Befindlichkeit von Menschen bestimmen, können diese ökonomischen Bedingungen als die entscheidenden historischen Determinanten gelten.

Nichts lag daher für Marx, dem soziale Gerechtigkeit und zwischenmenschlicher Fortschritt ungemein hohe Werte darstellten, näher, als über eine Beeinflussung dieser Determinanten den Versuch zu wagen, Geschichte zu machen. Das Ziel, auf das die Marxsche Geschichte hin ausgerichtet ist, besteht im Eudämonismus, also in der Entwicklung des Glücks aller Menschen. Marx beschreibt ein irdisches Reich Gottes, das anbrechen soll, sobald die kommunistische Revolution die Aufhebung des Privateigentums und damit auch die Abschaffung der Abhängigkeit und Entfremdung von Individuen realisiert hat.

Neben Karl Marx haben sich im 19. Jahrhundert noch weitere Philosophen und Historiker mit Fragen nach dem Wesen der Geschichte, der Historiographie und damit auch des Menschen auseinandergesetzt. Zu ihnen zählt etwa Jacob Burckhardt (1818-1897), der vorrangig als Kultur- und Kunsthistoriker bekannt wurde. Daneben hat der Basler Gelehrte in seinen *Weltgeschichtlichen Betrachtungen* (posthum 1905 publiziert) aber auch geschichtsphilosophische Überlegungen angestellt.

In diesem Buch vertrat Burckhardt im Gegensatz zu beinahe allen Philosophen und Historikern der Aufklärungszeit und im Kontrast zu Hegel und Marx einen dezidierten Geschichts-Pessimismus. Er warnt vor den verschiedenen Varianten des Fortschrittsglaubens, die in den jeweiligen Geschichtsphilosophien zwar in unterschiedlicher Form, aber immer nach dem gleichen Muster der christlichen Eschatologie enthalten sind.

Im Grunde seines Wesens war Burckhardt ein recht konservativer Mensch, dem die Kontinuität der Geschichte einen ziemlich hohen Wert und alle Umwälzungen und revolutionär-chaotischen Verwerfungen potentiell ein großes Übel bedeuteten. Dementsprechend verstand er Geschichtsschreibung als exquisite Verpflichtung, den Faden der Kontinuität weiterzuspinnen.

Welche dieser Geschichtsphilosophien, die wir mühelos um einige Stationen erweitern könnten (Friedrich Nietzsche, Wilhelm Dilthey, Johann Gustav Droysen, Friedrich Meinecke, Theodor Mommsen, Leopold von Ranke, Oswald Spengler) ist nun aber die „richtige“? Welche Perspektive soll und muß ein Historiker auf die Geschichte anwenden, um „Wahres“ ans Licht des Tages zu heben? Hat Geschichte ein Ziel, einen Sinn und eine Dynamik, welche sich erforschen und beschreiben lassen, oder handelt es sich bei ihr um das schlechterdings Kontingente, dem die Historiker quasi nachhinkend einen Sinn zuerkennen, weil sie sich und ihrem Publikum den Zustand der Sinnlosigkeit nicht zumuten wollen?

Dieser kurze Abriß über einige Historiker und Philosophen und deren Definition und Auffassung von Historie und Geschichtsschreibung mag genügen, um deutlich zu machen, wie überaus divergente Haltungen zur Geschichte und damit auch Resultate der historischen Forschung bestehen. Vor dem Hintergrund dieser Skizze sollen nun zunächst die Person und das Werk Arnold Toynbees dargestellt werden, um in einem abschließenden Teil den britischen Gelehrten kritisch zu würdigen und seine Beziehungen zu einigen eben erwähnten Positionen aufzuzeigen.

Biographisches zu Arnold Joseph Toynbee. – Wenn wir uns auf den folgenden Seiten der Biographie und anschließend auch dem Werk von Arnold Toynbee zuwenden, sollen die eben angestellten Überlegungen zur Person und zum Beruf des Historikers sowie zur Geschichtsphilosophie und Historiographie immer wieder berücksichtigt werden. In Toynbee nämlich begegnet uns ein Intellektueller und Historiker, an dem man wegen seiner eigentümlichen Mischung aus enorm weitverzweigtem Wissen, geschichtlicher Intuition und gleichzeitig starker Hinwendung zu religiösen Weltanschauungen überzeugend demonstrieren kann, wie ideologische Haltungen und charakterliche Ausrichtungen des Historikers auf die Darstellung und Interpretation von Geschichtsabläufen großen Einfluß nehmen.

Arnold Joseph Toynbee wurde am 14. April 1889 in London geboren. Seine Vorfahren und auch sein Vater waren relativ bekannte und erfolgreiche Ärzte; ein jung verstorbener Onkel Arnold Toynbees, der viel Engagement für die soziale Wohlfahrt an den Tag gelegt hatte und nach dem Arnold Joseph benannt worden war, wurde sogar in der *Toynbee Hall* im Londoner Eastend verewigt. Diese *Hall* ist zum Vorbild vieler Volksheime in der ganzen Welt geworden.

Toynbees Mutter galt als eine überaus tüchtige und kluge Frau, die in England als eine der ersten einen Doktortitel erworben hat. Sie soll es gewesen sein, die als Historikerin bei ihrem Sohn Arnold ein besonderes Interesse für das Studium der Geschichte geweckt und dessen Hinwendung zur Historiographie nachdrücklich unterstützt hat. Beide Elternteile waren in einem religiösen Weltbild verankert, und so kam es, daß der Knabe Arnold eine christliche Sozialisation erfuhr.

Die Kindheit Toynbees soll seinen eigenen Angaben zufolge recht paradiesisch gewesen und angenehm verlaufen sein. Um so größer mußte der Schock sich für den Jungen auswirken, als er im Alter von 10 Jahren von seinen Eltern mitgeteilt bekam, daß er in ein Internat nach Winchester geschickt werde, um dort eine fundierte Ausbildung zu erhalten. In der Tat erlebte Toynbee die Zeit im Internat als erniedrigend und demütigend, und das Datum für den Beginn eines jeden Trimesters, an dem die Ferien und damit die Zeit zu Hause endete, bedeutete für ihn soviel wie „der Hinrichtungstag für einen zum Tode verurteilten Gefangenen“.[1]

Obwohl Toynbee die Internatsjahre wegen des vorherrschenden Drills und der überwiegenden Gefühlskälte immer als belastend und emotional wenig förderlich bezeichnete, urteilte er später bezüglich des dort vermittelten Wissens anerkennend. Vor allem die antiken Sprachen Latein und Griechisch sowie die damit verknüpften Kulturen wurden dem jungen Schüler intensiv nahegebracht; Toynbee schätzte, daß etwa neunzig Prozent des Unterrichtsstoffes diesen Fächern gewidmet waren, und die verbliebenen zehn Prozent deckten Deutsch und Französisch, Mathematik und Physik sowie alle anderen Nebenfächer ab.

So sehr Toynbee innerlich auch gegen die Riten und Regeln des Internatslebens rebellierte, identifizierte er sich doch mit dem Lehrstoff; er galt als außergewöhnlich begabter und fleißiger Schüler, so daß es nicht erstaunlich war, daß er einige Stipendien einheimste. Mit Latein und Griechisch war er schließlich derart vertraut, daß er diese an sich toten Sprachen ziemlich fließend sprechen konnte und sogar lateinische und griechische Gedichte verfaßte.

Nach seiner Gymnasialzeit studierte der junge Toynbee – dem Vorbild und Rat der Mutter folgend – in Oxford Geschichte und Klassische Sprachen, was

[1] Toynbee, A.: Erlebnisse und Erfahrungen (1969), München 1970, S. 18.

ihm aufgrund seiner sehr gediegenen Ausbildung in Griechisch und Latein nicht sonderlich schwerfiel. „Im Sommer 1911" – so schrieb Toynbee in seiner autobiographischen Skizze als beinahe 80jähriger über sich selbst –, „hatte er fünfzehn Jahre Latein und zwölf Jahre Griechisch studiert gehabt; und diese traditionelle Erziehung hatte die heilsame Wirkung, die, denen sie zuteil wurde, gegen die Krankheit des kulturellen Chauvinismus immun zu machen."[2]

Wegen seiner hervorragenden Studienleistungen hatte das Balliol-College in Oxford den jungen Mann noch vor dem Abschlußexamen zum Tutor für alte Geschichte ernannt. Da seine Tutorenstelle erst im Herbst 1912 beginnen sollte, bot man Toynbee an, ihm in der Zwischenzeit (von Sommer 1911 an) einen Auslandsaufenthalt zu finanzieren, was auf dessen entschiedene Zustimmung stieß. Toynbee war sofort Feuer und Flamme und beschloß, das Jahr in Form einer ausgedehnten Exkursion durch Griechenland zu nutzen, um vor Ort seine klassisch-humanistische Bildung zu vervollkommnen und viele der Details, die er bis anhin nur aus der Literatur kannte, sehr direkt zu studieren.

Ähnlich wie Goethe auf seiner Italienischen Reise – die Toynbee in diesem Zusammenhang mehrmals zitiert –, erlebte der junge Historiker in Griechenland immer wieder starke Glücksempfindungen, wenn er Orte und Landschaften, über die er bis dahin nur gelesen hatte, nun tatsächlich vor sich sah und wiedererkannte:

> Zu den größten intellektuellen Freuden meines Lebens gehörte das aufgeregte Wiedererkennen, wenn mein Blick zum ersten Mal auf ein Stück der mir schon lange aus zweiter Hand vertrauten griechisch-römischen Landschaft fiel, die eine Fülle von historischen Assoziationen heraufbeschwor: Das ist es![3]

Den Arnold Toynbee der Jahre 1911/12 dürfen wir uns als einen jungen Mann vorstellen, der über enorm viel intellektuelles Wissen die Antike betreffend verfügte und dementsprechend entzückt war, wenn er auf alte Tempel oder andere Zeugnisse dieser längst vergangenen Epoche stieß, die seine Phantasie ziemlich beflügeln konnten und in ihm regelrechte Glücksgefühle auslösten. Später hat er die emotionalen Qualitäten dieser ersten Griechenlandreise sogar mit denjenigen seiner Kindheit verglichen.

Toynbee muß zu jener Zeit jedoch wie ein halber *Cephalopode* (Kopffüßler) durch die Welt gelaufen sein, der vor allem seinen Unterleib kaum spürte; zumindest tauchen in seinen autobiographischen Skizzen keine Andeutungen über Mädchen- oder Frauenbekanntschaften auf, von Zärtlichkeit und Sexualität ganz zu schweigen. Der angehende Historiker scheint in der Wendung hin zur Vergangenheit nicht nur die klassische Antike, sondern auch einen Teil seiner verlorenen Kindheit, der er lange nachgetrauert hatte, gesucht zu haben; die Beschäf-

[2] Toynbee, A.: Der Gang der Weltgeschichte. Zweiter Band, Kulturen im Übergang (1934-57), München 1970, S. 444.
[3] Toynbee, A.: Erlebnisse und Erfahrungen, a.a.O., S. 33.

tigung mit dem Gestern bewahrte ihn vor den kollektiven Themen und individuellen Aufgaben der Gegenwart und der allernächsten Zukunft.

Dazu paßt, daß Toynbee selber über sich geschrieben hat, wie sehr er aufgrund seiner rückwärtsgewandten Ausbildung viele Entwicklungen der damaligen Moderne „verschlafen“ und auch bezüglich der politischen Prozesse direkt vor dem Ersten Weltkrieg große Unbedarftheit an den Tag gelegt hat. Immerhin unternahm er seine Exkursionen in einem Gebiet, in dem damals schon heftige Truppenbewegungen zu beobachten waren und der Balkankrieg vor der Türe stand.

Ebenfalls entspricht es einer recht vergeistigten und dem eigenen Körper gegenüber etwas entfremdeten Art der Existenz, daß Toynbee sich, nachdem er in Griechenland an Ruhr erkrankt war, keine Erholung gönnte und unbeirrt an seinen Exkursionen festhielt, bis ihn die Krankheit beinahe ganz zu Boden warf. Immerhin – so betonte der Historiker in seiner Autobiographie – hat ihm die Ruhr, die bei ihm chronisch verlief, eine Teilnahme am Ersten Weltkrieg erspart, in dem so viele seiner Schulkameraden ihr Leben lassen mußten.

Der Ausbruch des Ersten Weltkrieges führte bei Toynbee, der inzwischen von seinen griechischen Wanderungen zurückgekehrt war und eine Tutoren- und später eine Fellow-Stelle am *Balliol College* in Oxford erhalten hatte, eigenen Angaben zufolge zu einem tiefen Verständnis von Thukydides und dessen Schrift *Der Peloponnesische Krieg*. Der antike Historiker wollte mit seiner Schilderung dieser kriegerischen Auseinandersetzung zwischen Spartha und Athen, die von 431 bis 404 vor Christus dauerte und die er selbst (zum Teil als athenischer Feldherr) miterlebte, den Krieg als „brutalen Lehrmeister“ demaskieren, welcher die verabscheuungswürdigsten und schlechtesten Eigenschaften und Fähigkeiten der Gattung Mensch sichtbar macht.

Die Gedanken des hellenischen Geschichtsschreibers evozierten bei Toynbee Empfindungen einer Verwandtschaft mit Thukydides über die Jahrtausende hinweg. Die persönliche wie auch historische Situation, in welcher der antike Historiker gelebt hatte, ebenso wie seine Beschreibung des Krieges wiesen Parallelen zu Toynbees damaligen Lebensumständen und zu den epochalen Ereignissen auf, so daß bei dem jungen englischen Studenten der Gedanke aufstieg, die beiden Daten 431 vor Christus und 1914 nach Christus seien „philosophisch gleichzeitig“.

Damit war bei Toynbee die Idee geboren, der Geschichtsverlauf respektive der Ablauf der Kultur- und Zivilisationsgeschichte, gehorche eventuell zyklischen Gesetzen, die sich in ihrer grundlegenden Dynamik in verschiedenen Epochen ähnlich oder gleichartig beobachten lassen. Diese Hypothese hat der britische Historiker in den folgenden Jahren weiter verfolgt; sie führte schließlich zur Ausarbeitung seines Hauptwerkes *A Study of History*, das er ab 1934 in insgesamt zwölf Bänden publizierte.

Doch noch befinden wir uns in den ersten beiden Jahrzehnten des 20. Jahrhunderts. Schon 1913, als 24jähriger, hatte Toynbee die Tochter Gilbert Murrays (1866-1957) geheiratet, der seinerzeit als Patriarch der Altphilologen in England und als humanistisch gesinnter Gelehrter galt. Die Ehe, aus der zwei Söhne stammten, hielt recht lange, wurde jedoch nach 33 Jahren geschieden. 1946 ging Toynbee eine zweite Ehe ein, und mit dieser Frau, einer Pfarrerstochter, lebte er bis an sein Lebensende zusammen.

Während des Ersten Weltkrieges fungierte Toynbee als zeitweiliges Mitglied des *Foreign Office*; in dieser Rolle nahm er 1919 als Nahostexperte an der Versailler Friedenskonferenz teil und sammelte dabei weltpolitische Erfahrungen, die ihm und seinem zukünftigen Werk außerordentlich zugute kamen. Unter anderem lernte er dabei persönlich Jan Christaan Smuts (1870-1950) kennen, einen südafrikanischen Politiker und Feldmarschall, der im Burenkrieg 1899-1902 die aufständischen Buren befehligte und danach für eine Aussöhnung mit Großbritannien eintrat. Auf der Versailler Konferenz vertrat Smuts sein Land, das 1916/17 in die Kampfhandlungen mit Deutsch-Südwest- sowie Deutsch-Ostafrika involviert gewesen war.

Ebenfalls 1919 erhielt Toynbee eine Dozentur für Byzantinistik und neugriechische Sprache, Literatur und Geschichte in London, die er fünf Jahre lang, bis 1924, innehatte. Die Zeit nutzte der frisch gebackene Professor, um sich neben seinen Lehrverpflichtungen selbst weiter zu bilden. So erlernte er damals die arabische Sprache, was ihm ermöglichte, später nicht nur im Nahen, sondern auch im Mittleren Osten historische Studien zu betreiben und sich als Experte für die Geschichte dieser Weltregion einen Namen zu machen.

Während der Jahre seiner Dozentur war Toynbee wissenschaftlich und literarisch recht produktiv. So veröffentlichte er 1924 zwei Schriften über die griechische Antike – *Greek Civilisation and Character* (Griechische Kultur und Charakter) sowie *Greek Historical Thought* (Gedanken zur griechischen Geschichte) –, auf welche die Fachwelt mit Zustimmung und Anerkennung reagierte. Das Forschungsfeld des jungen Historikers schien abgesteckt und definiert.

1925 wurde Toynbee mit der Leitung des *British Institute of International Affairs* betraut, einer Institution, die 1919 im Gefolge des Ersten Weltkrieges gegründet worden war und der er insgesamt dreißig Jahre lang bis 1955 als *Director of Studies* vorstand. In dieser Funktion entwickelte sich Toynbee zu einem überaus kundigen und gebildeten Politikwissenschaftler, der das internationale Geschehen mit Übersicht und Augenmaß registrierte und kommentierte. Parallel dazu unterrichtete er als Professor für internationale Geschichte.

Als *Director of Studies* hatte sich Toynbee die Pflicht auferlegt, jedes Jahr einen Band zu publizieren, in dem er die gesellschaftliche, soziale und politische Situation selbst der entferntesten Länder als leicht und gut verwertbare Information für die englische Außenpolitik darlegte. Seine Einschätzungen der Weltpolitik und des Zeitgeschehens wurden von vielen Politikern hoch bewertet; Toynbee wurde nach und nach zu einem wichtigen Ratgeber für Politiker aller Couleur, und es fügte sich daher nicht schlecht, daß das *British Institute of International Affairs* nur fünf Gehminuten vom *Foreign Office* entfernt liegt.

Weiter oben haben wir erwähnt, daß Toynbee beim Ausbruch des Ersten Weltkrieges sich an die Schriften von Thukydides erinnert fühlte und daraufhin erste Hypothesen bezüglich der Gesetzmäßigkeiten des Geschichtsverlaufes aufstellte. 1920 gesellte sich ein weiteres Literatur-Erlebnis zu diesen frühen Überlegungen: Toynbee las „mit dem Sprühfeuer geschichtlicher Erkenntnisse" Oswald Spenglers *Untergang des Abendlandes* (1918/22) und war, obwohl er in vielen Punkten mit Spengler nicht übereinstimmte, sofort fasziniert von dem Text. Vor allem der Gedanke, Geschichtsschreibung als Beobachtung des Werdens und Vergehens von Kulturen zu begreifen, leuchtete dem jungen britischen Historiker ein.

Spengler (1880-1936) hatte in seinem Hauptwerk die Kulturen als Organismen mit begrenzter Lebensdauer beschrieben, wobei er den mittleren Zeitraum ihres Überlebens auf tausend Jahre veranschlagte. Aus dem Vergleich mit der abgeschlossenen antiken Kultur errechnete Spengler die voraussichtliche Dauer der abendländischen Kultur, wobei er zu dem Schluß kommt, daß – da die abendländische Kultur bereits ins Stadium der Zivilisation eingetreten ist – ihr Untergang nicht mehr fern sein dürfte. Obwohl der philosophische Dilettantismus Spenglers unübersehbar war, erzielte er mit seinem *Untergang des Abendlandes* ein außerordentlich großes und weitverbreitetes Echo.

Ausgehend von den Anregungen, die ihm die Lektüre von Spenglers Geschichtsepos vermittelt hatte, entwarf Toynbee nun einen Plan für eine eigene Darstellung der Historie, welche viel gediegener und versierter das Werden und Vergehen von Kulturen untersuchen sollte. Der junge Wissenschaftler reiste oft und gerne nach Italien, Griechenland und in den nahen Osten, wo er an Ort und Stelle Studien betrieb. Bei einer dieser Expeditionen – so will es die Legende – skizzierte Toynbee im Orientexpreß zwischen Konstantinopel und Calais auf einem Briefumschlag die Grundzüge seines späteren Hauptwerkes *A Study of History.* Schon 1920 also stand dem damals knapp 30jährigen Historiker einigermaßen klar seine zukünftige Lebensaufgabe vor Augen, wobei er den Vorsatz, statt einer bloßen Ereignisgeschichte eine Geschichte der Kulturen und Zivilisationen zu verfassen, noch viel umfangreicher als Spengler und mit dem Anspruch auf Universalität realisieren wollte.

Von diesen frühen Ahnungen, Skizzen und Entwürfen bis zum Beginn der Realisierung dieser Pläne vergingen allerdings einige Jahre. 1934 – Toynbee war inzwischen 45 Jahre alt – erschienen die ersten drei Bände seiner Zivilisationsgeschichte, die er mit *A Study of History* benannt hatte; auf Deutsch erhielt dieses *Opus magnum* den Titel *Der Gang der Weltgeschichte*. Am Umfang der ersten Bände und aufgrund der Ankündigung weiterer voluminöser Folgebände konnte man schon erkennen, daß ihr Verfasser ein Riesenwerk zu schreiben beabsichtigte.

1939 folgten die nächsten drei Bände, die zusammen mit den ersten Publikationen insgesamt bereits eine Seitenzahl von 3500 beanspruchten. Damals mutmaßte Toynbee, daß er nur noch weitere drei Bände zu verfassen habe, dann sei er in der Jetztzeit angekommen. Inzwischen wissen wir, daß der Historiker diesbezüglich schamlos untertrieben hat; *A Study of History* hat es insgesamt auf ein Dutzend Bände mit über 6000 Seiten Umfang gebracht – ein Konvolut, das selbst von gutwilligen Lesern kaum bewältigt werden kann.

So nimmt es nicht Wunder, daß schon relativ bald, nachdem die ersten sechs Bände vorlagen, die Idee aufkam, eine kondensierte und gekürzte Fassung von *A Study of History* herauszubringen. Der englische Gymnasiallehrer D. C. Somervell widmete sich – in enger Kooperation mit Toynbee – aufopferungsvoll und geschickt zugleich diesem Unterfangen, und in den 30er wie auch 50er Jahren konnte man sich für wenig Geld eine „Volksausgabe" von Toynbees *A Study of History* zulegen. Der erste Teil, der die ursprünglichen Bände I-VI zusammenfaßte, wurde mit *Der Gang der Weltgeschichte – Aufstieg und Verfall der Kulturen* betitelt, und der zweite Teil, eine Zusammenfassung der Bände VII-X, trägt den Titel *Der Gang der Weltgeschichte – Kulturen im Übergang*.

Wie erfolgreich das Duo Toynbee/Somervell war, kann man daran ermessen, daß bald nach dem Erscheinen der ersten Kurzausgabe, die in den Vereinigten Staaten für fünf Dollar zu haben war, ca. 200.000 Exemplare verkauft und viele davon sogar gelesen wurden. Aufgrund des wirtschaftlichen Erfolges dieses Geschichtswerkes hieß es in den 60er Jahren in Großbritannien, England verfüge über zwei wichtige und munter sprudelnde Quellen für den Export: die *Beatles* und Toynbees *A Study of History*. Somervells Kurzfassung wurde zum Bestseller und machte Toynbee vor allem während und nach dem Zweiten Weltkrieg zu einem der bekanntesten Gelehrten des ganzen Globus, dessen Schriften in ca. zwanzig Weltsprachen übersetzt und insbesondere im anglo-amerikanischen Raum zum Teil begeistert rezipiert wurden.

Während des Zweiten Weltkrieges engagierte sich Toynbee – ähnlich wie schon im Ersten Weltkrieg – neuerlich als Mitarbeiter des *Foreign Office*, und nachdem der grausige Waffengang an sein Ende gelangt war, übernahm der Historiker – analog zu seiner Rolle 1919 – wieder eine Expertenfunktion bei den Friedensverhandlungen. Auch in dieser Situation erwies sich Toynbee als „Internationalist" – eine Bezeichnung, die der spanische Kulturanalytiker und Philosoph Ortega y Gasset in seinem Buch *Eine Interpretation der Weltgeschichte – Rund um Toynbee* (München 1964) für den britischen Historiker verwendet hat – und überzeugter Pazifist, der einerseits die Ideen Immanuel Kants zum „ewigen Frieden" kannte und hochschätzte und andererseits Realist genug war, die Gefahren und Risiken für kriegerische Auseinandersetzungen genau einzustufen.

Die Wahl von Paris als Ort der Friedensverhandlungen sowie seine eigene Teilnahme als Experte und Beobachter ließen in Toynbee, der im Grunde seines Wesens von der Linearität der historischen Entwicklung überzeugt war, Ideen bezüglich eines zyklischen Geschichtsverlaufs hochsteigen. Die Ähnlichkeiten zwischen den beiden Weltkriegen und den daran anschließenden politischen, gesellschaftlichen und wirtschaftlichen „Aufräumarbeiten" waren derart frappant, daß Toynbee eine Weile geneigt war, den fernöstlichen oder auch antiken Vorstellungen von der „ewigen Wiederkehr des Gleichen" Glauben zu schenken.

Nach dem „großen Schlachten" der Jahre 1939-45 wandte sich Toynbee wieder seinem Hauptwerk zu und trieb seine Universal- und Zivilisationsgeschichte weiter voran. Unterstützung erfuhr er dabei unter anderem auch von der *Rockefeller Foundation*, was die große Resonanz, welche Toynbee in den USA ausgelöst hatte, widerspiegelte. 1954 konnte er die Bände VII bis X einer Öffentlichkeit präsentieren, die partiell überrascht war von dem ungewohnten Zungenschlag, den Toynbee in den neuen Abschnitten seiner Geschichtsdarstellung antönen ließ. Divergent zu den ersten Bänden schoben sich nun nämlich Fragen der Religion und der Eschatologie in den Vordergrund.

Trotz dieser Einschränkungen konnten sich zumindest die Leser in Europa und Nordamerika über die Aussichten erfreuen, die Toynbee für die abendländischen Kultur formulierte: Nicht der Untergang (wie bei Spengler), sondern die Entwicklung hin zu einer sozialen und kulturellen Harmonie (auf dem Boden einer fusionierten Religion aus Christentum und Buddhismus) stünde der westlichen Zivilisation als Zukunft eventuell bevor.

Trotz – und zum Teil auch wegen – dieses Schwenks hin zu einer religiös und teleologisch inspirierten Geschichtsinterpretation blieb Toynbee für viele Menschen eine Art Weltweiser, dem man – ähnlich wie Albert Schweitzer oder Albert Einstein – zutraute, die großen und komplexen Fragen und Probleme der zweiten Hälfte des 20. Jahrhunderts lösen zu helfen. Der inzwischen 65jährige Gelehrte tat das Seinige dazu, an diesem Nimbus zu bauen und nach und nach tatsächlich in die Funktion eines halben Orakel zu schlüpfen.

Schon 1946 hatte Toynbee Bücher wie *Christianity and Civilization* (Christentum und Kultur) und 1948 *Civilization on Trial* (Die Kultur am Scheideweg) veröffentlicht, in denen er auf die potentiell destruktiven Prozesse des Geschichtsverlaufes im 20. Jahrhundert hinwies. In den 50er und 60er Jahren publizierte er eine Reihe von Abhandlungen etwa über *Krieg und Kultur* (1950), Religion (*Wie stehen wir zur Religion*, 1956), *Die Zukunft des Westens* (1961), *Die Zukunft überleben* (1971) und weitere Themen der Historiographie und Kulturanalyse, die teilweise als Ausschnitte aus seinem Mammutwerk *A Study of History* entstanden waren und in denen der Forscher eindringlich auf die Gefahren hinwies, die aus der Diskrepanz zwischen technischem Fortschritt – am sinnfälligsten in der Atombombe verkörpert – und ethisch-moralischem Stillstand oder Rückschritt der Menschheit erwachsen. Außerdem reiste Toynbee rund um den Erdball und hielt viele Vorträge, in denen er sich als Pazifist und Humanist, aber auch als religiöser Denker zu erkennen gab.

So hielt er etwa in den Jahren 1952 und 1953 an der Universität Edinburgh die sogenannten *Gifford Lectures* ab, in denen er seine Haltung zum Universum und seinen Standpunkt zur Religion ausführlich erläuterte. Die zentrale Aussage dieser *Lectures* bestand darin, daß Toynbee große Hoffnungen auf die Entwicklung einer umfassenden, die bestehenden Glaubensrichtungen integrierenden Weltreligion hegte, welche von allen Menschen akzeptiert würde und sich als ausgleichende und zum Frieden führende Macht etablieren könne.

Egal aber, zu welchem Thema Toynbee in Wort und Schrift Stellung bezog – immer war bei ihm die Tendenz spürbar, eine einseitige oder eurozentristische Sicht von gesellschaftlichen oder historischen Fragen und Problemen zu vermeiden und statt dessen einen möglichst den Globus umspannenden Universalismus zur Geltung zu bringen. In diesem Sinne kann auch seine Antwort verstanden werden, die er einmal einem kritischen Landsmann gab, der festgestellt hatte, daß im Registerband von *A Study of History* der Artikel „England" nur ein Sechstel des Raumes von „Ägypten" einnimmt. Toynbees Replik lautete: „Nur daß ich ein Engländer bin, kann diesen Exzeß erklären ... Die richtige Proportion wäre ein Sechzigstel gewesen!"[4]

Bis ins hohe Alter hinein – Toynbee starb 1975 in New York – blieb der Historiker geistig aktiv und veranstaltete Treffen mit anderen Forschern und Gelehrten, um mit ihnen den interdisziplinären Diskurs zu pflegen und seinen universellen Interessen Ausdruck zu verleihen. Ein beredtes Zeugnis eines derartigen Dialogs, der nicht nur die Grenzen der Wissenschaften, sondern auch der Weltanschauungen und jeweiligen Sozialisationen hinter sich lassen und einen Brükkenschlag zu fremden Formen des Denkens und Fühlens ermöglichen sollte, legte Toynbee in seinem „Streitgespräch" mit dem japanischen Denker Daisaku Ikeda ab, das ein Jahr nach dem Tode des britischen Geschichtswissenschaftlers als Buch unter dem Titel *The Toynbee-Ikeda Dialogue* (Oxford 1976) publiziert wurde; in Deutsch erschien diese Publikation sechs Jahre später unter der Überschrift *Wähle das Leben! Ein Dialog* (Düsseldorf 1982).

Dieses Gespräch zwischen dem englischen Historiker und dem japanischen Religionsführer, das in London über mehrere Tage geführt und aufgezeichnet wurde, verdeutlicht recht plastisch die ideologischen und wissenschaftlichen Positionen Toynbees (und Ikedas). Der erstere hatte schon lange Zeit davon geträumt, daß eine Art „Superreligion" aus der Fusion von Christentum und Buddhismus entstehen könnte, auf die hin der Geschichtsverlauf und die Entwicklung von Zivilisation und Kultur gerichtet sein sollte. Dieser Religion der Zukunft gestand Toynbee pantheistische Qualitäten zu, und von einer solchen Religion erhoffte er sich, daß sie den Status des „ewigen Friedens" für die Menschheit herbeizuführen helfe – ein Friede, der sich zwischen den Völkern und Individuen, aber auch zwischen den Menschen und der Natur etablieren sollte:

> Die monotheistischen Religionen haben das göttliche Element des Weltalls in einem einzigen, allmächtigen Schöpfergott außerhalb der Welt konzentriert, und diese Einschränkung hat die Natur – einschließlich der menschlichen – des Göttlichen beraubt. In Indien und Ostasien hingegen waren vor dem Eindringen des modernen Westens das ganze Universum und alles darin göttlich, der Mensch und die nichtmenschliche Natur eingeschlossen, und besaßen daher in den Augen der Menschen eine Heiligkeit und Würde, die sie davon abhielten, ihrer Habgier zu frönen und der nichtmenschlichen Natur Gewalt anzutun. In dieser pantheistischen Anschauung des Ostens ist das Universum vom Göttlichen durchtränkt.[5]

[4] Toynbee, A.: A Study of History (1943-61), Band XII, S. 630.
[5] Toynbee, A. und Ikeda, D.: Wähle das Leben! Ein Dialog (1976), Düsseldorf 1982, S. 363.

Neben vielfältigen Vorträgen und Referaten sowie kleineren Beiträgen zu Fragen der Kultur- und Zeitgeschichte beschäftigte sich Toynbee in den letzten Jahren seines Lebens aber auch noch mit der Ausarbeitung eines großen zusammenhängenden Textes, der in geraffter und dennoch luzider Form eine nochmalige und „endgültige" Universalgeschichte der großen Zivilisationen bieten sollte. Anhand dieses Manuskripts, das schließlich posthum 1976 unter dem Titel *Menschheit und Mutter Erde* veröffentlicht wurde, wollte Toynbee auf die aus seiner Sicht existentiell bewegenden Fragen des 20. Jahrhunderts – Selbstzerstörung, Rohstoffmangel, Umweltvernichtung, Armut und Elend, Diskrepanzen zwischen technischem Fortschritt und moralisch-politischer Unreife der Menschheit – Antworten formulieren und sie damit einordnen und zumindest teilweise lösen.

Das Buch, dem viele Kenner des Historikers mit Spannung und hohen Erwartungen entgegengesehen hatten, wurde jedoch nur partiell zum krönenden Schlußstein des imposanten Lebenswerkes Arnold Joseph Toynbees. Zwar gelang es ihm darin überzeugend, die großen Gedanken von *A Study of History* fortzuführen und zu erweitern; man vermißte aber zu Recht eine adäquate Darstellung etwa der Sozial- und Wirtschaftsgeschichte und damit den Brückenschlag zu einer von linkshegelianischer Tradition geprägten Historiographie. Toynbee erwies sich auch in *Menschheit und Mutter Erde* als überaus gebildeter Altphilologe und altertumskundiger Wissenschaftler, dem jedoch die sozialhistorische Perspektive zeitlebens fehlte, und der außerdem zu religiösen Metaphern Zuflucht suchte, wenn es darum ging, Entwürfe oder auch Utopien für eine Menschheit der Zukunft zu skizzieren.

In *Menschheit und Mutter Erde* griff Toynbee in seinen Versuchen einer geschichtlichen und evolutionären Einordnung des Weltgeschehens unter anderem auf den französischen Jesuiten und Philosophen Pierre Teilhard de Chardin (1881-1955) zurück, der in einer ganzen Reihe von Büchern eine Philosophie der universalen Evolution entworfen hatte, welche die Forschungsergebnisse Darwins mit den kirchlichen Dogmen bezüglich der Schöpfungsgeschichte versöhnen wollte.

Teilhard de Chardin interpretierte den Prozeß der Evolution nicht materialistisch, sondern spiritualistisch; für ihn bestand eine Kontinuität von Natur und Kultur, von Biosphäre und Noosphäre, die er in einer großen Synthese zusammengeschlossen sehen wollte. Im Sinne des Theismus vertrat der französische Jesuit eine Theorie des Aufstiegs von der Schöpfung über den Menschen bis hin zu Gott, wobei er die Entwicklung vom Kosmos bis zur menschlichen Personalität zu beschreiben versuchte.

In *Menschheit und Mutter Erde* untersuchte Toynbee vorrangig das Schicksal der Biosphäre, wobei er wegen der potentiellen Destruktivität, welche die Menschheit während der letzten Jahrhunderte zunehmend an den Tag legte, einen ernsten und warnenden Ton bezüglich der Zukunft der Biosphäre anschlug:

> Die Zukunft ist dunkel, ihre Möglichkeiten sind unendlich, und deshalb kann sie nicht aus der Vergangenheit extrapoliert werden ... Es gibt keinen Präzedenzfall für

> die Macht, die der Mensch in den letzten zweihundert Jahren über die Biosphäre erlangt hat. Unter diesen verwirrenden Umständen kann nur eine Voraussage mit Gewißheit gemacht werden: Der Mensch, das Kind der Mutter Erde, würde das Verbrechen des Muttermordes nicht überleben.[6]

Im Alter hat Toynbee neben vielfältigen Auszeichnungen und Würdigungen auch Kritiken seiner Arbeiten und Attacken auf seine Person zu gewärtigen gehabt. Manche Historiker, die auf Spezialthemen ausgerichtet waren, bemängelten an ihrem berühmten Kollegen, daß er zwar die großen Zusammenhänge faszinierend zu gestalten wisse, im Detail jedoch so manche Fehlleistung begehe. Einige Jahre lang galt es sogar als akademischer Sport, dem „großen AJT“ in der einen oder anderen Frage Inkorrektheiten oder Mißinterpretationen nachzuweisen – ein Sport, dem vor allem junge und ehrgeizige Doktoranden der Geschichtswissenschaften frönten.

Gewichtiger scheint jedoch die Kritik an den weltanschaulichen Perspektiven, mit denen Toynbee die Geschichte sah und beurteilte. So hat etwa Simone de Beauvoir in einem Essay aus dem Jahre 1955 mit dem Titel *Rechtes Denken heute*, den sie in *Les Temps Modernes* veröffentlichte, den britischen Historiker als beinahe typischen Vertreter einer „rechten“ – sprich konservativen und teilweise statischen – Denkrichtung charakterisiert. Vor allem Toynbees fehlendes Engagement für gesellschaftlich Benachteiligte und soziale Randgruppen erweckte die heftige Kritik der französischen Intellektuellen.

Ähnlich entschieden fiel die kritische Arbeit Ortega Y Gassets über Toynbee aus. Der spanische Kulturanalytiker und Philosoph nahm Toynbees *A Study of History* – von der er einmal klagte, wie ungemein viel Lebenszeit es ihn gekostet hätte, sie ganz zu lesen – als Vorlage für eine eigene, allerdings merklich dünnere *Interpretation der Weltgeschichte*. Auch Ortega weist Toynbee Schwächen in Details und darüber hinaus aber auch in seiner Einstellung zum Geschichtsverlauf insgesamt nach, anerkennt gleichzeitig jedoch viele Leistungen des britischen Historikers und fällt schließlich ein kritisch-ausgewogenes Urteil über ihn, das den Meriten des britischen Historikers gerecht wird, ohne seine Defizite zu verschweigen.

A Study of History. – Was aber sind nun die Vorzüge und Hauptideen der Toynbeeschen Geschichtsschreibung, und wo haben de Beauvoir, Ortega und andere Kritiker Recht behalten? Im folgenden werden wir genauer auf das Hauptwerk des britischen Gelehrten respektive auf die von Somervell besorgte „Kurzfassung“ – die immerhin noch über knapp 1250 Druckseiten verfügt – eingehen und deren Aufbau und wesentliche Aussagen referieren. In einem zweiten Schritt sollen die Toynbeeschen Gedanken dann einer kritischen Würdigung unterzogen und seine Leistung vor der eingangs in Ansätzen skizzierten Tradition der abendländischen Geschichtsschreibung eingeordnet werden.

[6] Toynbee, A.: Menschheit und Mutter Erde (1976), Berlin 1998, S. 580f.

Weiter oben haben wir bereits erwähnt, daß Toynbees Hauptwerk insgesamt weit über 6000 Seiten Text umfaßt; wir beziehen uns aber – da dieses Konvolut nur von wenigen Ausnahmemenschen wie etwa Ortega Y Gasset eingehend studiert werden kann – im folgenden auf die „Kurzfassung" Somervells, die von Toynbee autorisiert wurde und von vielen Historikern verwendet wird, wenn sie eine kritische Einordnung von *A Study of History* vornehmen.

Schon allein das Inhaltsverzeichnis respektive die Architektonik dieser Universalgeschichte ruft beim Leser allerhöchsten Respekt hervor. Toynbee hatte sich vorgenommen, die Entstehung, das Wachstum, die Blüte sowie den Untergang von Kulturen zu beschreiben, um eventuelle Rhythmen und Gesetzmäßigkeiten, die dem Geschichtsverlauf zugrunde liegen könnten, aufzuspüren. Dazu versah er sein *Opus magnum* mit insgesamt 13 großen Abschnitten, von denen fast ein jeder einen eigenen Band von *A Study of History* ausmacht. In der Somervellschen Kurzfassung sind jedem dieser Abschnitte circa 100 bis 150 Seiten gewidmet.

Die einzelnen Themenschwerpunkte lauten: Die Entstehung der Kulturen; das Wachstum der Kulturen; der Niederbruch der Kulturen; der Zerfall der Kulturen; Universalstaaten; Universalkirchen; Heldenzeitalter; Berührungen zwischen Kulturen im Raum; Berührungen zwischen Kulturen in der Zeit; Gesetz und Freiheit in der Geschichte; die Aussichten der abendländischen Kultur; Beschluß. Wie man an diesen Überschriften schon erkennen kann, war Toynbee kein intellektueller Kleinkrämer, sondern ein Forscher, der mit großer Münze rechnen wollte, und dem eine ganzheitliche, die Einzelfakten transzendierende und damit auf Strukturen ausgerichtete Betrachtungsweise wichtig war.

Diese Form der wissenschaftlichen Vorgehensweise Toynbees hatte mehrere Väter. Zum einen bezeichnete der Historiker diesbezüglich die Renaissance und den Humanismus als eine kulturelle Epoche, die einer holistischen Erfassung und Abbildung der Wirklichkeit einen großen Wert zuerkannte. Mit einigen Vertretern dieser Epoche – etwa mit Giovanni Battista Vico und seiner Art der Historiographie – hat sich Toynbee zeitlebens identifiziert; ihrer Methode einer universalen Schau von Geschichte und anderen komplexen Phänomenen verdankte er viel.

Zum anderen erwähnte Toynbee auch den philosophisch angehauchten Politiker und General Jan Smuts, der mit seiner Schrift *Holism and Evolution* und der darin vertretenen Aufforderung, die Welt und ihre Fragen in einem komplexen und ganzheitlichen Sinne zu begreifen und zu bearbeiten, beim englischen Geschichtswissenschaftler teilweise begeisterte Zustimmung evozierte. In seiner Autobiographie verwies Toynbee deshalb auch auf Smuts als wichtige Inspirationsquelle und berichtete über eine regelrecht „geistige Erregung", als er zum ersten Mal in dessen Schriften auf Thesen traf, die seine eigene holistische Position und Intention unterstrichen.

Ausgehend von seiner Idee einer holistischen Betrachtung und Beschreibung der menschlichen Geschichte ging Toynbee nun daran, seine *Study of History* zu verfassen. Dabei wurde ihm recht bald klar, daß er angesichts seines Anspruches einer ganzheitlichen Vorgehensweise keine Historiographie bloßer Ereignisse und auch keine Geschichte der Nationalstaaten anfertigen konnte; die kleinste sinnvolle Einheit, die man nach Toynbee untersuchen sollte, ist vielmehr die einer „Zivilisation", wobei er mit diesem Begriff dasselbe meinte wie mit dem Terminus der Kultur. Träger und Gestalter der diversen Kulturen sind die von ihm so genannten Gesellschaftskörper, die bei der Erforschung von Zivilisationen daher ebenfalls von primärem Interesse sind:

> Ist die Beweisführung dieses Kapitels schlüssig, so ist die in sich verständliche Einheit für die historische Forschung weder ein Nationalstaat noch (am anderen Ende der Skala) die Menschheit als Ganzes, sondern eine gewisse Gruppierung von Menschen, die wir einen Gesellschaftskörper genannt haben.[7]

Toynbee beschreibt insgesamt 21 solcher Gesellschaftskörper oder Kulturen – meistens verwendet er die beiden Begriffe synonym –, wobei er lebende Kulturen von „Fossilien" sowie von untergegangenen Kulturen unterscheidet. Die fünf zur Zeit bestehenden Kulturen, die Toynbee benennt, stammen von den untergegangenen ab; sie weisen ein „Eltern-Kind-Verhältnis" zueinander auf. Für den Generationswechsel von einer Kultur zur nächsten macht der britische Gelehrte drei Merkmale geltend, die ubiquitär zu beobachten seien:

> So bezeichnen drei Faktoren den Übergang vom alten zum neuen Gesellschaftskörper: ein Universalstaat als der Endschauplatz des alten Gesellschaftskörpers; eine Kirche, die sich noch selbst im alten Gesellschaftskörper entwickelte und dann ihrerseits die Entwicklung des neuen übernahm; und endlich der chaotische Einbruch eines barbarischen heroischen Zeitalters. Von diesen drei Faktoren ist der zweite am meisten und der dritte am wenigsten bedeutsam.[8]

Neben dem christlich-abendländischen Gesellschaftskörper zählt Toynbee noch weitere vier Kulturen auf, die ihm als lebendig imponieren: die christlich-orthodoxe, die islamische (Iran, Arabien und naher Osten), die indische (Hinduismus) und die chinesische (Buddhismus). Neben diesen fünf Gesellschaftskörpern erwähnt er noch die beiden „Fossilien" der Juden und Parsen, die ihre Kulturen im nahen Osten in etwa so beibehalten haben, wie sie vor dem Eindringen der hellenischen Kultur in den dortigen Raum bestanden.

Alle diese Kulturen stammen von „elterlichen Gesellschaftskörpern" ab, die Toynbee ebenfalls namhaft macht und von denen er nachweist, inwiefern sie die Merkmale eines Universalstaates, einer Kirche und eines chaotischen Einbruchs eines barbarischen Zeitalters an sich trugen, bevor sie untergingen und aus ihnen neue Kulturen entsprangen. Als Beispiele solcher untergegangener Gesellschaftskörper zählt der Historiker etwa die hellenische, minoische, sumerische, hettitische, babylonische und ägyptische Kultur auf. Des weiteren erwähnt er diesbezüglich die Gesellschaftskörper der Anden, der Yukatan, der Mexikaner und der Maya und betont, daß bei seiner Unterteilung noch weitere Aufspaltungen – et-

[7] Toynbee, A.: Der Gang der Weltgeschichte, Band 1, München 1970, S. 46.
[8] Toynbee, A.: Der Gang der Weltgeschichte, a.a.O., S. 50.

wa des christlich-orthodoxen Gesellschaftskörpers in einen byzantinisch-orthodoxen und einen russisch-orthodoxen sowie des fernöstlichen in einen neuchinesischen und einen koreanisch-japanischen – sinnvoll und möglich sind, so daß in *A Study of History* schließlich 21 verschiedene Gesellschaftskörper abgehandelt werden.

Damit sind nun aber nicht all jene „primitiven Gesellschaftskörper" gemeint, die im Laufe der Menschheitsgeschichte viele hundert Male für kurze Zeit und nur wenige Individuen betreffend aufflackerten und dann – ohne eine eigene Kultur auszuprägen – wieder verschwunden sind. Solche primitiven Gesellschaften existieren wahrscheinlich seit über hunderttausend Jahren, während Kulturen erst seit etwa 6000 Jahren in Erscheinung getreten sind. Die ersteren – so Toynbee – befanden oder befinden sich immer noch in einem statischen Zustand der Ruhe, wohingegen die letzteren Dynamik und Bewegung – und somit die Voraussetzung für einen geschichtlichen Prozeß – aufweisen. Primitive Gesellschaftskörper sollten daher von der Anthropologie, Kulturen jedoch von der Geschichtswissenschaft erforscht und untersucht werden.

Statik respektive Dynamik machen sich besonders hinsichtlich der Mimesis innerhalb des Gesellschaftskörpers bemerkbar. Bei primitiven Gesellschaften richtet sich jegliche Mimesis – also Nachahmung – auf die Vergangenheit aus und findet in ihr einen Begründungszusammenhang; die Mitglieder solcher Sozietäten verhalten sich so, wie es von jeher Sitte, Brauch und Tradition war. Eine Kultur jedoch zeichnet sich dadurch aus, daß die mimetischen Aktivitäten schöpferischen Persönlichkeiten gelten; die Masse eifert einer verändernden und progressiven Elite nach und hält damit den Gesellschaftskörper in Bewegung und im Wachstum.

Bezüglich der treibenden Kraft historischer Entwicklungen nimmt Toynbee Anleihen bei dem französischen Philosophen Henri Bergson und dessen Konzept vom *élan vital*, von der Lebensschwungkraft. Diese sorge nicht nur für die Entstehung des Lebens und der Artenvielfalt, sondern auch für die Entwicklung des Menschen, seines Bewußtseins und letztlich auch seiner Kultur. Im Alter hat Toynbee in seinem Buch *Menschheit und Mutter Erde* (1976) dieses metaphysische Konzept Bergsons mit den religiös inspirierten Vorstellungen Teilhard de Chardins fusioniert und den (angeblich von Gott her rührenden) *élan vital* als verursachendes Prinzip sowohl für die Bio- als auch die Noosphäre bezeichnet.

Wie aber kann man sich nun den Übergang von einer primitiven Gesellschaft in eine Kultur genauer vorstellen? Toynbee verwirft die oft zitierten Antworten auf diese Frage, es könne eventuell in der genetischen Ausstattung des Menschen (Rasse) oder in den Klimaeinflüssen, denen er ausgesetzt ist, ein Faktor gefunden werden, welcher verständlich werden läßt, wann und warum eine kulturelle Entwicklung in einem Volk oder in einer Gesellschaft zu beobachten ist. Statt dessen formulierte er eine Formel für die kulturelle Initialzündung, die inzwischen außerordentlich bekannt geworden ist: *challenge and response* (Herausforderung und Antwort/Lösungsversuch).

Toynbee betonte, daß die – meist von der Natur hervorgebrachten – Veränderungen und Herausforderungen einerseits und die von den Betroffenen daraufhin ausgedachten Reaktionen andererseits einen Zustand bzw. eine Dynamik entfalten, worin eventuell Kulturen entstehen können. Beides zusammen erst, *challenge and response*, ergibt womöglich die Voraussetzung für eine kulturelle Entwicklung. Dies verdeutlichte er an diversen Beispielen.

So kann etwa die Entstehung der ägyptischen Kultur ungefähr 4000 v. Chr. als Antwort auf die Austrocknung Afrasiens interpretiert werden, welche die Bewohner dazu zwang, ihre angestammte Heimat zu verlassen und sich beispielsweise im Nil-Delta niederzulassen. Die dortigen neuen Lebensumstände – z.B. die jahreszeitliche Kälte des Nordens – aber erforderten andersartige Formen des Ackerbaus, der Viehzucht, der Architektur und der rituellen Gestaltung der Existenz, so daß sich schließlich neue kulturelle Gepflogenheiten ausgebildet haben.

Die Verlagerung der Wohnstätte ins Nil-Delta war damals jedoch nicht die einzig mögliche Antwort auf die veränderten klimatischen Bedingungen. Manche der betroffenen Stämme verharrten an ihrem gewohnten Platz, und wieder andere entwickelten sich zu Nomaden. Auch deren Schicksal hat Toynbee bedacht und in sein Schema von *challenge and response* eingeordnet:

> Im Endergebnis zahlten die, die weder ihre Wohnstätte noch ihre Lebensweise änderten, für ihr Versagen, auf die Herausforderung der Austrocknung zu antworten, mit ihrem Untergang. Diejenigen, die einen Wechsel der Wohnstätte dadurch vermieden, daß sie ihre Lebensweise änderten und aus Jägern zu Hirten wurden, wurden die Nomaden der afrasischen Steppe... Es gab aber auch Gemeinschaften, die auf die Herausforderung der Austrocknung gleichermaßen durch den Wechsel ihrer Wohnsitze und die Änderung ihrer Lebensweise antworteten, und diese seltene doppelte Reaktion war der dynamische Akt, der aus einigen primitiven Gesellschaftskörpern der schwindenden afrasischen Steppe die ägyptische Kultur schuf.[9]

Analoge Mechanismen hat Toynbee auch für die Entstehung der sumerischen, chinesischen, minoischen sowie der Maya- und Anden-Kultur geltend gemacht. Immer könne man hierbei die jeweilige kulturelle Entwicklung als Reaktion auf Bedrängnisse und Belastungen verstehen, welche primär meist von der Umwelt verursacht wurden und im Rahmen der ersten Antworten auf die klimatischen und sonstigen Veränderungen noch eine Verschärfung erfuhren.

Klimatische und geographische Nachteile und Härten können dabei ebenso zum Anreiz kultureller Entwicklungen werden wie etwa die Besiedelung neuen Landes; aber auch militärische oder sonstige Niederlagen, Schicksalsschläge und Situationen des inneren oder äußeren Druckes, der auf einem Gesellschaftskörper lastet, werden von den Betroffenen häufig als Herausforderung erlebt, auf die sie mit teilweise überraschenden und originellen Reaktionen antworten und so die Grundlagen kultureller Neuerungen schaffen.

[9] Toynbee, A.: Der Gang der Weltgeschichte, a.a.O., S. 119f.

Das historische Material, das Toynbee anführt, um seine Thesen zu untermauern, ist imposant. Von der Schilderung des chinesischen Flusses Jangtse bis zu den ersten Kartoffelpflanzungen Friedrich II., von der Beschreibung des schottischen „Nationalcharakters" bis hin zur rauhen Hochebene Patagoniens sammelte der britische Universalhistoriker Argumente zuhauf, die seine Formel von *challenge and response* als Voraussetzung der Kulturentstehung stützten. An diesen Passagen seines Werkes allerdings haben einzelne Spezialisten, deren alleiniges Gebiet der Forschung etwa die osmanische Expansion im 14. Jahrhundert nach Christus bedeutet, immer wieder mehr oder minder fundierte Kritik geübt – eine Kritik, auf die Toynbee normalerweise mit erstaunlichem Lerneifer sowie großer innerer und äußerer Gelassenheit reagierte.

Wenn eine Kultur entstanden ist, kann nach Toynbee nicht immer und automatisch davon ausgegangen werden, daß sie auch wächst und gedeiht. Die Bedingungen für kulturelle Entwicklung sind beinahe ebenso diffizil und komplex wie diejenigen der Entstehung, und daher verwundert es nicht, wenn weite Passagen von *A Study of History* dem Thema des Wachstums von Kulturen gewidmet sind.

Anhand der Kulturen von Polynesiern, Nomaden und Eskimos demonstrierte Toynbee, daß es nach der gelungenen kulturellen Initialzündung innerhalb eines Gesellschaftskörpers so etwas wie einen kulturellen Stillstand geben kann. Statt Wachstum und Weiterentwicklung beobachtet man eine Art Hemmung oder Blockierung; die Dynamik des Beginns kann nicht erhalten werden und flacht merklich ab.

So haben etwa die Eskimos mit ungeheurem Aufwand ihre Existenz an den Gestaden des Eismeeres etablieren können und dafür einige Erfindungen und Adaptationsleistungen an den Tag gelegt, die beachtlich sind: Kajak, Harpune, Vogelpfeil, Hundeschlitten, Schneeschuhe und Iglu gehören zur Liste der Innovationen, ohne die ein Überleben der Eskimos wahrscheinlich nicht möglich gewesen wäre. Der Gewaltstreich, mit dem die Eskimos ihr Dasein sichern konnten, kostete sie jedoch derart viel Energie, Zeit und Kraft, daß für eine Weiterentwicklung ihrer Kultur keine Ressourcen zur Verfügung standen. Die Folge war und ist eine Hemmung, die letztlich zur *arrested civilisation*, zur gehemmten Kultur geführt hat.

Im Gegensatz dazu findet Toynbee das Wachstum von Kulturen am ehesten dann gegeben, wenn sie sich mit mittelgroßen und -schweren Herausforderungen konfrontiert sehen, denen sie begegnen können, ohne alle ihre Kräfte dafür einsetzen zu müssen. Der Grad der Schwierigkeiten, die überwunden werden sollen, darf einerseits hoch genug sein, um überhaupt einen Reiz für *response* darzustellen; er darf aber nicht so erschlagend wirken, daß der Untergang oder die Hemmung der Kultur die einzig möglichen Folgen sind. Nicht eine einzelne Gewalttat oder ein heroisches Sich-Aufbäumen, sondern erst der kontinuierliche Wechsel von *challenge and response* läßt eine Kultur vom Stadium ihrer Genese in dasjenige des Wachstums und der Entwicklung eintreten:

> Die einzelne Bewegung von einer Störung zu einer Wiederherstellung des Gleichgewichts ist nicht genug, wenn der Entstehung das Wachstum folgen soll. Und um die Bewegung in einen beständig sich erneuernden Rhythmus zu verwandeln, muß es einen *élan vital* (um Bergsons Ausdruck zu benutzen) geben, der die herausgeforderte Partei durch einen Gleichgewichtszustand hindurch wieder in ein Übergewicht führt, das sie einer neuen Herausforderung aussetzt, und sie dadurch zu einer neuen Antwort ..., und so weiter in einem Fortschritt, der potentiell unbegrenzt ist.[10]

Kulturen, die in eine derartige Dynamik hineingeraten sind, weisen eine Reihe von Merkmalen auf, welche von Toynbee ausführlich erläutert und mit einer Fülle von historischen Fakten und Zusammenhängen belegt werden. Bei seiner Sozialisation ist es kein Wunder, daß er vorrangig an der hellenischen Kultur der Antike alle jene Charakteristika zu erkennen meint, welche wachsenden Kulturen eigen sind.

Dazu gehört etwa die Tendenz zur Vereinfachung bei gleichzeitiger Steigerung von Effizienz, Ästhetik und ökonomischer Ausbeute. Toynbee verdeutlicht dies an der Entwicklung der Schriftsprachen, die in den diversen Kulturen elaboriert wurden, und die im Laufe der Zeit und innerhalb eines dynamischen Gesellschaftskörpers eine merkliche Straffung und Vereinfachung erfahren haben.

Des weiteren diagnostiziert Toynbee bei wachsenden Kulturen den Hang zu Selbstüberschreitung, Verinnerlichung und Entstofflichung der anstehenden Probleme und Fragestellungen. Herausforderungen werden nach und nach nicht mehr vorrangig als äußere Gefahren oder Hürden erlebt, sondern bilden sich gleichsam im Inneren der Individuen und Sozietäten. Entsprechend sind die Antworten auf diese *challenges* eher auf einem psychosozialen und geistigen Niveau beheimat und entbehren zunehmend einer konkretistischen Note.

Wieder sind es zahlreiche und zum großen Teil überzeugende Beispiele, die Toynbee für diese Merkmale einer wachsenden Kultur anführt. Diesbezüglich greift er auch auf Shakespeare und dessen Dramen zurück; vor allem in Hamlet sieht er eine Figur, welche – quasi paradigmatisch – in ihrem Inneren viele Konflikte und Herausforderungen erlebt und austrägt, die sich bis anhin in ihrem Umfeld ereigneten. Der Mikrokosmos der Hamletschen Innenwelt entspricht dem Makrokosmos mit allen seinen Motiven und Themen:

> Diese Verlagerung des Feldes der Handlung, die wir in Shakespeares Darstellung seiner Helden feststellen, wenn wir sie in einer aufsteigenden Reihe geistigen Wachstums ordnen, können wir ebenso in der Geschichte der Kulturen wahrnehmen. Auch hier, wenn eine Reihe von Antworten auf Herausforderungen sich zu einem Wachstum ordnet, finden wir dem Fortschritt entsprechend das Feld der Handlung sich allemal von der äußeren Umwelt ins Innere des eigenen Sozialkörpers der Gesellschaft verlagern.[11]

[10] Toynbee, A.: Der Gang der Weltgeschichte, a.a.O., S. 262.
[11] Toynbee, A.: Der Gang der Weltgeschichte, a.a.O., S. 279f.

Nicht die geographische oder ökonomische Expansion eines Staates oder einer Gesellschaft und auch nicht der technische oder wissenschaftliche Fortschritt sind untrügliche Zeichen des Wachstums der betreffenden Kultur; vielmehr kann dieses abgelesen werden an der Verinnerlichung der äußerlichen Veränderungen, an der psychischen und geistigen Durchdringung und Einordnung von Ereignissen und Entwicklungen.

Eine derartige Leistung wird nun normalerweise nicht von der Majorität eines Gesellschaftskörpers, sondern von einigen wenigen vollzogen. Toynbee widmet daher ein großes Kapitel seiner *Study of History* der Analyse von bedeutenden Individuen oder schöpferischen Minderheiten, welche das Wachstum der Kultur – im Sinne von geistiger Besitznahme des Hergebrachten und schöpferisch-gestaltender Vorwegnahme des Zukünftigen – vorangetrieben haben. Sie übernehmen die Rolle von Vorbildern für die Masse, die ihnen in einem mimetischen und identifikatorischen Prozeß nacheifert und so den Gesellschaftskörper insgesamt kulturell voran bewegt.

Die Auswahl an „großen Einzelmenschen", die Toynbee trifft, um seine Hypothesen zu exemplifizieren, mag zwar bezüglich des über Religionen vermittelten Wachstums von manchen Kulturen berechtigt erscheinen, entbehrt jedoch jeglicher kritischer Stellungnahme und scheint auch inhaltlich nur bedingt sinnvoll zu sein. Neben Jesus, Mohammed und Buddha werden z.B. auch der heilige Paulus, der heilige Benedikt und der heilige Gregor der Große bemüht, um dem Leser die Einflußnahme von Individuen auf die Majorität und den Kulturverlauf zu verdeutlichen – Künstler, Wissenschaftler und Philosophen fehlen (bis auf Dante) beinahe völlig!

Neben den schöpferischen Individuen kennt der Geschichtsverlauf auch originelle und kulturell ungemein anregende Minoritäten, welche eine analoge Rolle für das Wachstum der Kulturen übernehmen können wie die bedeutenden Einzelmenschen. Toynbee zählt in diesem Zusammenhang das Athen des 4. und 5. Jahrhunderts vor Christus, das Italien der Renaissance sowie das England des 17. Jahrhunderts auf, wobei er nicht die jeweiligen Gesamtstädte oder -staaten, sondern die kreativen Kräfte und Institutionen meint, welche sich als „Lokomotiven des Fortschritts" betätigten.

Sowohl bei schöpferischen Individuen als auch bei entsprechenden Minderheiten läßt sich nach Toynbee als Voraussetzung ihrer Kreativität eine Bewegung diagnostizieren, die er mit *withdrawal and return*, mit Rückzug und Wiederkehr bezeichnet. Die Abwendung vom Lärm und der Geschäftigkeit der Majorität bietet die Grundlage für die Entwicklung eigener und origineller Gedanken, welche der Einzelne oder kleine Gruppen in relativer Abgeschiedenheit ausbrüten können und mit denen sie dann zu den Vielen zurückkehren, um bei ihnen kulturellen Fortschritt und Veränderung zu induzieren.

Kulturen, die sich in Bewegung und Wachstum befinden, gestehen bis zu zehn Prozent ihrer Mitglieder die Freiheit in Form von *withdrawl and return* zu. Gehemmte Kulturen bestehen im Kontrast dazu darauf, daß alle ihre Mitglieder sich dem Geschäft der Nachahmung und Wiederholung des Althergebrachten widmen; ihnen mangelt es an produktiv-gärender „Hefe“, die den Teig der Kultur ausdehnt und zum Wachsen bringt.

Hatte Toynbee im ersten Teil von *A Study of History* die Entstehung und das Wachstum von Kulturen beschrieben, so galt sein Augenmerk in einem zweiten Teil den Themen des kulturellen Niederbruchs und Zerfalls. Mindestens ebenso souverän, detailverliebt und gleichzeitig große Zusammenhänge skizzierend gelang es dem britischen Gelehrten in diesen Passagen seines Werkes, die von allzu ungezügelter Phantasie-Tätigkeit geprägten Thesen und Ausführungen eines Oswald Spengler über den *Untergang des Abendlandes* (und der Kulturen ganz generell) zu relativieren respektive als Dilettantismus zu decouvrieren.

Kultureller Verfall und Abstieg stellen nach Toynbee Prozesse dar, welche recht komplexe Ursachen und ebenso komplexe Merkmale aufweisen können. Der Generalnenner allerdings, auf den die meisten dieser Ursachen für den Niederbruch von Kulturen gebracht werden können, lautet: Versagen der Selbstbestimmung. Nicht ein Gott oder die Unbilden der Natur, nicht der Verlust von Herrschaft über die physische oder menschliche Umwelt und auch nicht das Versagen von Technik, Kunst oder Wissenschaft lassen eine Kultur zugrunde gehen; vielmehr handelt es sich nach Toynbee dabei immer um eine Art „Selbstmord“ bzw. den selbst verschuldeten Verlust von Autonomie, Schöpferkaft und prometheischem Schwung:

> Der Verlust an Selbstbestimmung ist das letzte Kriterium des Niederbruches; diese Schlußfolgerung sollte uns nicht überraschen, wenn wir sehen, daß sie die Umkehrung einer in einem früheren Teil dieses Buches erreichten Schlußfolgerung ist, daß nämlich Fortschritt zur Selbstbestimmung das Kriterium des Wachstums ist.[12]

Ein derartiger Verlust an Selbstbestimmung kann auf vielfältige Weise eingeleitet und verstärkt werden. So kann sich etwa zwischen der kreativen Schicht eines Gesellschaftskörpers und den Vielen, denen die Rolle der Nachahmung zufällt, eine übergroße Distanz entwickeln, welche dazu führt, daß das Geschäft der Mimesis nur noch als ein mechanisches aufgefaßt wird, dem jeglicher Sinn und Wert abhanden gekommen ist. Oder aber die Eliten verzichten auf Führung und Fortschritt und ruhen sich auf dem bereits Erreichten aus, so daß das progressive Element einer Kultur zum Erliegen kommt; Aufruhr und Meuterei oder aber auch Apathie und Verwahrlosung der Massen sind dann häufig zu beobachten.

In der neueren Zeit konnte man im Rahmen der Französischen Revolution diese von Toynbee beschriebene Dynamik verfolgen, die zwar nicht zum Niederbruch einer gesamten Kultur (wie der abendländischen), wohl aber zur Erschütterung eines wesentlichen Segmentes des betreffenden Gesellschaftskörpers geführt hat. Die mangelnde Anpassung der damals bestehenden Institutionen rund um das Königshaus sowie des Ersten und Zweiten Standes, die sich als eklatante Führungs- und Gestaltungsschwäche bemerkbar machte, induzierte schließlich die revolutionären Aufstände und Veränderungen. Diese haben dann

[12] Toynbee, A.: Der Gang der Weltgeschichte, a.a.O., S. 373.

jedoch erneut für *challenge and response* gesorgt und der abendländischen Kultur neuen Schwung und Elan beschert.

Ebenso fatal für die Kulturentwicklung kann sich die Vergötzung einer Elite auswirken. Wer sich als schöpferische Kraft bei einer Aufgabe bewährt hat, ist nicht notwendigerweise dazu ausersehen, auch die nächsten Herausforderungen mit Bravour zu meistern, selbst wenn er sich als dazu prädestiniert erlebt und definiert. Diese Erfahrung mußten etwa die Juden, das „auserwählte Volk Gottes“, machen, deren Kultur Toynbee zufolge nur noch als Fossil Bestand hat. Ähnlich erging es den Athenern des 5. und 4. vorchristlichen Jahrhunderts sowie den Italienern der Renaissance, die zwar während der angegebenen Epochen enorme kulturelle Fortschritte und Wachstumsprozesse angestoßen haben, einige Jahrhunderte später jedoch bezüglich derartiger Entwicklungen abseits standen und vergeblich auf ihre ehemalige Größe und Bedeutung verwiesen.

Neben einer Vergötzung und Idealisierung von ehemals kreativen Eliten lassen sich im Geschichtsverlauf noch weitere Faktoren benennen, welche den Niederbruch einer Kultur bedingen und anzeigen. Dazu zählt Toynbee etwa die hypertrophe Stilisierung von Institutionen (Königtum, Beamtentum usw.) oder auch die Vergötzung einer vergänglichen und antiquierten Technik.

Besonders ausführlich beschäftigt sich Toynbee in seiner *Study of History* mit dem Militarismus als Indikator für Niederbruch und drohenden Zerfall einer Kultur; die Phänomene von Rüstung und Krieg bezeichnet er regelrecht als „selbstmörderisch“. Im Gegensatz zur passiven Vergötzung und dem bequemen Ausruhen auf ehemaligen kulturellen Leistungen bedeutet der Militarismus eine aktive Form des Niedergangs und Zerfalls eines Gesellschaftskörpers.

Wieder sind es viele historische Beispiele, die Toynbee anführt, um seine These zu belegen, daß der Krieg nicht der Vater aller Dinge, sondern der Beginn des kulturellen Abstiegs und Endes darstellt. In diesen Passagen, in denen der britische Gelehrte über die Greuel der Massaker und Menschenschlächtereien schreibt, macht sich sein pazifistischer Standpunkt wohltuend bemerkbar. Hier wird keine Schlacht glorifiziert, und selbst dem Rausch des militärischen Sieges attestiert Toynbee, daß er oft genug den Niedergang lediglich vernebelt, der sich im Waffengang selbst bereits angekündigt hat.

Nicht jeder Niederbruch muß unweigerlich zum Zerfall einer Kultur führen. Analog der Beobachtung, daß nach der Entstehung einer Kultur diese eventuell in eine Phase der Hemmung (und nicht des Wachstums) eintreten kann, beschreibt Toynbee Gesellschaftskörper, welche nach der Phase des Niederbruchs eine Periode der Versteinerung (und nicht des Zerfalls) erleben. Vor allem die ägyptische Kultur nach den Zeiten der Wirren und des Niedergangs – etwa im 16. Jahrhundert vor Christus – weigerte sich beharrlich, ganz von der Bühne der Gesellschaftskörper abzutreten; statt dessen hielt sie sich noch etliche Jahrhunderte im Status der Petrifikation (Versteinerung).

Meist aber ist der Niederbruch die Ouvertüre des kulturellen Zerfalls und letztlich des Auslöschens eines Gesellschaftskörpers. Die Merkmale des Zerfalls bestehen nach Toynbee nun jedoch nicht unbedingt und sofort in einer Reduktion von Macht und Expansivität:

> Da die vulgären Schätzungen eines Wohlergehens in Begriffen von Macht und Reichtum rechnen, geschieht es so oft, daß die Eröffnungskapitel des tragischen Niederganges eines Gesellschaftskörpers populär als die Höhepunkte eines großartigen Wachstums gepriesen werden. Früher oder später jedoch muß die Ernüchterung erfolgen.[13]

Wie man an der Entwicklung des Alexandrinischen Reiches der Antike studieren kann, das kurze Zeit nach seiner größten geographischen und militärischen Expansion in sich zusammenbrach, kündigt sich der Zerfall einer Kultur durch andere Prozesse an, die Toynbee unter den Begriff der „Spaltung" subsumiert. Wenn die führende Minderheit und die Eliten ihren genuinen Aufgaben schöpferischer Gestaltung und kraftvoller Führung nicht mehr nachkommen, entwickeln sie sich von kreativen zu herrschenden Minoritäten, die eigentlich kein Recht mehr auf Herrschaft besitzen. Dies spürt die Majorität der Untergebenen, was zur Folge hat, daß die Masse ihren Führern nur noch unfreiwillig folgt und sie nachahmt; sie wird zum „inneren Proletariat".

Darunter versteht Toynbee Menschen, die weder durch Armut noch durch sonstige erkennbare soziale Nachteile ausgezeichnet sind; vielmehr weisen alle inneren Proletarier das Bewußtsein auf, keinen rechten Platz mehr innerhalb des Gesellschaftskörpers einnehmen sowie sich mit der betreffenden Kultur nicht mehr identifizieren zu können und keine Heimat mehr zu besitzen. Eine solche Form von Proletariat, das mit materiellem Wohlstand durchaus vereinbar ist, züchtet massenhaft Ressentiment gegen die Herrschenden sowie gegen die gesellschaftlichen Verhältnisse – ein Ressentiment, das schließlich zur inneren Spaltung und zum Zerfall eines Gesellschaftskörpers beiträgt.

Zum inneren Proletariat gesellt sich normalerweise auch noch das „äußere Proletariat", das sich aus den „Barbaren" und „Primitiven" zusammensetzt, die bis anhin im Einflußbereich der nun zerfallenden Kultur lebten. Diese Bevölkerungsteile übernehmen von dem sie bisher dominierenden Gesellschaftskörper nun meist lediglich die militärischen und technischen Angebote und Leistungen; die politischen sowie vor allem die geistigen Inhalte der betreffenden Kultur verschmähen oder bekämpfen sie. Damit werden auch äußere Spaltungsprozesse eingeleitet und forciert.

Ähnlich wie der Prozeß des Wachstums schöpferische Individuen hervorbringt und braucht, können auch beim kulturellen Zerfall derartige Einzelne eine wichtige und für den Geschichtsverlauf bedeutsame Rolle einnehmen. Toynbee erwähnt in diesem Zusammenhang die Person des Erlösers, dem ein zerfallender Gesellschaftskörper für einen gewissen Zeitraum zutraut, das Ende der Kultur aufhalten oder sogar eine Wende im historischen Prozeß herbeiführen zu können.

[13] Toynbee, A.: Der Gang der Weltgeschichte, a.a.O., S. 480.

Zu diesen Erlöser-Typen zählen z.B. diejenigen mit dem Schwert oder mit der Zeitmaschine, aber auch die Philosophen in der Maske des Königs oder der Mensch gewordene und inkarnierte Gott. Die ersteren versuchen mit Gewalt, dem drohenden Zerfall entgegenzutreten; die Gruppe der „Erlöser mit der Zeitmaschine" beschwören entweder längst vergangene Zeiten (Archaismus) oder eine weit entfernte Zukunft (Futurismus), um der tristen Gegenwart Paroli zu bieten; die Philosophen hinter der Königsmaske – Toynbee nennt als Beispiel Marc Aurel – können die Kultur ebensowenig wie die anderen Erlöser-Typen retten, da sie irgendwann gezwungen sind, ebenfalls zum Schwert zu greifen und Gewalt anzuwenden, was sie unglaubwürdig werden läßt.

Einzig dem inkarnierten Gott als Erlöser gesteht Toynbee die Potenz der Rettung einer zerfallenden Kultur zu. Dabei dachte der britische Gelehrte nicht an einen *Deus ex machina*, wie er in manchen Theaterstücken zum Einsatz kommt, sondern *expressis verbis* an Jesus Christus, wie er im Neuen Testament beschrieben und gefeiert wird.

Nun muß man sich den Niedergang und Zerfall einer Kultur nicht als einen Prozeß vorstellen, der geradlinig und ohne Widerstände verläuft; im Gegenteil: Sowohl beim Niederbruch als auch beim Zerfall kann man immer wieder Zeiten beobachten, in denen scheinbare Erholungspausen und Sammelbewegungen erfolgen, welche einen neuen Aufschwung für den Gesellschaftskörper andeuten. Vor allem die herrschende Minorität, aber auch das innere und äußere Proletariat versuchen jeweils auf eigene Art und Weise, dem Verfall entgegen zu wirken und diesen aufzuhalten.

Insbesondere zwei Strategien kommen dabei zur Beobachtung: die Gründung von Universalstaaten sowie von Universalkirchen. Vorrangig nach dem Ausbruch von Unruhen, welche im Gefolge von Niedergang und Zerfall von Gesellschaftskörpern oft genug entstehen, schwingen sich innere oder äußere Mächte dazu auf, über die Etablierung eines großen und allmächtigen Universalstaates – oder analog von Universalkirchen – scheinbar wieder Ruhe und Ordnung zu schaffen.

Toynbee demonstriert diese Entwicklung ausführlich am Schicksal des hellenischen Gesellschaftskörpers. Nach dem Beginn des Peloponnesischen Krieges 431 v. Chr. – den der britische Historiker als ein untrügliches Zeichen für den damals bereits im Gange befindlichen Niedergang und beginnenden Zerfall der hellenischen Kultur ansah – steuerten die historischen Prozesse im antiken Griechenland unweigerlich in Richtung auf Abstieg vom kulturellen Parnaß. Wenngleich es in den Jahren und Jahrzehnten des 4. und 3. vorchristlichen Jahrhunderts in Hellas noch schöpferische Individuen und Minoritäten zu bestaunen gab, kann deren Rolle und Funktion im kollektiven Kulturprozeß allenfalls als eine Art Aufatmen vor dem endgültigen Zerfall bezeichnet werden.

Vor dem Hintergrund dieser historisch-kulturellen Entwicklung versuchte nun Rom mit der Gründung eines Universalstaates Kapital zu schlagen. Nach langen Unruhen und Kriegen schwang sich Rom zuletzt zum Herrscher des ganzen ehemalig hellenischen Kulturgebietes auf, das es dabei sogar noch erweitern konnte; Barbaren und andere Kulturvölker wurden einverleibt und latinisiert. Kaiser Augustus schließlich hat das *Imperium romanum* zum Universalstaat ausgebaut, der im zweiten nachchristlichen Jahrhundert sogar eine Epoche der Scheinblüte zu verzeichnen hatte, bevor er einige Jahrzehnte später dem unaufhaltsamen Niederbruch entgegenging.

Der *Verfall und Untergang des Römischen Reiches*, den Toynbees Landsmann Edward Gibbon (1737-1794) in seinem gleichnamigen Werk (1776-88) so eindrucksvoll beschrieben hat, bedeutete in der Perspektive des ersteren keinen Niedergang einer eigenständigen, sondern lediglich die Periode des Universalstaates innerhalb des Zerfallsprozesses einer viel umfassenderen, nämlich der hellenischen Kultur.

Abgelöst wurde diese Phase von der Dominanz der Universalkirche in Rom, dem Christentum respektive dem Katholizismus. Träger dieser Religion war damals vorrangig das sogenannte innere Proletariat, das sich schon längst im Ressentiment gegen die Herrschenden und Regierenden zusammengefunden und der hellenisch-römischen Kultur und deren Ideen und Idealen innerlich die Gefolgschaft aufgekündigt hatte. Nietzsche hat diesen historischen Mechanismus des Aufschwungs einer Religion über das innere Proletariat zur dominierenden Universalkirche ganz richtig beschrieben, als er das Christentum als eine Weltanschauung und Moral der Sklaven titulierte.

Anders freilich als Nietzsche hat Toynbee diese Entwicklung in *A Study of History* durchaus begrüßt und honoriert. Seiner Meinung nach sind die Universalkirchen – neben der christlich-abendländischen auch die orthodox-christliche, die islamische oder auch die hinduistische „Kirche" – eminent wichtige Bindeglieder zwischen den zerfallenden Kulturen einerseits und den neu entstehenden und wachsenden Gesellschaftskörpern andererseits:

> Wenn wir unser Auge richten auf die Kulturen, die im Jahre 1952 noch am Leben sind, sehen wir, daß jede von ihnen in ihrem Hintergrunde eine Universalkirche hat, durch die sie an eine Kultur der älteren Generation angegliedert ist.[14]

So haben nach Toynbee der Untergang und Zerfall von Kulturen die Heraufkunft der „höheren Religionen" Abrahams, Moses, der Propheten und Jesu Christi bewirkt, was für ihn einen Beweis für den *élan vital* der Schöpfung darstellt; ganz im Sinne Hegels postuliert der britische Historiker nämlich, daß die Schöpfung (Gottes) nicht schöpferisch wäre, wenn sie nicht alle Prozesse und Sachverhalte der Geschichte in sich aufnähme, inklusive ihre eigene Antithese.

Toynbee beendet seinen Parforce-Ritt durch die Historie der Menschheit und ihrer Kulturen also mit einer stark religiös kontaminierten, christlichen Geschichtsphilosophie. Ähnlich wie Spengler sieht auch der englische Gelehrte die Kultur des Abendlandes von vielfältigen Gefahren bedroht, und eine ganze Reihe von Merkmalen, die er den vom Niederbruch und Zerfall bedrohten Gesellschaftskörpern attestiert, finden sich auch im Bereich der westlichen Kultur wie-

[14] Toynbee, A.: Der Gang der Weltgeschichte, Zweiter Band, a.a.O., S. 112.

der. Anders aber als Spengler spekuliert Toynbee über Möglichkeiten und Varianten der Erlösung und des Heils, welche für ihn allerdings starke Anleihen bei religiösen Dogmen und Glaubensinhalten notwendig macht.

Bei aller Gesetzmäßigkeit, die Toynbee im Werden und Vergehen von Kulturen zu erkennen geglaubt hat, gestand er dem Individuum, das Geschichte macht, immer auch ein beträchtliches Quantum Freiheit zu, das den historischen Determinismus begrenzt und eindämmt. Toynbee betonte die Notwendigkeit und die Möglichkeit schöpferischer Gedanken und Taten, welche vom freiheitlichen Potential des Menschen (respektive seines Gottes) Zeugnis ablegen.

Für Toynbee bedeutet der freiheitliche Entscheidungsspielraum, den Menschen haben und nutzen können, quasi einen Nachweis einer göttlichen Wirkungsmacht; das Phänomen der Freiheit – ebenso wie dasjenige der Liebe – sprengt die Kausalkette von Ursache und Wirkung und sorgt für überraschende geschichtliche Wendungen:

> Im gegenwärtigen Teil dieser Geschichtslehre versuchen wir einen Einblick zu gewinnen in die Beziehung zwischen Gesetz und Freiheit in der Geschichte; und wenn wir jetzt zu unserer Frage zurückkehren, finden wir, daß wir bereits eine Antwort erzielt haben. Wie ist Freiheit auf Gesetz bezogen? Unser Material besagt, daß der Mensch nicht lebt unter einem Gesetz allein; er lebt unter zwei Gesetzen, und eines von diesen beiden ist ein Gesetz Gottes, der die Freiheit selbst ist unter einem andern und erleuchtenderen Namen... Diese göttliche Gabe kann vom Menschen benutzt werden, um frei das Leben und Gott zu wählen anstatt Tod und Übel... Gesetz und Freiheit in der Geschichte erweisen sich als identisch in dem Sinne, daß des Menschen Freiheit sich erweist als das Gesetz Gottes.[15]

Kritische Würdigung. – Wenn wir am Ende unserer Darstellung zum eingangs zitierten Diktum Diltheys zurückkehren, daß der Mensch aus der Geschichte erfahre, wer er denn sei oder werden könne, können wir uns fragen, welche Facetten der Gattung *Homo* in Arnold Toynbees Geschichtsschreibung besonders hervorgehoben werden, respektive welches Menschenbild dieser britische Universalhistoriker vertreten hat. Dabei werden wir nicht umhin können, auch die Persönlichkeit Toynbees mit ins Kalkül zu ziehen.

Weiter oben haben wir schon darauf hingewiesen, daß sich ein jeder Historiker mit einem weltanschaulichen und charakterlichen Apriori dem Objekt seiner wissenschaftlichen Begierde zuwendet. Je nach dem, ob er autoritär oder demokratisch, pazifistisch oder militaristisch, religiös oder atheistisch, sozial oder aristokratisch, patriarchalisch oder emanzipatorisch, positivistisch oder idealistisch eingestellt ist, wird er die von ihm untersuchte Geschichte ganz unterschiedlich wahrnehmen und beurteilen.

Hinzu kommen noch seine privaten Verhältnisse wie etwa Besitz, Geburt und Sozialisation, Ort und Zeitpunkt seiner Existenz, Fülle und Reichhaltigkeit seiner sozialen Bezüge, Glück und Zufriedenheit in seiner Partnerschaft, in Liebe und Sexualität, in Freundschaften und am Arbeitsplatz sowie allfällige Emotio-

[15] Toynbee, A.: Der Gang der Geschichte, a.a.O., S. 381.

nen, Stimmungen und Affekte, die zusammengenommen das vom Phänomenologen Edmund Husserl sogenannte „lebensweltliche Apriori" eines Forschers ausmachen.

Bei Arnold Toynbee können wir diesbezüglich einige Merkmale diagnostizieren, die seine Geschichtsschreibung mit großer Sicherheit maßgeblich beeinflußt haben. Dazu zählen etwa Ort und Zeitpunkt seiner Geburt im England des Viktorianischen Zeitalters, seine Sozialisation in einem christlich orientierten Elternhaus sowie seine Internatserfahrungen, die allesamt dazu beigetragen haben mögen, aus dem kleinen Arnold Toynbee einen jungen Mann werden zu lassen, der sich zwar einer munteren, besonders an der Antike ausgerichteten lebhaften Phantasietätigkeit erfreute, ansonsten jedoch gewisse Engen und Begrenzungen durch seine konservative Umwelt in sich aufnahm.

Allem Anschein nach wurde Toynbee zu einem überaus braven und lernwilligen Schüler und Studenten erzogen, der immense Stoffmengen zu bewältigen und zu meistern wußte. Vor allem das Studium der Antike, der alten Sprachen und der Geschichte bot seinem Bedürfnis, einen Teil seines verlorenen Kinderparadieses zumindest imaginär wieder herzustellen, Raum und Nahrung zuhauf. Die frühe Identifikation mit der Mutter ebenso wie die späteren Identifikationen mit väterlichen Autoritäten – z.B. Gilbert Murray – haben ebenfalls dazu beigetragen, aus Toynbee einen außerordentlich tüchtigen und wißbegierigen jungen Mann werden zu lassen.

Der angehende Wissenschaftler arrangierte sich mit seinen Lehrern, Dozenten und Vorgesetzten, so daß er rasch und reibungslos in deren System Karriere machen konnte. Auch die Hinwendung zur etablierten Politik und die jahrzehntelange Mitarbeit in offiziellen Institutionen zeugt einerseits von großem Wissen und von Sachkompetenz. Aber die Integration in eine konservative Umwelt setzte sich nahtlos von der Kindheit ins Erwachsenenalter fort.

Dazu paßte, daß Toynbee bei der Auswahl seiner philosophischen und weltanschaulichen Lehrer und Vorbilder durchweg konservative Ideologien und Gedankensysteme bevorzugte. Vor allem Henri Bergson und Teilhard de Chardin dürfen in diesem Zusammenhang erwähnt werden, die beide ins Koordinatensystem Toynbees paßten, ohne bei ihm Empfindungen des Widerstandes gegen die bestehenden Verhältnisse oder der grundlegenden Infragestellung seiner Welt zu evozieren.

Es überrascht daher auch nicht, daß Toynbee bei seiner Rezeption von Philosophen und Historikern zwar den staats- und autoritätsgläubigen Georg Wilhelm Friedrich Hegel, nicht aber dessen Antipoden Karl Marx hinlänglich berücksichtigte. Der Linkshegelianismus mitsamt seinem kritischen Potential paßte in keiner Weise zu Toynbees Weltbild. Daher fehlt in seinem Geschichtssystem der Ökonomismus von Marx und jegliche Kritik an der Klassengesellschaft. Das wird aber ausgeglichen durch seinen liberalen Humanismus, der im Wesentlichen alles bejaht, was in die Richtung einer zukünftigen humanen und pazifistischen Menschheitsordnung weist.

Toynbee brachte für seine Ausarbeitung einer Universalgeschichte viele hervorragende Voraussetzungen mit; unter anderem seine imposante Arbeitsfähigkeit und sein enzyklopädisches Wissen. Aber sein Entwurf des Geschichtsverlaufs wäre überzeugender ausgefallen, wenn er bei der Entstehung, der Entwicklung und beim Zerfall von Kulturen und Gesellschaftskörpern die Rolle etwa der Ökonomie, der sozialen Verhältnisse und der materiellen Bedingungen zu erkennen und einzuordnen vermocht hätte. Seine Geschichtsphilosophie wirkt daher eigentümlich idealistisch oder sogar spiritualistisch; die Materie, die Wirtschaft und das revolutionäre Potential der Menschheit bleiben zu einem großen Teil vernachlässigt.

Toynbees *A Study of History* ist dennoch eine überaus wertvolle historiographische Leistung, weil hier ein immens gebildeter Gelehrter eine Stoffmenge sondergleichen im Sinne der Ideen- und nicht der Ereignisgeschichte strukturiert hat. Damit ist es ihm gelungen, die prinzipielle Durchführbarkeit einer Universalgeschichte auf über weiten Passagen hohem wissenschaftlichen Niveau zu demonstrieren.

Es wäre daher zu wünschen, daß Toynbees Hauptwerk für einen zukünftigen Historiker zu einem ähnlich anregenden Lektüre-Ereignis wird, wie Spenglers *Untergang des Abendlandes* es für Toynbee war. Toynbee überragt seinen deutschen Vorläufer nicht nur durch das Faktum, daß er ein viel weitläufigeres Tatsachenmaterial bewältigt hat. Ihm eignet auch eine maßvolle und humanistische Gesinnung, die bei Spengler – einem typischen Vertreter des „Wilhelminismus“ mit seinen gekünstelt anmutenden Parolen und Perspektiven – offensichtlich zu kurz kommt. Wo Spengler fatalistisch sich als Untergangsprophet gebärdet, zeigt sein englischer Nachfolger Wege in die Zukunft auf, die das angeblich unaufhaltsame Fatum doch noch korrigieren können. Dieser Lebensglaube ist ein sehr wertvolles Ingrediens der Toynbeeschen Geschichtsphilosophie, die es vermeidet, nüchternen Realismus in dramatischen Pessimismus einmünden zu lassen.

LITERATUR

Bayer, E. und Wende, F.: Wörterbuch zur Geschichte, Stuttgart 1995.
Beauvoir, S. de: Auge um Auge – Artikel zu Politik, Moral und Literatur 1945-1955, Reinbek bei Hamburg 1987.
Ortega y Gasset, J.: Eine Interpretation der Weltgeschichte – Rund um Toynbee, München 1964.
Reinhardt, V. (Hrsg.): Hauptwerke der Geschichtsschreibung, Stuttgart 1997.
Spengler, O.: Der Untergang des Abendlandes. Umrisse einer Morphologie der Weltgeschichte (1918-22), München 1969.
Toynbee, A.: Der Gang der Weltgeschichte. Band 1: Aufstieg und Verfall der Kulturen; Band 2: Kulturen im Übergang (1934-1961), München 1970.
Ders.: Krieg und Kultur (1950), Frankfurt am Main 1958.
Ders.: Wie stehen wir zur Religion? (1956), Zürich 1958.
Ders.: Erlebnisse und Erfahrungen (1969), München 1970.
Ders.: Menschheit und Mutter Erde – Die Geschichte der großen Zivilisationen (1976), Berlin 1998.
Toynbee, A. und Ikeda, D.: Wähle das Leben! Ein Dialog (1976), Düsseldorf 1982.

Virginia Woolf und die Unabhängigkeit des Geistes

„Um eine neue Bahn einzuschlagen, muß ein Romanautor nicht nur große Gaben besitzen, sondern auch eine große Unabhängigkeit des Geistes. Virginia Woolfs Stil ist von erstaunlicher Schönheit. Ihre Art zu beobachten setzt eine unermeßliche und angespannte Arbeit voraus. Sie erleuchtet nicht nur durch plötzliche Blitze, sondern verbreitet ein ruhiges und sanftes Licht. Ihr Lebenswerk repräsentiert getreu den zeitgenössischen Roman. Es ist vielleicht repräsentativer als das Werk von James Joyce."[1] So äußerte sich der Schriftsteller T. S. Eliot über Virginia Woolf.

Und Hilde Spiel, die sich damit befaßt hat, die Herkunft ihrer außergewöhnlichen Begabung zu ergründen, hält Virginia Woolf für eines der seltensten Güter unserer Welt: ein weibliches Genie.

Der Literatur-Brockhaus schreibt über die Schriftstellerin unter anderem: Virginia Woolf „war gesellschaftlicher Mittelpunkt und zeitweilig führende Vertreterin der Bloomsbury group. Woolf hat zusammen mit M. Proust und J. Joyce die Entwicklung des modernen Romans entscheidend geprägt." Über die Bloomsbury group schreibt der Brockhaus, daß sie die Diskussion und Konversation über kunsttheoretische, ethische, kultur- und sozialkritische Fragen pflegte und der kultur- und literaturgeschichtlichen Entwicklung mannigfache schöpferische Impulse gab. Auch das Engagement Virginia Woolfs für die Rechte der Frau wird angeführt.[2]

Virginia Woolf ist für eine Frau ein einzigartiges Vorbild für Selbstverwirklichung und Vorurteilslosigkeit. Durch ihre Arbeitsleistung hat sie die Grenzen dessen, was Frauen zur damaligen Zeit zugetraut und zugestanden wurde, weit überschritten. Es beeindrucken ihre künstlerische Leistung und ihre Einstellung zu den Bereichen Religion, Sozialismus, Krieg und ihr Engagement für die Frauen. Ihr Buch *Ein Zimmer für sich allein*, das von den Bedingungen handelt, die eine Frau braucht, um schöpferisch arbeiten zu können, wird von Simone de Beauvoir als der wichtigste Beitrag zum Thema Frauen und Kreativität gewertet.

Auf den folgenden Seiten sollen die psychologischen Aspekte des Lebens und Schaffens der Schriftstellerin im Mittelpunkt stehen; literaturkritische Auseinandersetzungen treten dabei merklich in den Hintergrund.

Kindheit und Jugend. – Um die Ursachen für die überragende literarische Leistungsfähigkeit und die Motive ihres Einsatzes für die Sache der Frauen erkenn-

[1] T. S. Eliot in: Klaus Reichert (Hrsg.): Virginia Woolf, Ein Lesebuch, Frankfurt/M. 1988.
[2] Der Literatur-Brockhaus, Mannheim 1988, Band 3, S. 698 und Band 1, S. 258.

bar werden zu lassen, wenden wir uns zunächst der Kindheit und Jugend von Virginia Woolf zu.

Virginia Woolf, 1882 in London geboren, wuchs in einer großen Familie im vornehmen Stadtteil Kensington auf. Die Familie bestand aus dem Vater Leslie Stephen, seiner Frau Julia und den vier Kindern Vanessa, Thoby, Virginia und Adrian. Außerdem lebten drei weitaus ältere Kinder aus der ersten Ehe der Mutter, George, Stella und Gerald, mit ihnen zusammen, ferner Laura, ein psychisch gestörtes Kind aus der ersten Ehe des Vaters. In dem mehrstöckigen Haus in der Hyde Park Gate wohnten auch die Dienstboten der Familie; es gab fast so viele, wie es Kinder gab.

Die Stephens gehörten der oberen Mittelschicht an, sie waren nicht reich, aber wohlhabend. Der Vater mußte für den Lebensunterhalt der Familie arbeiten; er war ein gelehrter, angesehener Literat, der in Virginias zehntem Lebensjahr zum Präsidenten der London Library gewählt wurde. Daß er in seiner Karriere nicht noch höhere Ämter erreichte, lag daran, daß er Atheist und entschiedener Freidenker war. Diese unkonventionelle und fortschrittliche Haltung nahm er allerdings nicht in allen Lebensbereichen ein. Das damals herrschende Gefälle zwischen Mann und Frau stellte er nicht im geringsten in Frage.

Julia Stephen, die Mutter, hat die aufopfernde Frauenrolle, die in dieser Zeit galt, vollauf übernommen. Sie hat sie sogar in der übermäßigen Sorge um das seelische Wohlergehen und die körperliche Gesundheit ihres fünfzehn Jahre älteren, sensiblen, schwierigen und anspruchsvollen Gatten bei weitem überzogen und ihn damit verstärkt von sich abhängig gemacht. Auch durch ihre karitative Tätigkeit im Umfeld der Familie sicherte sie sich in der untergebenen Frauenrolle eine dominante Stellung. Virginia Woolf schrieb in ihren Lebenserinnerungen über ihre Mutter, daß sie schön gewesen sei, und fragte sich dann: „Aber wie war sie selbst, abgesehen von ihrer Schönheit, falls man beides überhaupt trennen kann? Sehr schlagfertig, sehr direkt, praktisch und amüsant ... Sie konnte scharf sein, denn Affektiertheit war ihr ein Greuel ... Sie war ernst mit einem Hintergrund von Erfahrung, der sie traurig machte ... Sie hielt ihren lebendigen Schutz wie einen Baldachin ständig über uns gebreitet, unter dem wir alle zusammen lebten.“[3]

Virginia spürte aber auch einen Mangel an persönlicher Zuwendung und Eifersucht auf den jüngeren Bruder. „Ich sehe jetzt, daß sie einen so ausgedehnten Wirkungskreis und deshalb weder die Zeit noch die Kraft hatte – außer für einen Augenblick, wenn man krank oder sonst in einer kindlichen Krise war –, sich besonders um mich oder irgendeinen von uns zu kümmern – falls es nicht Adrian war. Ihn liebte sie besonders zärtlich.“[4]

Ein abstoßendes und mit Sicherheit traumatisierendes Erlebnis hatte Virginia, als sie etwa fünf oder sechs Jahre alt war. Ihr Halbbruder Gerald, der zu diesem Zeitpunkt etwa achtzehn Jahre alt gewesen sein muß, untersuchte eines Ta-

[3] Virginia Woolf: Augenblicke, skizzierte Erinnerungen, Frankfurt/M. 1984, S. 112.
[4] Virginia Woolf: a.a.O., 1984, S. 113.

ges ihren Körper und ihre Geschlechtsteile. Er hob sie dazu auf eine Art Anrichte, und sie fühlte sich absolut wehrlos, voller Widerwillen und Scham. Erst als Erwachsene kam sie auf diesen Vorfall zurück und brachte ihn in Verbindung mit ihrem lebenslang anhaltenden negativen Körpergefühl.

Die geistige Atmosphäre im Haus, in dem die spätere Schriftstellerin aufwuchs, war lebendig, aufgeschlossen und außerordentlich anregend. Unter den häufigen Gästen waren so bedeutende Persönlichkeiten wie William M. Thackeray, Alfred Tennyson, George Eliot, George Meredith, Henry James und Thomas Hardy. Für die Kinder wurde der Umgang mit diesen Berühmtheiten zu einer Selbstverständlichkeit. In einem solchen literarisch hochinteressierten Haus wurde natürlich auf die schulische Erziehung der Kinder größter Wert gelegt. Allerdings vollzog sie sich nach zwei unterschiedlichen Mustern: Während für die Jungen der Besuch einer guten Schule und der Universität von Cambridge selbstverständlich war, erhielten die Töchter eine „für Mädchen schickliche Ausbildung". Sie lernten etwas Latein, Französisch, Geschichte, außerdem Zeichnen, Tanzen, Musizieren und anmutiges Benehmen. Daß auf ihre schulische Erziehung nicht mehr Sorgfalt verwendet wurde, wirft ein Licht auf die Einstellung der Eltern, denn damals gab es schon eine ansteigende Tendenz, auch Mädchen eine gediegene Ausbildung zukommen zu lassen. Es gab gute Schulen für Mädchen, und auch die Universitäten hatten ihre Tore einen Spalt breit für Frauen geöffnet. Virginia hat ihr Leben lang bedauert, „ungebildet" zu sein. Man kann allerdings auch der Ansicht sein, daß die fehlende Ausbildung an öffentlichen Schulen für die zukünftige Schriftstellerin von Vorteil war, denn so konnte ihre überschäumende Phantasie nicht gezügelt und ihre Sensibilität nicht abgestumpft werden. Die Eltern übernahmen den Elementarunterricht und waren dabei beide nicht sehr geduldig, geschickt und erfolgreich. Wenn der Vater nicht gerade belehren wollte, konnte er allerdings recht anregend sein. Er erzählte selbsterlebte, spannende Bergsteigergeschichten, manchmal rezitierte er Gedichte, am Abend las er vor und forderte anschließend seine Kinder auf, zu dem, was sie gehört hatten, ihre Meinung zu sagen. Später wurden mehr oder weniger gute Privatlehrer hinzugezogen.

Eine andere Quelle der Anregung war für Virginia der geliebte Bruder Thoby, wenn er, in den Ferien aus der Schule heimgekehrt, von den Griechen und Troja erzählte. Die frühe Begegnung mit den klassischen Sagen des fernen Landes regte Virginia wahrscheinlich zu ihrem späteren Erlernen der griechischen Sprache an. Überhaupt nahmen die beiden Schwestern, wenn ihr Interesse an einem Gegenstand erwacht war, ihre Ausbildung zielstrebig und erfolgreich in die eigenen Hände. Es stand für Vanessa schon früh fest, daß sie Malerin werden wollte, und Virginia wählte den Beruf der Schriftstellerin. Sie, die als Kind wild und koboldhaft, unberechenbar und exzentrisch war, merkte schon bald, daß sie durch Geschichtenerzählen die Erwachsenen beeindrucken konnte. Auch abends im Bett, wenn die Kinder schlafen sollten, wurden von ihr phantasierte Geschichten in Fortsetzung erzählt. Als Virginia neun Jahre alt war, gab sie, zuerst gemeinsam mit ihrem Bruder Thoby, später allein, wöchentlich eine Familienzeitung heraus, die *Hyde Park Gate News*. Wie andere Kinder Erwachsene spielen, indem sie sich verkleiden, spielte Virginia das Spiel mit Wörtern und Sätzen. Halb im Ernst und halb kichernd berichtete sie über Familienereignisse, über interessante oder langweilige Gäste und schrieb auch erste Erzählungen. Wurde das Blatt dann von den Eltern gelesen, stieg die Spannung, bis die Verfasserin durch das erlösende „recht tüchtig!" des Vaters für eine Zeitlang überglücklich war. Sobald sie lesen konnte, galt Virginia als unersättliche Leseratte. Der Vater teilte ihr aus dem großen Fundus seiner Bibliothek Bücher zu und sprach mit ihr anschließend über das Gelesene.

Den günstigsten Einfluß auf ihr künftiges Leben haben nach eigenen Worten die Sommer in St. Ives gehabt. Kurz vor Virginias Geburt im Jahre 1881 entdeckte der Vater auf einer Wanderung in Cornwall das Städtchen St. Ives und mietete dort das *Talland House* mit großem Garten und weitem Blick über das Meer für den jährlichen Sommerurlaub seiner Familie. Virginia Woolf beschreibt in ihren Erinnerungen das Glück, das sie als Kind dort empfand, wenn sie in der ersten Nacht hinter den Rouleaus das Brechen der Wellen hörte, wenn sie dann im Logger segeln, im Sand buddeln und über die Felsen klettern konnte. Sie beschreibt die von Menschen wimmelnde, fröhliche und heile Welt, und sie betont, daß die Erwachsenen es gern hatten, wenn die Kinder selbständig waren.

Als ihre Mutter – neunundvierzigjährig – starb, blieb von dieser heilen Welt nichts mehr übrig. Virginia war damals dreizehn Jahre alt; der Tod der Mutter löste ihren ersten seelischen Zusammenbruch aus. Der Vater konnte den Kindern keine Stütze sein. Im Gegenteil: Er beanspruchte deren ganzes Mitgefühl und deren Hilfe; er erwies sich als weltfremder, egozentrischer Mann. Virginia Woolf schrieb in ihren *Erinnerungen*: „Im Grunde waren wir nicht seine Kinder, sondern seine Enkel ... Grausam war es, daß wir uns, während wir die Zukunft vor uns sahen, vollkommen in der Gewalt der Vergangenheit befanden. Das löste einen heftigen Kampf aus. Vanessa und ich waren von Natur aus Forscher, Revolutionäre und Reformer. Doch unsere Umgebung war mindestens fünfzig Jahre hinter unserer Zeit zurück. Vater selbst war ein typischer Viktorianer – George und Gerald (die beiden älteren Stiefbrüder, die Verf.) waren unbeschreiblich konventionell."[5] Der Tagesablauf von Virginia und ihrer Schwester wurde dementsprechend von Konventionen bestimmt. Am Tage durften sie ihren Interessen nachgehen und arbeiten, doch am Abend trat die Gesellschaft in Kraft; sie hatten im dekolletierten und ärmellosen Kleid im Salon zu erscheinen. Die Schwestern mußten in die Gesellschaft eingeführt werden. George, der vierzehn Jahre ältere Stiefbruder, übernahm die Rolle, die normalerweise die Mutter übernommen hätte, und die Einführung wurde ein Fehlschlag. „Von diesen Gesellschaften ist mir die Erinnerung an die Schande geblieben: ich konnte nicht tanzen – an Befangenheit: ich konnte junge Männer nicht zum Sprechen bewegen ..."[6]

[5] Virginia Woolf: 1984, a.a.O., S. 171.
[6] Virginia Woolf: 1984, a.a.O., S. 181.

Virginia war einsam, Lesen wurde für sie zum Trost. Sie hatte inzwischen freien Zugang zur Bibliothek ihres Vaters, erwarb auf diese Weise großes Wissen und wurde zu einer Kennerin der klassischen Literatur. Bereichernde Gespräche mit dem Vater über Literatur waren trotz innerer Distanz zu ihm in dieser Zeit weiterhin möglich. Die Einsamkeit, das Leid, die patriarchalen Ansprüche der Männer und zusätzlich die plumpen erotischen Tätschelversuche ihres Halbbruders George ließen Zorn und Ohnmacht in ihr aufkommen, stärkten aber auch ihre kritische Beobachtungsgabe, ihr Gefühl für das Wesentliche und das Bewußtsein ihrer Wichtigkeit. „Ich kam zu dem Schluß, oder ich fühlte, daß das Leben, auch wenn es darin bestehen sollte, sich auf die Hinterbeine zu stellen und sich mit Händen und Füßen zu wehren, auf alle Fälle das einzig Wahre sei."[7]

Wenn man rückschauend die Kindheit von Virginia Woolf überblickt, ließe sich in groben Zügen feststellen, daß das frühe spielerische Umgehen mit Sprache, ihr intensives Lesen und das väterliche Vorbild die Grundlage für ihre starke sprachliche Ausdrucksfähigkeit waren. Der geistig offene Umgang im Elternhaus eröffnete ihr für damalige Verhältnisse unkonventionelle Räume des Denkens, und ihre eigenen Erfahrungen mit der Dominanz der Männer in unterschiedlichen Erscheinungsformen gaben ihrem Denken und Engagement die Richtung.

Ermutigung der Frauen. – Virginia Woolf engagierte sich in ihrem Werk stark für die Selbstverwirklichung der Frauen. Besonders deutlich wird dieses Plädoyer in ihrem Buch *Ein Zimmer für sich allein*, das 1929 veröffentlicht wurde und auf zwei Vorträge zurückgeht, die Virginia Woolf 1928 vor Frauencolleges in Cambridge gehalten hat. Es enthält eine zwingende Polemik gegen die Abhängigkeit der Frau in einer männlich geprägten Gesellschaftsordnung und ist auf eine poetische und überzeugende Weise geschrieben. Auch in dem Band *Frauen und Literatur*, der Essays zu diesem Thema vereinigt, die vorher im Gesamtwerk der Autorin verstreut waren, werden ihre emanzipatorischen Thesen ausgeführt.

Wenn Virginia Woolf vor Frauen spricht, wie sie unabhängig werden können, stellt sie immer ihre eigenen beruflichen Erfahrungen in den Vordergrund. Am Beispiel ‚Schreiben' will sie exemplarisch die großen Anstrengungen deutlich machen, die eine Frau aufbringen muß, um ihre Identität zu finden und ihre Eigenständigkeit zu erringen; und sie macht den Frauen Mut, diesen Schritt zu tun.

Die Schriftstellerin ist der Ansicht, daß jeder, der sich einer Tätigkeit widmen will, auf den Erfahrungen derer, die sich vor ihm damit befaßt haben, aufbauen muß. Wenn nun aber eine Frau beginnt zu schreiben, merkt sie, daß es ihr wenig hilft, sich auf die meist männlichen Vorbilder zu stützen, „daß schon allein die Form des Satzes ihr nicht angemessen ist."[8] Als Vorbild liegen ihr fast ausschließlich nur von Männern gebaute Sätze vor. Sie sind aber meist – aus der Sicht einer Frau – zu schwer und gravitätisch. Eine Frau sollte den geltenden Satztypus abändern und umformen, „bis sie so schreibt, daß der Satz die natürli-

[7] Virginia Woolf: 1984, a.a.O., S. 160.
[8] Virginia Woolf: Frauen und Literatur, Frankfurt/M. 1989, S. 14.

che Form ihres Gedankens annimmt, ohne ihn einzuzwängen oder zu verzerren."[9] Auch auf dem Gebiet der Werte gibt es zwischen Männern und Frauen unterschiedliche Auffassungen. Das ist im Leben so wie in der Kunst. „Wenn also eine Frau darangeht, einen Roman zu schreiben, wird sie finden, daß sie fortwährend den Wunsch hat, die geltenden Werte zu ändern – bedeutungsvoll zu machen, was einem Mann unbedeutend erscheint, und bedeutungslos, was ihm wichtig ist."[10] Damit hat Virginia Woolf einige der äußeren Schwierigkeiten benannt, die sich einer Frau in den Weg stellen, wenn sie beginnt zu schreiben oder auf eine andere Art ihren Lebensunterhalt zu verdienen. Andere Bedingungen, die ihre Entfaltung behindern, sind weitgehend bekannt, z.B. die fehlende oder unqualifizierte Ausbildung und die finanzielle Abhängigkeit vom Mann. „Intellektuelle Freiheit hängt von materiellen Dingen ab."[11] Frauen aber waren immer arm. Bis 1880 durfte eine verheiratete Frau keinen eigenen Besitz haben. Und auch später hatte kaum jemals eine Frau „ein Zimmer für sich allein", um ungestört geistig arbeiten zu können. Auch die Aufgabe der Frau, den Haushalt zu führen und die Kinder großzuziehen, reduzierten sie zur unselbständigen Hilfskraft. „Wir haben die eintausendsechshundertunddreiundzwanzig Millionen menschlicher Wesen, die laut Statistik zur Zeit leben, geboren und aufgezogen, gewaschen und unterrichtet, meist bis zum Alter von sechs oder sieben Jahren, und das, selbst wenn man einräumt, daß einige von uns dabei Hilfe hatten, braucht seine Zeit."[12]

Die Schriftstellerin geht auch auf die inneren Hemmnisse ein, die ihr selbst beim Schreiben Probleme bereiteten und die in ähnlicher Form anderen Frauen, die sich in einem Beruf durchsetzen wollen, zusetzen können. Sie schildert, daß sie von einem Phantom in Gestalt einer Frau verfolgt wurde. Virginia Woolf nannte dieses den Engel im Haus und personifizierte damit die verinnerlichten Verhaltenserwartungen und Denkverbote, die ganz allgemein mit der Frauenrolle verbunden sind. Diese Gestalt „war es, die sich immer zwischen mich und mein Papier drängte, wenn ich Rezensionen schrieb. Sie war es, die mich störte und mir die Zeit stahl und mich so quälte, daß ich sie schließlich umbrachte."[13] Der Engel im Haus, den es zu jener Zeit in jedem Haus gab, war von großer Einfühlsamkeit, liebenswürdig und gänzlich selbstlos, hatte nie einen eigenen Wunsch oder Willen, noch eigene Ansichten, und vor allem war er keusch. „Kaum hatte ich die Feder in der Hand, um diesen Roman eines berühmten Mannes zu besprechen, stahl sie sich hinter mich und flüsterte: Meine Liebe, du bist eine junge Frau. Du schreibst über ein Buch, das ein Mann geschrieben hat. Sei einfühlsam;

[9] Virginia Woolf: 1989, a.a.O., S. 14.
[10] Virginia Woolf: 1989, a.a.O., S. 15.
[11] Virginia Woolf: Ein Zimmer für sich allein, Frankfurt/M. 1986, S. 124.
[12] Virginia Woolf: 1986, a.a.O., S. 128.
[13] Virginia Woolf: 1989, a.a.O., S. 32.

sei sanft; schmeichle; täusche; brauche alle Listen und Ränke unseres Geschlechts. Laß niemanden ahnen, daß du einen eigenen Kopf hast."[14]

Virginia Woolf begründete auch, weshalb sie die Frauen so beharrlich aufforderte zu schreiben, und sagte dazu: „Wie die meisten englischen Frauen ohne Hochschulbildung lese ich gern – ich lese Bücher stapelweise. Neuerdings ist meine Kost ein wenig monoton geworden; Geschichtswerke handeln zu viel von Kriegen; Biographien zu viel von großen Männern; Gedichte zeigen, glaube ich, eine Tendenz zur Sterilität."[15] Sie meinte damit von Männern geschriebene Bücher. Um das Leben ganzheitlicher zu erfassen und darzustellen, sollten Frauen auf allen Gebieten: erzählende Prosa, Abenteuer, Forschung, Altertum, Geschichte, Biographie, Literaturkritik, Philosophie und Naturwissenschaft das Ihre dazu beitragen. Sie könnten damit die durch männliche Darstellungsweise verkürzten Inhaltsbereiche um eine wesentliche menschliche Dimension bereichern.

Ein anderer Grund, die Frauen zum Schreiben zu bewegen, war der, daß zwar von Alters her bekannt ist, „daß Frauen existieren, Kinder gebären, keine Bärte haben und selten kahl werden; doch außer in diesen Punkten und in anderen, wo man sie mit Männern identisch glaubt, wissen wir wenig über sie und haben wenig verläßliche Zeugnisse, auf die wir unsere Urteile stützen können."[16] Das liegt daran, daß Männer Frauen oft so darstellen, wie sie selber gern sein möchten, oder wie sie sich diese wünschen, aber selten so, wie Frauen wirklich sind. Diese Aufgabe sollten, wegen der besseren Kenntnis des Gegenstandes, die Frauen übernehmen; sie sollten beginnen, das eigene Geschlecht zu erforschen, und über Frauen schreiben, wie noch nie über Frauen geschrieben worden ist.

Diese Gedanken hat Virginia Woolf vor etwa siebzig Jahren geäußert, und in fast allen Punkten haben sie noch heute ihre volle Gültigkeit. Wenn die Autorin auch hinsichtlich bevorstehender Veränderungen zuversichtlich war, nahm sie jedoch nicht an, daß die Frauen ihre Stellung schon in der eigenen oder der nächsten Generation derjenigen der Männer angeglichen haben könnten. Aber mit fortschreitender Unabhängigkeit werde der Haß auf die Männer nicht mehr nötig sein; Angst und Bitterkeit würden sich in Nachsicht und Mitleid verwandeln. Und mit der Zeit würde für die Frau die größte aller Erlösungen eintreten, die Freiheit, an die Dinge selbst zu denken. „Ihre Beziehungen sind nun nicht mehr nur emotional; sie sind intellektuell, sie sind politisch. Das alte System, das sie dazu verdammte, die Dinge im schiefen Winkel durch die Augen oder Interessen des Gatten ... zu betrachten, ist den unmittelbaren und praktischen Interessen eines Menschen gewichen, der selber handeln muß."[17]

„Die geltenden Formen auszuprobieren, die ungeeigneten auszusondern, andere, geeignetere zu schaffen, das ist eine Aufgabe, die bewältigt werden muß, ehe es Freiheit und Geltung geben kann ... Ein großer Teil ihrer (der Frauen, die

[14] Virginia Woolf: 1989, a.a.O., S. 33.
[15] Virginia Woolf: 1986, a.a.O., S. 124.
[16] Virginia Woolf: 1989, a.a.O., S. 39.
[17] Virginia Woolf: 1989, a.a.O., S. 16.

Verf.) Energien sind schon vollauf in Aktion und hochentwickelt. Die Überschußenergien, die da sein mögen, in neue Formen zu gießen, ohne einen Tropfen zu verschwenden, ist das schwierige Problem, das nur durch die gleichzeitige Evolution und Emanzipation des Mannes gelöst werden kann."[18] Virginia Woolf zeigt deutlich die weiblichen Defizite auf, für die eine von Männern geprägte Gesellschaft verantwortlich ist. Wenn wir ihr Wirken als erzieherisch verstehen, dann in dem Sinne, daß sie die Frauen auffordert, den inneren und äußeren Behinderungen gegenüber nicht in Resignation zu verharren, sondern diese zu überwinden, sich eigene Lebensräume zu öffnen und mit der weiblichen Sicht der Dinge auf die Welt Einfluß zu nehmen.

Versuch einer Persönlichkeitsanalyse. – Bei der Suche nach dem Persönlichkeitsbild von Virginia Woolf sind Eindeutigkeiten nicht zu erwarten. Eher im Bewußtsein der Öffentlichkeit sind die zarten, kränkelnden Seiten der Schriftstellerin. Man weiß, daß sie empfindsam, melancholisch, zeitweise im Wahn und stets psychisch gefährdet war, daß sie ihre Sexualität nicht leben konnte und im Alter von neunundfünfzig Jahren Selbstmord beging. Weniger bekannt ist hingegen, daß sie gleichzeitig auch zäh und stark, sinnlich, humorvoll und mutig war. Sie war fähig zu disziplinierter, kontinuierlicher Arbeit, sicher im Urteil und unabhängig im Denken, außerdem fähig zu langanhaltenden Beziehungen zu Männern wie zu Frauen. Ihre Ehe kann man trotz fehlender Sexualität insofern als Erfolg bezeichnen, als sie von gegenseitigem Respekt, von Gleichwertigkeit und gemeinsamen Interessen getragen war.

Bei der Analyse der Persönlichkeit von Virginia Woolf stellt sich vornehmlich die Frage, wie sie einerseits ihr außerordentliches Arbeitspensum, ihre genialen Leistungen vollbringen konnte und wie andererseits ihre häufig wiederkehrenden Depressionen und ihre psychotischen Einbrüche zu erklären sind.

Um diese beiden fast konträr erscheinenden Aspekte zu verbinden, bietet sich Alfred Adlers Begriff und Denkmodell des Lebenstils an. Adler verwendete in seinen späten Schriften „diesen Ausdruck anstelle von Charakter oder Persönlichkeit; er visierte damit die Ganzheit der Person an, ihr Verhaltensmuster, ihre Zielstrebigkeit, ihr Lebens- und Bewegungsgesetz." Und er meinte, um den Lebensstil eines Menschen zu erkennen, müssen wir unter anderem Wissen erwerben über seine frühen „Kindheitserinnerungen, Träume, Verhaltensweisen ... Stellungnahme zu Arbeit, Liebe und Gemeinschaft, Verhalten in Schwellensituationen des Lebens." Auch die „Frage nach dem Aktivitätsgrad eines Menschen ist bedeutsam. Auch ob er mutig oder ängstlich ist. Ob er sich auf die Menschen hinbewegt oder von ihnen wegbewegt. Ob er Mitmensch oder Gegenmensch ist."[19]

[18] Virginia Woolf: 1989, a.a.O., S. 42.

[19] Josef Rattner: Kritisches Wörterbuch der Tiefenpsychologie, Berlin/München 1994, S. 176f.

Kindheitserinnerungen. – Virginia Woolf beschrieb sich selbst, als sie im Alter auf ihre Kindheit zurückblickte, als wilde Range, die Kricket spielte, auf Felsen und Bäume kletterte, und der an schönen Kleidern nicht viel lag. Sie hatte heftige kindliche Zornesausbrüche, die darauf hindeuten, daß sie einen starken Eigenwillen besaß und nicht bereit war, Vorgegebenes unbedingt hinzunehmen. Von klein auf stand für sie fest, daß sie etwas leisten wollte. Schon als Kind wußte sie, daß sie Schriftstellerin werden wollte; der berühmte schreibende Vater diente als Vorbild. Um der Benachteiligung zu entgehen, der sie als Mädchen durch eine defizitäre Ausbildung ausgesetzt war, nahm sie das Lernen früh mit großer Zielstrebigkeit und Ausdauer selbst in die Hand.

Aber auch große Sensibilität und Zustände von Verzweiflung gab es in der Kindheit. Die Schriftstellerin nennt sie in ihren Erinnerungen ihre Schockerlebnisse und meint damit Erlebnisse, die sie so intensiv empfand, daß sie diese ihr Leben lang im Gedächtnis behielt. Sie beschreibt zum Beispiel, wie sie mit ihrem großen, geliebten Bruder Thoby kämpfte. „Wir schlugen gegenseitig mit Fäusten aufeinander ein. Gerade, als ich wieder meine Faust hob, um ihn zu schlagen, überfiel mich das Gefühl: Weshalb einem anderen Menschen weh tun? Ich ließ meine Hand augenblicklich sinken, blieb stehen und ließ mich von ihm schlagen.“ Danach überkam sie ein Gefühl hoffnungsloser Traurigkeit und Machtlosigkeit, sie schlich sich davon und war entsetzlich deprimiert. Als weiteres Erlebnis erzählt sie: „Eines Abends saßen wir beim Essen, als ich meinen Vater oder meine Mutter sagen hörte, daß Mr. Valpy sich umgebracht habe.“ Er hatte die Familie noch kurz zuvor besucht. „Als nächstes erinnere ich mich daran, daß ich nachts im Garten war und auf dem Pfad beim Apfelbaum ging. Es schien mir, als hätte der Apfelbaum etwas mit dem schrecklichen Selbstmord von Mr. Valpy zu tun. Ich konnte nicht vorbeigehen ... ich schien hoffnungslos in einen Abgrund völliger Verzweiflung hinuntergezogen zu werden, aus dem es kein Entkommen für mich gab.“ Ein anderes, ebenso intensives Kindheitserlebnis schildert Virginia Woolf, das diesmal nicht in Verzweiflung, sondern in einem Zustand der Befriedigung endete. „Ich schaute (im Garten, die Verf.) auf eine Pflanze mit einer Fülle von Blättern hinunter, und es schien mir plötzlich klar, daß diese Blume selbst ein Teil der Erde war, ... daß das die wahre Blume war, teils Erde, teils Blume.“[20] Die kleine Virginia nahm sich vor, auf diese beeindruckende, aber rätselhafte Entdeckung später zurückzukommen, um darüber nachzudenken.

Virginia Woolf meinte, als sie diese Erinnerungen aufschrieb, daß sie die Eigenart, von Schocks überfallen zu werden, noch immer hätte, daß sie ihr inzwischen aber jederzeit willkommen seien. „Nach dem ersten Schreck empfinde ich sie als besonders wertvoll. Und so bin ich der Meinung, daß diese Sensibilität für Schocküberfälle das ist, was mich zur Schriftstellerin macht. Ich wage die Erklärung, daß ein Schock in meinem Fall sofort von dem Bedürfnis gefolgt ist, ihn zu begründen.“[21]

[20] Virginia Woolf: 1984, a.a.O., S. 96f.

[21] Virginia Woolf: 1984, a.a.O., S. 98.

Wir können aus diesen wenigen Kindheitsschilderungen schon die aktive Herangehensweise von Virginia erkennen, ein Streben nach Überwindung von Schwächesituationen und ein großes Entsetzen, wenn sie eine Begebenheit nicht verstand und sich ausgeliefert fühlte.

Welche frühen Schädigungen gab es in Virginia Woolfs Kindheit? – Da wir bereits wissen, daß es im Leben der Schriftstellerin starke psychische Einschränkungen gab – die lebenslange Scham und Unsicherheit ihrem eigenen Körper gegenüber, das damit zusammenhängende Nichtlebenkönnen ihrer Sexualität und ihr zeitweiliges Absinken in den Wahn –, müssen wir nach frühkindlichen Schädigungen fahnden, die eine starke Ich-Schwächung der Person hervorgerufen haben. Der bereits erwähnte frühe Mißbrauch Virginias im fünften oder sechsten Lebensjahr ist zwar relevant, kann aber nicht allein ausschlaggebend sein für ihre psychische Labilität. Tiefe Beeinträchtigungen des Selbstwertgefühls sind eher multikausal zu erklären. Welche nachhaltigen Faktoren gab es also neben dem Mißbrauch?

Virginia war kein erwünschtes Kind. Die Eltern, die bereits vier Kinder aus ihren ersten Ehen mitgebracht hatten, wollten, als Thoby und Vanessa geboren waren, keine weiteren Kinder haben. Der Vater war fünfzig Jahre alt und in psychisch kritischer Verfassung. Die Mutter war mit ihren vielfältigen Aufgaben stark überlastet. Als Virginia zur Welt kam, wurde sie wegen der Überlastung der Mutter nur zehn Wochen gestillt. Das heißt also auch, sie wurde wenig im Arm gehalten, bekam nur ein Minimum an mütterlicher Zärtlichkeit. Die Kindermädchen, die es damals in jedem besseren Haushalt gab, waren jung, unausgebildet, schlecht bezahlt und stammten aus einfachen Familien. Sie konnten fehlende Zuwendung und mangelnden Körperkontakt kaum ersetzen. Josef Rattner schreibt in seinem Aufsatz *Haut und Seele*, wie beeinträchtigend sich fehlende Zärtlichkeit im Kleinkindalter auswirken kann: „Wird der Mensch durch fehlende Zärtlichkeit seinem Leib entfremdet, dann fällt er der Verzweiflung anheim.“[22] Die Psychoanalyse geht davon aus, daß das Mutter-Kind-Verhältnis Vorbildcharakter für alle späteren menschlichen Beziehungen hat. Wenn Zärtlichkeit und Nähe in der frühen Mutter-Kind-Beziehung fehlen, kann das Erleben der Sexualität im Erwachsenenalter gestört sein. Auch der Ausbruch von schweren Gemütskrankheiten wird aus psychoanalytischer Sicht auf Störungen und Defizite in der frühen Mutter-Kind-Beziehung zurückgeführt.

Eindreiviertel Jahre nach Virginias Geburt wurde ihr Bruder Adrian geboren; auch er war nicht mehr erwünscht, wurde aber das Lieblingskind seiner Mutter und folglich fast zwölf Monate lang gestillt. Auf Virginia hat diese Entthronung besonders frustrierend gewirkt. So ist es auch verständlich, daß sie sich nicht liebend ihrem kleinen Bruder zuwandte, sondern mit allen Mitteln um die Liebe der älteren Geschwister Vanessa und Thoby kämpfte, die ein enges, zärtliches Paar bildeten. Sie „buhlte um beider Gunst und war sehr verbittert, wenn die beiden ... gegen sie Front machten und sie ... in einen solch ohnmächtigen

[22] Josef Rattner in: *miteinander leben lernen*, Heft 6, Nov. 1997, S. 7.

Wutanfall hineintrieben, daß ihr Gesicht dunkelrot wurde und sie vor Demütigung und Zorn fast zersprang. Schließlich aber erreichte sie ihr Ziel, Vanessas und Thobys Liebe, und sie erreichte es nicht zuletzt durch ihre herausragende Begabung für Worte: Jeden Abend, wenn die Kinder im Bett lagen, erzählte sie in Fortsetzungen spannende Geschichten."[23]

Da Virginia in der Beziehung zu ihrer Mutter wenig Nähe erleben konnte, betete sie diese mit fast ehrfürchtiger Scheu an und behielt sie als Gegenstand beinahe lebenslanger Sehnsucht. Viele Jahre lang suchte die Schriftstellerin in engen Beziehungen fürsorgliches Entgegenkommen und Sicherheit. Erst im Alter von etwa fünfundvierzig Jahren konnte sie sich von der Fixierung auf ihre Mutter befreien, indem sie in ihrem Roman *Die Fahrt zum Leuchtturm* das Leben ihrer Eltern beschrieb. Sie sagte dazu später: „Ich nehme an, daß ich für mich selbst getan habe, was die Psychoanalytiker für ihre Patienten tun. Ich formulierte eine sehr lange und tief empfundene Gemütsbewegung, und indem ich sie formulierte, erklärte ich sie gleichzeitig, und dann legte ich sie ad acta."[24]

Es ist deutlich zu erkennen, daß Virginia auf die frühkindlichen Schädigungen mit großer Willensanstrengung reagierte und um Selbstbehauptung rang. Sie strebte Anerkennung und auch Macht an, während Ohnmachtsgefühle und Abhängigkeit starke Ängste in ihr auslösten.

Wie sah ihr Identifikationsschicksal aus? – So sehr Virginia ihre Mutter auch sehnsüchtig liebte – mit deren Welt, der Frauenwelt, hat sie sich nie identfiziert. Die Mutter, die darin aufging und auch ihre Position daraus bezog, für andere da zu sein, verkörperte den weiter oben bereits beschriebenen Engel im Haus. Virginia entwickelte kaum fürsorgliche Wesenszüge, und weder als Kind noch als Erwachsene hat sie gern die typisch weiblichen Tätigkeiten verrichtet. Als sie klein war, wurde sie zwar zum Teil dazu angehalten, aber immer waren auch die Dienstboten da. Als Virginia dann einen eigenen Haushalt hatte, gab es selbstverständlich Hausmädchen, später sogar eine Haushälterin. Von klein auf schon identifizierte sich Virginia mit ihrem Vater und seiner Welt des Schreibens.

Nach Adler ist jede Handlung zielgerichtet; ein Mensch reagiert nicht nur auf Reize und Ursachen, sondern handelt offenbar nach Zielen und Zwecken. Bei der Identifizierung mit einer Elternperson zum Beispiel ist ein Kind durchaus aktiv, es geht ihm darum, ob diese Identifikation seinem Lebensentwurf dient. Es ist eine Wahl, und weder Zufall noch Vererbung spielen dabei eine Rolle. Adler schreibt: „Umgebungseinflüsse, beispielgebendes Verhalten naher Personen, erzieherische Einflüsse üben nur dann eine Verlockung auf das Kind aus, sie ... anzunehmen, wenn ihre Aufnahme dem Kinde ... einen Erfolg seines Lebensstils zu versprechen scheinen."[25] Es schien Virginia also erfolgversprechender, einer männ-

[23] Susanne Amrain in Duda u. Pusch (Hrsg.): Wahnsinns Frauen, Frankfurt/M. 1992, S. 179.
[24] Virginia Woolf 1984, a.a.O., S. 110.
[25] Ansbacher und Ansbacher (Hrsg.): Alfred Adlers Individualpsychologie, München/Basel 1975, S. 208.

lich kämpfenden, schaffenden Welt zuzugehören als die unterlegene Frauenrolle anzunehmen.

Aus der Identifikation mit der Männerwelt resultierte für Virginia nicht nur Kraftzuwachs, sondern auch eine starke innere Zerrissenheit. Denn mit zunehmendem Alter erkannte sie bald mit der ihr eigenen hellen und unbestechlichen Intelligenz die prekären Seiten des Patriarchats. Diese wurden ihr in der eigenen Familie deutlich und bedrängend vor Augen geführt. Noch als Erwachsene war Virginia Woolf äußerst betroffen darüber, wie sie rückblickend ihren Vater gleichzeitig liebte und für seine egozentrische und rücksichtslose Haltung den Frauen gegenüber haßte. Es ist einsehbar, daß die Identifikation mit einer Person, die man gleichzeitig liebt und haßt, keinesfalls zu einer stabilen Ich-Entwicklung führen kann.

Wie reagierte Virginia Woolf in Schwellensituationen und wie verarbeitete sie ihre Erfahrungen mit dem Patriarchat? – Der Tod der Mutter im Jahr 1895 war eine Schwellensituation in ihrem Leben. Sie war dreizehn Jahre alt, stand am Beginn der Pubertät, und der Verlust der Mutter löste ihren ersten seelischen Zusammenbruch aus. Sie hörte Stimmen, „ihr Puls raste ... Sie wurde beängstigend reizbar und verfiel in schreckliche Depressionen. Menschen machten ihr Angst; sprach sie einer an, wurde sie rot; auf der Straße einem Fremden ins Gesicht zu blicken war ihr unmöglich.“[26]

Nach Meinung aller Beteiligten war die Mutter an Erschöpfung gestorben. Ihre vielfältigen pflegerischen Aufgaben, die in besonderem Maße ihrem empfindsamen und schwierigen Mann zugute kamen, hatten ihre Kräfte schon mit neunundvierzig Jahren verbraucht. Der Vater war nach ihrem Tod ein gebrochener Mann und äußerte dies in Szenen, die seiner unwürdig waren. Die bereits weiter oben erwähnte Hilflosigkeit und Egozentrik offenbarte sich in dem Anspruch, daß er getröstet und daß ihm geholfen werden sollte. Dieser Anspruch richtete sich fast ausschließlich an die weiblichen Mitglieder der Familie.

Die sechsundzwanzigjährige Stiefschwester Stella fand sich, ohne zu murren, mit der ihr zufallenden Rolle ab. Sie übernahm die Haushaltsführung, betreute fürsorglich die kleineren Halbgeschwister und kümmerte sich um den leidenden Witwer, dem sie nie sehr nahe gestanden hatte und dessen Gefühle ihr gegenüber jetzt etwas Besitzergreifendes annahmen. Das zeigte sich besonders, als Stella etwa ein Jahr später heiraten wollte. Er stimmte erst zu, als das junge Paar beschloß, genau gegenüber in der Hyde Park Gate zu wohnen, damit sich Stella weiter um Haushalt und Kinder kümmern konnte.

Virginias psychische Gesundheit war seit dem Tod der Mutter lange Zeit schwankend, und der Hausarzt verordnete strenge Ruhe und verbot die häuslichen Unterrichtsstunden. Die Maßnahmen des Arztes, als Heilmittel gedacht, beraubten Virginias Leben jeder Struktur, jeder sinnvollen Arbeit und ernsthaften Vorbereitung auf das Erwachsenenleben. Um so erstaunlicher ist es, was sie

[26] Quentin Bell: Virginia Woolf, Frankfurt/M. 1982, S. 69.

aus dieser aufgezwungenen Leere machte. Die inzwischen Fünfzehnjährige fing an, Tagebuch zu schreiben, und versuchte beim Vater durchzusetzen, daß sie das King's College besuchen durfte. Er jedoch verwies auf ihre angegriffene Gesundheit, förderte aber dennoch ihren immensen Lerneifer, indem er sie dazu ermunterte, als Historikerin oder Biographin in seine Fußstapfen zu treten. Intensives Eigenstudium ersetzte Virginia die ihr verwehrte formale Ausbildung. Bücher wurden ihr Zuflucht und Freundschaftsersatz.

Das Leben brachte jedoch noch weitere Schrecken und Kränkungen. Stella, die 1897 geheiratet hatte, erkrankte bald darauf so schwer, daß sie starb. Wieder war Virginia ohne mütterliche Fürsorge und Wärme, die sie so dringend brauchte. In dieser Zeit wuchs sie immer enger mit ihrer drei Jahre älteren Schwester Vanessa zusammen, die jetzt mit achtzehn Jahren die Haushaltsführung übernehmen mußte. Vanessa war zupackend und praktisch, aber keinesfalls so selbstlos und ergeben wie Stella. Dies führte zu häufigen Konflikten mit dem Vater. Die beiden Schwestern bildeten ein enges Team, indem sie die ungerechten patriarchalischen Ansprüche erkannten, diskutierten und versuchten, dagegen anzugehen. Der Erfolg war jedoch gering. Weder konnten sie die tyrannischen Ansprüche des Vaters hinsichtlich der Übernahme ihrer weiblichen Pflichten reduzieren noch die sexuellen Übergriffe ihres vierzehn Jahre älteren Stiefbruders George abwehren, denen besonders Virginia in dieser Zeit ausgesetzt war. Sie hatten niemanden, dem sie sich anvertrauen konnten. Erst sehr viel später konnten Vanessa und Virginia über den erfolgten Mißbrauch sprechen. Virginia Woolf ließ dieses Thema bis ins hohe Alter nicht los. Nie wieder habe sie einen solchen Zorn, eine solche Ohnmacht empfunden, schreibt sie in ihren *Erinnerungen*.

Nach dem Tod des Vaters im Jahre 1904 ließen die beiden Schwestern endlich die ihnen vertraute Welt hinter sich. Von da an waren sie übereingekommen, das Leben nach eigenen Maßstäben zu führen. Die Wahl ihrer Lebensbedingungen und ihrer Freunde fand jetzt frei und nach ihren Interessen statt und nicht nach gesellschaftlichen Kriterien. Sie zogen fort aus dem vornehmen Kensington in den weniger repräsentativen Stadtteil Bloomsbury. Die berühmte Bloomsbury group, die schon weiter oben erwähnt wurde, war ein Ergebnis ihres freundschaftlichen Zirkels, in dem Kritiker, Schriftsteller, Maler, Wissenschaftler und Philosophen verkehrten. Auch die Brüder Thoby und Adrian gehörten zu dem Kreis. Man bezeichnete die beiden Schwestern als den strahlenden Mittelpunkt der Gruppe – und das keinesfalls nur ihrer großen Schönheit wegen.

Eine weitere Schwellensituation in Virginias Leben war die Eheschließung. Vielleicht war dies eine der schwierigsten Situationen in ihrem Leben überhaupt. Sie heiratete erst mit dreißig Jahren, und das ist nicht verwunderlich. Ihr Lebensziel war es, ihre Begabung und ihre Individualität zu entfalten. Zur damaligen Zeit wurde von einer Ehefrau die völlige Hingabe an ihren Mann erwartet und das Aufgeben aller eigenen Ziele. Dazu war Virginia nicht bereit, sie galt als anspruchsvoll und eigenwillig und war schon zu weit in die ihr eigene Richtung gegangen. Sie war selbständig, hatte etwas Geld geerbt, schrieb Rezensionen für Zeitschriften und hatte angefangen, ihren ersten Roman zu verfassen. Dennoch war sie nicht zufrieden. Sie war psychisch labil, neigte zu Depressionen und zweifelte an ihren Fähigkeiten. Im Rückblick auf diese Zeit äußerte sie sich folgendermaßen: „Ich konnte nicht schreiben, und alle Teufel kamen wieder hervor – haarige, schwarze. Neunundzwanzig Jahre alt zu sein – kinderlos – und geisteskrank dazu, keine Schriftstellerin."[27]

Anfang des Jahres 1912 hielt Leonard Woolf um ihre Hand an. Er war ein Freund und Studienkollege ihres inzwischen verstorbenen Bruders Thoby gewesen und auch mit anderen Freunden Virginias aus der Bloomsbury group bekannt. Er hatte vor sieben Jahren eine Stellung in der Kolonialverwaltung in Ceylon angenommen, war aber mit den Freunden in seiner Heimat eng verbunden geblieben. Nun war er auf Urlaub und lernte Virginia, die er schon vor seiner Auslandstätigkeit gesehen und bewundert hatte, durch die gemeinsamen Freunde näher kennen. Virginia machte sich die Entscheidung, ob sie seinen Heiratsantrag annehmen sollte, nicht leicht. Sie sagte ihm deutlich, daß sie sich körperlich von ihm nicht angezogen fühle, und „trotz seiner Beteuerungen, er liebe ihren Geist, ihr Wesen, erschreckte sie der Gedanke an die praktischen Konsequenzen, die mit einer Eheschließung verbunden sind, dermaßen, daß sie einen Wall geistiger Verwirrung zwischen sich und Leonard auftürmte".[28] Leonard, der nicht wußte, daß Virginia zeitweilig in Wahnzustände abglitt, hielt liebevoll zu ihr und bat, noch bevor er ihre Zusage hatte, um seine Entlassung aus dem Kolonialdienst. Kurz darauf entschloß sie sich zur Heirat. Sie schrieb an eine gute Freundin: „Ich werde Leonard Woolf heiraten. Er ist Jude und hat keinen Pfennig. Ich bin glücklicher, als je jemand für möglich gehalten hat."[29] Sie sagte auch – und das war für sie äußerst wichtig –, daß Leonard ihr Schreiben für das Beste an ihr hielte und daß sie viel arbeiten würden.

Im August des Jahres 1912 fand die Hochzeit statt. Die beiden beschlossen, in Zukunft vom Schreiben zu leben. Während der Flitterwochen spürte Virginia allerdings, wie enttäuscht und tief gekränkt Leonard doch von ihrer mangelnden sexuellen Reaktion war. Nach der Rückkehr von der Hochzeitsreise suchte das Paar die in diesen Dingen erfahrene Vanessa auf und fragte sie um Rat. Eine Besserung brachte das nicht. Virginia machte sich die ausgesprochene und unausgesprochene Kritik zu eigen und fühlte sich schuldig, weil ihr Körper nicht funktionierte, wie er sollte. Hinzu kam, daß Virginia gern Kinder gehabt hätte. Doch auf Rat der Ärzte und durch einen Beschluß Leonards sollte sie darauf verzichten, um sich nicht zu gefährden. „Damit waren ihr alle Möglichkeiten einer physischen Identitätsfindung genommen. Ihr Körper war zu nichts nutze ... Ihr Werk, ihr Buch muß diesen Körper fortan ersetzen."[30] Im April 1913 nahm Virginias Halbbruder Gerald Duckworth ihren ersten Roman *Die Fahrt hinaus*, an dem sie bereits fünf Jahre gearbeitet hatte, zur Veröffentlichung an. Doch Mitte

[27] V. Woolf, zit. in: Susanne Amrain 1992, a.a.O., S. 207.
[28] Gerda Marko: Schreibende Paare, Frankfurt/M. 1998, S. 265.
[29] V. Woolf, zit. in: Quentin Bell, 1982, a.a.O., S. 246.
[30] Susanne Amrain 1992, a.a.O., S. 212.

des gleichen Jahres, noch bevor es zur Veröffentlichung kam, brach die Wahnkrankheit der Schriftstellerin erneut aus.

Diese Krankheitsperiode war die heftigste und bedrohlichste ihres ganzen Lebens; mit vorübergehenden Besserungen hielt sie bis zum Beginn des Jahres 1916 an, wobei das Jahr 1914 annähernd beschwerdefrei war und sich Virginia in diesem Zeitraum schon einigermaßen erholt hatte. Während des psychischen Zusammenbruchs 1913 hatte Virginia Gefühle existenzieller Schuld und meinte, für diese Schuld bestraft werden zu müssen. Sie litt unter Schlaflosigkeit, manischer Unruhe, Depressionen und hatte einen fast unüberwindlichen Widerwillen gegen jede Nahrungsaufnahme. Es kam zu einem Selbstmordversuch mit einer tödlichen Dosis Veronal, das man ihr sonst als Medikament verabreichte. Durch die Hilfe der Ärzte konnte sie jedoch gerettet werden. Die Veröffentlichung ihres Romans war zurückgehalten worden, um sie zu schonen. Doch Leonards Roman *The Wise Virgins*, den er nach der Heirat geschrieben hatte und in dem er verschlüsselt seine Beziehung zu Virginia und seine Enttäuschung über ihre sexuelle Unzugänglichkeit dargestellt hatte, war veröffentlicht worden. Virginia bekam ihn das erste Mal zu lesen. Sie äußerte sich überwiegend positiv zu der Form des Geschriebenen. Bezüglich des Inhalts hielt sie ihre Meinung zurück, doch er wühlte sie innerlich auf. Der Krankheitsrückfall, den Virginia im Frühjahr 1915 erlitt, kann als Reaktion auf das Buch Leonards verstanden werden. Virginia tobte, wurde aggressiv gegen die Krankenschwestern, die Leonard zu ihrer Pflege engagiert hatte, sie redete tagelang ununterbrochen, und ihr Wahnsinn kulminierte in bösartiger Feindseligkeit gegen Leonard, der zwei Monate lang nicht in ihre Nähe kommen durfte.

Virginia erinnerte sich ihr Leben lang gut an diese Zeit des gewalttätigen Ausbruchs, an den einzigen Anfall von Anarchie, den sie sich je gestattete. Sehr viel später, im Jahre 1930, schrieb sie an eine Freundin: „Und dann heiratete ich, und mein Gehirn explodierte in einem Schauer von Feuerwerk. Als Erfahrung ist das Verrücktsein großartig, kann ich Dir versichern, und nichts, worüber man die Nase rümpfen sollte; und in seiner Lava finde ich noch immer die meisten jener Dinge, über die ich schreibe ... Tatsächlich war ich fast lahmgelegt, als ich wieder in die Welt zurückkam, unfähig, einen Fuß vor den anderen zu setzen nach dieser Dressur. Denke nur einmal – keinen Augenblick befreit zu sein von der Dressur der Ärzte – vollkommen fremde, konventionelle Männer, ‚Sie werden dies nicht lesen', und ‚Sie werden kein Wort schreiben' und ‚Sie werden stillliegen und Milch trinken' – sechs Monate lang."[31] Als sie im Oktober 1915 von den Ärzten für genesen erklärt wird, hatte man sie so intensiv zum Essen gezwungen, daß ihr Gewicht von 54 auf 80 Kilo angestiegen war. Tatsächlich hat die Schriftstellerin später in ihrem Roman *Mrs. Dalloway* den Wahnsinn in einer Nebenfigur des Romans eindrücklich beschrieben. Besonders herausgestellt hat sie dabei die Hilflosigkeit der Ärzte, der sie sich selbst während ihrer Krankheit so schmerzlich ausgeliefert fühlte.

[31] V. Woolf, zit. in: Susanne Amrain 1992, a.a.O., S. 216.

Nach der Gesundung Virginias richteten sich die Eheleute nebeneinander und miteinander ein. „Virginia konnte nach alledem weiter mit Leonard leben, weil er während ihrer Krankheit eine unnachgiebig zähe Geduld bewiesen hatte, und sie empfand, daß seine Zuneigung zu ihr unerschütterlich war. Fortan war ihre Ehe geprägt von Leonards Fürsorge, von Arbeit und von tiefem Interesse aneinander. Und gewisse Themen wurden nie wieder Gegenstand ihrer Gespräche. Es war so etwas wie ein ‚Daheimsein im Fremden'."[32]

Man erkennt, daß Virginia in Schwellensituationen und bei großen psychischen Belastungen zusammenbrach. Das kann man so deuten, daß sie zu zart war, um solche Anforderungen bewältigen zu können. Die Anforderungen an ihre Kraft in den beschriebenen Fällen waren tatsächlich groß: der Tod der Mutter, Stellas Tod, die Entscheidung, ob sie mit ihrem Drang nach Selbstverwirklichung heiraten und wie sie mit ihrer geschädigten Sexualität umgehen sollte. Doch nach Adler ist in jeder Reaktion immer auch eine Botschaft enthalten, so mit Sicherheit auch in Virginias Zusammenbrüchen. Man kann aus ihnen entnehmen, daß sie Schonung, Fürsorge und Zuwendung forderte. Es war ihr hingegen kaum möglich, sich stark auf andere einzustellen, für andere da zu sein und sich hinzugeben. Letztendlich hat Virginia sich durchgesetzt, sie hat ihren Kampf mit dem Patriarchat gewonnen. Aber welche Anstrengung hat das gekostet, welche Kriegskosten mußte sie dafür zahlen! Günstig war es, daß sie in Leonard einen Partner gefunden hatte, der wenig patriarchalische Züge hatte, äußerst fürsorglich war, sie liebte und ihre große Begabung und Genialität zu schätzen wußte.

Wie kann Virginias sexuelle Unansprechbarkeit auf dem Hintergrund ihrer Persönlichkeit und ihres Lebensstils interpretiert werden? – Ihre Frigidität ausschließlich durch den in ihrer Kindheit und Jugend erfolgten Mißbrauch zu erklären, ist zu kurz gegriffen. Nach Adlers Konzept vom Lebensstil sind die realen Traumatisierungen, die einem Menschen widerfahren, weniger ausschlaggebend, als das, was das Individuum aus diesen Erlebnissen macht, und wie es dazu Stellung nimmt.

Die Reaktion Virginias auf das Erlebte äußerte sich in lebenslanger Vermeidung von Situationen des Ausgeliefertseins. Sie entwickelte frühzeitig eine Verhaltensweise, die von Alfred Adler als männlicher Protest bezeichnet wird. Dies ist ein zentraler Begriff in seiner Individualpsychologie. Adler, der das Patriarchat für den Krebsschaden aller bisherigen Kulturen hielt, war der Ansicht, daß im Patriarchat sowohl Männer als auch Frauen von der Leitvorstellung beherrscht sind, sich als ganzer Mann gebärden zu müssen. Weiblichkeit wird mit Unterlegenheit gleichgesetzt. Und je niederdrückender die Minderwertigkeitsgefühle in einem Menschen sind, um so eindeutiger verfolgt er die Linie der Überlegenheit.

Josef Rattner schreibt in einem Aufsatz über den männlichen Protest unter anderem: „Ebenfalls manifest wird das männliche Protestverhalten in einer sexuellen Komplikation, wo man es vorerst nicht vermuten würde. Wir denken an die weibliche Frigidität und die männliche Impotenz. In beiden Fällen handelt es

[32] Susanne Amrain 1992, a.a.O., S. 216.

sich um ein sexuelles Nicht-Können; die betreffenden Patienten würden liebend gerne diese Hingabestörung beseitigt sehen. Aber das sind nur verbale Versicherungen. Läßt man sich vom Symptom selbst nicht allzu sehr faszinieren und betrachtet sein psychisches Umfeld, dann sieht man, daß die Orgasmusunfähigkeit zur ‚persönlichen Leitlinie' paßt. Sowohl die frigide Frau als auch der impotente Mann stehen in einer (meist unbewußten) Kampfstellung zum anderen Geschlecht."[33]

Adler ist der Ansicht, daß Funktionsstörungen in der Sexualsphäre einer Frau aus der Unzufriedenheit mit einer Geschlechtsrolle stammen, die schon in der eigenen Familie als untergeordnet aufgefaßt wurde. Er ist aber auch der Meinung, daß der männliche Protest in eine positive Anpassung münden kann. „Das Mädchen stößt oft durch die heute noch bestehende kulturelle Bedrängung in einem schweren Minderwertigkeitsgefühl stark nach und legt dabei ein stärkeres Training an den Tag, das ihm oft deutliche Züge großer Energie verleiht. Dies ist der Auftakt zum ‚männlichen Protest', der unzählige gute und schlimme Folgen in der Entwicklung von Mädchen zeitigen kann, alle zwischen Vorzügen und Abwegigkeiten menschlicher Art bis zur Ablehnung der Liebe oder bis zur Homosexualität gelagert."[34]

Hier läßt sich die persönliche Leitlinie Virginia Woolfs erkennen: ihre Identifikation mit der Vaterwelt, ihr immenser Fleiß, ihr fester Wille, aus ihrem Leben – auch als Frau – etwas zu machen, ihre aktive und kämpferische Lebenshaltung, die das Bedürfnis nach Macht beinhaltet. Damit verbunden ist aber auch ihre Unfähigkeit zur Hingabe.

Virginia schämte sich für ihre mangelnde Fähigkeit, Genuß am Geschlechtsverkehr zu empfinden, und verspottete sich selbst als Eunuch und Zwitter. Auch die Wunde, auf Kinder verzichten zu müssen, verheilte nie. Nach etwa zehn Ehejahren mit Leonard verliebte sie sich leidenschaftlich und sehnsuchtsvoll in Vita Sackville-West, eine um zehn Jahre jüngere, bildschöne, adlige Schriftstellerin. Diese lebte im Einverständnis mit ihrem Mann, der selbst homosexuell war, ihre Liebe zu Frauen rückhaltlos aus. Virginia schien von Vita stärker körperlich angezogen gewesen zu sein, als es umgekehrt der Fall war. Ihre erwachte Sinnlichkeit wurde enttäuscht. Die Freundin entzog sich und lebte ihre Sexualität promiskuitiv aus. Vita bewunderte und akzeptierte Virginias schriftstellerische Überlegenheit, konnte sie jedoch schwer in der Rolle der Lehrmeisterin ertragen. Virginia nahm „die treulose Geliebte nun auf ihre Weise in Besitz. Was sie nicht leben durfte, darüber wollte sie schreiben, und sie bemächtigte sich Vitas in Form einer fiktiven Biographie".[35] Das Ergebnis war der Roman *Orlando*; er war mit Leichtigkeit geschrieben und wurde ein großer Erfolg. Virginia hat sich damit zwar nicht sofort von ihrer Trauer befreien können – schließlich erlebte sie in dieser Beziehung das erste Mal in ihrem Leben eine starke körperliche Leiden-

[33] Josef Rattner: in *miteinander leben lernen*, Heft 4, Juli 1995, S. 39.
[34] Alfred Adler in: Ansbacher und Ansbacher (Hrsg.): a.a.O., 1975, S. 67.
[35] Gerda Marko: a.a.O., 1998, S. 281.

schaft –, doch sie konnte sich Distanz zu ihrer Enttäuschung durch diesen Text schaffen. Es gelang Virginia, sich in Vitas Liebeswirrwarr nicht mehr einspannen zu lassen, und die Freundschaft der beiden Schriftstellerinnen konnte dadurch noch viele Jahre weiter bestehen.

Ein weiterer Versuch, sich durch Sexualität als Mensch zu erfahren, kam im Leben der Schriftstellerin nun nicht mehr vor. Wie notwendig und erquickend es jedoch im Leben eines Menschen ist, in die Sexualität eintauchen zu können, beschreibt Josef Rattner in seinem Aufsatz *Gelebte Metaphysik*: „Normalerweise ist der Mensch ‚außerhalb seiner selbst' und setzt seinen Organismus instrumental ein, indem er mit der Welt im tätigen Umgang steht. Das ist anstrengend und verlangt sozusagen danach, immer wieder periodisch in den Leib einzutauchen und dabei Erholung zu finden. Das geschieht im Schlaf und eben auch in der Sexualität. Das Beglückende und Erquickende des Sexualaktes liegt u.a. darin, daß der Mensch in ihm vollumfänglich leibhaft zu existieren versucht. Das alltägliche Gespaltensein kommt zur Ruhe, und man wird identisch mit sich selbst."[36]

Virginia Woolf war es nicht vergönnt, durch das Versinken im Körper Erholung und Stärkung zu finden. Sie bewies sich statt dessen beinahe ausschließlich durch ihr Schaffen.

Wie spiegelte sich der Lebensstil der Schriftstellerin in ihrer Arbeitshaltung wider? – Ihr Aktivitätsgrad war außerordentlich hoch. Leonard Woolf beschreibt dies in seiner Biographie *Mein Leben mit Virginia*: „Ich habe nie wieder jemanden mit so angespannter und unermüdlicher Konzentration arbeiten sehen wie Virginia. Das war besonders der Fall, wenn sie an einem Roman schrieb. Der Roman wurde zu einem Teil von ihr, und sie selbst wurde vom Roman absorbiert. Diese intensive Absorption bedeutete eine große seelische Anspannung für sie, weshalb sie ihr Leben lang versuchte, zwei verschiedene schriftstellerische Tätigkeiten nebeneinander zu betreiben: Erzählendes und Rezensionen. Wenn sie ein paar Wochen intensiv an einem Roman gearbeitet hatte, schaltete sie zur Erholung und zum Ausruhen auf Kritiken um. Und obwohl sie selbst einer vergleichsweise unwichtigen Kritik viel Sorgfalt und Konzentration widmete, war der Teil des Verstandes, den sie für Besprechungen oder sogar Biographisches benutzte, ein anderer als der, den sie bei ihren Romanen einsetzte."[37] Und an anderer Stelle der Biographie schreibt er über Virginias Arbeitshaltung: „Von den sechzehn Stunden des Tages, in denen sie wach war, arbeitete Virginia normalerweise fünfzehn Stunden, und ich möchte behaupten, daß sie beim Schlafen außerdem noch die meiste Zeit davon träumte ... In Rodmell ging sie fast jeden Nachmittag spazieren, eine Stunde, zwei Stunden oder länger. Die ganze Zeit, während sie über die Downs, durch feuchte Wiesen oder am Flußufer entlanglief, war sie bewußt oder unbewußt in Gedanken bei dem Buch oder Artikel, an dem sie gerade schrieb, oder der Idee eines Buches oder einer Geschichte, die noch geschrieben werden sollte

[36] Josef Rattner in: *miteinander leben lernen*, Heft 1, Jan. 1998, S. 14.
[37] Leonard Woolf: Mein Leben mit Virginia, Frankfurt/M. 1988, S. 147f.

... Mehr noch, obwohl sie das, was sie auf ihrem Spaziergang sah oder hörte, um seiner selbst willen sehr genoß, so wurde es doch, meine ich, fast immer auch bis zu einem gewissen Grade als Rohmaterial für ihre Kunst registriert. Das gilt für alle Aktivitäten ihres Lebens."[38]

Leonard Woolf zitiert einige Zeilen aus ihrem Tagebuch, die sie notierte, nachdem sie ihren Roman *Die Wellen* gerade abgeschlossen hatte: „Ich schrieb die Worte ‚O Tod' vor fünfzehn Minuten, nachdem ich die letzten zehn Seiten mit einigen Augenblicken solcher Intensität und solchen Rausches abgespult habe, daß ich hinter meiner eigenen Stimme herzustolpern schien, oder hinter einer Art Sprecher, als wäre ich geisteskrank. Fast bekam ich Angst, weil ich mich an die Stimmen erinnerte, die mir vorauszufliegen pflegten."[39]

Für Leonard war es die geistige Überbeanspruchung Virginias, die ihre innere Stabilität gefährdete. Er war der Ansicht, daß sie irreparablen Schaden davontrüge, wenn sie nur durch Arbeit belastet und nie durch Spiel entlastet würde. Deshalb wollte er ein Spiel für sie finden, das spannend genug war, um sie am Nachmittag völlig von ihrer Arbeit abzulenken, das ihre Seele entlasten sollte. Da die beiden schon häufig die Möglichkeit erwogen hatten, das Drucken zu erlernen, kauften sie eines Tages eine kleine Handpresse, Lettern und alle notwendigen Geräte, und dazu eine sechzehnseitige Broschüre, die angab, wie man druckt. Die Maschine war so klein, daß sie auf dem Küchentisch Platz hatte. Aus diesen primitiven Anfängen entwickelte sich im Laufe der Jahre unter Leonards geschickter kaufmännischer und Virginias treffsicherer künstlerischer Leitung ein erfolgreicher Verlag, die *Hogarth Press*. Diese Beschäftigung hatte den Vorteil, daß Virginia und Leonard ihre eigenen Bücher herausbringen konnten. Sie waren auch in der Lage, Texte von unpopulären, von ihnen wertgeschätzten Autoren zu drucken und diese dadurch zu fördern. In den ersten sieben Jahren des Bestehens brachte die *Hogarth Press* zum Beispiel Werke von K. Mansfield, Vita Sackville-West, T. S. Eliot, E. M. Forster, Roger Fry und Robert Graves sowie Übersetzungen von Dostojewski und Tolstoi heraus. Und noch bevor Freud nach England emigrieren mußte, veröffentlichte die *Hogarth Press* ab 1924 seine ins Englische übertragenen Schriften.

Diese erfolgreiche gemeinsame Arbeit verschaffte Virginia nicht nur die Beruhigung, nicht auf kritische Verleger und Lektoren angewiesen zu sein, sie brachte auch eine starke Verbindung zwischen den Eheleuten, die sonst jeder für sich arbeiteten. Allerdings war Leonard immer der erste, der ihre fertigen Romane las. Er konnte sie dann, weil sie stets verunsichert war, wenn sie ein Werk beendet hatte, auffangen und bestätigen. Während der Arbeit an einem Roman sprach sie weder mit Leonard noch mit anderen Menschen über den Prozeß des Schreibens. Leonard selbst hatte nach zwei ersten nicht recht erfolgreichen Versuchen aufgehört, Romane zu schreiben und sich – erfolgreicher – politischer und historischer Schriftstellerei zugewandt. Außerdem machte er sich einen

[38] Leonard Woolf: 1988, a.a.O., S. 232f.

[39] V. Woolf, zit. in: Leonard Woolf 1988, a.a.O., S. 26.

Namen als Berater der Labour Partei und der Genossenschaftsbewegung, als Redakteur, Herausgeber von Zeitschriften und als Buchrezensent.

Das Drucken und Verlegen, dieses gemeinsame Spiel, schaffte tatsächlich, wie von Leonard intendiert, für Virginia große Freude an der praktischen Arbeit und damit Entspannung. Als eine andere Form der Erholung von ihrer zielstrebigen, selbstkritischen Art zu arbeiten kann man Virginias Krankheiten ansehen. Da sie sich durch ihre stete Anspannung und meist zu wenig Schlaf durchweg überforderte, kann man die durch Krankheiten erzwungenen Pausen als Warnung oder als Hilfe ihres leiblichen Selbst betrachten. Die Biographin Susanne Amrain beschreibt einen dieser Zusammenbrüche *en miniature*: „Als sie in Monk's House ankamen, brach Virginia zusammen. Sie sank auf einen Stuhl und konnte kaum mehr aufstehen. Alles schien ihr schal, ohne Geschmack, farblos ... Sie hatte ein ungeheures Verlangen nach Ruhe, wollte nicht sprechen, nur auf dem Liegestuhl in der frischen Luft liegen, konnte nicht lesen, schlief viel und empfand nicht die geringste Freude am Leben ... Erst fünf Tage später registrierte sie eine gewisse Erholung."[40] Sie konnte wieder lesen und fand langsam zu sich selbst zurück.

Eine andere Biographin, Gerda Marko, beschreibt Virginia Woolfs panische Angst vor Kritik, die sie überfiel, wenn sie einen Roman vollendet hatte: „So sicher sie war, daß die Zeit des traditionellen Erzählens vorbei und sie auf dem richtigen Weg war, angemessene Ausdrucksformen und einen eigenen Stil zu finden (später von der Literaturkritik unter dem Begriff des ‚Bewußtseinsstroms' subsumiert), so sehr ängstigte sie ihr Verdacht, ihre Schreibweise wäre möglicherweise Ausgeburt ihrer Geisteskrankheit. Und erst, wenn sie von Leonard in der objektiven Qualität des Ergebnisses bestätigt war, kam der Moment, ‚wo sie es mit den Kritikern, sich selbst und der Welt aufnahm'. Sie war nie irre an ihrer Überzeugung, wohin sich Literatur entwickeln müsse, zweifelte aber stets daran, selbst dazu ausreichend befähigt zu sein."[41]

Trotz der in diesem Kapitel beschriebenen Möglichkeiten, partielle Entspannung zu finden, lebte Virginia Woolf doch immer am Rande ihrer Kräfte und war dadurch stets gefährdet. Sie mußte sich ihre Existenzberechtigung durch fast suchtartiges Arbeiten beweisen und äußerte sich selbst dazu folgendermaßen: „Sobald ich nicht arbeite, oder das Ende (eines Textes, die Verf.) in Sicht ist, beginnt das Nichts."[42]

Ein Grund für die stete psychische Gefährdung der Schriftstellerin kann auch der sein, daß sie beim Schreiben von Romanen einen starken Zugang zu ihrem eigenen Unbewußten fand und sich ihm rückhaltlos auslieferte. Friedrich Schiller hat darauf hingewiesen, daß der wahre Künstler beim Schaffen die „Wachen vor den Toren des Geistes" zurückziehen müsse: „Es scheint nicht gut und dem Schöpfungswerke der Seele nachteilig zu sein, wenn der Verstand die zu-

[40] Susanne Amrain: So geheim und vertraut, Frankfurt/M. 1994, S. 117.
[41] Gerda Marko: 1998, a.a.O., S. 277f.
[42] V. Woolf, zit. in: Susanne Amrain, a.a.O., 1992, S. 189.

strömenden Ideen gleichsam an den Toren schon zu stark mustert. Bei einem schöpferischen Kopfe hingegen, deucht mir, hat der Verstand seine Wache von den Toren zurückgezogen. Die Ideen stürzen *pêle-mêle* herein, und alsdann erst übersieht und mustert er den großen Haufen."[43]

Bestand eine Verbindung zwischen dem Genie der Schriftstellerin und ihrem Abgleiten in den Wahn? – Die Ärzte jener Zeit, in der Virginia Woolf lebte, nannten ihre Krankheit Neurasthenie. Leonard Woolf meinte, daß nicht einer der vielen Fachärzte, die sie konsultierten, den Charakter der sogenannten Neurasthenie genau kannte. Er nannte ihr Wissen „zum Verzweifeln dürftig" und äußerte sich über diese Ärzte in seiner Biographie folgendermaßen: „Es mag arrogant klingen, wenn ich ... sage, daß es mir schien, als wüßten sie praktisch nichts. Sie hatten nicht die blasseste Ahnung von Virginias Geisteszustand und woher es kam, daß sie plötzlich oder allmählich die Verbindung zur realen Welt verlor und in einer Welt von Wahnvorstellungen lebte, so daß sie zu einer Gefahr für sich und andere wurde."[44]

Die Ärzte wurden im Ernstfall zwar weiter konsultiert, doch gleichzeitig beobachtete Leonard mit liebevoller Aufmerksamkeit und Sorgfalt die geheimen Gesetzmäßigkeiten in Virginias Leben. Dadurch gelang es ihm im Laufe der Zeit, die Ursachen ihrer Zusammenbrüche und besonders deren Vorboten zu erkennen und die Krisen zu entschärfen. Virginia hatte bis zu ihrem Selbstmord 1941 keinen ernsten wahnhaften Zusammenbruch mehr, war jedoch mehrmals knapp davor. Wenn sich die ersten noch schwachen Symptome geistiger Erschöpfung ankündigten, verordnete Leonard einen strengen, regelmäßigen Tagesplan mit völliger Ruhe, guter Ernährung, mit wenig äußerer Anregung und ausreichend Schlaf. Virginia unterwarf sich diesen fürsorglichen Anordnungen überwiegend willig und konnte sich dadurch meist bald wieder erholen. Sie erkannte deutlich, wie Leonards manchmal tyrannische Fürsorge ihre Psyche stabilisierte und ein Abgleiten in den Wahn verhinderte.

Eine andere Tatsache, die Virginia stark entlastete, war Leonards fester Glaube, daß ihre Wahnzustände eng mit ihrem Genie verknüpft seien. Er hielt sich an Seneca, der seinerseits sagte, daß es nie ein Genie gegeben hätte ohne eine Dosis Wahnsinn. Leonard Woolf drückte dies in seiner Biographie folgendermaßen aus: „Das Ausbrechen des Geistes aus den gewöhnlichen Denkrastern, das ich bei Virginia fand, ist meiner Ansicht nach so etwas wie Inspiration oder Genie."[45] Und an anderer Stelle sagte er: „Ich bin ganz sicher, das Virginias Genie mit dem, was sich als geistige Labilität und Krankheit manifestierte, eng verbunden war. Die schöpferische Phantasie in ihren Romanen, ihre Fähigkeit, in einer

[43] Friedrich Schiller, zit. in: Josef Rattner, Charakterstudien, Berlin 1996, S. 160.
[44] Leonard Woolf: 1988, a.a.O., S. 107.
[45] Leonard Woolf: 1988, a.a.O., S. 27.

Unterhaltung 'abzuheben', und die redseligen Halluzinationen ihrer Zusammenbrüche kamen alle aus derselben Ecke ihres Geistes."[46]

Allgemein wird gesagt, daß Genies häufig aus der Not geboren werden, d.h. sich aus einer bedrängenden Notsituation heraus entwickeln. Sartre prägte die Formel, das Genie sei ein Ausweg aus der Verzweiflung. Und Adler, der in keinem Fall an Vererbung glaubte, äußerte ähnliche Gedanken, wenn er sagte: „Genies gingen einen schwierigen Weg... Wir gewinnen den Eindruck, daß sie zu Beginn des Lebens aufs härteste mit den Schwierigkeiten konfrontiert wurden, daß sie aber mit ihnen gekämpft und sie überwunden haben. Wir können vor allem beobachten, wie sie früh ihr Interesse auf einen Punkt richteten, und wie sie hart in ihrer Kindheit an sich gearbeitet haben. Sie schärften ihre Sinne, so daß sie mit den Problemen der Welt Kontakt aufnehmen und sie verstehen konnten. Aus diesem frühen Training können wir schlußfolgern, daß ihre Kunst und ihr Genie ihre eigene Schöpfung waren und nicht ein unverdientes Geschenk der Natur oder der Vererbung."[47]

Auch Josef Rattner sieht den krisenbedingten Hintergrund des Genieschicksals, wenn er schreibt: „Frühes Training in einer günstigen Umgebung, meistens auch das Erlebnis irgendeines tiefgreifenden Mangels, aufgestacheltes Kompensations- und Überkompensationsstreben: Das alles fließt zusammen, um einen Menschen ins Schöpferische hinaufzuheben. Die Genies bezahlen oft genug ihren hypomanischen Schaffensdrang mit Unangepaßtheit im bürgerlichen Leben, mit persönlichem Unglück, mit gewaltiger innerer und äußerer Not."[48]

Wie sah es mit dem Gemeinschaftsgefühl der Schriftstellerin aus? – Nach Adlers Ansicht „ist ein genialer Mensch in erster Linie ein Mensch von höchster Nützlichkeit. Wenn er ein Künstler ist, so ist er für die Kultur von Nutzen, indem er ihr durch sein Werk Würde und Wert zur Erbauung Tausender verleiht. Dieser Wert hängt, soweit er wirklich echt und nicht nur von leerer Brillianz ist, von einem hohen Grad von Mut und Gemeinschaftsgefühl ab."[49]

Der Wert des Werkes, das Virginia Woolf uns hinterließ, kann auf keinen Fall angezweifelt werden, und auch ihr großer Mut beim Beschreiten neuer Wege in der Literatur ist nicht in Frage zu stellen. Ganz unmittelbar kann man ihr Gemeinschaftsgefühl aus ihrem Engagement für die Sache der Frauen ableiten und aus ihrer pazifistischen Haltung, die sie exemplarisch in ihrem Buch *Drei Guineen* zum Ausdruck bringt. Dennoch soll die Person Virginia Woolf nicht idealisiert werden. Sie konnte scharfzüngig und boshaft sein, in der Ehe war sie im emotionalen Bereich eher die Nehmende als die Gebende. Sie kannte durchaus starke Konkurrenzgefühle, wenn jemand auf ihrem Gebiet die gleiche Begabung aufwies. „Eine Rivalin weniger" waren nach eigenen Worten ihre ersten Gedan-

[46] Leonard Woolf: 1988, a.a.O., S. 61.
[47] Alfred Adler in: Ansbacher und Ansbacher (Hrsg.): 1975, a.a.O., S. 208f.
[48] Josef Rattner: Charakterstudien, Berlin 1996, S. 157f.
[49] Alfred Adler in: Ansbacher und Ansbacher (Hrsg.): 1975, a.a.O., S. 157.

ken, als sie die Nachricht vom Tod der Schriftstellerin Katherine Mansfield erhielt. Erst danach setzte Trauer über den Verlust der Kollegin und Freundin ein. Und ebenso freimütig äußerte sie sich an anderer Stelle in ihrem Tagebuch über ihre eigene Egozentrik: „Wie L. ganz richtig sagt, gibt es zuviel Ego in meinem Kosmos."[50]

Aber Egozentrik ist in mehr oder weniger starkem Maße bei allen Künstlern zu finden. Lou Andreas-Salomé schrieb über Rainer Maria Rilke: „... hier wollte jemand bis an sein Äußerstes, – darum entgleiste er eher als andere – sie, die Gesundgebliebenen, waren gegen ihn einfach die Vorliebnehmenden."[51] Auch Virginia Woolf wollte an ihr Äußerstes. Ihr unermüdliches Streben und ihr Werk entstanden aus tiefer innerer Not. Da ihre Eltern beide nicht in der Lage waren, ihr als Kind ausreichend Wärme und Sicherheit und damit die Voraussetzung für ein starkes Vertrauen in sich und die Welt zu vermitteln, mußte sie dauernd und mit aller Kraft um ihre Identität kämpfen. Der Mißbrauch durch die Stiefbrüder verstärkte ihr Wertlosigkeitsgefühl. Virginia bekämpfte die innere Leere, das Nichts in sich, wie sie es selber nannte, indem sie schreibend ihre Werke schuf.

Über die Gründe, die zu ihrem im Jahre 1941 begangenen Selbstmord führten, ist bereits viel geschrieben worden. Der Krieg und die Umstände, die er hervorrief, schnürten sie ein, er vernichtete wesentliche Werte ihres Lebens. Die Stadtwohnung war durch Bomben zerstört, und durch die erzwungene Isolation auf dem Land fehlte ihr der intellektuelle Austausch und die Bestätigung durch ihre Leser. Hinzu kam – wegen der allgemein erwarteten deutschen Invasion – die Furcht um die Sicherheit ihres Mannes, der Jude und Sozialist war. Die Eheleute hatten für diesen Fall einen gemeinsamen Selbstmord geplant.

Der frühe sexuelle Mißbrauch, den Virginia erfahren hatte, kam ihr erst 1939 zu Bewußtsein. Sie versank tief in ihrer Kindheit, schrieb die autobiographische *Skizze der Vergangenheit*[52] und meinte erkannt zu haben, worin die Tragödie ihres Lebens begründet lag. Leonard fühlte ihr Abgleiten in die Hoffnungslosigkeit, machte sich große Sorgen, zeigte aber für ihr stetes Kreisen um die eigene Vergangenheit wenig Verständnis. Das verstärkte ihr Gefühl unaufhebbarer Einsamkeit. So verließ sie ihren Mann und die Welt in letzter Verzweiflung, aber nicht, ohne ihm zu versichern, daß sie alles Glück ihres Lebens ihm verdankte.

[50] V. Woolf, zit. in: Leonard Woolf 1988, a.a.O., S. 213.
[51] Lou Andreas-Salomé, zit. in: Gerda Marko 1998, a.a.O., S. 166.
[52] In: Virginia Woolf 1984, a.a.O., S. 87ff.

LITERATUR

Amrain, S.: So geheim und vertraut, Frankfurt am Main 1994.
Ansbacher, H. und Ansbacher, R. (Hrsg.): Alfred Adlers Individualpsychologie, München/Basel 1975.
Bell, Q.: Virginia Woolf, Frankfurt am Main 1982.
Duda S. u. Pusch, L. (Hrsg.): Wahnsinns Frauen, Frankfurt am Main 1992.
Marko, G.: Schreibende Paare, Frankfurt am Main 1998.
Rattner, J.: Kritisches Wörterbuch der Tiefenpsychologie, Berlin – München 1994.
Rattner, J.: Charakterstudien, Berlin 1996.
Reichert, K. (Hrsg.): Virginia Woolf. Ein Lesebuch, Frankfurt am Main 1988.
Woolf, L.: Mein Leben mit Virginia, Frankfurt am Main 1988.
Woolf, V.: Augenblicke, skizzierte Erinnerungen, Frankfurt am Main 1984.
Woolf, V.: Frauen und Literatur, Frankfurt am Main 1989.
Woolf, V.: Ein Zimmer für sich allein, Frankfurt am Main 1986.

Aldous und Julian Huxley – Evolutionismus als Weltanschauung

Eigentlich begann alles mit den Großvätern. Zum einen gab es da Thomas Henry Huxley (1825-1895), meist kurz und bündig T. H. H. genannt, der ein überaus bemerkenswerter Mann war: Darwinist, Antiklerikaler, rebellischer Viktorianer und – wie er sich selbst bezeichnet und wofür er den Begriff geprägt hat – Agnostiker. Ein Mensch, der um nichts in der Welt bereit war, irgendwelche Vorurteile oder Meinungen zu vertreten, nur weil die Majorität seiner Landsleute dies erwartete, und der für sich immer und in jeder Situation das Recht des freien Denkens reklamierte.

Ähnlich wie Charles Darwin hatte auch Thomas Henry Huxley als junger Mann auf einer Forschungsreise (an Bord der *Rattlesnake*) eine biologische und damit naturwissenschaftliche Sozialisation erfahren, die ihn zu einem überzeugten Vertreter der Evolutionstheorie werden ließ. Wegen seines energischen Engagements für die Deszendenztheorie und seiner heftigen Auseinandersetzungen mit ihren Gegnern wurde er kurz und bündig oft als *Darwins bulldog* bezeichnet.

Später verband er seine naturwissenschaftlichen Interessen mit künstlerischen Neigungen und schriftstellerischem Ehrgeiz, welche aus T. H. H. einen überaus gebildeten und vornehmen Gentleman machten, dem allerdings kämpferische Impulse und extravagante Aktivitäten durchaus nicht fremd waren. So besuchte er jahrelang die berühmte englische Schriftstellerin George Eliot (1819-1880), die ihn schwer beeindruckte, verbot jedoch seiner Frau den Kontakt mit ihr, da diese „in Sünde" mit einem Liebhaber lebte.

Besonders eindrücklich hat Thomas Henry Huxley seine Ansichten und Forschungsergebnisse in dem Buch *Evolution and Ethics* (Entwicklung und Ethik) zusammengefaßt, das 1893 erschienen ist und in dem er einen Brückenschlag von der Evolutionsbiologie hin zu ethischen Fragestellungen versuchte. Ganz im Gegensatz zu manchen späteren Vulgärdarwinisten vertrat T. H. H. keine naturalistische Ethik (z.B. in Form von *survival of the fittest*), sondern schloß sich eng an Rousseausche Gedankengänge an und gestand dem Menschen einen natürlichen Hang zum Guten zu.

Neben seinen vielfältigen Verpflichtungen im öffentlichen Leben Englands war T. H. H. aber auch ein äußerst familiärer Mensch. Die Rolle als Familienoberhaupt und Vater von acht Kindern genoß er sehr, und es ist überliefert, daß er zu Hause für viele Scherze und Späße zu haben war, die man dem offiziellen Huxley kaum zugetraut hätte.

Zum anderen sind aber auch der zweite Großvater und dessen Vater und Bruder erwähnenswert. Thomas Arnold (1795-1842), der Urgroßvater von Julian und Aldous Huxley, hatte sich als Reformator des öffentlichen Schulwesens in England einen Namen gemacht. Auch seine beiden Söhne Tom und Matthew ließen die britische Öffentlichkeit aufgrund ihres Lebensstiles (Tom) respektive ihrer Leistungen (Matthew) aufhorchen.

So kann von Tom Arnold (dem Großvater mütterlicherseits der Huxley-Brüder) berichtet werden, daß er zwar wegen seiner Vorlesungen in Geschichte, die er in Oxford hielt, nachdem er mit seinem Landwirtschaftsbetrieb in Neuseeland gescheitert war, ziemlich große Anerkennung erhielt, gleichzeitig jedoch wegen seiner Eskapaden bezüglich seiner Konfessionszugehörigkeit mächtig unter Druck geriet.

Tom Arnold nämlich konvertierte gegen den ausdrücklichen Wunsch seiner Gattin zum Katholizismus, woraufhin diese mit Steinen die Fensterscheiben der Kirche einwarf, in der ihr Mann getauft wurde. Einige Jahre später kehrte Tom Arnold nach einem Streit mit einem Bischof reumütig in die Arme der protestantischen Kirche (und diejenigen seiner Frau) zurück, was von seiner Umgebung ebenso wie seine Konversion zum Katholizismus mit heftigen Kommentaren versehen wurde.

Noch größere öffentliche Wirkung erzielte Matthew Arnold (der Großonkel von Julian und Aldous), der als der bedeutendste Literatur- und Kulturkritiker seiner Zeit galt. Matthew Arnold (1822-1888) vertrat einen religiös inspirierten Humanismus und kritisierte davon ausgehend sowohl den materialistischen Fortschrittsglauben als auch den Provinzialismus seiner Zeitgenossen.

Man sieht: Die Großelterngeneration der Huxleys und Arnolds war überaus agil, eigensinnig, expansiv und kulturell interessiert, wobei die Breite ihrer Interessen – von den Natur- bis zu den Geisteswissenschaften und von der Kunst bis zur Philosophie und Politik – imposant ist. Wir werden sehen, daß die Enkel Julian und Aldous dieses Programm ihrer Großeltern übernommen und fortgesetzt haben.

Julian Huxley. – Der älteste Sohn von T. H. H. war Leonhard Huxley, der später als Altphilologe am *Charterhouse-College* in Oxford lehrte. Schon als junger Assistent hatte er 1880 seine zukünftige Gattin Julia Arnold kennengelernt, die gerne und ausführlich las und die Freude an Lektüre an ihre Kinder weitergab. Beide Eheleute sollen überaus gebildete, darüber hinaus aber auch heitere und lebenslustige Menschen gewesen sein, und vor allem Mrs. Huxley war dafür bekannt, recht formidable Picknicks und Familienfeste organisieren zu können.

1887 wurde dem jungen Paar ihr erster Sohn geboren, den sie Julian nannten. Der Junge entwickelte sich sehr zur Freude seiner Eltern und seines Großvaters rasch zu einem eigenwilligen und aufgeweckten Kind, das schon als Vierjähriges seinen eigenen Kopf durchzusetzen vermochte. In seiner Autobiographie *Ein Leben für die Zukunft* (1970/73) hat Julian Huxley später eine seiner frühen Kindheitserinnerungen notiert, welche diesen Aspekt seines Wesens besonders betont. Ebenso deutlich wird dabei aber auch die hohe Wertschätzung, welche der Großvater T. H. H. seinem Enkel Julian gegenüber bezüglich dessen Eigensinn und Widerstandskraft an den Tag legte:

> Als ich etwa vier war, spazierte ich eines Tages absichtlich auf das feuchte Gras, nachdem man mir gesagt hatte, es nicht zu tun (der Großvater hatte den Garten gesprengt, der zu den großen Tröstungen seines Ruhestandes in Eastbourne gehörte). Er sagte zu meinen Eltern: „Ich mag diesen Burschen! Mir gefällt, wie er einem gerade ins Gesicht schaut und einem nicht gehorcht! Er sah mich gerade an, als wollte er sagen: Was fällt dir ein, mich herum zu kommandieren? Und spazierte ungeniert aufs Gras."[1]

Wohl dem, der einen solchen Großvater hat. Julian wurde also schon von Kleinkindbeinen an mit den Werten der Selbständigkeit und der Revolte vertraut gemacht, die man im Hause seiner Eltern wie auch seines Großvaters hoch schätzte. Daneben lernte er in T. H. H. jedoch auch einen Mann kennen, dessen intellektuelles und emotionales Bildungsniveau von allen Familienangehörigen als unbestrittener Maßstab anerkannt wurde. Insbesondere Leonhard Huxley wies immer wieder auf seinen eigenen Vater hin, wenn es darum ging, ein Vorbild für den Erstgeborenen Julian und später auch für dessen Geschwister Trevenen (kurz Trev genannt), Aldous und Margaret zu benennen.

Kein Wunder, daß sich der kleine Julian bald zu einem frühreifen und überaus wißbegierigen Kind mauserte, das mit viereinhalb Jahren rechnen und mit fünf Jahren lesen und schreiben konnte. In seiner kindlichen Schrift korrespondierte er mit Großvater Huxley, der bei ihm nach und nach ein großes biologisches Interesse diagnostizierte und daraufhin beschloß, seinen Enkel darin nach besten Kräften zu fördern.

Tatsächlich beschäftigte sich der Knabe Julian schon früh mit allerlei Getier und beobachtete als Achtjähriger intensiv alle möglichen Vogelarten, darunter auch Meisen, die er nach der Vorschrift von Tabellen einteilte und katalogisierte. Die Biologie in ihrem unermeßlichen Formenreichtum faszinierte ihn zunehmend, und der Entschluß, selber – wie sein Großvater T. H. H. – Biologe werden zu wollen, stand schon lange bevor er in die Pubertät kam ziemlich fest; die Nachricht vom Tod seines großväterlichen Vorbildes im Jahre 1895 bestärkte den achtjährigen Julian nur noch in seinem Vorhaben.

Mit dreizehn Jahren schaffte Julian (im zweiten Anlauf) die Aufnahmeprüfung am altehrwürdigen Elite-College Eton. Die Zeit dort hat er trotz des Schuldrills als ungemein fruchtbar und lehrreich für sich erlebt; insbesondere das hohe Bildungsniveau der dort Lehrenden empfand er – in gewisser Weise in Fortsetzung des großväterlichen Einflusses – als außerordentlich anregend und förderlich.

Mit neunzehn Jahren schickte man Julian Huxley nach Heidelberg, um dort die deutsche Sprache soweit zu lernen, daß er die wichtigsten Werke der biologischen Fachliteratur im Original lesen konnte. In der Stadt am Neckar kam er in

[1] Huxley, J.: Ein Leben für die Zukunft (1970/73), München 1984, S. 20.

Kontakt mit Hans Driesch, der als Biologe das Konzept der *vis vitalis*, der Lebenskraft, vertrat. Nach anfänglicher Neugier an dem eigentümlichen Wissenschaftler wandte sich Huxley jedoch bald von ihm ab, da ihm dessen Hang zum Mystischen nicht behagte.

Im Herbst des Jahres 1906 kehrte Huxley nach England zurück, um in Oxford am *Balliol-College* sein Biologiestudium aufzunehmen. In seiner Autobiographie schilderte er, daß er dort auch mit vielfältigen anderen Bildungseindrücken beschert wurde; seine Lektüre reichte von Dante bis Goethe, und seine persönlichen Kontakte schlossen die Bekanntschaft etwa mit Gilbert Murray ein, der damals als die große Autorität in Sachen altphilologischer Studien in England galt.

Bei allen diesen Erfolgen muß es für den 21jährigen Julian Huxley (und noch mehr für seine jüngeren Geschwister) außerordentlich erschütternd gewirkt haben, als im November 1908 seine Mutter im Alter von erst 46 Jahren an Krebs starb. In seiner Autobiographie hat Huxley den Abschiedsbrief seiner Mutter abgedruckt, der deutlich macht, wie innig ihr Verhältnis gewesen sein und wie sehr diese Frau an ihren Sohn geglaubt haben mag:

> Mein lieber, lieber Sohn, du hast mir nur Freude gebracht, seit man dich an jenem Junitag 1887 mir in die Arme legte, ein kleines flaumiges Bündel. Es ist sehr schwer, euch alle zu verlassen – doch nach diesen Wochen ruhigen Nachdenkens weiß ich, daß alles Leben eines ist – und daß ich nur in ein anderes Zimmer „des klingenden Arbeitshauses voller Sein" gehe. Nutze deine großen geistigen und seelischen Fähigkeiten selbstlos. Du wirst viel für die Welt tun. Mein Liebling, wie sehr ich dich liebe. Deine Mutter.[2]

Anläßlich des 100. Geburtstages von Charles Darwin wurde im Jahre 1909 in Cambridge eine imposante Gedenkfeier veranstaltet, an der auch der junge Student Julian Huxley eingeladen war. Dabei soll ihm das erste Mal ganz klar vor Augen gestanden haben, welchen wissenschaftlichen und aufklärerischen Weg er zukünftig gehen wollte:

> Ich entschied mich, meine sämtlichen Studien im Darwinschen Geist zu betreiben, meine Hauptarbeit auf die Evolution in der Natur und beim Menschen zu konzentrieren. Dies war nicht so sehr ein Wendepunkt in meiner Entwicklung als eine Kristallisation meiner Ideen, eine klare Vorstellung und Inspiration, die mir, wie ich aufrichtig sagen kann, ein Leben lang erhalten blieben.[3]

Nach dem sehr erfolgreichen Abschluß seiner Studien verlebte Huxley ein Studienjahr in Neapel, das ihn – ähnlich wie schon in Heidelberg – in Kontakt mit renommierten Wissenschaftlern brachte. Darunter befand sich auch Otto Heinrich Warburg, der für seine Arbeiten über die Vorgänge bei der Atmung mit dem Nobelpreis ausgezeichnet wurde. Später hat Huxley mit Warburg einige Zeit in dessen Laboratorium zusammengearbeitet.

[2] Huxley, J.: Ein Leben für die Zukunft, a.a.O., S. 18f.
[3] Huxley, J.: Ein Leben für die Zukunft, a.a.O., S. 65.

Im Anschluß an seine „Italienische Reise“ bekleidete Huxley für einige Monate eine Dozentur für Biologie in Oxford. Bald jedoch erhielt er ein finanziell recht attraktives Lehr- und Forschungsangebot des Rice-Instituts in Houston/ Texas. Huxley sagte zu, doch es dauerte noch bis zum Herbst 1913, bis der junge Biologe seine Arbeit in den USA aufnahm. Damals litt er – ausgelöst durch eine unglückliche Liebe – mehrmals an heftigen Depressionen, die ihn über Monate hinweg arbeitsunfähig sein ließen. Zum eigenen Unglück kam damals noch eine depressive Erkrankung seines Bruders Trev hinzu, der schließlich 1914 zum Entsetzen der ganzen Familie Suizid beging.

Die Forschungsarbeiten in Houston sowie der Aufbau eines biologischen Laboratoriums gelangen Huxley ausnehmend gut. Unter anderem entdeckte und beschrieb er während dieser Zeit die Phänomene der „Ritualisation“ und der „Übersprungshandlung“ bei Vögeln – Phänomene, die etwa beim Balzverhalten oder beim Nestbau eine wichtige Rolle spielen und die inzwischen in der Biologie zum Standardvokabular der Verhaltenskunde gehören.

Im Sommer 1914 war der Erste Weltkrieg ausgebrochen, und je länger die Kampfhandlungen dauerten und je intensiver England daran beteiligt war, desto größer wurde Huxleys Wunsch, sich aktiv für sein Vaterland einzusetzen. Obwohl Aldous ihm brieflich abgeraten hatte, sich in diesem schmutzigen Waffengang zu engagieren, kehrte Julian nach Großbritannien zurück, wo er ab dem Frühjahr 1917 im Versorgungscorps der Armee seinen Dienst versah.

Die Tätigkeiten beim Militär langweilten Huxley bald, und so kam es, daß er sich intensiv mit Philosophie und Religion auseinandersetzte. Die damaligen Studien bildeten das Fundament für ein später von ihm verfaßtes Buch über *Religion without Revelation*. Außerdem nahm er Kontakt zum Kreis um Lady Ottoline und Philip Morrell auf, bei denen auch sein Bruder Aldous verkehrte. Der Gutshof von Lady Ottoline galt als Hort des Pazifismus und Musentempel zugleich; Schriftsteller wie Lytton Strachey, D. H. Lawrence, Katherine Mansfield, Virginia Woolf oder T. S. Eliot gingen dort ebenso ein und aus wie etwa Bertrand Russell oder so mancher fortschrittliche Politiker und Wissenschaftler.

In Garsington – so heißt die Ortschaft, in welcher der Gutshof von Lady Ottoline lag – lernte Julian Huxley auch seine spätere Frau Juliette Baillot kennen, die damals als Erzieherin der Tochter von Lady Ottoline tätig war. Die Gesellschaft von Lady Ottoline erwies sich übrigens für die Partnerschaften der Huxley-Brüder generell als äußerst günstig, denn auch Aldous stieß in Garsington auf seine zukünftige Gattin, die junge Belgierin Maria Nys.

Ab 1919 lehrte Huxley wieder in Oxford, wo er eine Professur für Zoologie erhalten hatte. Außerdem heirateten er und Juliette bald, so daß alle Welt – und vor allem Julian Huxley selbst – überzeugt war, daß einem kommenden Glück für den jungen Wissenschaftler nichts mehr im Wege stehen würde. Wenige Wochen darauf jedoch erkrankte Huxley erneut an seiner Depression, die ihn wiederum für Monate arbeitsunfähig und einen langen Kuraufenthalt in der Schweiz notwendig machte.

Schließlich war der gesundheitliche Zustand Huxleys soweit hergestellt, daß er wieder forschen und unterrichten konnte. Zuerst in Oxford und später in London galt sein Interesse in den kommenden Jahren verschiedenen biologischen Fragestellungen, darüber hinaus aber zunehmend auch politischen und gesellschaftskritischen Themen. Reisen und Expeditionen ebenso wie persönliche Bekanntschaften regten ihn dazu an, wissenschaftliche Detailprobleme in größeren und komplexen Zusammenhängen zu begreifen. Und so nimmt es nicht Wunder, daß Huxley sich zu Fragen der Geburtenkontrolle ebenso äußerte wie zu denjenigen der Biologie und der Naturwissenschaften allgemein.

Der Kontakt mit H. G. Wells, der als einer der ersten den Versuch der Ausarbeitung einer Universalgeschichte unternommen hatte, inspirierte Huxley zur Konzeption eines enzyklopädischen Werkes über Biologie und das Leben. Zusammen mit Wells machte er sich an die Arbeit, die als *The Science of Life* schließlich in Buchform publiziert wurde. Tatsächlich wird darin die Geschichte des Lebens in vielen ihrer Verästelungen und Verzweigungen auf leicht lesbare und dennoch gelehrte Art präsentiert.

Neben der wissenschaftlich-literarischen Arbeit widmete sich Huxley immer wieder auf größeren Reisen und Expeditionen entweder der biologischen Feldforschung oder konkreten gesellschaftlichen Problemen. Mehrmals besuchte er den afrikanischen Kontinent, um dort z.B. über die Möglichkeiten und Notwendigkeiten des Naturschutzes zu forschen. Bei dieser Gelegenheit lernte Huxley nicht nur die geologischen Verhältnisse und biologischen Besonderheiten, sondern auch die politischen und sozialen Verwerfungen und Konflikte dieses Kontinents kennen.

Ähnlich erging es Huxley auf seiner Reise 1931 in die UdSSR, die dem Zweck diente, britischen Naturwissenschaftlern und Medizinern Kontakte zu ihren russischen Kollegen zu verschaffen. Er interessierte sich für die Flora und Fauna ebenso wie für die architektonischen und städtebaulichen Meisterleistungen von St. Petersburg und Moskau oder für die Schätze der russischen Museen. Daneben beschäftigte er sich aber auch intensiv mit dem politischen Experiment des Kommunismus, dem er prinzipiell wohlwollend gegenüberstand, dessen Schwächen und Antagonismen jedoch, die sich bereits Anfang der 30er Jahre deutlich abzeichneten, er sehr wohl bemerkte und kritisierte.

Daß Huxley kein unpolitischer Gelehrter, sondern ein überaus wacher und kritischer Geist geworden war, beweist auch die Publikation des Buches *We Europeans* (1935). Darin konnte er nachweisen, daß es nirgendwo auf der Erde eine „reine Rasse" gibt; die diesbezüglichen Rassentheorien der Nationalsozialisten und der in Europa weitverbreitete Antisemitismus seien daher inhuman und irrational zugleich.

Während des Zweiten Weltkrieges arbeitete Huxley einerseits weiter als Wissenschaftler, der inzwischen auch für einen Zoo zuständig war; andererseits beteiligte er sich an Sendungen des BBC zur politischen und geschichtlichen Aufklärung der Bevölkerung und hielt auf Einladung der *Rockefeller-Foundation* Vorträge in den USA über die Gestaltungsmöglichkeiten des Nachkriegseuropa.

Neben den politischen Aktivitäten jener Jahre fand Huxley immer noch Zeit für wissenschaftliche und literarische Betätigung. Damals schrieb er an seinem von vielen als sein Hauptwerk angesehen Buch *Evolution, die moderne Synthese*, das 1942 in Englisch erschienen ist. In dieser Publikation legte er den Grundstein für seine Theorie des „Evolutionären Humanismus", den er in späteren Arbeiten (vor allem der 60er Jahre) detailliert weiter entwickelt hat und dessen wichtigste inhaltliche Aussagen und Konturen wir weiter unten noch genauer darlegen und erörtern werden.

Nach dem Zweiten Weltkrieg engagierte sich Huxley politisch und gesellschaftlich auf der internationalen Bühne. Schon im November 1944 war es zu einem Vorbereitungstreffen von Vertretern des ehemaligen Völkerbund-Institutes gekommen, die eine Organisation ins Leben rufen wollten, welche sich weltweit für die Fragen der Erziehung, Wissenschaft und Kultur interessieren sollte. Aus dieser Initiative erwuchs schließlich die UNESCO.

Julian Huxley bekleidete in den Jahren von 1946 bis 1948 als erster den Posten des Generalsekretärs der Erziehungs- und Kulturorganisation der Vereinten Nationen. In dieser Rolle setzte er sich vehement für einen den Globus umspannenden Kulturaustausch sowie für progressive und sozial ausgewogene Erziehungsprogramme für die Entwicklungsländer ein. Unter seiner Ägide erhielt die UNESCO tatsächlich ein internationales und universales Gepräge, und Julian Huxley wuchs dabei zu einer Persönlichkeit heran, die mit Staatsführern und hochrangigen Politikern aus aller Herren Länder ebenso intensiven Kontakt unterhielt wie mit Künstlern, Philosophen und Wissenschaftlern vieler verschiedener Disziplinen.

Als Generalsekretär der UNESCO mußte Huxley sich mit den dort versammelten widerstreitenden Ideologien auseinandersetzen, die in der Welt am Werk sind. Er versuchte, dieser bisweilen chaotischen Vielfalt eine übergreifende Ethik entgegenzusetzen, scheiterte aber an dem brodelnden Kessel des Denkens der Gegenwart. In der Organisation konnte er keine Mehrheit für seinen Plan gewinnen.

Doch die Idee einer basalen humanistischen Ethik, welche weltweit auf Anerkennung und Zustimmung stoßen könnte, ließ ihn nicht los. Es müsse möglich sein, so war die Überlegung, die rasch zunehmende Erweiterung des Wissens über das äußere und innere Leben in einem einheitlichen Ideensystem zu ordnen, das es den Menschen ermögliche, ihr Schicksal neu zu begreifen und bewußter zu lenken.

Zusammen mit gleichgesinnten Freunden entwarf Huxley in den kommenden Jahren den evolutionären Humanismus, mit dessen Hilfe jede Art von menschlicher Tätigkeit in eine evolutionäre und gleichzeitig humanistische Richtung gelenkt werden sollte. Vor allem an den Themen der Übervölkerung sowie des Naturschutzes versuchte Huxley, seine Prinzipien und die konkreten Konsequenzen eines evolutionären Humanismus zu verdeutlichen. Diesen Themen ist er auch nach seiner Zeit als Generalsekretär der UNESCO immer treu geblieben.

In den 50er und 60er Jahren begann Julian Huxley, den Lohn für sein unermüdliches wissenschaftliches und politisches Engagement in Form von öffentlichen Ehrungen zu ernten. So erhielt er unter anderem 1957 die Darwin-Medaille der *Royal Society*, und 1958 wurde er von Königin Elisabeth zum Ritter geschlagen. Allen diesen öffentlichen Anerkennungen scheinbar zum Trotz litt der Geehrte dennoch weiterhin an immer wieder auftretenden Depressionen, die ihn auch im Alter plagten und zeitweise arbeitsunfähig machten.

Nachdem der beinahe 80jährige Huxley 1966 erneut eine depressive Phase erlebte, die ihn sogar für einige Wochen in ein Pflege- und Krankenheim brachte, kam seine Frau Juliette auf den heilsamen Gedanken, er solle seine Memoiren und seine Lebensgeschichte niederschreiben. Huxley konnte damit die starke Bezugnahme auf die Vergangenheit, die in jeder Depression zu beobachten ist, auf eine enorm nützliche Art ausleben und gleichzeitig sublimieren, und im Jahre 1973 erschien seine Autobiographie *Ein Leben für die Zukunft*.

Im März 1969 feierten Huxley und seine Frau goldene Hochzeit. Bei dieser Gelegenheit hob er hervor, welch großes Glück es für ihn bedeutet habe, daß er vor Jahrzehnten das „Mädchen aus Neuchâtel" kennen und lieben gelernt hatte. Zwar sei ihre Ehe nicht ohne Komplikationen und Krisen verlaufen; aber die Tatsache, daß Juliette immer zu ihm und seiner Lebensgestaltung gestanden und ihn bei seinen vielfältigen Unternehmungen unterstützt habe, hätte ihm überaus großen Halt verliehen. Man kann ergänzen, daß Huxley wahrscheinlich auch seine vielen depressiven Phasen ohne seine Gattin nicht oder merklich schlechter überlebt hätte.

So aber konnte Huxley kurz vor dem Ende seines Lebens – er starb am 15. Februar 1975 – eine positive Bilanz ziehen:

> Das alles besiegelte mein Wirken als das eines echten Allgemeinbiologen, der sich nicht nur für die Anatomie der Tiere interessiert, sondern ebenso für ihr Verhalten und ihre Ökologie und schließlich für den Menschen als ein Sonderprodukt der Evolution, das mit Erschrecken erkennt, daß es das Geschick der Welt in seinen ungeschickten Händen hält.[4]

Evolutionärer Humanismus. – Eine jede Theorie, welche die Erkundung der künftigen Weltgesellschaft und die Neubeschreibung einer künftigen Gesellschaft auf Grund früherer Erfahrungen und heutigen Wissens zu ihrem Ziel und Inhalt hat, nannte Huxley schlicht Humanismus. Da im Mittelpunkt einer solchen Form des Denkens die Evolution stehen müßte, prägte der britische Gelehrte für sein Ideensystem auch den Begriff des *evolutionären Humanismus*.

Das Fundament dazu legte einerseits die Essaysammlung *The Humanist Frame* (London 1961), deutsch 1964 unter dem Titel *Der evolutionäre Humanismus* erschienen, zu dem Huxley die Grundgedanken beisteuerte, andererseits das 1965 in Deutsch erschienene Buch *Ich sehe den künftigen Menschen* (englisch: *Essays of a Humanist*).

[4] Huxley, J.: Ein Leben für die Zukunft, a.a.O., S. 483.

Im Mittelpunkt der Huxleyschen Überlegungen steht die Idee der Evolution, die er in drei aufeinander folgende Phasen aufteilt. Die erste Phase ist die der kosmischen oder anorganischen Evolution, die Entstehung des Weltalls und der Erde. Die zweite ist die biologische oder organische Phase, die Entstehung der Lebewesen jeglicher Art. Die dritte ist die psychosoziale oder menschliche Phase, die Bewußtwerdung des Menschen.

Erste Phase: Das Alter der Erde wird auf sechs Milliarden Jahre geschätzt. Die sichtbare Dimension des Weltalls überschreitet 1000 Millionen Lichtjahre, das ist eine Kilometerentfernung von einer 10 mit 22 Nullen. Die Zahl der Milchstraßen wird auf 100 Millionen geschätzt (10 hoch 8), die Zahl der Sterne beläuft sich auf Tausende Millionen von Millionen (10 hoch 15).

Daß überhaupt etwas Derartiges entstehen konnte, beruht vermutlich auf dem zufälligen Zusammenwirken physikalischer Gesetze. Das Universum ist einerseits unwahrscheinlich, andererseits unvermeidlich, je nachdem, wie man es betrachtet. Die Entwicklung von Leben auf der Erde ist unwahrscheinlich, aber nicht zu hundert Prozent. Der winzige Rest an Wahrscheinlichkeit reichte aus, den Lebensprozeß in Gang zu setzen, der sich nach bestimmten Gesetzen vollzieht und insofern ein unvermeidlicher Prozeß ist.

Auch das Universum entwickelt sich, wenngleich das Tempo dieser Entwicklung unglaublich gering ist. Da die Galaxien sich voneinander entfernen, wird vermutet, daß es sich ausdehnt und folglich einmal eine sehr hohe Dichte gehabt haben muß. Die ehemalige Gleichförmigkeit hat sich zu einer überraschenden Vielzahl von Formen ausgebildet, zu der Galaxien, Fixsterne, Planeten, Pulsare und Quasare gehören.

Zweite Phase: Auf unserer Erde (und vermutlich auf einer ganzen Anzahl von weit entfernten Planeten) wurde der Aufbau komplexer chemischer Verbindungen begünstigt, der Anfang der biologischen oder organischen Entwicklung vor etwa zwei oder zweieinhalb Milliarden Jahren. Von da an ist das Tempo zehnmal schneller; man mißt in 100-Millionen- statt in Milliarden-Einheiten. Eine Höherentwicklung hat in den vergangenen 500 Millionen Jahren insofern stattgefunden, als die höheren Lebewesen komplexer und differenzierter sind. Ob die Evolution damit eine Selbstverbesserung anstrebte, ist stark zu bezweifeln, denn die dunkle Kraft des Zufalls ist ziemlich launenhaft und kann in Richtung auf Fortschritt, aber auch in Richtung auf Untergang tendieren.

Für sich genommen sind die zeitlich aufeinanderfolgenden Typen äußerst stabil. Die Nautiloiden gibt es seit 500 Millionen Jahren und die Reptilien seit 250 Millionen Jahren, und es ist offenbar schwierig für das Leben, Stabilität zu überwinden und einen neuen, erfolgreichen Organismus zu schaffen. Deshalb ist der Durchbruch zu neuen Typen selten und bedeutsam. Aus den Lebensformen der Reptilien entsprangen nur zwei neue Typen, die Vögel und die Säugetiere.

Mit der Entdeckung genetischer Vorgänge im 20. Jahrhundert wurde unser Wissen um die Evolution weiter verfeinert. Die evolutionäre Entwicklung kann demnach als eine Folge von winzigen Mutationen bezeichnet werden, die den Prinzipien der Auslese unterworfen sind. Mutationen entstehen möglicherweise durch radioaktive oder Röntgenstrahlung oder durch Übersetzungsfehler bei der Verdoppelung der Gen-Informationen bei der Zellteilung. Je größer die Anzahl einer Lebewesenart, desto größer ihre Variabilität, wobei einige Individuen Merkmale in relativ extremer Form zeigen, die sich durch Auslese auf die ganze Art verbreiten. Das kann mit und ohne veränderte Umweltreize geschehen, was bedeutet, daß die Anpassungsfähigkeit an die Umwelt nicht das ausschlaggebende Kriterium für das Überleben einer Spezies sein muß.

Die einzige Alternative im Kampf ums Dasein ist nicht Leben oder Tod, wie Darwin noch meinte. Die Strenge der Auslese ist je nach den äußeren Umständen sehr verschieden, einige Populationen haben mehr Glück als andere. Die Zahl der Säugetierarten ist heute wesentlich höher als in der Kreidezeit vor einhundert bis zweihundert Millionen Jahren, aber es gibt viel weniger Reptilien. Die Reptilienorganisation scheint weniger komplex, und doch überlebten einige dieser niederen Typen neben den höheren Typen der Säugetiere bis in die heutigen Tage, und das bei ständig sich ändernden globalen Klimabedingungen.

Dritte Phase: An einem Punkt, wo sich Erfahrung nicht mehr im Individuum sammelt und mit ihm untergeht, sondern weitergegeben werden kann, wo also in der sozialen Organisation unserer Vorfahren ein qualitativer Sprung stattfand, beginnt die psychosoziale oder menschliche Phase der Stammesgeschichte. Das Gehirn kann als Organ des psychischen und geistigen Stoffwechsels betrachtet werden. Es benutzt den Rohstoff der Erfahrung und wandelt ihn in Bewußtsein um – eine einzigartige Fähigkeit. Räumlich ist diese Phase außerordentlich begrenzt; wir wissen von ihr nur auf der Erde. Selbst diese Phase ist für menschliche Vorstellungen sehr lang, etwa zwei oder drei Millionen Jahre, und das Tempo beschleunigt sich noch einmal um das 100- oder 1000fache.

Der Mensch ist eine sehr junge Erscheinung auf der Erde. Vergleicht man das Erdalter von etwa 4,4 Milliarden Jahren mit einem Erdenjahr, wobei die Jetztzeit mit genau dem 31. Dezember, 24 Uhr, zusammenfällt, so erschienen am 2. Dezember die ersten primitiven Saurier, die am 26. Dezember bis auf klägliche Reste ausstarben. Erst vier Stunden vor Mitternacht des 31. Dezember trat der *Homo erectus* auf den Plan, der Mensch als Kulturwesen sogar erst vor eineinhalb Minuten. Eine Sekunde vor Mitternacht wurde die Dampfmaschine erfunden und vor 0,23 Sekunden die Atombombe.

Unsere vormenschlichen Affenahnen waren nie dominant oder in Mengen aufgetreten. Daß nun gerade der Mensch das Glück hatte, sich seiner selbst bewußt zu werden, ist wiederum ein Zufall der Evolution. Nach Darwin hätte jedes andere Tier mit ausgeprägten sozialen Instinkten ebenfalls einen moralischen Sinn oder ein ethisches Bewußtsein erlangen können. Nun aber steht der Mensch an der Spitze der organischen Stufenleiter (Huxley benutzte noch das Bild von der Leiter, heute stellt man sich das Ergebnis der Evolution als einen weit verzweigten Busch vor, dessen meiste Äste abgestorben sind); er ist der dominante Typ geworden, wenn auch nicht kraft eigener Anstrengung.

Huxley meinte, daß auch in der psychosozialen Phase dominante Typen aufeinanderfolgen, allerdings nicht mehr biologische Organismen, sondern kulturelle Organisationen; eine Selbstvermehrung des Geistes in aufsteigender Linie sei dabei zu beobachten: vom Polytheismus zum Monotheismus, vom Nationalismus zum Weltbürgertum, von der Magie zur Wissenschaft, von der Tyrannei zur Demokratie, vom Dogma zur Gedankenfreiheit. Aufstieg, Stabilisierung und Verfall von Kulturen scheinen natürliche Vorgänge zu sein, doch der selektive Mechanismus, der neue Elemente in ein traditionelles Ideensystem aufnimmt und es umwandelt, zielt nicht auf das Überleben des biologisch Lebensfähigeren ab; vielmehr ringen Gedankensysteme um Vorherrschaft.

Ein gewalttätiger Aspekt ist auch hier zu beobachten, aber vor allem wirken geistige Mechanismen, von denen einer z.B. die Suche nach Wahrheit oder der Wunsch nach Vervollkommnung ist. Im strikten Unterschied zur biologischen Phase ist für Huxley der Mechanismus jetzt teleologisch und zielgerichtet; die Ziele ändern sich je nach Weltbild, Wissensstand und Einsicht. Die genannten soziokulturellen Verläufe (vom Polytheismus zum Monotheismus usw.) sind kaum 2500 Jahre alt und waren von Rückschlägen begleitet, ebenso wie bei Höhlentieren die Pigmentierung ausbleicht und sich die Augen zurückbilden. Das Vollkommenheitsstreben setzt sich offenbar nur auf lange Sicht durch, und ein unbedingter Optimismus scheint nicht am Platze.

Die nicht zu leugnenden grundsätzlichen Fortschritte in der soziokulturellen Evolution der vergangenen 2500 Jahre mag man vor Augen haben, wenn von der These vom Vollkommenheitsstreben die Rede ist. Dieses Streben kommt vielleicht am ehesten zum Vorschein in der Technik: Es war ein langer Weg von den primitiven Krummhölzern, mit denen vor 10.000 Jahren die Menschen ihre Felder bebauten, bis zu den großen Traktoren der Gegenwart.

Wissen (und leider auch viel Unsinn und Nichtigkeit) vermehrt sich heute geradezu explosionsartig durch Bücher und neue Medien. Aktuell arbeiten weltweit in etwa genauso viel Wissenschaftler, wie in der gesamten Vergangenheit der zivilisierten Menschheit je gelebt haben. Die Mobilität des Menschen hat sich seit Erfindung des Rades enorm erhöht. Auch die soziokulturelle Phase zeigt auf vielen Gebieten und in vielen Bereichen die Tendenz, ihre Prozesse zu beschleunigen; manche Kulturphänomene sind davon allerdings ausgenommen.

In der Kunst etwa kann kaum von Fortschritt gesprochen werden. Wer möchte behaupten, die Felsbilder der Steinzeit seien unvollkommener oder primitiver als die Werke moderner Künstler wie Picasso oder Cézanne? In der Kunst scheint es keine Steigerung zu geben, nur immer wieder den Versuch neuer Zugänge und Ausdrucksweisen.

Die *biologische* Evolution liefert nach Huxley nur bedingt eine Parallele zum *kulturellen* Wandel, denn es handelt sich um unterschiedliche Systeme. Erstens läuft die kulturelle Entwicklung um Größenordnungen schneller ab als die biologische Evolution, und Fragen des Zeitablaufs stehen bei der Erörterung der Evolution im Mittelpunkt. Zweitens ist die kulturelle Entwicklung in ihrem Ablauf jetzt tatsächlich lamarckistisch und nicht darwinistisch: Die Errungenschaften einer Generation werden durch Erziehung und Medien unmittelbar an die

Nachfahren weitergegeben, und dadurch laufen Verbreitung und Wandel so schnell ab.

In der biologischen Evolution hingegen erreichen vorteilhafte Eigenschaften die nächste Generation nicht, es sei denn, sie entstehen durch einen glücklichen Zufall aufgrund einer genetischen Veränderung. Nur eine falsche Vererbungstheorie konnte davon ausgehen, daß nützliche Eigenschaften vererbt werden (ein Vertreter dieser Anschauung war Erasmus Darwin, der Großvater Charles Darwins); dieser Irrtum ist heute noch weit verbreitet. Neue Strukturen entstanden dieser Theorie zufolge nur, wenn sie gebraucht wurden, und zwar durch unmittelbares Streben des Organischen nach einem offenkundigen Zweck.

Drittens haben biologische und kulturelle Evolution völlig verschiedene Grundmuster: Biologische Evolution ist ein System ständiger Auseinanderentwicklung, ohne daß sich die Zweige später wieder vereinen. Abstammungslinien, die sich verzweigten, bleiben auf ewig getrennt. In der Geschichte der Menschheit ist dagegen die kulturelle Weitergabe und Durchdringung ein wichtiges Merkmal kultureller Entwicklung.

Es wäre – so forderte Huxley – Aufgabe der Menschheit, den Gesetzen der Evolution nicht sklavisch zu folgen und zumindest den evolutionären Unterprozeß der Abschottung und der Nischen-Existenz nicht zu imitieren. Vielmehr muß ergänzend ein vierter Faktor eingeführt werden, den es in der biologischen Evolution nicht gibt: die Diffusion. Ideen, Techniken und Kulturen verschiedener Gesellschaften gleichen sich durch interkulturellen Austausch an, während es in der Biologie keine Beispiele dafür gibt, daß sich Spezies wieder zusammenschlossen. Das kann nur künstlich durch den Menschen geschehen, beispielsweise wenn Pferd und Esel zu einem unfruchtbaren Maultier gekreuzt werden. Ohne Zweifel haben beide Systeme auch Gemeinsames, beispielsweise das Prinzip der steten Wandlung, das der Anpassung oder das der Unvollkommenheit.

Durch diese Überlegungen werden nach Huxley viele Phänomene der soziokulturellen Bühne durchschaubarer. Die Zielstrebigkeits- und Vervollkommungsanschauung hat nur Verwirrung gestiftet; die belebte Natur läßt sich nicht in die menschlichen Kategorien von nutzlos und nützlich, vollkommen und unvollkommen einteilen. Vergleiche zwischen der biologischen Evolution und kulturellen oder technischen Veränderungen oder gar der Versuch, aus der biologischen Entwicklung etwas für die Menschheitsentwicklung abzuleiten, haben mehr Schaden als Nutzen angerichtet. Huxley drang deshalb darauf, die Ansicht vom Kampf ums Dasein einzig auf die Natur zu beschränken; jede menschliche Gesellschaft, die nach solchen Leitlinien aufgebaut ist, muß nach seiner Überzeugung in Anarchie und Unglück versinken. Der wichtigste Zweck einer gesellschaftlichen Ordnung sei es sogar, diesen Existenzkampf abzumildern oder gar zu beenden. Die natürliche Auslese, von der Darwin sprach, ist nichts, dem man nacheifern sollte.

An Unerbittlichkeit herrscht in der Natur kein Mangel, das ist wahr, aber es ist unzulässig, im Tier- und Pflanzenreich von Grausamkeit zu sprechen, und ebenso falsch ist es, nicht im gleichen Atemzug die gegenseitige Hilfe zu erwähnen. Wir Menschen teilen unser Essen miteinander, sorgen für die Unmündigen, die Kranken, die Armen und die Hilfsbedürftigen. Das geschieht heutzutage millionenfach, wobei sich die Hilfsbereitschaft auch auf Personen erstreckt, mit denen wir nicht einmal entfernt verwandt sind.

Nichts spricht dagegen, die Wurzeln der Nächstenliebe als in der Natur des Menschen liegend zu sehen; der Mensch hat einen natürlichen Hang zur Geselligkeit und Solidarität. Schon der kleine Erdenbürger ist nach Huxley gutgläubig, lernbegierig, aufgeschlossen und liebesfähig. Die Freundlichkeit, die Zugewandtheit, der Wunsch nach Wärme und Kontakt, die Begierde zu lernen, sich zu entwickeln und groß zu werden – das ist das, was der Mensch von der Natur für diese Welt mitbekommt. Die Menschen werden als sozial geboren, und der Altruismus bis hin zum Edelmut werden prämiert von der kulturellen Evolution.

Ein sozial lebendes Individuum, das Freundschaft maximiert und Gegnerschaft minimiert, verschafft sich einen Vorteil. Diese lange Erfahrung im Sozialleben ist der Humus von Mitleid, Einfühlung, Zuneigung, Gerechtigkeit und gegenseitiger Hilfe. Wir werden hier stark an Alfred Adler erinnert, der annahm, Gemeinschaftsgefühl im Menschen sei hereditär und dispositionell gegeben. Später formulierte er vorsichtiger, Gemeinschaftsgefühl müsse im Kinde erst entwickelt werden, was sicher richtig gesehen ist. Wenn der junge Mensch gelernt hat, gemeinschaftlich und sozial zu denken, wird ihm diese Haltung selbstverständlich sein.

Der Mensch verfügt nur noch über Rudimente von Instinkt, aber er ist deswegen keineswegs hilflos. Wenn man sich vergegenwärtigt, was die Menschheit an bildender Kunst und Musik, Dichtung und Philosophie, Kommunikation und Technik entwickelt und zustande gebracht hat, kann man kaum noch der Warnung Glauben schenken, daß der Mensch in seiner kulturellen Evolution, die sich im Verhältnis zur biologischen fast mit Lichtgeschwindigkeit vollzieht, ersatzweise keine geeigneten kulturellen Steuerungsmechanismen entwickeln könnte. Allem Anschein zum Trotz haben wir, die Bürger moderner Industrienationen, bessere Chancen, friedlich in unserem Bett zu sterben, als alle Menschen, die vor uns auf der Welt waren.

Die Natur bietet (egal, wie gleichgültig und wertneutral sie nach menschlichen Maßstäben sein kann) keine letztgültige Grundlage für moralische Werte. Viele Verhaltensweisen des Menschen können unter Hinweis auf andere Tierarten nicht erklärt oder gerechtfertigt werden. Die meisten Vogelarten sind monogam, und Schimpansinnen neigen zu Promiskuität. Was lernen wir daraus? Gar nichts. Die Frage, welche Auffassung von der Natur die richtige ist – die vom Kampf ums Dasein (Darwin) oder die von der gegenseitigen Hilfe und Mutualität (Peter Kropotkin) – ist grundsätzlich nicht zu entscheiden, denn sie ist keine naturwissenschaftliche, sondern eine naturphilosophische Frage. Soviel läßt sich jedoch sagen: Es wäre verfehlt, Konkurrenz und Kampf in der Natur zu leugnen, aber sie dominieren nicht, auch nicht unter den Menschen, wenngleich sich viele Exemplare unserer Spezies im Verlaufe der bisherigen Geschichte empörende Grausamkeiten ausgedacht haben.

Der Mensch ist aus der biologischen Evolution großenteils entlassen, da bei ihm die natürliche Auslese weitgehend aufgehoben ist. Entwicklung oder gar Vollkommenheitsstreben kann sich dann nur noch auf die soziale und geistige Leistung des Menschen beziehen. Huxley führt dazu in *Ich sehe den künftigen Menschen* aus:

> Der Mensch ist nicht nur der letzte dominierende Typ, den die Evolution hervorgebracht hat, sondern auch ihre einzig aktive Treibkraft auf Erden. Das Schicksal hat ihn dazu auserkoren, für den gesamten zukünftigen Entwicklungsprozeß auf diesem Planeten verantwortlich zu sein. Was immer er unternimmt, er wird auf den Prozeß einwirken. Er hat die Verpflichtung, seinem Wesen und seiner Funktionsweise nachzuspüren und ihn auf die bestmögliche Bahn zu lenken.[5]

Es gibt viele Probleme auf dem Weg der soziokulturellen Evolution. Die größten sind nach Huxleys Meinung: Atomkrieg, Übervölkerung, der Aufstieg kommunistischer Ideologien, die Nichtanerkennung Chinas als Weltmacht, die übermäßige Ausbeutung der natürlichen Hilfsquellen, der Schwund der kulturellen Vielfalt, die Überbetonung der Technik und die Revolution der Ansprüche und Erwartungen durch die Kluft zwischen arm und reich.

Welche Schlußfolgerungen zieht Huxley aus diesen Überlegungen?

a) Der Mensch muß sich seiner Herkunft und seiner Geschichte bewußt sein, das gilt sowohl für den gigantischen Ablauf der Evolution, für die Menschheitsgeschichte als auch für die Familiengeschichte des Individuums.

b) Der Mensch ist Teil der Natur; er muß folglich lernen, mit der Umwelt in einer Art Symbiose zu leben und sie nicht selbstsüchtig auszubeuten.

c) Die Solidarität mit allem Lebenden gebietet es, massive Hilfe der Reichen für die Armen zu organisieren, denn unser hoher Lebensstandard beruht unzweideutig auf dem niedrigen Lebensstandard in anderen Teilen der Welt; die egoistische Sichtweise und das Wettbewerbssystem sind nicht länger ethisch vertretbar.

d) Man wird Abschied nehmen müssen von der quantitativen Sichtweise; die einseitige Ausrichtung auf technische Perfektion, Wirtschafts-, Einkommens- und Konsumwachstum ist nicht länger ethisch akzeptabel.

e) Die Weltbevölkerung muß reduziert werden, um eine höhere Lebensqualität für alle zu erreichen. Lebensqualität bedeutet: Gelegenheit für disziplinierte Freiheit, wachsendes Verständnis und eine freiere Ausübung von Talent. Wie Alfred Adler betonte auch Julian Huxley dabei die hohe Bedeutung der Erziehung für die Entwicklung des Individuums. Hierzu meinte er in *The Human Crisis*:

> Nur durch bessere Erziehung, die uns nicht nur einfach mehr Fakten vermittelt, sondern auch einen besseren Standpunkt, bessere Prinzipien und bessere Haltungen (Einstellungen), werden wir in der Lage sein, die Notwendigkeit zur Veränderung unseres Denkens und Handelns zu akzeptieren.[6]

[5] Huxley, J.: Ich sehe den künftigen Menschen (1964), München 1965, S. 123.
[6] Huxley, J.: The Human Crisis (1963), S. 33f.

Der Mensch sollte in Zukunft auch seine Aufmerksamkeit trainieren, seine Bewunderung für Kunst in allen ihren Spielarten, seine handwerkliche und künstlerische Kreativität, und ebenso seinen Körper, „um aus dem Käfig der verbalen, intellektuellen und schriftlichen Äußerungen auszubrechen". Die Erforschung der menschlichen Psyche ist von nun an wesentlich wichtiger als die Erforschung der Außenwelt. Erfüllung und Bereicherung sind vordringliche Ziele des Lebens. Der einzelne Mensch kann daran mitwirken, indem er seine eigene Persönlichkeit vollkommener entwickelt. Die Entwicklung der eigenen Persönlichkeit ist der Beitrag, den der einzelne liefert, um die Bestimmung des Menschen zu erfüllen.

Bedenklich erscheint Huxleys Wunsch, der Mensch möge nicht nur seine Kultur, sondern auch seine genetische Substanz verbessern. Andererseits ist die Erde übervölkert; wir müssen uns mit dem Gedanken vertraut machen, daß die Gesamtzahl der Erdenbewohner schrumpfen muß, wenn Hunger und sinnloser Tod überwunden und ein sicheres Leben für alle erreicht werden sollen. Diese Probleme sind noch nicht gelöst, doch Huxley vertraute angesichts dieser Themen auf die Vernunft der Menschen, in der Zukunft dafür adäquate Mittel und Wege zu finden.

Aldous Huxley. – Verglichen mit Julian Huxley war dessen jüngerer Bruder Aldous ein merklich sensiblerer und zarter gebauter Mensch, dem die Schicksalsschläge innerhalb der Familie mehr und nachhaltiger zusetzten als dem Erstgeborenen. Aldous, der 1894 das Licht der Welt erblickte, soll schon in der *Preparatory School* als introvertierter und vergeistigter Junge gegolten haben, dem die Hänseleien der Mitschüler wenig anhaben konnten, da er sich Mal für Mal in die innere Festung seiner Ideen und Phantasien zurückzog. Denken (und später schreiben) bedeutete für Aldous, sich glücklich oder zumindest sicher zu fühlen und sich aus noch so mißlichen Situationen zu retten – eine Formel, die er bereits zu seiner Schulzeit für sich propagiert und verinnerlicht hatte.

Ziemlich bald schon, mit vierzehn Jahren, bot sich Aldous völlig unerwartet die Gelegenheit, dieses Motto auf seine Tragkraft hin zu überprüfen. Im Herbst 1908 erkrankte seine Mutter an Krebs und starb innerhalb weniger Monate. Dieser Tod erschütterte die gesamte Huxley-Familie zutiefst und trug teilweise zu deren Auflösung bei. Der Vater Leonhard zog nach London und verheiratete sich dort nach einiger Zeit neu, und die Kinder wurden bei Verwandten untergebracht; Aldous landete bei dieser Gelegenheit im Haushalt seiner Tante Mrs. Humphrey Ward. Außerdem wurde er Stipendiat in Eton, in jener Eliteschule also, an der schon sein Bruder Julian unterrichtet worden war.

Mit 17 Jahren ereilte den jungen Mann der nächste schwere Schlag des Zufalls: Er erkrankte an einer *Keratitis punctata*, einer Hornhautentzündung des Auges, in deren Gefolge er beinahe völlig erblindete. Er mußte mehrmals operiert werden, und erst nach Jahren und vielfältigen Therapieversuchen konnte er wieder leidlich sehen. Später urteilte er über diese schwere Krankheit und die aus ihr erwachsenden Konsequenzen in einer etwas ironischen und überraschend heiteren Art:

> Die Vorsehung meint es manchmal gut, auch wenn sie hart mit einem umzugehen scheint. Während jener Zeit lernte ich Brailleschrift lesen, war viel allein und auf mich selbst angewiesen. Meine vorübergehende Blindheit bewahrte mich auch davor, Arzt zu werden, und auch dafür bin ich dankbar. Denn da ich als Journalist unter Überarbeitung fast zusammenbrach, hätte ich mich in dem viel anstrengenderen Beruf eines Arztes unfehlbar zugrunde gerichtet.[7]

Neben vielen weiteren „Vorteilen", welche diese Krankheit dem jungen Aldous Huxley beschert hat, darf die Tatsache Erwähnung finden, daß der junge Mann und angehende Schriftsteller eventuell auch wegen seiner Sehstörung ein Visionär und Utopist geworden ist. Nach Alfred Adler nämlich treiben uns Menschen unsere (organischen) Minderwertigkeiten an, sie zu kompensieren, und oft genug gelingt uns dies auf kulturellem Gebiet. Eine biologisch bedingte Kurzsichtigkeit kann nun – vor dem Hintergrund der Kompensation – nicht selten zu einer „kulturellen Weitsichtigkeit" führen.

Doch vorerst hatte Aldous aufgrund seiner Krankheit Nachteile zu gewärtigen. Er mußte deswegen Eton verlassen und verbrachte einige Zeit in Marburg, wo er das wilhelminische Deutschland kennenlernte. Im Jahr darauf besuchte er eine Schule in Grenoble und immatrikulierte sich dann am *Balliol-College* in Oxford, wo sein Bruder Trev seiner Abschlußprüfung in Mathematik entgegensah. Obwohl Trev als der liebenswürdigste der Huxley-Brüder gegolten hatte, wählte er das tragische Ende des Suizids – ein Tod, der beim jüngeren Aldous große Bestürzung, aber auch tiefschürfende psychologische Reflexionen auslöste; in einem seiner Briefe schrieb er darüber:

> Es liegt – abgesehen von dem schieren Kummer über den Verlust – etwas zusätzlich Schmerzvolles in dem Zynismus der Situation. Gerade das Höchste und Beste in Trev – seine Ideale – haben ihn in den Tod getrieben.[8]

Nach dem Abschluß seiner Studien – Aldous beschäftigte sich am *Balliol-College* vorrangig mit englischer Literatur und Philosophie – meldete sich der junge Mann im September 1916 zum Zivildienst auf dem Gutshof von Lady Ottoline und Philip Morrell. Dort lernte er alle jene interessanten und zum Teil außerordentlich gebildeten Menschen kennen, die wir weiter oben bereits erwähnt haben. In diesem anspruchsvollen Kreis fand Aldous Huxley rasch Aufnahme und Anerkennung und darüber hinaus in Maria Nys, der Tochter eines belgischen Industriellen, die Liebe seines Lebens. Außerdem freundete er sich mit dem Schriftsteller D. H. Lawrence an, mit dem er bis zu dessen Tod im Jahre 1930 einen intensiven und gegenseitig sehr befruchtenden Kontakt unterhielt.

Aus dem Jahre 1916 – Aldous Huxley war damals 22 Jahre alt – sind erste Gedichte aus seiner Feder erhalten, von denen man weiß, daß der Autor sie unter anderem T. S. Eliot zur Begutachtung vorlegte, ohne allerdings besonders viel

[7] Huxley, A.: Nachwort, in: Meisternovellen, Zürich 1951, S. 406.
[8] Huxley, A.: Brief vom späten August 1914, zit. n. Schumacher, Th.: Aldous Huxley, Reinbek bei Hamburg 1987, S. 19.

Zustimmung erfahren zu haben. Der Aufenthalt bei Lady Ottoline sowie die dortigen Bekanntschaften mit Künstlern und Schriftstellern waren für Huxley aber anregend genug, um in ihm den Plan reifen zu lassen, ein Mitglied der schreibenden Zunft werden zu wollen.

Nach einer kurzen Zeitspanne, in der sich Huxley in Eton als Lehrer versuchte und dabei erkannte, daß dies nicht sein Metier war, verdingte er sich ab 1919 bei der Wochenzeitschrift *The Athenaeum* als Redakteur. Ein Jahr später wechselte er zur *Westminster Gazette*, wo er eine Unzahl von Rezensionen, kurzen Artikeln, Reportagen und Kritiken verfaßte. Huxley betonte später, daß er dabei das Handwerk des Schreibens bestens erlernt und einen unschätzbaren Fundus an schriftstellerischem Können erworben habe, so daß die Jahre als Reporter und Redakteur für ihn in keiner Weise verloren waren.

1921 hatte Huxley für sich das Empfinden, genug Erfahrungen als Zeitungsschreiber gemacht zu haben; außerdem verfügte er über ein kleines finanzielles Polster, so daß er, seine Frau und der inzwischen geborene Sohn Matthew für einige Monate, später dann auch für Jahre in den Süden nach Italien übersiedelten. Neben den Landstrichen und Städten der Toskana wurde nach und nach auch die französische Côte d'Azur zur bevorzugten Wohngegend Huxleys.

Diese Bewegung weg aus England und hin zu den mediterranen Verhältnissen des Südens bedeutete eine entscheidende Weichenstellung für den Künstler Huxley, der nun in rascher Folge Romane, Erzählungen, Novellen, Essays und Gedichte entwarf und ausarbeitete. So wie viele Maler in Italien oder Frankreich das Licht und die Farbe entdecken, stieß auch der britische Schriftsteller dort auf die Möglichkeiten der künstlerischen Sprache und Ausdruckskraft.

Im November des Jahres 1921 erschien der erste Roman Huxleys mit dem Titel *Eine Gesellschaft auf dem Lande*. Diese Publikation – ein satirischer Ideenroman ohne eigentliche Handlung – machte den Autor mit einem Schlag zum Sprachrohr der nach dem Ersten Weltkrieg desorientierten und deprimierten Jugend Englands und Europas.

Der Roman spielt im Jahre 1920 auf dem Lande. Menschen mit unterschiedlichen Charakteren, Neigungen und Weltanschauungen treffen hier aufeinander und verstricken sich gegenseitig in geistreiche, amüsante oder auch nur kurzweilige Gespräche. Die Konversation und der Fluß der Sprache stehen im Mittelpunkt; seine Spannung bezieht der Roman aus der Intelligenz von Rede und Gegenrede, nicht jedoch aus Aktionen.

Der Text weist durchaus autobiographische Züge auf; vor allem in dem schüchternen Denis meinen die Kritiker den jungen Aldous Huxley zu erkennen, der auf schmerzliche Weise erfahren muß, daß seine romantische Sicht der Welt nicht der Realität entspricht. Schließlich wird er mit der sexuell außerordentlich erfahrenen Anne Wimbush konfrontiert, die das Ihrige dazu beiträgt, daß aus Denis „ein ganzer Mann" wird.

Ähnlich wie in *Eine Gesellschaft auf dem Lande* muß die Atmosphäre bei Lady Ottoline gewesen sein, die Huxley wohl als Modell vorschweben hatte. Daneben erinnert der Esprit dieser Unterhaltungen an das Ideal der Salons der

Aufklärungszeit, in denen ebenfalls die Lust des Denkens und der Konversation spürbar war. Mit seinem enzyklopädischen Wissen, das Huxley in seinem ersten Roman einigen von ihm geschaffenen Figuren in den Mund legte, hätte sich der Brite sicherlich ganz formidabel in den französischen oder deutschen Salons bewegt.

Mit *Eine Gesellschaft auf dem Lande* hatte Huxley bereits einen Ton angeschlagen, der ihn von nun an sein Leben lang begleiten sollte: Er war zum Intellektuellen und Künstler zugleich geworden, zu einem *poëta doctus*, einem gelehrten Dichter, der einerseits verliebt in die Sprache, ihre Bilder und unermeßlichen Potenzen war und andererseits aufgrund seines messerscharfen Verstandes sowie seiner Skepsis und Kritik die wundervollen Gebilde aus Worten und Sätzen liebend gern sezierte und auf ihre Essenz hin untersuchte.

Der Erfolg dieses Erstlings bewirkte, daß Huxley mit dem Londoner Verlagshaus Chatto & Windus einen Dreijahresvertrag abschließen konnte, der ihn verpflichtete, zwei Bücher pro Jahr, darunter einen Roman, abzuliefern; gleichzeitig sorgte der Verlag für die finanzielle Lebensgrundlage seines Autors. Der Vertrag wurde in den kommenden Jahren mehrmals zu jeweils verbesserten Konditionen verlängert, so daß Chatto & Windus zur lebenslangen verlegerischen Heimat von Aldous Huxley wurde.

Im November desselben Jahres erschien der zweite Roman des Dichters, den er nach einer Verszeile von Christopher Marlowes *Edward II* mit dem Titel *Narrenreigen* versah. Wieder hat Huxley zum Teil sich selbst und seine Biographie in den Text einfließen lassen; insbesondere die Figur des Theodore Gumbril, dessen Mutter früh verstorben und der als Lehrer gescheitert ist und daraufhin in die Boheme- und Intellektuellenszene von London eintaucht, erinnert stark an den Autor und dessen Lebenslauf.

In *Narrenreigen* begegnen uns vielfältige Typen von Menschen, die mit Gumbril und untereinander in Kontakt treten und vorrangig reden, ohne zu handeln. Dabei rennen alle Beteiligte einem sinnvollen und erfüllten Leben hinterher, ohne es fassen und realisieren zu können. Alle Weltanschauungen, Philosophien und Erklärungsmuster haben – nach dem Ersten Weltkrieg kein Wunder – ausgedient und sich als untauglich erwiesen, der menschlichen Existenz ein tragfähiges Fundament für Sinn und Wert zu bieten. Ethische und moralische Standards sind längst schon über Bord gegangen, und Versuche, sie zu reaktivieren, enden in der Satire, im Makabren oder im Nichts.

Der Künstler Lyppiat, der Wissenschaftler Shearwater, der Kritiker Mercaptan, die Nymphomanin Myra Viveash oder die viktorianische Ideale vertretende Emily Stanley – sie alle scheitern bei ihren Bemühungen, dem dumpfen Daseinstrott zu entrinnen und Gefühle statt Affekte, Eros statt animalischer Sexualität und Werte statt Nihilismus zu entwickeln. Zwar tanzt und lacht und kopuliert und feiert man ausgiebig, aber diese kopf- und seelenlosen Aktivitäten dienen lediglich dazu, vom allgemeinen Elend abzulenken. Beinahe hat man den Eindruck, Huxley schildere nicht nur einen Marloweschen Narrenreigen, sondern noch dazu das *Narrenschiff* eines Sebastian Brant, dessen Mannschaft singend und lachend dem Abgrund entgegen segelt.

Auch im dritten Roman Huxleys – *Parallelen der Liebe* (1925) – werden der Ton und die Thematik von *Eine Gesellschaft auf dem Lande* und *Narrenreigen* beibehalten. Den Schauplatz der Erzählung hat der Autor in ein Barockschloß bei Viareggio verlagert, wo sich Mrs. Aldwinkle mit einer Truppe von recht zwielichtigen Gestalten – Dichter, Philosophen und Künstler – umgeben hat. Alle Protagonisten reden von Herzen gern über ihr Leben, über Religion und Kunst, Wissenschaft und Moral, Liebe, Alter und Tod, ohne je zu einem Ergebnis, geschweige denn zu einer verändernden Tat zu gelangen.

Einen Prototyp dieser windigen Gesellschaft stellt die Nichte von Mrs. Aldwinkle mit Namen Irene dar. Sie hat sich ausführlich mit der Sexualpsychologie von Havelock Ellis beschäftigt und dabei ihre Ideale von Keuschheit und Jungfräulichkeit erfolgreich abgelegt. Nun bestickt sie mit Leidenschaft ihre Unterwäsche und wartet auf die Angebote reicher und interessanter Herren. Nach einigem Zögern gibt sie dem lispelnden Lord Hovenden ihr Jawort, der lange Zeit zwischen sozialistisch angehauchten Impulsen der Weltverbesserung und der imperativen Idee, sein Leben einfach zu genießen, geschwankt hatte.

Einzig der Lebemann und Frauenheld Calamy, der von der immer auf der Suche nach „echten Erlebnissen" befindlichen Schriftstellerin Mary Thriplow ziemlich bedrängt wird, wandelt sich im Roman vom Saulus zum Paulus. Er zieht sich in die Berge zurück und lebt fürderhin ein ländliches Leben, in dem er der Reflexion und Nachdenklichkeit einen breiten Raum zugesteht: „Vielleicht hatte er eine Dummheit gemacht, dachte Calamy. Aber als er auf den leuchtenden Gipfel blickte, fühlte er sich irgendwie ermutigt" – so läßt Huxley seinen Roman *Parallelen der Liebe* enden.

Im Jahre 1926 traf Huxley in Florenz auf D. H. Lawrence, den er von seinen Aufenthalten bei Lady Ottoline her bereits kannte. Nun kam es zu einem intensiven Gedankenaustausch und einer freundschaftlichen Annäherung, die bis zum Tod von Lawrence 1930 Bestand hatte. Auch die jeweiligen Partnerinnen der Dichter waren in diese Freundschaft mit einbezogen, was soweit ging, daß Maria Nys sogar den zweiten Teil von *Lady Chatterley* in die Maschine tippte.

An Lawrence faszinierte Huxley dessen unbekümmerte und direkte Art der Existenz, die stark an leiblichen Genüssen und natürlich an der Sexualität orientiert war; überbordende Geistigkeit und anämische Intellektualität waren Lawrence ein Greuel. Von ihm erhoffte sich Huxley eine Art Einführung ins naturhaftkonkrete und sinnliche Leben, das ihn, den vergeistigten und sehbehinderten Kopf- und Verstandesmenschen, im Leib verankern helfen sollte.

Man kann darüber streiten, inwiefern die Beziehung zu Lawrence für Huxley tatsächlich die erwünschten Konsequenzen hatte. Unbestreitbar aber ist, daß der intensive Kontakt der beiden Dichter dazu beigetragen hat, reichlich Stoff für den nächsten großen Roman Huxleys zu liefern. 1928 erschien *Kontrapunkt des Lebens*, ein Text, der von der Kritik überwiegend begeistert aufgenommen und als eines der zentralen Hauptwerke des Dichters bezeichnet wurde.

Der Begriff des Kontrapunktes stammt aus der Musik und bedeutet soviel wie einen musikalischen Antagonismus, aus dem Spannung und Dramatik ebenso wie distanzierte Bezugnahme oder aber überraschende Auflösung erwachsen kann. Huxley übernahm dieses Kompositionsmittel für seinen Roman und entwarf einige polar angelegte Figuren, die – wie schon in den epischen Werken davor – sprechend interagieren und auf Handlungen weitgehend verzichten.

Die wichtigsten Pole respektive Kontrapunkte, um die herum die Romanfiguren von Huxley gruppiert wurden, lauten unter anderem Chaos versus Ordnung, Denken versus Fühlen, Dionysos versus Apoll, Freiheit versus Notwendigkeit, Ich versus Welt und Liebe versus Haß. Alle Personen des Textes verkörpern eines oder mehrere dieser Prinzipien, ohne daß sie ihren *counter point* – der englische Titel lautet *point counter point* – wirklich je verstehen oder gar assimilieren können.

Eine Hauptperson des Romans stellt der Schriftsteller Philip Quarles dar, dem man in vielerlei Hinsicht anmerkt, daß in ihn viel Material aus Huxleys eigenem Leben und Charakter eingeflossen ist. Quarles bezeichnet sich selbst als einen „ektomorphen Zerebrotoniker", was soviel bedeutet wie verstandesbetont, introvertiert und leicht erregbar. Dieser Terminus stammt aus der Typologie des amerikanischen Arztes William Sheldon, der in Anlehnung an Ernst Kretschmers Buch *Körperbau und Charakter* (1921) eine eigene Unterteilung der Charaktere vorgenommen und zwischen endomorph (Betonung der inneren Organe), mesomorph (Prädominanz des Bewegungsapparates) und ektomorph (Prädominanz von Haut und Nervensystem) unterschieden hat. Außerdem ordnete Sheldon den Persönlichkeiten noch Attribute wie visceroton (bequem und gesellig), somatoton (zielbewußt, robust) und zerebroton (introvertiert und rational) zu, so daß diverse Kombinationen aus diesen Begriffen jeweils Persönlichkeitstypen beschreiben.

Die Gegenfigur zu Philip Quarles (alias Aldous Huxley) ist Mark Rampion (alias D. H. Lawrence), der als Verkünder eines „erotischen Vitalismus" in Erscheinung tritt und visceroton und endomorph imponiert. So sehr der letztere auch den ersteren mit mehr oder minder guten Argumenten von den Vorteilen eines unbeschwerten und lustbetonten Daseins überzeugen möchte, bleiben doch beide bis zum Schluß des Romans Kontrapunkte, die sich kaum annähern.

Das Motiv von *Kontrapunkt des Lebens* hat Huxley in seiner Essay-Sammlung *Tu, was du willst* (1929) noch weiter ausgebaut. Darin stellte er die Polarität im Leben und Werk etwa von Franz von Assisi, Pascal oder Baudelaire dar. Besonders produktiv – weil die eigenen Antagonismen gut ausbalancierend – sind für Huxley die Menschen der Renaissance mit dem Thema des Kontrapunktes umgegangen:

> Essex, Marlowe, Donne, Königin Elisabeth selbst, Shakespeare, Raleigh und noch viele andere... Wie verfeinert und brutal, sinnlich und spirituell, tatenfroh und kontemplativ, religiös und zynisch Menschen zugleich sein können![9]

Der Titel dieser Essay-Sammlung ist übrigens eine Anspielung auf einen der bedeutendsten Renaissancetexte der französischen Literatur, auf Rabelais' *Gargantua und Pantagruel*. Die darin beschriebene Abtei von Thelem hatte sich die Richtschnur *Fay ce que voudras!* (Tu, was du willst!) gegeben – eine Formel und ein Buch, welche die Zustimmung Huxleys fanden. Allerdings fügte der britische Schriftsteller einschränkend hinzu, daß dieses Motto nur für „Wohlgeborene, Wohlerzogene und Wohlbewanderte im Umgang mit edler Gesellschaft" gelte; „für die anderen werden äußere Zügel in Gestalt von Polizisten, innere in Gestalt von abergläubischen Vorstellungen immer vonnöten sein".[10]

Nach allerlei Reisen in den Jahren 1928/29 und nach dem Tod des Freundes D. H. Lawrence konnte man bei Huxley eine gewisse Sehnsucht nach Heimat und fester Bleibe konstatieren. Lawrence war in Vence an der Côte d'Azur begraben worden, und unweit von diesem Ort, in Sanary-sur-Mer, kauften die Huxleys nun ein Haus, in dem sie von 1930 bis 1937 wohnten. In demselben Ort fanden übrigens einige exilierte Schriftsteller – unter anderem Thomas und Heinrich Mann, Franz Werfel, Annette Kolb und Lion Feuchtwanger – nach 1933 für wenige Jahre eine Bleibe.

Wenn man die Qualität einer Behausung, einer Ortschaft oder einer Gegend danach bemessen wollte, welche wissenschaftlichen oder künstlerischen Leistungen dort vollbracht werden, muß man Sanary-sur-Mer als exquisite Adresse verbuchen. Im Frühjahr 1931 nämlich begann Huxley an einem neuen Roman zu schreiben, den er innerhalb von nur vier Monaten beendete, der im Februar 1932 erschienen und der ein absoluter Welterfolg, ein Best- und Longseller zugleich geworden ist: *Brave New World*, zu deutsch *Schöne neue Welt*.

In diesem Text entwirft Huxley eine biologistische Utopie; sie malt die Schrecken einer genmanipulierten und vollständig konditionierten Menschheit aus. Der Roman spielt etwa um das Jahr 600 nach Henry Ford. Die Menschen reproduzieren sich nicht mehr durch Geschlechtsverkehr und Mutterschaft; sie werden durch künstliche Besamung gezeugt und in Retorten großgezogen. Dies erlaubt die absolute Normierung der gezüchteten Organismen.

Durch kleine Beigaben chemischer Substanzen kann man Alpha-, Beta-, Gamma-, Delta- und Epsilon-Menschen erzeugen, die jene gewünschten Eigenschaften haben, welche im Gesellschaftsprozeß für bestimmte Aufgaben nützlich sind. Manche Typen sind für grobe, manche für feinere Arbeiten da; die Alphatypen jedoch denken und regieren die anderen. Indem jedes Menschen Bestimmung in seiner Erbsubstanz und in seiner frühen chemischen Beeinflussung verankert ist, ist jedermann mit seinem Schicksal zufrieden. Im Jahre 600 nach Ford

[9] Huxley, A.: Do what you will (1929), München 1961, S. 57f.
[10] Huxley, A.: Do what you will, a.a.O., S. 58.

gibt es keine Aufstände und Revolutionen; man ist in programmierter Weise glücklich und fügt sich in die weisen Gesetzmäßigkeiten der *Schönen neuen Welt*.

Aber auch programmierte Menschen gelingen nicht immer perfekt. So gibt es einen Unruhestifter in dieser biologisch gleichgeschalteten Welt, der seinerzeit in der Retorte nicht ganz sachgemäß behandelt wurde; er hat daher kleine Anomalien in seinem Aussehen, die ihn zum Sonderling prädestinieren. Der Autor hat diesen Unglücksraben Sigmund Marx genannt; wir gehen wohl nicht fehl, wenn wir den Vornamen von Sigmund Freud und den Nachnamen von Karl Marx ableiten. Wer so heißt, kann wohl nicht anders, als rebellisch werden; die Folgen davon wird der Roman enthüllen.

Die Bewohner der *Schönen neuen Welt* leben nach der Parole: „Tue gern, was du mußt!“ Da ihnen dies mit Pawlowschen oder Watsonschen Reflexen schon im Babyalter eingeprägt wurde, haben sie keine Mühe, diese Regel zu befolgen. Sie leisten ihre Arbeit, klammern alle Probleme durch einlullende „Soma-Tabletten“ aus und genießen ein gedanken- und problemloses Liebesleben, das nicht durch die Komplikationen von Leidenschaft und enger Bindung an einen Partner getrübt ist. Im Kino kann man Seh-, Fühl- und Riechfilme konsumieren, die das eigene Erleben von Fülle, Glück und Abenteuer vollkommen ersetzen. Damit die Sexualität auch wirklich Genuß bereitet, wird sie jeweils durch entsprechende Hormon-Kaugummi noch etwas stimuliert; für Sorgen hat man immer Schlafmittel bereit, die man solange einnimmt, bis die betreffenden Probleme vergessen sind.

Die auf eine solche Supertechnologie eingeschworene Welt ähnelt ungefähr dem, was Nietzsche in *Also sprach Zarathustra* als die Kultur des „letzten Menschen“ denunziert, in der das Glück erfunden wurde und alle menschliche Größe und Selbstverwirklichung abhanden kam. Seelische Armut und physisches Behagen sind die Kennzeichen dieser postfordianischen Zivilisation, in der alles sauber und technisch perfekt ist, aber die Humanität nichts mehr zu bedeuten hat.

Irgendwo am Rande dieser heilen-unheilvollen Welt gibt es aber Naturvölker, die den großen Fortschritt nicht mitgemacht haben. Sie sind auf der Stufe der frühen Kultur stehen geblieben und teilweise sogar noch hinter sie zurückgefallen. Sie verehren noch einen Gott und kennen Monogamie; sie haben Rituale und Symbolhandlungen, die undurchschaubar sind, und sie leben ohne Komfort und Zauberwerke der Technik, die das Leben angeblich vereinfachen. Der Teufel, der Sigmund Marx zu reiten scheint, flüstert ihm ins Ohr, daß sich ein Besuch bei diesen „Primitiven“ lohnen mag; Sigmund und seine Freundin Lenina beschließen, den Urlaub in den Reservaten der Indios zu verbringen, was mit den Flugzeugen der Ford-Kultur in Sekundenschnelle eingeleitet werden kann.

Welche eigentümliche Welt tut sich für die beiden Urlauber auf! Der zurückgebliebene Volksstamm kennt noch Alter, Gemütsverwirrungen, Krankheit, persönliche Liebe, Verehrung unbekannter höherer Wesen und andere Abnormitäten der längst entschwundenen Frühkultur. Da die postfordianische Zivilisation sich vom Naturschutzpark dieses „Urvolkes“ streng abschließt, gibt es keine

Kommunikation zwischen Vergangenheit und Gegenwart. Unglücklicherweise entdeckt aber Sigmund Marx unter den Wilden eine herabgekommene Angehörige der *Schönen neuen Welt* und ihren Sohn; er darf diese beiden aus der Fasson geratenen Exemplare der Ford-Zivilisation in die Heimat mitnehmen.

Das bringt so manche Verwicklungen mit sich, welche die Dramatik des Romans ausmachen. Denn vor allem der junge Michel kann sich nicht in die problem- und gefühllose Neuzeit finden; er ist durch das Heranwachsen bei den Wilden völlig verdorben, so daß er in ganz überflüssige seelische Not gerät.

Michel hat z.B. bei den Indios ein uraltes, zerlesenes Buch gefunden, das von einem obskuren Autor namens William Shakespeare stammt. Die Lektüre dieses merkwürdigen Stückeschreibers hat den Jüngling regelrecht verwirrt. Er träumt nämlich von Liebe und echtem Glück, sieht das Leben als ernst und tragisch an und meint, daß er den Weg zu sich selbst finden müsse. Daher weist er Lenina von sich, die ihm gegenüber fast so etwas wie Liebesgefühle entwickelt und diese in einigen lustigen Nächten abreagieren will. Auch die Bequemlichkeiten der superhygienischen, sterilen und geistlosen Zivilisation kotzen Michel an. Auf dem Höhepunkt einer Debatte mit einem der mächtigsten Verwaltungsbeamten des neuen Staates versteigt er sich sogar zur Äußerung: „Ich brauche keine Bequemlichkeiten. Ich will Gott und Poesie, ich will wirkliche Gefahren und Freiheit und Tugend. Ich will Sünde."

Selbst die überaus willigen Damen der *Schönen neuen Welt* können begreiflicherweise mit einem solchen Wildling nichts anfangen. Man erlaubt ihm schließlich, sich irgendwo in einem Niemandsland anzusiedeln, wo er sein Gemüse selbst anpflanzt und versucht, in Ruhe zu leben. Da ihn Reporter dauernd behelligen, begeht er Selbstmord infolge seelisch-geistiger Konfusion. So wird ihm sein Shakespeare zum Verhängnis, der doch selbst in *Der Sturm* eine seiner Gestalten sagen läßt: „Oh Wunder! Was gibt's für herrliche Geschöpfe hier! Wie schön der Mensch ist! Schöne neue Welt, die solche Bürger trägt!"

Huxley benutzte eine Utopie der Abschreckung, um die Menschheit davor zu warnen, heute oder später möglich werdende biotechnische Allmachtspläne Wirklichkeit werden zu lassen. Offenbar schwebte dem Autor so etwas wie ein einfaches Leben vor; die Menschen sollen den Fortschritt nicht übertreiben, vor allem nicht seine naturwissenschaftlich-technischen Aspekte, die ins Unheilvolle auszuarten drohen. Gemäß seiner humanistisch-religiösen Grundhaltung schien Huxley sagen zu wollen, daß eine zukünftige Kultur Tradition und Transzendenz benötigen wird, um die Menschlichkeit des Menschen zu bewahren.

In einem nachträglich hinzugefügten Vorwort räumte Huxley selbst ein, daß sein Text Mängel aufweist, da er dem Menschen nur zwei schlechte Möglichkeiten anbietet; entweder das Leben im primitiven Indianerdorf oder in der technisch-verrückten *Schönen neuen Welt*. Nun plädierte der Autor für eine innere Revolution, konnte aber nicht genau sagen, was diese bedeuten soll. Sein Buch bleibt Warnung ohne Ausweg, was seinen literarischen Wert durchaus nicht mindert.

Ab dem Jahre 1934 lebte Huxley parallel in Sanary und London, wo er sich ein stilles Domizil gemietet hatte und sich regelmäßig mit seinen alten Bekannten und Freunden – z.B. Bertrand Russell, T. S. Eliot und Lady Ottoline Morrell – traf und austauschte. Die Pazifisten von ehemals waren inzwischen auch zu Antifaschisten geworden, eine Entwicklung, die aufgrund der politischen Entwicklungen auf dem alten Kontinent nur zu verständlich war.

Auch Huxley begann damals, sich zunehmend als politischer Autor zu verstehen und zu betätigen. Zusammen mit anderen Intellektuellen publizierte er Schriften, welche Faschismus und Krieg analysierten und zum Widerstand gegen braune wie rote Totalitarismen aufriefen. Vor allem der Text *What are You Going to Do About It*? (1936; Was ist zu tun?) versammelt Huxleys wichtigste Gedanken zum Pazifismus und Antifaschismus.

Ebenso eindeutige Diagnosen wie in diesem Buch gab Huxley auch im Roman *Geblendet in Gaza* ab, den er in demselben Jahr erscheinen ließ. Die Hauptperson, der Soziologe Anthony Beavis, trägt viele Züge des Autors selbst. Als junger, beinahe zynisch wirkender Hedonist hat er gelernt, das Leben von seiner lustvollen, aber auch verantwortungslosen Seite her zu begreifen und auszukosten. Über einige tragische Ereignisse in seiner nächsten Umgebung – unter anderem begeht ein enger Freund von Beavis Suizid, wobei Huxley den Zeitpunkt dieses Selbstmords im Roman auf das Datum des Suizids seines Bruders Trev legt – wird der junge Mann wachgerüttelt und nimmt nun zunehmend die erschütternden Seiten der menschlichen Existenz wahr.

Als Reaktion darauf schließt er sich einem gewissen Dr. Miller an, der ein an Werten und Idealen orientiertes Leben führt und spirituelle und mystische Gedanken vertritt. Im engen Kontakt mit ihm lernt Beavis nach und nach, was es heißen kann, ein besserer Mensch zu werden. Er setzt sich ein für Frieden und Völkerverständigung, Humanität und umfassende Gewaltlosigkeit, und auch seine frühere hemmungslose Sexualität sieht er nun mit kritischen Augen:

> Wenn auch weniger gefährlich als Gehässigkeit und die Gier nach Macht, Geltung oder gesellschaftlichen Rang, ist Wollust dennoch unverträglich mit Pazifismus; wird mit ihm nur vereinbar, wenn sie aufhört, Selbstzweck zu sein, und ein Mittel zur Vereinigung zweier gesonderter Einzelwesen durch Liebe wird. Solche Art von Einheit ist allerdings ein Musterbeispiel für Einheit schlechthin.[11]

Derartige Gedanken und Überlegungen zum Erreichen einer Einheit zwischen den Menschen und darüber hinaus auch mit der ganzen Welt hat Huxley nicht nur seiner Hauptfigur Beavis ins Gemüt gelegt; er selbst entwickelte in den späten 30er Jahren zunehmend ein großes Interesse an buddhistischen Vorstellungen und Lehren, welche die Vereinigung des Einzelnen mit den anderen und der Welt als eines ihrer wichtigsten Ziele deklarieren. Außerdem plädierte Huxley damals stark für die fernöstliche Weisheit des Loslassens (*Non-attachment*), das

[11] Huxley, A.: Geblendet in Gaza (1936), München 1953, S. 416.

von manchen jedoch als Plädoyer für eine apolitische Zuschauerrolle mißinterpretiert wurde.

So fanden zwar Huxleys Pazifismus und seine authentisch-direkte Art, die Welt zu betrachten, Zustimmung und Anerkennung der Kritiker; sein Hang zum Rückzug und zu mystisch-spirituellen oder meditativen Übungen jedoch wurde mit merklicher Zurückhaltung aufgenommen. Man spürte und befürchtete, daß aus dem utopistischen Warner ein visionärer Seher werden würde, der eventuell in platter Religion enden könnte.

Die Hinwendung zu fernöstlichen Religionen verstärkte sich bei Huxley noch, als er 1937 nach einer langen Vortragsreise durch die USA beschloß, nicht mehr nach Europa zurückzukehren. In den Vereinigten Staaten lernte er nämlich – neben Charlie Chaplin, Gary Cooper, Greta Garbo, Edwin Hubble oder Christopher Isherwood – auch den Hindu-Mönch Swami Prabhavananda kennen, der in Hollywood ein Zentrum für Vedanta-Philosophie gegründet hatte.

Als Veden bezeichnet man die heiligen Schriften des Hinduismus, wobei die jüngsten, zwischen 800 und 400 v. Chr. entstandenen Schriften auch als Upanishaden bekannt geworden sind; besonders durch Arthur Schopenhauer wurden sie in der abendländischen Kultur zu einem Begriff. Dieser Philosoph war es auch, der eine zentrale Formel der Upanishaden, das *Tat twam asi* (Das bist du), als wichtigen Baustein seiner eigenen Ethik verwendet hat.

Für Huxley müssen diese fernöstlichen religiösen Lehren wohl auch deshalb attraktiv gewesen sein, weil sie Verschmelzungserlebnisse mit dem eigenen Leib, den Mitmenschen und der Welt anvisieren, ohne dafür eine Gottheit zu bemühen. Der britische Schriftsteller, der sich selbst als stark vergeistigt erlebt hat, und von dem Virginia Woolf in ihrem Tagebuch (18. Juni 1934) zu Recht notierte, er imponiere ihr „in Bezug auf Religion & Sex ein wenig theoretisch", hatte in den 20er Jahren mit Hilfe von Maria, von D. H. Lawrence und einigen Seitensprüngen versucht, sich, seinen Leib und seine Sexualität zu entdecken; in den 30er und 40er Jahren nun wollte er dasselbe Unterfangen mit Hilfe der Upanishaden und der Mystik realisieren. Wir werden sehen, daß dies für Huxley noch nicht die diesbezüglich letzte Strategie bedeutete.

Schon ein Jahr, nachdem sich Huxley mit seiner Frau in Hollywood niedergelassen hatte, veröffentlichte er seinen nächsten großen Roman mit dem Titel *After many a Summer* (1939), der 1948 in deutscher Übersetzung erschienen ist (*Nach vielen Sommern*). Darin handelte er das Thema der Langlebigkeit respektive Unsterblichkeit ab – ein Thema, das ihm sein Bruder Julian ins Ohr gesetzt hatte, als er ihm von schottischen Karpfen berichtete, die über einhundert Jahre alt werden können.

In *Nach vielen Sommern* suchen der kalifornische Millionär Stoyte sowie die beiden Wissenschaftler Obispo und Pordage nach dem englischen Earl of Gonister, der bereits im 18. Jahrhundert entdeckt haben soll, daß die Darmflora von Karpfen eine Art Lebenselexier enthält, woraufhin er täglich Unmengen dieses Fisches zu sich nahm. Im Alter von 97 Jahren war der Earl jählings verschwunden, aber als die drei Männer im Keller des Schlosses einen affenartig aussehenden, uralten Menschen antreffen, wird klar, daß es sich dabei nur um den Karpfen essenden Earl of Gonister handeln kann. Der alte Herr ist allerdings nicht alleine; neben ihm liegt eine ähnlich greise Dame, mit der er munter kopuliert und dabei Mozart-Arien summt.

After many a Summer liest sich einerseits satirisch und witzig wie die frühen Romane Huxleys; andererseits tauchen darin aber auch Figuren auf, welche die Lehre vom *Non-attachment* und von der großen Einheit des Menschen mit dem All verkörpern und wie ein spirituelles und mystisches Memento den Text durchziehen. Das Echo auf diesen Roman fiel dementsprechend gespalten aus.

Anfang der 40er Jahre kaufte Huxley eine Ranch am Rande einer Wüste, etwa einhundert Kilometer von Los Angeles entfernt, und gründete dort ein Zentrum für Exerzitien der inneren Einkehr und äußeren Umkehr. Außerdem baute er selbst Obst und Gemüse an und erzeugte eigenen Strom, mit dem er seine Ranch versorgte. Der Schriftsteller wollte Ernst machen mit der Idee des *Non-attachment* und sich von Institutionen und öffentlichen Einrichtungen und Strukturen weitgehend emanzipieren.

Trotz dieser Aktivitäten blieben ihm Zeit und Muße genug, seine Schriftstellerei auf weiterhin höchstem Niveau fortzusetzen. Besonders hervorzuheben ist dabei *Grey Eminence – A Study in Religion and Politics* (1941) sowie der Roman *Time Must Have a Stop* (1944), der auf deutsch als *Zeit muß enden* 1950 publiziert wurde.

In *Grey Eminence* untersuchte Huxley die historische Gestalt von François Le Clerc du Tremblay (1577-1638), der als Kapuzinermönch einer der einflußreichsten Ratgeber des Kardinal Richelieu – seine „graue Eminenz" – geworden ist. In dieser Rolle war Le Clerc unter anderem auch mitverantwortlich für die Greuel des Dreißigjährigen Krieges (1618-1648) und für die politischen und militärischen Händel, die Richelieu zuhauf eingefädelt hat.

An Le Clerc interessierte Huxley das Verhältnis von religiöser und mystischer Erfahrung und Einstellung einerseits und dessen Hang, große Politik zu machen und damit dem Motiv der Macht und Gewalt zu erliegen, andererseits. Nur weil Le Clerc kein wirklicher Mystiker und von der Idee des *Non-attachment* nicht affiziert war, konnte er – so Huxley – politische Schuld auf sich laden und geistig und emotional völlig verarmen. Le Clerc war nicht effektiv frei von materiellen und ideellen Bindungen an die Welt, und seine Abhängigkeit von den weltlichen Verhältnissen bewirkte schließlich seine unseligen Verstrickungen in den Geschichtsverlauf bis hin zu seinem indirekten Mitwirken im Dreißigjährigen Krieg.

In *Zeit muß enden* unternahm Huxley den groß angelegten Versuch, die Struktur einer fernöstlichen religiösen Schrift – nämlich des tibetanischen Totenbuches – zur Grundlage eines Romans zu machen, der als „Sterbebuch" für abendländische Leser dienen sollte. Der Titel des Buches ist entlehnt aus Shakespeares *Heinrich IV.*, wo es heißt: „Doch Denken ist des Lebens Sklav', das Leben ein Narr der Zeit; und Zeit, die messend schaut die ganze Welt, muß enden."

Wie in seinem frühen Roman *Kontrapunkt des Lebens* ließ Huxley auch in *Zeit muß enden* Figuren aufeinander treffen, die antagonistisch zueinander angeordnet sind und polare Ansichten vertreten. Das Thema, das allen Gesprächen und Handlungen des Textes zugrunde liegt, ist dasjenige des Sterbens und des Todes. Die eine Gruppe wird gebildet von Menschen, welche ihrer Lebenszeit verhaftet sind und möglichst viel Ruhm, Ehre, Besitz, Macht und Erfolg einheimsen wollen. Diesen gegenüber stehen die sich wandelnden und letztlich „zeitlosen" Individuen und Charaktere, welche nach Huxley die mystische Erfahrung des Urgrundes aller Zeit gemacht haben und die damit an der Ewigkeit teilhaben können.

Diese hält – dem tibetanischen Totenbuch zufolge – drei Phasen des „ewigen Lebens" bereit: das Übergangsstadium zwischen Tod und repersonalisierendem Bewußtsein, die karmische Verdunkelung (eine Art Fegefeuer) sowie das Reinkarnationsgeschehen. Huxley hat diese Phasen des Jenseits recht anschaulich und teilweise sogar heiter und witzig geschildert, so daß der Leser die Zeit nach seinem Lebensende als beinahe begehrenswert und keinesfalls erschreckend imaginieren kann.

Mit *Zeit muß enden* hatte Huxley nach Meinung der meisten Kritiker den Zenit seines künstlerischen Schaffens erreicht oder schon überschritten. Er war – wie Hilde Spiel dies einmal beschrieben hat – zur „einzigartigen Erscheinung eines Mystikers (geworden), der sich soweit möglich der rationalistischen Terminologie und empirischen Methode bedient". Etwas weniger freundlich hat es Klaus Mann ausgedrückt, der über den Aldous Huxley der 40er Jahre in seinem Buch *Der Wendepunkt* (1949) urteilte:

> Der einst so Frivole, Skeptische, der intellektuelle Jongleur und ausgepichte Artist befindet sich schon im ersten Stadium der religiösen Krise... Der Glaubenslose will gläubig werden; der Agnostiker sucht nach dem Absoluten; der Hirnmensch verlangt nach Erleuchtung und Offenbarung...[12]

Der „Hirnmensch" Aldous Huxley jedoch suchte damals wahrscheinlich weniger Erleuchtung und Offenbarung denn eine umfassende, den eigenen Leib sowie die emotionale und sexuelle Beziehung zu Maria ebenso wie seine hochgezüchtete Intellektualität umfassende Heimat und ein angesichts von Krieg und Faschismus nur schwer zu realisierendes stabiles Fundament von Humanität, Sinn und Wert. Die Heimatlosigkeit und die nihilistischen Empfindungen nämlich, die den 14jährigen das erste Mal nach dem Tod der Mutter ereilt hatten, wirkten im Dichter zeit seines Lebens wie ein Stachel, den er nie wirksam zu entfernen vermochte.

Die Heimatlosigkeit nahm in den späten 40er Jahren neuerlich konkrete Züge an. 1947 siedelten die Huxleys in ein günstig erworbenes Haus um, das sie jedoch nur zwei Jahre bewohnten, ehe sie bereits 1949 nach Los Angeles weiter-

[12] Mann, K.: Der Wendepunkt – Ein Lebensbericht (1949), Frankfurt am Main 1994, S. 365.

zogen. Außerdem unternahm das Paar einige mehrmonatige Reisen nach Europa, wo sie unter anderem ihr altes Heim in Sanary endgültig aufgaben.

Anfang der 50er Jahre kamen zu dieser sozial unruhigen Situation schwere Krankheiten bei Aldous und Maria Huxley hinzu. Der Dichter erkrankte 1951 an einer ernsthaften Virusinfektion mit nachfolgender Iritis (Entzündung des Auges), und 1952 mußte seine Gattin an einem bösartigen Brusttumor operiert werden. Kein Wunder, daß Huxley nach neuen Wegen suchte, seine existentiellen Bedrängnisse zu bewältigen.

Zum einen griff er auf seine alten Strategien der Schriftstellerei zurück und fertigte eine biographische Studie über einige Priester und Patres aus dem Frankreich des 17. Jahrhunderts an, die in allerlei Psychopathologie, Hexenwahn und Esoterik verwickelt waren, woraus der Titel des Buches *Die Teufel von Loudun* (1952) abgeleitet wurde. Die Verfilmung dieser Publikation brachte Huxley übrigens mehr Tantiemen ein als alle seine anderen Bücher zusammengenommen.

In *Die Teufel von Loudun* hat der Dichter unter anderem seine Theorie der Selbsttranszendenz ausgeführt, bei der er von dem in der Individualpsychologie Alfred Adlers geläufigen Gedanken ausgeht, daß alle Menschen ob ihrer realen oder imaginierten Ohnmacht und Minderwertigkeit nach Wegen suchen, ihren *Status quo* zu überwinden. Für Huxley gibt es dabei drei Richtungen der Transzendenz: abwärts gerichtet (Drogen, Promiskuität, politischer oder religiöser Massenwahn); horizontale (Liebe, Kindererziehung, Beruf, Kunst, Wissenschaft, Philosophie) sowie aufwärts gerichtete Selbstüberschreitung (mystische Verschmelzung mit dem Urgrund alles Seienden).

Zum anderen unternahm Huxley in den 50er Jahren immer wieder Versuche mit psychodelischen Drogen (Meskalin, LSD), welche ihn in ekstatische Zustände versetzen und seine Wahrnehmung erweitern sollten. Obschon er in *Die Teufel von Loudun* Drogen als eine abwärts gerichtete Form der Transzendenz bezeichnet hatte, hoffte er, das LSD oder Meskalin möge ihm *Die Pforten der Wahrnehmung* (so ein Buchtitel Huxleys über seine Drogenerfahrungen, 1954) öffnen und ihn den letzten Wurzelgrund der Dinge selbst, ihre „Istigkeit" (Meister Eckart) schauen und erkennen lassen.

Huxley erlebte aufgrund seines Drogenkonsums zwar Visionen und Halluzinationen sowie eine intensivierte Wahrnehmung von Farben, Tönen und Gerüchen, gleichzeitig aber auch Heimatlosigkeit in Form von Angst und Panik, weil die Dinge zu nah an ihn heranrückten und ihn bedrängten und er über zu wenig Möglichkeiten der Distanzierung und Kontrolle verfügte. Nicht umsonst griff er zeitweise auf Dantes Bild des Inferno aus der *Göttlichen Komödie* zurück, um seine Befindlichkeit nach der Einnahme von LSD und Meskalin zu charakterisieren. In anderen Passagen seines Oeuvres finden sich allerdings Aussagen, welche einen positiven und letztlich mystisch erfüllenden Effekt der Drogeneinnahme nahelegen.

Im Februar 1955 starb Maria Huxley. Trotz vielfältiger Versuche der medizinischen Behandlung erlag sie schließlich ihrem Krebsleiden, das sie außerordentlich tapfer und ohne übermäßige Klagen ertragen hatte. Ihr Gatte, dem sie über

Jahrzehnte hinweg die wichtigste emotionale Stütze und gleichzeitig eine Art Kameradin für alle Fragen des Lebens gewesen war, trug schwer an diesem Verlust, was er nach außen hin jedoch kaum zeigte. Auf Maria aber trifft zumindest teilweise eine Beschreibung zu, die Huxley wenige Wochen nach ihrem Tod dem Wissenschaftler John Rivers, einer Figur in seinem neuen Roman *Das Genie und die Göttin* (1955), in den Mund legte:

> Henry (Aldous) lebte von Katy (Maria), und sie war dazu da, von sich leben zu lassen, – die verkörperte Mütterlichkeit.[13]

Dieser Kurzroman von lediglich 180 Seiten – Huxleys übrige Romane weisen ein Volumen von etwa 500 oder 600 Druckseiten auf – stellt ein Kleinod im Oeuvre des Dichters dar. Er verzichtete dabei fast vollständig auf philosophische Reflexionen und weitläufige Erläuterungen und gab sich ganz dem Handlungsablauf hin, den er brillant und konzis erzählt. Auch die geschilderten Personen erhalten ihre psychologische Tiefe und Stimmigkeit nicht durch angestrebte Vollständigkeit der Beschreibung, sondern durch skizzenhafte Andeutungen, an denen die Phantasie des Lesers ergänzend tätig werden kann.

Dem jungen Physiker John Rivers wird überraschend die Ehre zuteil, persönlicher Assistent des Kernphysikers und Nobelpreisträgers Henry Maartens zu werden. Von dem engen Kontakt mit diesem „Genie“ verspricht sich Rivers eine mächtige Förderung seiner eigenen Karriere. Darüber hinaus genießt der junge Wissenschaftler den Familienanschluß, den ihm Maartens, seine Frau Katy und deren Tochter Ruth bieten.

Bald bemerkt Rivers jedoch, daß sein von ihm verehrtes Genie ganz erheblich von der Vitalität und „erdmutterhaften Wärme“ seiner um etliche Jahre jüngeren „Göttin“ abhängt, ohne die er lebensuntüchtig und arbeitsgestört ist. Ihren positiven Einfluß auf Maartens kann Katy immer dann besonders gut zur Geltung bringen, wenn sie sexuell befriedigt ist. Da der alternde und kranke Nobelpreisträger diesen Verpflichtungen nur noch sporadisch nachkommt, opfert sich nun sein bis anhin sexuell unerfahrener Assistent, der als Pastorensohn lange Zeit das „unverfälschte Produkt einer bedauerlichen Erziehung“ abgegeben hat.

Diese Dreiecksgeschichte wird mit viel Witz und Humor erzählt, die allerdings in Tragik und Bestürzung umschlagen, je mehr man sich als Leser dem Ende des Romans – Katy und ihre Tochter kommen bei einem Autounfall ums Leben – nähert. Und doch – so läßt Huxley seinen John Rivers reflektieren – hat der Roman immerhin noch Einheit und Stil:

> Die Wirklichkeit hat weder das eine noch das andre. Im Rohzustand ist das Dasein immer eine verflixte Sache nach der andern... Vielleicht ist die vollständige Wirklichkeit immer zu würdelos, um verzeichnet zu werden, zu sinnlos oder zu gräßlich, um nicht in einen Roman umgedichtet werden zu müssen.[14]

[13] Huxley, A.: Das Genie und die Göttin (1955), München 1956, S. 13.
[14] Huxley, A.: Das Genie und die Göttin, a.a.O., S. 5/7.

Man geht sicherlich nicht fehl, diesen Satz auch als Lebensmaxime von Aldous Huxley zu begreifen, der bei allen anderen Versuchen, seinem Dasein Wert und Würde zu verleihen, doch immer wieder auf die Dichtung und Schriftstellerei zurückkam, die ihm letztlich die verläßlichste Heimat und den tragfähigsten Sinn zu vermitteln schienen.

An diesem Credo hielt Huxley bis zum Ende seines Lebens fest. Die Jahre nach dem Tod von Maria verbrachte er an der Seite von Laura Archera, einer zwanzig Jahre jüngeren Konzertviolinistin, die sich später zur Psychotherapeutin ausbilden ließ und die mit Maria freundschaftlich verbunden gewesen war. Man vermutet, daß Huxleys Frau kurz vor ihrem Tod ihre Freundin Laura aufgefordert und ermutigt hat, zukünftig mit ihrem Gatten zu leben.

In den späten 50er und zu Beginn der 60er Jahre erhielt Huxley zunehmend öffentliche Anerkennung und Ehrungen. Ihm wurden diverse Literaturpreise zugesprochen, und an mehreren Universitäten erhielt der Dichter Gastprofessuren. Außerdem lud man ihn häufig ein, Vorträge über – im wahren Sinne des Wortes – Gott und die Welt zu halten, und Huxley nahm diese Einladungen meistens an. Viele dieser Vorträge wurden als Essays oder Notate publiziert, und zusammen mit den Aufsätzen aus seinen früheren Jahren stellen sie einen gewichtigen und überaus ernst zu nehmenden Teil seines Gesamtwerkes dar.

Eine dreibändige Auswahl aus seinen Essays wurde anläßlich des 100. Geburtstages von Aldous Huxley in deutscher Sprache veröffentlicht. Diese Sammlung gibt Zeugnis ab von der immensen Breite und Fülle der Huxleyschen Interessen, von seinem politischen, gesellschaftlichen und pazifistischen Engagement, seinem enzyklopädischen Wissen und seiner tief durchdachten und empfundenen humanistischen Weltanschauung. Von den grauenhaften Sadismen der Psychiatriegeschichte bis zu den *Caprichos* von Goya, von Spinoza bis zu Baudelaire, von Reisebildern bis zu den „Moden der Liebe" reicht das Spektrum des Huxleyschen Geistes.

Im Jahre 1947 hatte Huxley einen kleinen Aufsatz mit dem Titel *Wenn meine Bibliothek heute nacht abbrennt* publiziert. Darin versetzte er sich in die Lage eines bibliophilen Menschen, der jählings ohne Bücher dasteht und nun entscheiden muß, welche Werke von welchen Autoren er sich zuerst wieder anschaffen würde; unter anderem Homer, Dante, Montaigne, Shakespeare, Voltaire, Goethe, Fielding, Dostojewski, Tolstoi, Yeats und Mallarmé werden dabei von Huxley erwähnt.

Im Mai 1961 wurde diese Fiktion für den Dichter erschütternde Wirklichkeit. Ein Buschfeuer vernichtete das Haus Huxleys, wobei sämtliche Bücher und die meisten Aufzeichnungen – darunter viele Briefe und Notate – dem Feuer zum Opfer fielen. Lediglich das Manuskript von *Eiland*, dem letzten Buch Huxleys, konnte gerettet werden. Wie sehr der Schriftsteller unter diesem Ereignis gelitten haben mag, wird ersichtlich, wenn man die Eingangszeilen seines diesbezüglichen Essays liest:

> Wenn meine Bibliothek abbrennt... Zum Glück ist das bisher nie geschehen. Aber ich bin oft genug umgezogen und habe genügend bücherborgende Freunde, um mir eine ziemlich lebhafte Vorstellung von der Natur dieser Katastrophe machen zu können. Einen geliebten Raum in eine leere Schale verwandelt sehen, mit nichts darinnen als einem dicken Teppich aus Asche einstiger Lieblingsbücher – der bloße Gedanke läßt einen schaudern.[15]

Kurze Zeit zuvor hatten die Ärzte Huxley eröffnet, daß er an Zungenkrebs erkrankt war. Vor dem Hintergrund dieser Diagnose, die beim Dichter Erinnerungen an die tödlichen Krankheiten sowohl seiner Mutter als auch seiner Frau Maria auslösen mußte, wird verständlich, daß Huxley auf den Verlust seiner Bibliothek mit dem Satz reagiert haben soll: „Für mich war es ein Zeichen, daß der grimmige Schnitter mich ins Auge faßte."

Drei Jahre blieben dem Dichter noch – er starb am 22. November 1963 –, in denen er seinen Kampf mit der Krankheit und dem grimmigen Schnitter führte, ohne je zu klagen und zu resignieren oder seine Umwelt damit zu belasten. Selbst der Bruder Julian erfuhr lange Zeit nur sehr wenig über die bedrohliche Ernsthaftigkeit der Erkrankung von Aldous.

Zwei Manuskripte konnte Huxley in der ihm zugemessenen Spanne noch publizieren: die Zukunftsidylle *Eiland* (1962) sowie den großen Essay *Literatur und Wissenschaft* (1963). Beide Veröffentlichungen geben beredt Zeugnis von dem beherrschenden Impuls der letzten Lebensjahre des Dichters, disparate oder antagonistische Pole und Bereiche der Menschen und der Kultur nicht mehr so wie früher als Kontrapunkte stehen zu lassen, sondern miteinander zu versöhnen oder im Sinne der Dialektik zu synthetisieren.

In *Eiland* handelt es sich um die westliche Wissenschaft und die östliche Religion, die zueinander in einem Spannungsverhältnis stehen und von Huxley in einer Art positiver Utopie (einem Gegenmodell zu *Brave New World*) zu einem produktiven und erstrebenswerten Ausgleich gebracht werden. Ein schiffbrüchiger englischer Reporter entdeckt dieses Eiland, auf dem der abendländisch-rationale Pragmatismus und der tantrische Buddhismus eine glückliche Verbindung eingegangen sind.

Obwohl die Idylle im Laufe der Romanhandlung in Gefahr gerät und vom sogenannten Fortschritt eingeholt wird, läßt Huxley seine Erzählung mit einem Hauch der Hoffnung und einer Verheißung für die Zukunft enden: Zum Schluß nämlich dominieren nicht der Lärm der Maschinen und Waffen, sondern die Stimmen der Frösche und Insekten, die den Menschen mitzuteilen scheinen: „Karuna. Karuna. Und, einen halben Ton tiefer: Gib acht!"

In *Literatur und Wissenschaft* untersucht Huxley den Standpunkt von C.P. Snow, der von den beiden Kulturen – geprägt von den Geistes- und den Naturwissenschaften – und der beinahe unüberwindlichen Kluft zwischen ihnen gesprochen hat. Der Dichter vertritt demgegenüber eine Position des Ausgleichs

[15] Huxley, A.: Wenn meine Bibliothek heute nacht abbrennt (1947), in: Essays II, Form in der Zeit, München 1994, S. 55.

und der gegenseitigen Befruchtung, wobei er viele Beispiele aus der Kulturgeschichte – begonnen bei Homer bis hin zu Sigmund Freud und der Psychoanalyse – bemüht, um nachzuweisen, inwiefern jeder Wissenschaftler von Erkenntnissen der Nachbardisziplinen wie auch der Künste und der Philosophie profitieren kann und in seinem Dasein und konkreten Alltag immer wieder auf sie stößt.

In diesem letzten Essay gelang es Huxley nicht nur, das sogenannte „lebensweltliche Apriori“ (Edmund Husserl) von Forschern – also deren Biographie, Charakter, Erlebnisse und Stimmungen – in seinen Konsequenzen für die Arbeit von Wissenschaftlern aufzuzeigen und nachzuweisen. Darüber hinaus konnte er auch manche Antagonismen, welche seine Vorfahren repräsentierten (T. H. Huxleys Naturwissenschaft und Agnostizismus versus Matthew Arnolds Geisteswissenschaft und religiöse Weltanschauung) entschärfen und zueinander in eine produktive Beziehung setzen. In dieser Hinsicht führte Aldous Huxley das Erbe, das man ihm hinterlassen hatte, sehr würdig und kreativ weiter.

In gewisser Weise war Huxley während der letzten Jahre seines Lebens immer mehr zu einem Menschen geworden, der die Synthese einer antagonistischen und in die Brüche gegangenen Welt zu seinem Generalthema erkoren hatte. Dies war zumindest der Eindruck vieler seiner Zuhörer, die ihn Anfang der 60er Jahre in Vorträgen erlebten und vor allem von seinem friedfertigen und ausgleichenden Wesen begeistert waren. Einer davon war der bekannte Geiger Yehudi Menuhin, der über Huxley schrieb:

> Dies war ein Mann, in dem das Wissen nie die Unschuld zerstört hatte. Wissenschaftler und Künstler in einem, verkörperte er alles, was wir am meisten benötigen in einer zerstückelten Welt, in der jeder von uns einen nichtssagenden Splitter eines großen, zerschmetterten Universalspiegels mit sich herumträgt. Er machte es sich zur Aufgabe, diese Splitter wieder zusammenzusetzen, und, wenigstens in seiner Gegenwart, waren die Menschen wieder heil.[16]

Aldous Huxley hat in seinem Leben viele existentielle Erschütterungen, Krankheiten und Unheil erlebt und erlitten. Mittels seines Wissens und seiner humanistischen Bildung sowie seiner Schriftstellerei, vor allem aber auch mittels seines Wesens und Charakters wollte er diese Defizite kompensieren und dem Nihilistischen und Absurden die Stirne bieten. Daß er dabei – im Sinne der Individualpsychologie Alfred Adlers – eine Art sozial und kulturell außerordentlich begrüßenswerte „Überkompensation“ (in Form eines imposanten Oeuvres) zuwege gebracht hat, bedeutet Glück und Trost für uns Nachgeborenen. Mit diesem Werk ebenso wie mit seinem gelebten Leben gehört Aldous Huxley zur großen Dokumentation des Humanen in der Welt des 20. Jahrhunderts.

[16] Menuhin, Y.: zit.n. Schumacher, T.: Aldous Huxley, a.a.O., S. 117.

LITERATUR

Huxley, A.: Eine Gesellschaft auf dem Lande (1921), München 1981.
Ders.: Parallelen der Liebe (1925), Zürich 1952.
Ders.: Kontrapunkt des Lebens (1928), München 1989.
Ders.: Schöne neue Welt (1932), Frankfurt am Main 1996.
Ders.: Geblendet in Gaza (1936), München 1953.
Ders.: Nach vielen Sommern (1939), Zürich 1945.
Ders.: Affe und Wesen (1949), Zürich 1951.
Ders.: Meisternovellen, Zürich 1951.
Ders.: Das Genie und die Göttin (1955), München 1956.
Ders.: Wiedersehen mit der schönen neuen Welt (1959), München 1994.
Ders.: Eiland (1962), München 1996.
Ders.: Literatur und Wissenschaft (1963), München 1963.
Ders.: Moksha – Auf der Suche nach der Wunderdroge (1980), München 1998.
Ders.: Essays in drei Bänden, München 1994.
Huxley, J.: The Human Crisis, Seattle 1963.
Ders.: Der evolutionäre Humanismus – Essays über die Leitgedanken und Probleme (1961), München 1964.
Ders.: Ich sehe den künftigen Menschen – Natur und neuer Humanismus (1964), München 1965.
Ders.: Ein Leben für die Zukunft (1970/73), München 1974.
Schumacher, Th.: Aldous Huxley (1987), Reinbek bei Hamburg 1998.

Autorenverzeichnis

DANZER Gerhard, Privatdozent, Dr. med. et phil., geb. 1956 in Passau. Studium der Medizin an der Universität Kiel; 1984 Promotion im Fach Medizin. Studium der Psychologie an der Freien Universität Berlin; 1990 Promotion im Fach Psychologie. 1996 Habilitation für Psychosomatik und medizinische Anthropologie. Internist, Psychotherapeut und Dipl.-Psych., Oberarzt an der Abteilung für Psychosomatische Medizin und Psychotherapie der Charité in Berlin. Seit vielen Jahren Ausbildung und Mitarbeit am „Institut für Tiefenpsychologie, Gruppendynamik und Gruppentherapie" (Leitung: Prof. Dr. Dr. Josef Rattner). Veröffentlichungen zu Themen der Psychiatrie, Psychosomatik, Literaturpsychologie, Kulturanalyse und Anthropologie.

ELRODT Ellen, geb. 1934 in Berlin, 1975 bis 1979 Studium an der Pädagogischen Hochschule Berlin, seit 1980 als Lehrerin tätig, berufsbegleitende Ausbildung am „Institut für Tiefenpsychologie" Berlin.

RATTNER Josef, Prof., Dr. med. et phil., geb. 1928 in Wien. Studium der Fächer Philosophie, Psychologie und deutsche Literatur in Zürich, Promotion über Existenzphilosophie. Später absolvierte er ein Medizinstudium; dieses beendete er mit einer preisgekrönten Doktorarbeit über „Das Wesen der schizophrenen Reaktion" (1963). Seit 1967 Leitung des „Arbeitskreises und Institutes für Tiefenpsychologie, Gruppendynamik und Gruppentherapie" in Berlin. Er ist Pionier in der psychotherapeutischen Behandlung von großen Gruppen und gehört zu den bekanntesten Repräsentanten einer Humanistischen Psychoanalyse. Publikation zahlreicher Bücher aus allen Bereichen der Tiefenpsychologie, Pädagogik, psychologischen und medizinischen Anthropologie, Kulturpsychologie und Kulturkritik.